宋高宗传

荒淫无道

王曾瑜宋史人物传记

千古人物

王曾瑜 ◎ 著

中国书籍出版社
China Book Press

宋高宗赵构像　　　　韦太后像

吴太后像　　　　李纲像

宗泽像　　　　　　　　　岳飞像

宋高宗赐岳飞手诏真迹

宋高宗草书《洛神赋》真迹

高宗皇帝御製翰墨志

余自魏晉以來至六朝筆法無不臨摹或蕭散或枯瘦或遒勁而不回或秀異而特立衆體備於筆下意簡猶存於取捨至若楔帖則測之益深擬之益嚴姿態橫生眞造其原詳觀點畫以至成誦不少去懷也
法書中唐人硬黃自可喜若其餘紙札俱不精乃託名取售然右軍在時已苦小兒輩亂眞況流傳歷代之久贗本雜出固不一幅鑒定者不具眼目所以去眞益遠惟譜諜久於其道當能辯也
余每得右軍或數行或數字手之不置初若食蔗間少甘則已末則如食橄欖眞味久愈在也故尤不忘於心手頃自束髮即喜攬筆作字雖屢更易典刑而

宋高宗御制《翰墨志》书版

第一版自序

中华民族是伟大而古老的，迭经磨难而又有强韧生命力的民族。在其漫长的民族发展史上，芳香与秽臭共生，光荣与耻辱并存，正义与邪恶互争，进步和倒退交替。优秀的历史传统可以成为民族进步的动力，腐恶的历史传统则可以成为民族进步的阻力，甚至反动力。历史传统是不可能被割断的。在那个不要历史，摧残文化的年代里，恰好是最坏的历史传统达到恶性泛滥、极度膨胀的地步，就是最有说服力的实证。

古语称以史为鉴，今人说不要忘记历史。任何民族都需要从历史中提取民族进步的营养素，更何况是中华民族。但是，历代统治者为着一己一群的私利，可以强调和宣传某些历史教训，又隐讳和抹煞某些历史教训，这是不足取的。一个真正的爱国者，应当绝对正视本民族的一切缺陷和错误。只有有勇气正视所有重要的历史教训，克服和改正所有重要的缺陷和错误，才是一个真正伟大的、不可侮的现代民族。

批判我们民族的坏传统，以反省过去；反省过去，可能对开创未来起一点作用。这是笔者撰写宋高宗传记的宗旨。什么是我们民族的坏传统呢？依个人之见，可否概括为专制、愚昧和腐败六字，而其对立面则是民主、科学和清廉。

本世纪内，中华民族经历了三次亘古未有的奇灾惨祸，第一次是日本军国主义侵略中国，第二次是五十年代末到六十年代初的大饥荒，第三次是所谓的文化革命。当"文化革命"结束后，惨痛的现实迫使人们重新思考中华民族的弱点和命运。一位正直的马列主义史学家黎澍首先提出，江青之流祸国的实质，正是专制主义作祟，表现了他在理论上的独立思考，不唯上的勇气。研究一点马克思主义发展史，人们不难发现，对马克思主义最大的歪曲，莫过于将其民主学说篡改为超法西斯的专制学说。黎澍先生已经离开了人世，笔者正是受了他的影响和启发，希望通过对宋高宗赵构罪恶一生的描述，对当时专制腐败政治的剖析，有助于人们了解中国特色的专制，以及专制与腐败互相依存的关系。中国历史上的内乱外祸，一般都与专制政治下的腐败密切相关。

在君主专制时代，本朝人写本朝皇帝，司马迁笔下的汉高祖，可能是唯一成功的典型。刘邦自称"而公"（你老子），看到有人戴儒冠，就摘下当众溲溺，一个粗野的流氓形象跃然纸上。我们不能不佩服司马迁传神的史笔。司马迁以后，史学美化本朝皇帝的功能得到了"发扬光大"，一个又一个皇帝，大抵都在其冠冕之下，蒙上一层又一层面纱，使人难以认出他们的真面目。当然，也并不排除有相反的情况，如金海陵王完颜迪古乃（亮）成为政治斗争中的失败者，金朝官史中便将他说得一无是处。伟大的唐朝史学家刘知幾倡导直书，反对曲笔。然而在专制淫威下，"唯闻以直笔见诛，不闻以曲词获罪"，"欲求实录，不亦难乎"！[1]

宋朝是中国古代官史纂修最发达的一个朝代。记录宋高宗的主要官史有日历1000卷，实录500卷，今已失传，而其传世史料之富，则超过宋朝其他各代皇帝。宋高宗个人经历的戏剧性，也非其他皇帝所能比拟。按照传世史料很多虚美之词、隐恶之笔，要塑造一位尊号为"光尧寿圣、宪天体道、性仁诚德、经武纬文、绍业兴统、明谟盛烈太上皇帝"，谥号为"受命中兴、全功至德、圣神武文、昭仁宪孝皇帝"[2]的形象，确是绰绰有馀的。然而这种形象的塑造愈是成功，必然距离史实愈远。

记得我曾对前辈学者李埏先生说，宋高宗用"十年浩劫"时的一个流行名词，可以说是个两面派。他纠正我的说法，说是个"多面派"。"多面派"一词很准确地把握了宋高宗的本质及其形象的复杂性。例如元朝史官居然将这个具有荒淫、残忍内涵的皇帝，说成是"恭俭仁厚"之主。[3]这应当承认是南宋官史对"中兴之主"装扮的成功，更应当承认是宋高宗对自我形象装

---

[1] 《史通》卷7《曲笔》。
[2] 《宋史》卷32《高宗纪》。
[3] 《宋史》卷32《高宗纪赞》。

扮的成功。

　　由此可见，要对一个"多面派"作面面俱到的深入解剖，是并不容易的，但关键仍在忠于史实，必须对真伪混杂，浮词多而实录少的传世史料，认真下一番祛伪求真、由表入里的工夫。历史现象具有客观性，但一旦形成文字，就不能没有主观性。历史学家写历史，不能不尊重客观史实，但对某些事件和人物，也不可能没有是非和爱憎。中国传统史学既强调奋笔直书，又强调褒善贬恶，即主观与客观融合，是不错的。作为人物传记，作者如果不是在尊重史实的基础上，既有褒善的仁心，又有贬恶的狠心，只怕很难有成功之作。若对历史上的罪恶一概采取平恕的态度，麻木不仁，似并不足取。事实上，面对各个时代横暴和腐败的专制统治，治史者的良心必然受到震撼，渴望着用自己的史笔去鞭笞罪恶。

　　宋高宗所处的时代是各个方面的矛盾和冲突十分剧烈的时代，历史演出了一幕幕可歌可泣、可悲可叹的活剧。时势造英雄，英雄造时势，这是中国古老的历史哲学命题。两者在某种意义上都有一点道理，却又很不完全。历史现象纷繁复杂，最难以作科学的剖析和说明。迄今为止，历史学中虽也有一点数学和统计学，但在很大程度上并无数学的精确性。往往出现以下的情况，时势出英雄，却又不能成全英雄，特别是理想的、成功的英雄。相反，时势有时也可让小丑充当主宰国运的角色。结果是一小撮人的闹剧、丑剧和绝大多数人的悲剧交互演出。我想，宋高宗的传记，他本人及其宠信者所制造的一个时代的闹剧、丑剧和悲剧，他们在国难当头、国耻深重的情势下，依然制造、纵容和包庇腐败，纵情声色，只怕可以说明这一点。

　　我个人本着严肃的态度，并竭尽绵薄之力，以求写好这部传记。至于此书的成败得失，则有待于广大读者和史学界的品藻和鉴裁。

王曾瑜
1997 年 9 月 8 日

第二版增订本说明

增订本对本书作了一百数十处的修改，主要是以史料增补史实，也订正个别错误，将第十三章第六节标题增加"祥瑞虚饰"四字。另加地图三幅，这是遵从前辈学者李埏先生的建议。衷心感谢责任编辑王书华先生的帮助和辛苦劳动。希望增订本成为我有生之年的尽可能完善的定稿。

记得曾琼碧大姐在上世纪八十年代，撰写《千古罪人秦桧》时，曾与我讨论过，是否要将宋高宗赵构和秦桧合传的问题。依本书的写作经验，虽是写宋高宗，其实也包括了秦桧的大部分事迹和全部罪恶，故大致上也可作秦桧的传记阅读。自从秦桧绍兴八年再相后，很快得到宋高宗的赏识，两人狼狈为奸，秦桧的全部罪恶，都是宋高宗支持、包庇、鼓励和纵容的结果。当然，两人的作恶客观上是存在主从关系的，事实上只能是宋高宗为主，秦桧为从。但也有特殊的情况，这就是绍兴十一年宋金和议后，秦桧成了宋高宗无法罢免的宰相，他凭藉金人，胁制皇帝。然而两人的关系终究非曹操与汉献帝可比。秦桧养子秦熺的儿子秦埙科举考试作弊，本应当状元，宋高宗将他状元除名，秦桧也只能在背后说点不针对皇帝的抱怨话。更重要者，按秦桧暴戾恣睢的秉性，在官场中动辄反目成仇、睚眦必报，本可杀人如麻，但他却受到宋高宗的羁束，而宋高宗虽然残忍，又受到宋太祖誓约的羁束。

宋高宗时代的史实，尚有不少可写，例如对北宋时期党争的终结，北宋枢密院——三衙军事领导体制的终结，科举中四川的类省试，财经方面的经总制钱、月桩钱、经界法等。如此之类，依个人之见，本书作为宋高宗赵构的个人传记，就不必论述了。

王曾瑜

2007 年 1 月 6 日

第三版自序

人们早已指出，写古代史其实也是写当代史，对当代社会和历史的各种看法，必然延伸到古史中。就我个人而言，《尽忠报国——岳飞新传》和《荒淫无道宋高宗》两部历史传记，在自己的史学作品中，有其特殊性，即有一定的文学色彩。两书的主题，一是歌颂李纲、宗泽、岳飞等人的爱国正气，二是批判宋高宗和秦桧酷烈的专制主义与卑劣的投降主义。在尊重客观史实的基础上，不可能不融入个人主观的对是非善恶的褒贬与爱憎。

两书确实激起了一些读者的共鸣。有三位先生，是看了拙作之后，与我交上朋友。一是李凌先生，他是我的大学长，当年是西南联大的地下党负责人，抗战胜利，又转入北京大学史学系，曾任《人民空军》杂志政治组组长。二是蒙古族那楚格先生。三是已故的杂文家牧惠先生，当时，他还专门在香港《大公报》2001年6月25日发表了一篇《"臣构"秀》，认为此书是"很有学术水平又有现实意义的好书"。另有章华、沈冬梅和王春瑜先生也写了书评。[①]记得王天顺教授对我说，过去对宋高宗还没有太多的恶感，看了我的书，才知道此人是"坏透了"。

但两部传记却也不可能激起所有读者的共鸣。且不说过去，最近就有两篇文章同我提出商榷。[②] 我看了一下，认为如果认真读一下我的两份传记，其

[①] 参见《宋史研究通讯》1999年第1期章华先生《直笔书信史 奋意挞腐恶》，《中华读书报》2000年3月8日沈冬梅先生《历史遮蔽下的宋高宗》，《文汇读书周报》1999年9月4日王春瑜先生《笑区区、一桧亦何能》。

[②] 朱瑞熙先生《关于宋高宗的评价问题》，李裕民先生《南宋是中兴？还是卖国——南宋史新解》，载《南宋史及南宋都城临安研究》，人民出版社，2009年。奇怪的是我曾一再说，不能将《鄂国金佗稡编》的"稡"误作"粹"，"稡"在此处尚可与"萃"字通用，"粹"与"稡"二字不能通用，亦不宜随便改动古书名，见《致徐规先生的学术通信》，载《丝毫编》，河北大学出版社，2009年。但李先生的注中仍作"金佗粹编"。

实早已作了答覆，完全无须再浪费时间，逐一答辩。耐人寻味者，倒是《宋史研究通讯》2008年第2期的李辉先生《"中国南宋史国际学术研讨会暨南宋定都临安（杭州）870周年纪念会"综述》报道。其中说，文章"针对长期流行的'南宋小朝廷'这样的说法作了商榷，他认为南宋朝廷一直是在为实现中兴而奋斗"，云云。但正式出文集时，此段文字没有了，而其意犹存。是否李辉先生作了歪曲性的报道呢？我并不清楚。如果要使用"一直"，当然应是包括宋高宗和秦桧在内的，但如今正式发表的文章并无片言只语提及秦桧。至于对所谓南宋小朝廷之说提出争议，我利用电脑软件查了一下，史书上的"小朝廷"一般是作为褒义词的，可能唯一的例外是胡铨。"小朝廷"作为贬义词，是胡铨提出的，他上奏说："臣有赴东海而死耳，宁能处小朝廷求活耶！"[①] 他的意思是，既然企求屈辱苟安于半壁江山，就不配叫朝廷，只能叫小朝廷。另有陈刚中赠胡铨的书启中也沿用此说："谁能屈大丈夫之志，宁忍为小朝廷之谋。"[②] 看来只能找胡铨算账了，谁教他发明这个贬义词呢？

在此且不说设镇抚使只是昙花一现之类，也不说如杀害陈东、欧阳澈和岳飞，罢黜李纲，压制宗泽，举办文字狱等等，算不算是"一步一个脚印的""中兴"之"圣政"，[③] 光是突出绍兴和议，作为"中兴局面正式形成"，作为"中兴大业，它是有重大意义的"，确实较以前的某些评论更为拔高，只是不提大名鼎鼎的秦桧而已。绍兴和议能与宋高宗和秦桧剥离吗？难道不是他们的主要"圣政"之一？借用王春瑜先生批判阎崇年的话，在抗战时就是标准的汉奸理论。人们不妨将此文与下引邓广铭师的话对照，彼此是否持截然相反的立场和评论呢？

另一说提出宋高宗"功过参半"论，甚至还不忍用一个"罪"字。且不说他杀害陈东、欧阳澈和岳飞，大兴文字狱等，当赵构当康王时，史料上"侍婢多死者"一句，即使从人道主义出发，又蕴含了多少无辜女子的血泪，算

---

① 《挥麈后录》卷10。胡铨此文，名震一时，各书记载其多，又见《三朝北盟会编》，以后简称《会编》，卷186，《建炎以来系年要录》，以后简称《要录》，卷123绍兴八年十一月丁未，《宋史》卷374《胡铨传》，《历代名臣奏议》卷348，《胡澹庵先生文集》卷7《戊午上高宗封事》等都有此语。
② 《鹤林玉露》甲编卷3《幸不幸》。
③ "圣政"一词，借用《皇宋中兴两朝圣政》的书名。

不算罪？前参知政事李光老而病，根本不可能对其降金政治构成任何威胁，可是在秦桧死后，实行宽大为怀的所谓更化之政时，仍是不予宽贷，坚持流放，使之到死也不能与亲人团聚，又何其狠毒！光是他在宫中白昼宣淫，听说金军行将杀奔扬州，吓得"遂病痿腐"，从此丧失生育能力，算不算荒淫？

应当说明，我决不想否认南宋在经济、教科文、军事等方面的成就。但必须与绍兴和议挂钩，似乎是托庇于绍兴和议的馀荫，就是十足的荒唐。宋理宗时灭金后，曾作出收复河南三京之地的努力，此后与蒙古的关系，也无论如何不像宋高宗对金那么卑屈。横扫欧亚大陆的蒙古军，唯有在进攻南宋时，遭受到最顽强的抵抗。这在某种意义上不正是纠正宋高宗的降金政策吗？

人们对历史上的人和事的不同评价，其实还是源于现实不同的生活态度和道路。任何史家治史，处理史料，不可能不受本人史观，或有人称之为意识形态的指导。例如谴责投降主义是一种史观，而力图肯定投降主义当然也是一种史观。

邓广铭先生在《陈龙川传》中，也对宋高宗使用"小朝廷"一词，并写上几段话，"翻开南宋的历史，呈现在我们眼前的，是一幅屈辱到令人气短的画图"。"当群情失掉了常态，相率而走入放僻邪侈的路径之后，善恶是非的标准便也都随之而颠倒错乱。这时候，最狡狯和最少廉耻的，将最有用武之地，占取社会上一切的荣华富贵，受到全社会的奉承与喝彩；一个特立独行，操心危、虑患深的人，也便成了注定要遭殃的人。所以在这本传记中，将只看到对于天才人的迫害，对于正义感的摧残，使一个最清醒热烈的人，却因其清醒和热烈而受到最残忍最冷酷的侮弄和惩罚，困顿蹉跌以至于死"。"一个战时首都竟有'销金锅儿'之号。然而与这些金银一同被销掉的，却还有一种最需要培值、最值得珍爱的同仇敌忾的民气"。[①]其强烈的爱国义愤，溢于言表。即使六十多年之后，读来仍能体会到他当年感时伤世之激愤情怀，全身沸腾的热血。漆侠先生撰文，批判宋朝从守内虚外到斥地与敌，特别强调这是发挥邓先生之意。但邓先生又说："然而我绝对不曾忘记这里所需要的一份冷静和客观，我绝不滥用我的同情，致使其对于事实真象有所蒙蔽。我只是努力把搜集到的一些资料，施以融铸贯串之力，藉以表现陈氏（亮）

---

① 《邓广铭全集》第2卷第555页，557—558页，587页，河北教育出版社，2005年。

的活泼明朗的全部人格。"[1]他的感情融入了历史，但又不滥用感情，首先还是注重历史的真实性。但在另一方面，也唯有其感情融入了历史，也方得以深刻体会和揭示历史与现实的真谛。如果说是"情绪化"的话，我的两部传记也是遵循老师的治史之道。

其实，我在《荒淫无道宋高宗》自序中也说："中国传统史学既强调奋笔直书，又强调褒善贬恶，即主观与客观融合，是不错的。作为人物传记，作者如果不是在尊重史实的基础上，既有褒善的仁心，又有贬恶的狠心，只怕很难有成功之作。若对历史上的罪恶一概采取平恕的态度，麻木不仁，似并不足取。事实上，面对各个时代横暴和腐败的专制统治，治史者的良心必然受到震撼，渴望着用自己的史笔去鞭笞罪恶。"也就是此意，如果认为此类是"老式"的史笔，就老式吧。新旧本来就与好坏不能等同，新不等于全好，旧不等于全坏，让广大读者各自去鉴别。

中华民族的正气和美德犹如潜伏地下的滚烫岩浆，关键时候，一定会爆发出来，并且决定着我们民族的长远走向。尽管进步的道路漫长而曲折，但没有理由对我们民族的前途持悲观态度。小而言之，我对自己的两部传记得到更多读者的共鸣，也抱有十足信心。对李纲、宗泽、岳飞和宋高宗、秦桧的是非善恶，尽管不可避免地存在歪理邪说，广大群众是会分辨清楚的。因为历史与现实本来就是一体，企图贬低李纲、宗泽和岳飞，而尽其最大可能肯定宋高宗与秦桧，广大民众肯定是通不过的。

王曾瑜

写于2010年5月4日五四运动纪念日和北京大学校庆日

---

[1] 《邓广铭全集》第2卷第558页。

目 录 | Contents

第一章 深宫的花花太岁 /1

第二章 厄运中之幸运 /7

第三章 南京登基 /19
　第一节 顺利继位 /20
　第二节 李纲拜罢 /25
　第三节 杀陈东和欧阳澈 /34

第四章 维扬惊梦 /39
　第一节 宗泽赍志以殁 /40
　第二节 仓皇逃窜 扬州劫难 /45
　宋高宗即位前后逃遁路线图 /48
　第三节 下诏罪己 /50

第五章 苗刘之变 /55
　第一节 逊位和复辟 /56
　第二节 劫后馀波 /60

第六章 航海流亡 /65

第一节 卑辞祈哀 /66
第二节 天堑失守 /68
第三节 浮海逃生 /73
宋高宗海上流亡图 /80

第七章 炎兴之交的纷更 /83
第一节 宋金南北对峙的格局 /84
第二节 秦桧归宋 /86
第三节 吕秦政争　秦桧罢相 /91

第八章 战不忘和　安不忘逸 /99
第一节 频遣使指 /100
第二节 鏖兵中决定岁币　遣使争议 /104
第三节 和战条陈 /110
第四节 赵张睽异　秦桧复出 /114
第五节 居危思安 /120

第九章 淮西之变 /127
第一节 父皇凶耗 /128
第二节 岳飞受命节制诸军 /131

第三节 宋廷翻覆　岳飞辞职 /136
第四节 淮西兵变 /139

第十章 力排众议　屈辱媾和 /145
第一节 赵鼎复相 /146
第二节 金废伪齐 /149
第三节 挞懒通和　秦桧再相 /152
第四节 宰执廷争　金使骄倨 /154
第五节 三大将表态 /159
第六节 秦桧独相 /161
第七节 群情激愤　独断专行 /166
第八节 宰执代君　跪拜成礼 /180
第九节 大赦馀波 /183
第十节 八陵之痛 /188
第十一节 秦桧扩张相权 /192
第十二节 荣枯有别 /195
第十三节 李光罢政 /199

第十一章 追令班师 /203
第一节 金朝毁约南侵 /204

第二节 秦桧恃宠固位 /208
第三节 十年之力 废于一旦 /212

第十二章 "莫须有"狱与绍兴和议 /219
第一节 金人双管齐下 /220
第二节 宋朝第二次释兵权 /223
第三节 韩岳虚位和罢官 /227
第四节 绍兴和议告成 /232
第五节 "莫须有"深冤大狱 /236

第十三章 窒息式的苟安 /247
第一节 皇太后回銮 五国城饮恨 /248
第二节 "太平翁翁"的专横 /255
第三节 城狐社鼠的作恶 /268
第四节 穷奢极侈 贪贿成风 /273
第五节 排黜异己 文狱迭兴 /280
第六节 文丐奔竞 祥瑞虚饰 /299
第七节 格天阁黄梁一梦 /309

第十四章 贬逐秦党 因循旧政 /321
第一节 秦桧亲党的贬斥和保全 /322
第二节 重新命相 "讲信修睦" /326
第三节 "更化"和"叙复" /330
第四节 立储的曲折和风波 /335

第十五章 应战和退位 /343
第一节 宋金再战前夕 /344
第二节 危而后安 战而后和 /351
第三节 主动退位 /362

第十六章 德寿官颐养 /365
第一节 隆兴和议 /366
第二节 德寿宫中的人间天堂 /371
第三节 死于安乐 /379

附录 宋高宗赵构年表 /386

跋 /391

壹

深宫的花花太岁

赵佶《听琴图》

祖宗发家，子孙败家，这大概是中国古代财产和权力世袭制的遗传规律。这条规律也不可避免地在宋徽宗赵佶身上起着作用。

　　宋徽宗是宋神宗赵顼的第十一子。元符三年（公元1100年），其兄宋哲宗赵煦病亡，而无子嗣。于是，从宫廷到朝廷，就哪一位赵氏宗室可继帝位的问题，展开了争论。宋神宗向后说："申王（赵佖）长而有目疾，次则端王（赵佶）当立。"宰相章惇认为："以年则申王长，以礼律则同母之弟简王（赵似）当立。"他认为端王"轻佻，不可以君天下"。[①] 结果十九岁的端王登上皇帝宝座，而章惇也势不可免地被贬逐流放。

　　宋徽宗是个荒淫而奢侈的皇帝，其处理军国大事的昏庸和昏愦，与其在音乐、绘画、书法、棋艺、诗词等方面的才华，融合于一身，这既是他个人的特性，也在相当程度上体现了宋朝统治阶级的特性。他的生平嗜好有三：一是女色，二是艺术，三是道教。宋徽宗虽是个多才多艺的艺术家，却不可能有什么献身艺术的追求。女色、艺术和道教三者，都属这个极富极贵的有闲者的消遣和娱乐。

　　从表面上看，北宋皇朝在宋徽宗治下似乎达到了极盛期。版图的扩充超过了祖宗之时，人口的增长大约已至一亿以上，经济发展，并无停滞和萎缩的迹象。宋徽宗君臣凭借当时世界上最富厚的国家财力，恣意地挥霍和享乐。北宋皇朝就像是一座外表金碧辉煌的大厦，其实已被宋徽宗君臣蛀蚀得百孔千疮，而无法承受暴风骤雨的袭击、强烈地震的摇撼。

　　宋徽宗纵欲无度，"五、七日必御一处女，得御一次，即畀位号，续幸一次，进一阶"。他退位后，"放减宫女凡六千馀人"。宋人由此估计他的宫女"盖以万计"。[②] 宋徽宗被俘前计有三十二子、三十四女，如此众多的子女，这在历代帝王中也是少见的。

　　宋朝继承皇位的宫廷斗争，倒不像某些朝代那么激烈。宋徽宗按长子

---

① 《宋史》卷19和卷22《徽宗纪》及《赞》。
② 《靖康稗史笺证·青宫译语》，《鸡肋编》卷下。据《宋会要辑稿》，以后简称《宋会要》，后妃4之1—2，《宋史》卷163《职官志》，"内命妇之品五：曰贵妃、淑妃、德妃、贤妃，曰太仪、贵仪、淑仪、淑容、顺仪、顺容、婉仪、婉容、昭仪、昭容、昭媛、修仪、修容、修媛、充仪、充容、充媛，曰婕妤，曰美人，曰才人、贵人"。贵妃至贤妃为正一品，太仪至充媛为"嫔"，正二品，婕妤正三品，美人正四品，才人正五品。如贵人升才人，充媛升充容，都算"进一阶"。又据《宋会要》后妃4之1，《靖康稗史笺证·开封府状》，宋时也将本为达官贵人家妇女所用的外命妇名号，如国夫人、郡夫人等用作内命妇名号，位于贵人之下。

继承制的旧例，立赵桓为皇太子。赵桓"务读书，不迩声色"，①比较循规蹈矩，却又懦弱无能。宋徽宗最喜欢的，是第三子郓王赵楷，其母王贵妃"有宠"。②宋徽宗的宠臣王黼、宦官童贯等人，为郓王"阴画夺宗之策"。③故皇位的继承，只是在皇太子和郓王之间进行暗斗，至于宋徽宗的其他儿子则都无登大宝之望。

在宋徽宗不可胜数的妃嫔和侍女中，有一个韦氏，她生于宋神宗元丰三年（公元1080年）十月二十五日，④比宋徽宗大两岁。史书说韦氏是开封人，实际上，她是南方越州会稽县人，她和亲姐都是北宋宰相苏颂的侍婢。宋代的婢通称女使，在她们被雇期间，主人往往据有其肉体。韦氏被"携登颂榻，通夕遗溺不已"。苏颂只能放弃了她，并说她必定"甚贵"。其姐当尼姑，带她来到开封，由小武官内殿崇班李从约荐引入皇宫。宋哲宗选二十名处女分赐诸王，韦氏遂入端王邸。她和另一比她小六岁的乔氏，都充当宋徽宗宠爱的郑氏的侍女，"结为姐妹，约先贵者毋相忘"。后乔氏"得幸徽宗，遂引韦氏"。宋徽宗的王皇后死后，郑氏立为皇后，乔氏也于大观三年（公元1109年）"进贵妃"，她为皇帝连生七子。韦氏"才一御幸"，便怀身孕。按前述宋徽宗待宫女的惯例，迟至"崇宁末，封平昌郡君"。大观元年（公元1107年）二月，"进才人"。五月二十一日夜，时年二十八岁，生宋徽宗第九子赵构。韦氏后"进婕妤，累迁婉容"。⑤她显然并不受宋徽宗的宠爱，依赖乔贵妃，生了贵子，才得以在皇宫中占有"嫔"的地位，但与义妹乔氏相比，尚差十一阶。

---

① 《靖康稗史笺证·青宫译语》，《鸡肋编》卷下，《靖康要录笺注》卷8靖康元年六月十六日。
② 《宋史》卷246《郓王楷传》。
③ 《会编》卷52，《宋史》卷470《王黼传》。
④ 韦氏出生年月日据《要录》卷147绍兴十二年十月甲申，卷158绍兴十八年十一月戊戌，卷159绍兴十九年正月甲申朔，《宋会要》后妃2之8—10。《靖康稗史笺证·开封府状》载，靖康二年，"韦贤妃三十八岁"，"三十八"应是"四十八"之笔误。
⑤ 以上记事见《会编》卷211，《要录》卷147绍兴十二年十月丙戌，《宋史》卷20《徽宗纪》，卷24《高宗纪》，卷243《郑皇后传》、《韦贤妃传》、《乔贵妃传》，《宋会要》后妃1之5，3之9，《建炎以来朝野杂记》甲集卷1《显仁韦皇后》，《皇宋十朝纲要》卷15，卷20。韦氏身世据《周益国文忠公集·杂著述》卷10《思陵录》上，乃苏颂之孙苏文瓘所述，当是可信的。乔贵妃的年龄据《靖康稗史笺证·开封府状》。

赵构算是天水朝太宗系的第七代，小名君虎。① 宋朝将皇帝诞辰称为圣节。后赵构称帝，五月二十一日便定为天申节。② 赵构在宣和三年（公元1121年），进封康王。翌年，赵构十六岁，"始冠"，按古代礼俗，举行冠礼，赐字德基，"出阁"，"就外第"。③ 他离开皇宫，在康王藩邸另住。

韦氏看来是个体质颇好的女子，故后来历尽磨难，而依然寿登八十。从现代医学观点看，她怀孕时，又正值很佳的生育年龄，加之宫中优越的生活条件，故赵构的幼年无疑是个聪明和壮健的孩子。作为帝胄贵种，赵构不但享受最为优厚的奉养，也得到了极为良好的文化教育。当时皇子们在"出阁"前，都要在"资善堂听读"，"出阁"后，各个王府又另设学官。④ 史称赵构"博学强记，读书日诵千馀言，挽弓至一石五斗"。他"喜亲骑射"，能用双手并举两袋米，各重一斛（约合今110市斤），行走数百步，"人皆骇服"。⑤ 按宋朝军制，"弓射一石五斗"，已算武艺超群，相当于可选充皇帝近卫"班直"的标准。⑥ 父亲的多才多艺，自然使皇子们耳濡目染。赵构"自康邸已属意丝桐"。⑦ 他的书法则是"初作黄（庭坚）字"，"后作米（芾）字"，"爱芾书迹"，"最后作孙过庭字"。赵构"善真、行、草书，天纵其能，无不造妙"。⑧ 今有研讨书法的《翰墨志》传世。

当婴儿呱呱坠地之际，自然根本不懂得人间居然还有什么贵贱之分。但是，在宫廷这种特殊环境中长大成人的赵构，接受天潢贵胄、龙子凤孙的特权意识，也自然是最容易不过了。古语云，饱暖思淫欲，更何况赵构生就一副极其健壮的体魄，加之饫粱肉、厌绮罗的物质享受，而又终日无

---

① 《徐氏笔精》卷5《阿瞒岢郎君虎》。
② 《挥麈前录》卷1。
③ 《要录》卷1，《宋史》卷24《高宗纪》，卷115《礼志》。
④ 《宋会要》帝系2之19—20。
⑤ 《要录》卷1，《宋史》卷24《高宗纪》，《松隐文集》卷29《瑞圣图赞并序》。按：宋时有一石斛和五斗斛，若五斗斛，则重量减半，约合55市斤。此处似应作一石斛解。
⑥ 《宋史》卷194《兵志》。
⑦ 《四朝闻见录》乙集《高宗好丝桐》。
⑧ 《诚斋集》卷114《诗话》，《后村先生大全集》卷103《题跋·高宗宸翰四》，《攻媿集》卷69《恭题高宗赐胡直孺御札》，《御书〈中庸〉篇》，《渭南文集》卷26《高皇御书》，《要录》卷147绍兴十二年十二月己未朔，《玉海》卷34《御书》，《书史会要》卷6，《清河书画舫》卷10上。

— 4 —

所用心。宋朝的记载自然对赵构当康王时的劣迹讳莫如深，但后来金人向宋朝俘虏"询宫中事"时，宋宫俘虏说："康王目光如炬，好色如父，侍婢多死者。"①

赵构"居康邸"时，娶开封府祥符县人邢秉懿为妻，封嘉国夫人，邢秉懿比赵构大一岁。此后赵构再娶田春罗和姜醉媚，两人都封郡君，田春罗比赵构小两岁，姜醉媚比赵构小四岁。妻妾们生了五个女儿，长女名佛佑，次女名神佑。按宋时习惯，人称康大宗姬、康二宗姬至康五宗姬。②此外，韦氏又为赵构物色一个开封女子潘氏，"有宠"，但"未有位号"。③一个色中饿鬼，三个有位号的女子自然完全不能填塞其欲壑，至于康王府邸其他无位号的女子，显然又决非潘氏一人。在赵构眼里，女人只是供他玩弄、凌辱，甚至虐杀的对象。到底有多少无辜女子被他杀害，已无从统计。嗜色而并不多情，这是赵构在当皇子时已经养成的秉性。他大概从无戴通天冠、穿衮龙袍的奢望，却自认为有糟蹋女人的天赋特权。

赵构在皇宫和康王府中无忧无虑地度过了他最初的十九年光阴，从一个不知世事的婴儿，成长为残虐的花花太岁。

---

① 《靖康稗史笺证·青宫译语》。
② 《宋史》卷243《高宗宪节邢皇后传》，《建炎以来朝野杂记》甲集卷1《宪节邢皇后》，《皇宋十朝纲要》卷20，《靖康稗史笺证》的《开封府状》，《青宫译语》和《宋俘记》。《皇宋十朝纲要》说邢秉懿"政和五年四月，归于康邸"，系误，《建炎以来朝野杂记》作"宣和四年四月"。
③ 《要录》卷5建炎元年五月壬寅，《宋史》卷243《潘贤妃传》。

贰

厄运中之幸运

北宋 王希孟《千里江山》

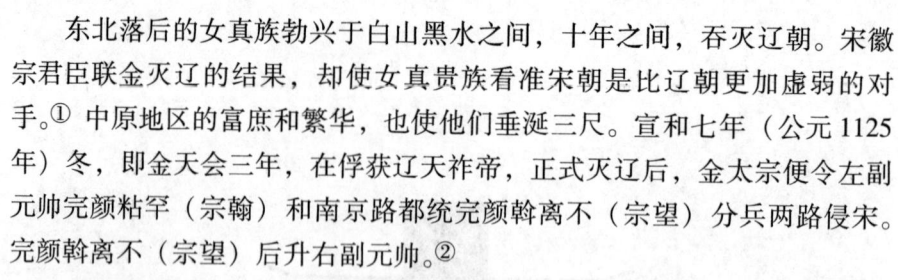

东北落后的女真族勃兴于白山黑水之间，十年之间，吞灭辽朝。宋徽宗君臣联金灭辽的结果，却使女真贵族看准宋朝是比辽朝更加虚弱的对手。① 中原地区的富庶和繁华，也使他们垂涎三尺。宣和七年（公元1125年）冬，即金天会三年，在俘获辽天祚帝，正式灭辽后，金太宗便令左副元帅完颜粘罕（宗翰）和南京路都统完颜斡离不（宗望）分兵两路侵宋。完颜斡离不（宗望）后升右副元帅。②

塞北鼙鼓动地来，终于惊破了宋徽宗的美梦。这个四十四岁的皇帝慌忙下诏罪己，又将皇位传给皇太子赵桓，以太上皇的身份逃往南方避难。新皇帝后庙号钦宗。

金朝东路完颜斡离不（宗望）军回避了不少城市的攻坚战，于靖康元年（公元1126年）正月直抵宋都东京开封城下。他孤军深入，本是犯兵家所忌，却自恃兵强马壮。完颜斡离不（宗望）沿用灭辽的故伎，"一面举兵，一面和议"，③ "以和议佐攻战"，④ 向宋朝提出"以亲王、宰相为质"等条件，"乃退师"。⑤

宋钦宗不得不起用力主抗金的李纲，部署城防，抗击敌军，老将种师道又及时率陕西军增援，开封城事实上已无被攻破之虞。然而宋钦宗却仍希图以屈辱的城下之盟，以救一时之急。金军的南侵也打破了康王赵构无忧无虑的宁静生活，他曾"用家人礼""入见"宋钦宗，谏劝说："京师甲士虽不少，然皆游惰羸弱，未尝简练。敌人若来，不败即溃耳。陛下宜少避其锋，以保万全。"⑥

畏敌如虎的宋钦宗也未尝不想南逃，却被李纲痛陈利害，而予以劝阻。金人提出以亲王为质的条件，"朝廷议从其请"。⑦ 因宋徽宗南逃，许

---

① 《会编》卷29载金完颜斡离不牒："贵朝兵将与亡辽士马优劣可见，亡辽与本朝士马胜负明知。"
② 《金史》卷3《太宗纪》，卷74《宗翰传》，《宗望传》。
③ 《会编》卷18《北征纪实》。
④ 《大金国志校证》卷7。
⑤ 《会编》卷29。
⑥ 《要录》卷41绍兴元年正月辛酉。
⑦ 《会编》卷30。

多"皇子、帝姬等相续以行",①一说留在京城者惟有五子肃王赵枢和康王。②肃王是郓王的同母弟,在宋宫中的地位自然高于康王。在此情况下,宋钦宗命康王出质金营。

康王和少宰张邦昌在正月十四日出开封城,"乘一筏渡濠,自午及夜分,始达敌寨"。③他们见到了金东路军主将、金太祖"二太子"完颜斡离不(宗望)。④完颜斡离不(宗望)长得"黑而短小"⑤,号称"佛子","喜谈佛道"。他当然不是佛教中慈悲为怀的菩萨心肠,只是性格内向,锋芒不外露,表面上待人接物较为和气而已。⑥他在给宋钦宗的信中,自称"一见康王,便如兄弟相次"⑦,但实际上却是"言语不逊,礼节倨傲"。⑧

二月初一日,宋钦宗抱着侥幸的心理,命姚平仲等率兵夜劫金营,遭金方伏兵掩击而失败。当夜金营中一时柴火通明,如同白昼,"康王颇惊骇",另一宋使郑望之对他私下宽慰说:"王在城外已半月日,岂预知劫寨事,政不须恐。"⑨

事后完颜斡离不(宗望)显然并未怪罪康王。宋钦宗终于同金方订立城下之盟,答应割让自太原府(今属山西)、中山府(治今河北定州)与河间府(今属河北)三镇以北土地,并运送犒军银一千万两。⑩金人怀疑康王的身份真实性,"请以越王(赵偲)代康王为质",宋钦宗"以越王

---

① 《梁溪全集》卷171《靖康传信录》。《会编》卷215《枢密宇文议燕保京记》载宇文虚中语:"今宗室诸公皆从上皇往东南,惟康邸为质于军中。"
② 《中兴小纪》卷1,《皇朝中兴纪事本末》卷1之上,《皇朝编年纲目备要》卷30靖康元年正月癸酉。
③ 《要录》卷1,《会编》卷30作正月十四日,而《靖康要录》卷1作十日,卷2亦作十四日。
④ 关于金太祖诸子,其说各异,但当时习惯称完颜斡离不(宗望)为"二太子",完颜讹里朵(宗辅)为"三太子",完颜兀术(宗弼)为"四太子",参见《会编》卷18。
⑤ 见《会编》卷96《靖康遗录》,《大金国志校证》卷27《斡离不传》,而《会编》卷71则说他"瘦而长",今姑取前一说。
⑥ 《会编》卷96《孤臣泣血录拾遗》,《大金国志校证》卷27《斡离不传》,《靖康纪闻拾遗》。《会编》卷99《汴都记》:"二太子亦通说话,粘罕狠勃,不可近也。"
⑦ 《会编》卷30。
⑧ 《会编》卷214宇文虚中行状,《宋史》卷371《宇文虚中传》。
⑨ 《会编》卷33郑望之《奉使录》。关于康王在金营的表现,《要录》卷1和《宋史》卷24《高宗纪》有虚美之辞,应以郑望之的原始记录为准。
⑩ 《会编》卷36。

叔父，不可遣"，于是命五弟肃王和驸马都尉曹晟前往。二月九日，康王返回开封城内，宋钦宗为表示慰劳，"赐予良渥，宠以太傅之命"①。

二十馀日的软禁生活，尽管金人出于自己的政治目的，对康王还是相当优待的；但就康王本人而论，一种恐敌顽症已在他身上生根发芽，达到了沦肌浃髓的地步，而不可祛除。②

完颜斡离不（宗望）引兵北撤后，宋廷又恢复文恬武嬉的状态。宋徽宗也从南方返回开封，优养于龙德宫。力主抗金的李纲等人被罢免。宋朝翻悔了割让太原、中山和河间三镇之约，组织了救援太原府的战役，结果是宋军主力在战斗中损折殆尽。金朝左副元帅完颜粘罕（宗翰）所率西路军攻破太原后，与完颜斡离不（宗望）所率东路军两路南下，声势比前一次更盛。

当时的开封城显然已经不可能组织有效的防御。老将种师道在病死前上奏，"请驾幸长安，以避其锋"。③ 在一不能战、二不能守的情况下，退出开封，而进行长期抗战，仍不失为上策。然而此次宋钦宗却听从何㮚之浅谋，在开封坐待覆亡。④

延捱至十月、十一月，宋钦宗又被迫命康王任告和使，前往金右副元帅完颜斡离不（宗望）所率的东路军前请和。康王最初其实是畏避出使，"未至金军而还"。⑤ 但在宋钦宗的驱逼下，康王于十一月十六日再出开封城，随行者有刑部尚书、副使王雲，参议官耿延禧和高世则，宦官、康王

---

① 康王归期据《要录》卷1，《宋史》卷23《钦宗纪》，《靖康要录》卷2。以上记事参见《会编》卷31，卷36。《会编》引《中兴遗史》和《要录》卷1载金人放回康王，是因"金人见而惮之，遂欲别易亲王"。《会编》卷63《宣和录》载，"康王英武"，"虏人畏服"。按康王不过是充当人质，金人岂有畏惧之理，此类都属宋人曲笔。

② 据郑明宝先生发表于《中华文史论丛》2012年第4期《靖康之变康王出质金营的两个问题》，还有高纪春先生发表于《首都师范大学学报》2014年第5期《宋康王赵构出使金军史事三考》的细致考证，宋代史书中对康王出质的记载肯定有美化和虚饰的成分。本章的记述吸收了两文的考证成果。

③ 《会编》卷60种师道行状，《宋史》卷335《种师道传》。

④ 《会编》卷65，卷79《靖康后录》："盖上皇初欲与帝出幸，何㮚苦谏，乃止。"卷87《林泉野记》则说"及城陷"，"上欲夺围，出幸江南，㮚谏止"。何㮚之谏劝当有多次，而最后一次并不错。

⑤ 《宋史》卷23《钦宗纪》靖康元年十月壬子，十一月戊辰，《宋宰辅编年录校补》卷13。

府都监蓝珪、康覆等人。当康王一行出城时，王雲就对康王强调开封不可守，说真定城比开封城"高几一倍"，金人"不移时破之。此虽楼橹如画，亦不足恃也"。① 宋钦宗为此特命"进龙德宫婉容韦氏为贤妃，康王构为安国、安武军节度使"，② 作为奖赏，韦氏方由嫔升格为妃。

十一月十九日，康王一行抵达相州（治今河南安阳），知州汪伯彦领兵出迎，护卫康王入州衙。他对康王说："斡离不已于十四日由大名府（治今河北大名）魏县李固渡〔渡〕河矣，恐不得追，愿大王暂留，审议国计。"康王回答说："受命前去，不敢止于中道。"按康王的使命，既然完颜斡离不（宗望）军已渡河南下，则理应继踵追赶，以完成"告和"的任务。但他却在稍事休息后，立即兼程北上，直奔磁州。③ 这说明康王其实已根本无意于完成自己的使命，只是想乘出使之机逃遁而已。

康王一行二十日抵达磁州（治今河北磁县）。磁州知州宗泽是位六十八岁的老人，他为人刚直不阿，故仕途坎坷，"涉世多龃龉，失官久龙钟"，曾受宋徽宗"除名、编管"的处分，"坐废四年"。"正色立朝不顾死，半生长在谪籍中"。④ 他对康王说："闻虏已由李固渡渡河矣，万一如肃王为虏所留，虽悔何及。"⑤

磁州人认为王雲私通金朝，将他杀死。⑥ 康王因此对宗泽十分不快，王雲也一直得到他的怀念。十年之后，赵构说："王雲之死，乃邦人疑其为奸细而杀之，（宗）泽不为无过。"⑦ 他又说："雲死后，宗泽方遣客司赍两顶番头巾来，云得之雲行李中。是时耿延禧、高世则皆在坐。雲亦孜孜为国，岂可污蔑以此。"⑧

---

① 《会编》卷63，《要录》卷1，《靖康要录》卷12靖康元年十月二十日，十一月七日，十三日，《续资治通鉴长编纪事本末》卷145。
② 《宋史》卷23《钦宗纪》，《皇宋十朝纲要》卷15。
③ 《会编》卷64。
④ 《宋史》卷22《徽宗纪》宣和元年三月，《宗忠简公集》卷7《遗事》，《鲁斋王文宪公文集》卷14《宗忠简公传》，《梁溪全集》卷32《哭宗留守汝霖》，《湖山集》卷4《哭元帅宗公泽》。
⑤ 《鲁斋王文宪公文集》卷14《宗忠简公传》。
⑥ 《会编》卷64，《要录》卷1，《宋史》卷357《王雲传》。关于王雲之死，《要录》注引汪伯彦《建炎中兴日历》和耿延禧《中兴记》，说与王雲、宗泽的私憾有关，但《要录》作者李心传认为"伯彦、延禧与泽议论不同，辞多毁泽"。
⑦ 《要录》卷93绍兴五年九月戊子。
⑧ 《要录》卷99绍兴六年三月癸巳。

据有的史书说，王云行李中的"乌绅短巾，盖云夙有风眩疾，寝则以护首者"。① 王云之死固然成为历史上的一个小疑案，其实，真正可疑的问题，是康王一行明知金军行踪，却采取了与使命相悖的路线。其密谋详情，赵构本人固然讳莫如深，耿延禧等自然也守口如瓶。看来王云是个重要的出谋划策人物，赵构对他也有一份感激之情，故后来称帝，便追赠观文殿学士。② 观文殿学士"非曾任执政者弗除"③，王云本不够执政官的资格，也足见赵构追悼之特恩。康王离京后的行动路线，这本是个显而易见的历史疑案，却又是宋朝史官们不敢推究的禁区。

相州知州汪伯彦认为康王已成可居之奇货，他"亟作蜡书，驰骑二人"到磁州，信中说：

"大王不若凤驾回相州，藉图起义，牵制金人，以副二圣维城之望，为策之上。"

接着，他又命武将刘浩率兵二千人，将康王接回相州。康王在磁州滞留两日，十一月二十二日即瞒昧宗泽，"间道潜师夜起"，天明时逃回相州。汪伯彦在城北河边迎候，竭力献媚奉承，从此深得康王好感。康王命耿延禧草奏，"具言奉使至磁，而民杀王云之事。又闻虏马南渡，臣等回相州，以俟圣裁"。④ 王云被杀，又成为康王不奉使命赴金营的借口。

十一月末至闰十一月初，两路金军会师开封城下。⑤ 门下侍郎耿南仲是耿延禧之父，被宋钦宗强令出使金军，商议割地事宜。他到卫州（治今河南卫辉市），卫州人拒不接纳。耿南仲便往相州，投奔康王。⑥ 宋钦宗命武学进士秦仔等人向各地告急。秦仔到相州，在顶发中取出蜡书，有黄绢三四寸，乃宋钦宗"亲笔细字"，任命康王为河北兵马大元帅，中山知府陈遘为元帅，汪伯彦和宗泽为副元帅。当康王拜读难兄诏书时，也忍不住

---

① 《宋史》卷357《王云传》。
② 《要录》卷29建炎三年十一月戊辰，《宋史》卷357《王云传》。
③ 《宋史》卷162《职官志》。
④ 《会编》卷64，《宋史》卷379《韩公裔传》，卷473《汪伯彦传》。
⑤ 《金史》卷3《太宗纪》，《宋史》卷23《钦宗纪》。
⑥ 《会编》卷66，《宋史》卷352《耿南仲传》。

呜咽流涕。①

当康王接到诏书时，金军已经攻破开封。但完颜粘罕（宗翰）和完颜斡离不（宗望）仍采用一面用兵、一面和谈的狡狯手法，他们命金军占据开封外城四面城墙，把守各门，回避与人数占优势的开封军民巷战，不断地向宋方勒索兵器、马匹、财物、女子和人质。

十二月一日，康王在相州开设大元帅府，"有兵万人"，分为五军。②宋钦宗的特使侯章又传到皇帝的亲笔蜡书说：

"京城围闭日久，康王真朕心腹手足之托，已除兵马大元帅，更无疑虑，可星夜前来入援。"③

侯章还传达宋钦宗的口头宣谕说：

"康王辟中书舍人（耿延禧）随行，可以便宜传谕，令草诏书，可尽起河北官兵入援。"④

宋钦宗方面心急如焚，盼望着救兵，然而康王当上河北兵马大元帅后，他的急务却不是如何救援开封，拯救父母兄弟和妻妾于水火之中，他焦虑的中心只是如何躲避金人，逃往安全地带。要求康王哪怕有半点敌忾同仇、共赴国难的勇气，这只能是缘木求鱼。当元帅府讨论军务时，有人认为相州守备严固，可以按兵不动，如有金军前来，必不可攻，当即被康王叱退。宋钦宗特使秦仔等人请求从濬州（治今河南浚县西北）、滑州（治今河南滑县），直赴京师，又被众人否定。康王在汪伯彦等人的怂恿下，决计逃遁。

康王命刘浩为先锋，率领人马南下濬州和滑州，扬言要解开封之围，

---

① 《会编》卷68，卷70，《要录》卷1，《宋史》卷24《高宗纪》。各种史籍记载康王元帅名衔的差别，有"兵马大元帅"、"天下兵马大元帅"与"河北兵马大元帅"之异，今据《首都师范大学学报》2014年第5期高纪春先生《宋康王赵构出使金军史事三考》之考证。蜡书黄绢，或作"三寸"，或作"方四寸许"。《剑南诗稿》卷48《追忆征西幕中旧事》："蜡封三寸绢书黄。"绢书小，方便于携带。
② 《会编》卷71，《要录》卷1。
③ 《宗忠简公集》卷7《遗事》。
④ 《会编》卷71。

以迷惑敌军，吸引金人兵锋，他自己却和汪伯彦等人逃往北京大名府。十二月十四日，他们直到出发时，仍对军士们隐瞒真情，诡称南趋汤阴县（今属河南），而实际的行军路线却是出相州北门，往临漳县（今属河北）方向进发，军士们都莫名其妙。这都是汪伯彦的妙计，故康王对他格外器重。康王一行躲开李固渡的金营，在元水镇的黄河冰上乘小车渡河，偷偷摸摸溜进了北京大名府。从开元帅府到逃跑，为时仅半个月。在逃跑途中，"荒野中寒甚，烧柴，借半破瓷盂"，"温饭，用瓢酌水"，康王与汪伯彦在茅舍下同食，这对一向娇生惯养者，是一段难忘的经历。①

康王在逃往大名府前，向河北各知府、知州和知军发布耿延禧起草的檄文说，"惟金人猖獗，再犯京城，攻围未退。君父忧辱，臣子之心，义当效死卫上。矧凡在职，世受国恩，当此艰危，岂应坐视？宜勉忠义，戮力勤王"。命令他们"限于十二月二十日以后，正月三十日以前，节次到大名府会合，听〔候〕指挥"。②磁州知州宗泽等先后率兵前往北京大名府，宗泽还按宋钦宗的蜡书规定任副元帅。

当时已传来京城失守的消息，康王元帅府又接到宋钦宗的手诏说：

"京城失守，〔宗社倾〕危，尚赖金人讲和，止于割地而已。仰大元帅康王将天下勤王兵总领分屯近甸，以〔伺变〕难，无得轻动，恐误国事。"③

宋钦宗还幻想以各处救兵进逼开封的态势，迫使金军讲和，然而康王和汪伯彦却决不愿作"分屯近甸"的任何尝试。宗泽愤慨地同汪伯彦进行激烈争辩，"汪伯彦以泽为狂谲不情，泽亦诋伯彦等为失策"，④他说："君父之望入援，何啻饥渴，宜急引军直趋澶渊，次第进垒，以解京城之

---

① 以上两段记事据《会编》卷72，《要录》卷18建炎二年十月甲子，《宋史》卷473《汪伯彦传》，《清波杂志》卷1。据《宋史》卷469《蓝珪传》："朝廷遣人趣师入援，（康）履等请王留相州，王叱之而行。"故作曲笔，他"叱之而行"决非是"入援"。
② 《会编》卷71，《宗忠简公集》卷7《遗事》亦载此檄，文字有异。
③ 《宗忠简公集》卷7《遗事》，《会编》卷71。
④ 《皇朝编年纲目备要》卷30。

围。"① 但汪伯彦的理由是"事须量力，只今未说解围，且先安泊得大王去处稳当"。"大名亦去河咫尺，不可久住"。② 他与康王商定，将元帅府队伍兵分两路，康王一行率兵东逃，却让宗泽孤军南进，并命宗泽对外扬言康王在自己军中，以吸引金人兵锋，而掩护康王、汪伯彦等东逃，从此宗泽"不得预府中谋议"。③

年近古稀的宗泽毅然承担救援开封的重任，他虽然取得一些战役上的胜利，自己的队伍也蒙受相当损失，终究无法挽狂澜于已倒。

康王、汪伯彦等于靖康元年岁末逃离北京大名府，靖康二年（公元1127年）正月到达京东路东平府（治今山东东平）。二月，康王大元帅府"再呈檄书，行下诸处"，命令副元帅宗泽等"克日进寨，于近京驻扎，张大军势，逼胁令去"，但"不得先以兵马挑弄，自启败盟之衅"。"若旬月之间，师犹未退，忍复坐视，当约日齐进，誓死一战"。但在发布此檄后的两日，即二月二十日，康王一行又自东平府出发，躲到了更南的济州（治今山东巨野）。④ 康王和僚属商议，甚至准备南下至淮南路宿州（治属安徽），渡过大江，这引起元帅府军队的严重不满，"三军籍籍，谓不返京师而迁路，何也"？康王听到风声，害怕发生兵变，不得不取消去宿州的计划。⑤ 元帅府汇集的各路兵马愈来愈多，直到三月下旬，康王发令各路军队"四方并进，扫除虏寇，共立大功"。⑥ 但在事实上，康王却仍拥兵自重，坐视宗泽孤军苦战，不发一兵一卒增援。

河间知府黄潜善带兵到东平府后，深得康王信用，任节制军马。三月，康王升汪伯彦充元帅，黄潜善充副元帅。⑦ 汪伯彦、黄潜善以及康王府宦官蓝珪、康覆等人，事实上成为康王元帅府的核心成员。

---

① 《宗忠简公集》卷7《遗事》，《鲁斋王文宪公文集》卷14《宗忠简公传》，《宋史》卷360《宗泽传》，《会编》卷71。
② 《会编》卷73。
③ 《宗忠简公集》卷7《遗事》，《会编》卷78，《要录》卷1，《宋史》卷360《宗泽传》。
④ 《会编》卷81，卷83，《要录》卷2建炎元年二月庚辰、癸未，《宗忠简公集》卷7《遗事》。
⑤ 《要录》卷3建炎元年三月癸卯。
⑥ 《会编》卷86。
⑦ 《要录》卷3建炎元年三月戊午，《宋史》24《高宗纪》，卷473《黄潜善传》，《汪伯彦传》。

当金军再次南侵时，康王作为宗室，本来不可能擅自逃离开封。事实上，自康王衔命出使，离开封城后，一直怀抱着一个不可告人的私谋——三十六计，走为上计。"衔命出和，已作潜身之计；提兵入卫，反为护己之资"。① 这是后来宋人史书中不敢承认的最简单的史实真相。开封的赵氏皇族被金军一举俘获，无有孑遗，而康王却是厄运下仅存的幸运儿。

三月至四月间，金军押解了四十六岁的宋徽宗、二十八岁的宋钦宗以及宋宫"妻孥三千馀人，宗室男妇四千馀人，贵戚男妇五千馀人，诸色目三千馀人，教坊三千馀人"等北撤，② 将开封府城和皇宫中的金银财宝、图书文籍等洗劫一空。临行前，金人又建立伪楚政权，立张邦昌为帝。康王的生母、四十八岁的韦贤妃，康王府三个有位号的女子，即二十二岁的邢秉懿、十九岁的田春罗和十七岁的姜醉媚，还有五个女儿，也都在俘虏的行列。③ 唯有"潘氏已妊娠"，"以无名位，独得留"。④

大群宋俘辗转抵达北方。生活在天堂中的帝胄贵种、金枝玉叶于转瞬之间，便被打入十八层炼狱。落后的女真族盛行奴隶制，宋俘就是女真贵族的奴婢。"每人一月支稗子五斗，令自舂为米，得一斗八升，用为糇粮。岁支麻五把，令缉为裘，此外更无一钱一帛之入。男子不能缉者，则终岁裸体"，"任其生死，视如草芥"。有的男子冬天烧火取暖，"皮肉即脱落，不日辄死"。⑤ 女子们更成为胜利者恣意污辱的对象。宋徽宗和宋钦宗一行被金人押解到遥远的会宁府（治今黑龙江阿城县南白城子）。当时金太宗其实仅有一乾元殿，"四围栽柳，名曰御寨"，⑥ 其简陋非开封可比。金朝的献俘仪式，是用几千兵士将宋俘驱赶到金朝祖庙，"二帝、二后但去袍服，馀均袒裼，披羊裘及腰，紫毡条于手"。金太宗升乾元殿，"二帝以下皆跪"，"后妃等入宫，赐沐"。宋钦宗朱后不堪羞辱而自杀。翌日，金朝封宋徽宗为昏德公，宋钦宗为重昏侯。最后将这群宋俘押往胡里改路五国城（今黑龙江依兰县）。光是在献俘仪式的当天，金朝将宋宫"妇女千人赐禁近，犹肉袒"。⑦

---

① 《伪齐录》卷上。
② 《靖康稗史笺证·宋俘记》。
③ 《靖康稗史笺证》的《开封府状》，《青宫译语》和《宋俘记》。
④ 《要录》卷5建炎元年五月壬寅，《宋史》卷243《潘贤妃传》。
⑤ 《容斋三笔》卷3《北狄俘虏之苦》。
⑥ 《会编》卷166《金虏节要》，《靖康稗史笺证·呻吟语》。
⑦ 《金史》卷3《太宗纪》，《靖康稗史笺证·呻吟语》。

由于康王已成漏网之鱼，金人对其母妻更有一种泄愤报复之意。当邢秉懿被俘时，其实已有身孕，金人强令她乘马，结果"以坠马损胎，不能骑行"。北行到汤阴县，因金军万夫长、盖天大王完颜赛里（宗贤）"相逼"，邢秉懿"欲自尽"而未遂。① 金廷"指挥元帅府，叛逆赵构母韦氏、妻邢氏、田氏、姜氏先遣入京禁押"。② 在举行献俘仪式后，"韦、邢二后以下三百人留洗衣院"，田春罗一说"道亡"，另一说入洗衣院后死亡，姜醉媚也被押送入洗衣院。康王三个女儿死亡，康大宗姬佛佑和康二宗姬神佑入洗衣院。③ 所谓洗衣院，主要还不是从事洗濯等劳动，在某种意义上成为金廷专设妓院，金酋们可以随意糟蹋和掠娶洗衣院中的女俘，故"浣院日空"。④ 后金太宗"榜朝市云：宫奴赵构母韦氏，妻邢氏、姜氏（凡十九人）并抬为良家子"。完颜粘罕（宗翰）"编造秽书，诬蔑韦后、邢后、柔福帝姬诸人"。⑤ 邢秉懿不堪凌辱，在被俘十二年后，即绍兴九年（公元1139年），死于五国城，年仅三十四岁。⑥ 韦氏已是五十岁上下年龄的老妇，也成为金人对"宫奴赵构"的泄愤对象，并特地"编造秽书"，以羞辱在南方称帝的儿子。

面对着奇耻大辱，康王却另有与众不同的独特的想法，他后来称帝时说："自顷用兵，朕知其必至于讲和而后止。在元帅府时，朕不知有身，但知有民，每惟和好是念。"⑦ 所谓"不知有身，但知有民"，自然是欺人之谈。但"每惟和好是念"，倒是说破真情，实则忍耻事仇，偷生苟安是念。在赵氏皇族罹难之际，康王其实却做起了皇帝梦。早在靖康元年闰十一月，他就对幕僚们说："夜来梦皇帝脱所御袍赐吾，吾解旧衣，而服所赐，此何祥也？"⑧ 古人十分迷信梦境，常言道，日有所思，夜有所梦。康王迫不及待地说梦，正流露出他窥测时机，觊觎着黄袍加身。

---

① 《靖康稗史笺证·青宫译语》。
② 《靖康稗史笺证·南征录汇》。
③ 《靖康稗史笺证》的《青宫译语》、《呻吟语》和《宋俘记》。
④ 《靖康稗史笺证·呻吟语》引《燕人麈》。
⑤ 《靖康稗史笺证·呻吟语》。
⑥ 《要录》卷129绍兴九年六月庚戌，《宋史》卷243《高宗宪节邢皇后传》，《靖康稗史笺证》的《呻吟语》和《宋俘记》。
⑦ 《要录》卷159绍兴十九年四月戊辰，《宋宰辅编年录校补》卷16。
⑧ 《中兴小纪》卷1，《皇朝中兴纪事本末》卷1之上，《宋史全文续资治通鉴》卷16，《宗忠简公集》卷7《遗事》。

叁

南京登基

仇英《临萧照中兴瑞应图卷》第二段《渡河》局部

第一节　顺利继位

在济州临时设置的元帅府里，黄潜善兄、随军应副黄潜厚①突然拜见康王，"哽咽不能语"，经再三盘问，黄潜厚报告了金人俘虏徽、钦二帝北去，并建立伪楚的消息。二十一岁的康王一时如五雷轰顶，"更无分毫主意"。他找耿南仲、汪伯彦、黄潜善等商议，决定暂时按兵不动，另派人刺探消息。当时元帅府事务事实上已由黄潜善区处。②

康王为此写信给宗泽等人说，自己受任河北兵马大元帅后，"且方忌器，未敢轻举，但分屯近甸，为逼逐之计"。闻知"二圣、二后、东宫诸王北渡大河，五内殒裂，不如无生，便欲身先士卒，手刃逆胡，身膏草野，以救君父。而僚属不容，谓祖宗德泽，主上仁圣，臣民归戴，天意未改。故老、近臣、将帅、军民，忠义有素，当资众力，共成忠孝本意"。他既以冠冕堂皇的言辞，开脱自己怯敌避战，以苟全性命之责，又微露准备继承皇位之意，并按僚属的商议，在信中告诫宗泽等"未当轻动，徒使京城重扰，军民被害，故欲按甲近城，容构移书问故"。③

新成立的伪楚政权不得人心，在金军撤退后显然不能维持。开封城中尚有宋哲宗废后孟氏，她被废积年，此次却因祸得福，免当俘虏。于是，张邦昌便尊孟氏"为宋太后，迎居延福宫，受百官朝"，"垂帘听政"，自己"行太宰事"。④张邦昌在上宋太后手书中说，"予世受宋恩，身相前帝"，"岂图祸变之非常，以至君臣之易位"，"今二帝已迁，三川方震，匪仰伸于钦奉，则曷副于仪型"。⑤他又致书康王，表明自己称帝乃是万不得已，"然念兴复之计，有在于从权，以济大事，故遂忍死于此，欲迓二帝之还，而报之于殿下也"。接着，他又派人将"大宋受命之宝"的玉玺献

---

① 《要录》卷1。
② 《要录》卷3建炎元年三月丁巳，卷99绍兴六年三月癸巳。
③ 《会编》卷90，《建炎以来朝野杂记》乙集卷3《高宗与宗忠简书》，《宗忠简公集》卷7《遗事》。
④ 《会编》卷91，《宋史》卷243《哲宗昭慈孟皇后传》，卷475《张邦昌传》。
⑤ 《会编》卷90。

于大元帅府。①

门下侍郎耿南仲、元帅汪伯彦、副元帅黄潜善等人"上表劝进于大元帅",表中说:

> "金人不道,邀二圣銮舆北狩。天未厌宋,必将有主,主宋祀者,非大王而谁!"

康王在批答中说:

> "勉徇众志,以答天下之休,庶以奉迎二圣,恢复中原,此吾诚心,天实临之!"②

一方面渴望自己称孤道寡,另一方面也渴望自己攀龙附凤,这才是劝进表和批答背后的真实动机。在迷信盛行的古代,"天实临之"的誓言,不可谓之不重,然而自康王出使到开元帅府后的行踪,也已表明其"诚心"实为何物。当僚属劝进之际,康王"避席呜咽,掩面流涕,辞逊不受",这也被当作新天子应天承运之前的圣德,而录入宋人的史册。由小武官郑安传递到宋钦宗的"啮血书襟诏",更增加了劝进时的戏剧气氛,诏书说:

> "宋德不兴,祸生莫测,不幸用非其人,兵未抵京而众先溃,使道君皇帝(宋徽宗耽溺道教,自称教主道君皇帝)③而〔降〕,全族驱质,复闻宗社亦非我族,涕泪横流。卫士潜归,播告四方,忠臣义士,奋心一举,犹可为朕报北辕之耻也!〔毋忘!毋忘!〕"

康王"读之痛哭"。④ 孟太后听政后,即"下手诏播告天下"说:

---

① 《会编》卷91,卷92。
② 《会编》卷90。
③ 《宋史》卷21《徽宗纪》政和七年四月。
④ 《要录》卷4建炎元年四月癸亥,以《会编》卷99《靖康皇族陷虏记》参校。

"虽举族有北辕之衅，而敷天同左袒之心。乃眷贤王，越居近服，已徇群情之请，俾膺神器之归。缵康邸之旧藩，嗣我朝之大统。汉家之厄十世，宜光武之中兴；献公之子九人，惟重耳之尚在。兹为天意，夫岂人谋。"①

她命亲侄孟忠厚持书到济州，向康王劝进。②

在宋失其鹿的情势下，张邦昌其实并无称帝的胆量和野心，但参与角逐天水朝神器者，却并非仅有康王一人。由于宋太宗系的子孙一直霸占帝位，宋太祖系的宗室赵子崧心中不平，他相信"太祖之后，当再有天下"的迷信传言。当时赵子崧任淮宁府（治今河南淮阳）知府，北邻开封府，看到有天下大乱之势，便传檄说：

"艺祖造邦，千龄而符景运；皇天佑宋，六叶而生眇躬。"

在古代中国，"眇躬"是皇帝专用的自谦之词。他约一些官员和门人傅亮等筑坛，歃血为盟。但康王既有近属之尊，又有大元帅之位，赵子崧又很快改变主意，上书帅府，拥戴康王，积极参与迫使张邦昌逊位的活动。然而后来赵构追究此事，仍将赵子崧贬窜岭南。③

另一宋太宗弟赵廷美系宗室赵叔向则聚兵七千，直抵开封城郊的青城，也显示其问鼎之志。他后来看到康王称帝的大势已无可逆转，仍"不肯以其兵与朝廷，欲与宗泽"。赵叔向显然鄙薄赵构，却尊敬宗泽。他的谋主陈烈说："大王若归朝廷，则当以其兵与朝廷。不然，即提兵过河，迎复二圣。"赵叔向无可奈何，交出兵马。后被其部将于涣上告，赵构便命武将刘光世将他捕杀。④

四十四岁的赵士㒟在宗室中颇有贤名，又是赵构的"皇叔"一辈，其实倒是新皇帝的合适人选。然而赵士㒟不仅没有参与帝位的争夺，反而劝

---

① 《会编》卷93，《要录》卷4建炎元年四月甲戌。
② 《会编》卷92，《宋史》卷243《哲宗昭慈孟皇后传》，卷465《孟忠厚传》。
③ 《要录》卷4建炎元年四月壬戌，癸亥，甲子，丙寅，己巳，《宋史》卷247《赵子崧传》，《挥麈录馀话》卷1。
④ 《会编》卷91，卷108，《要录》卷4建炎元年四月丙寅，卷6建炎元年六月乙亥，《宋史》卷247《赵叔向传》，《朱子语类》卷127，卷130。

说孟太后，建议由康王"承大统"。①

另有宗室赵仲琮，论其辈分应是皇叔祖，他在济州元帅府中说，"今二帝北迁，大王不当即位，只宜用晋武陵王故事，称制行事，不改元"，"当著淡黄衣"。这当然遭到僚属们的群起驳斥，并且引证了唐肃宗称帝的故事，表明康王称帝的合理性。②

在不足一个月的时间里，酝酿康王称帝的事进展十分顺利。赵氏宗族在帝位继承问题上大致避免了兄弟阋墙，但康王的即位，事实上已决定了宋帝国往后的规模和命运。

在众多劝进者中，最感苦恼和矛盾的只怕是宗泽。他有元帅府与康王共事的痛苦经验，明知此人根本不具备中兴之主的素质，但身为大宋臣僚，他只能在乱臣贼子张邦昌和康王之间两者择一，尤须劝康王"不可迟疑"，"即宝位以安天下"，"早定民志"。与众多的劝进表状不同者，宗泽在状词中对行将即位的新主并无客套和虚伪的恭维，却径情直遂地痛陈形势，进行规谏，他说：

"天下百姓所注耳目而系其望者，惟在大元帅府康王一人。大元帅行之得其道，则天下将自安，宗庙、社稷将自宁，二帝、二后、诸王将自回，彼之贼虏将自剿绝殄灭。大元帅行之不得其道，则天下从而大乱，宗庙、社稷亦从而倾危，二帝、二后、诸王无繇缘而回，贼势愈炽，亦无繇缘而亡。此事在大元帅行之得其道与不得其道耳。如何可谓之道？泽谓其说有五：一曰近刚正而远柔邪，二曰纳谏诤而拒谀佞，三曰尚恭俭而抑骄侈，四曰体忧勤而忘逸乐，五曰进公实而退私伪。是五者甚易知，甚易行，然世莫能知，莫能行者，由刚正、谏诤、恭俭、忧勤、公实之事多逆于心也，柔邪、谀佞、骄侈、逸乐、私伪之事多逊于志也。伊尹有言：'有言逆于汝心，必求诸道；有言逊于汝志，必求诸非道。'合诸道者，君子也；合诸非道者，小人也。愿大元帅大王于应酬问答之间，以兹五事卜之，则君子、小人了然分矣。"

---

① 《要录》卷5建炎元年五月，《宋史》卷247《赵士㒟传》。
② 《会编》卷92，《要录》卷4建炎元年四月戊辰作赵仲综，《宋史》卷224《宗室世系表》作赵仲琮。

宗泽"血诚痛切"之言，流出肺腑，他必须同这位不争气的"大王"确立新的君臣关系，也只能苦口婆心，以尽臣职。①

康王经过一番装模作样的推辞后，便与元帅府僚属商定，前往南京应天府（治今河南商丘市）即位。孟太后也命内侍邵成章和王衮"奉乘舆、服御、仪仗"前去南京应天府。②

五月一日，康王便在南京应天府举行登基典礼，"登坛受命，礼毕恸哭，遥谢二帝，即位于府治"。③他将靖康二年改元建炎元年，④后庙号高宗。宋高宗尊奉孟太后为元祐太后，后又改称隆祐太后，⑤遥尊被俘的宋钦宗为孝慈渊圣皇帝，⑥此后宋人往往简称为"渊圣"。

宋高宗在即位赦文中说，"勉徇群情，嗣登大宝。宵衣旰食，绍祖宗垂创之基；疾首痛心，怀父母播迁之难"。"同徯两宫之复，终图万世之安"。⑦在当时的政治形势下，宋高宗不得不将迎还二圣作为最重要的政治口号。由于中国古代的君臣名分和伦理关系，也必须由皇帝本人率先提出这个口号，臣僚们方能随之响应。

宋高宗最初对张邦昌移交政权，是喜出望外的。但他的态度又很快变卦，认为张邦昌的存在，对自己的帝位始终构成威胁，故最后仍以"在内中衣赭衣，履黄袍，宿福宁殿，使宫人侍寝"等不臣的"心迹"，赐令自裁。⑧

---

① 《会编》卷93，《宗忠简公集》卷1《上大元帅康王札子》。

② 《会编》卷95，《要录》卷4建炎元年四月戊辰、丙戌，《宋史》卷469《邵成章传》。

③ 《宋史》卷24《高宗纪》。

④ 《会编》卷101载，年号考虑到东汉光武帝"中兴"，采用建武，宋太祖开国，采用建隆，宋属五行中之火德，故用建炎，以象征中兴有望。

⑤ 《宋史》卷243《哲宗昭慈孟皇后传》。

⑥ 《会编》卷102，《要录》卷5建炎元年五月辛卯，《挥麈后录》卷1。

⑦ 《会编》卷101。

⑧ 《挥麈后录》卷4，《后村先生大全集》卷105《题跋·高宗御札》，《梁溪全集》卷176《建炎进退志总叙》，《宋史》卷475《张邦昌传》。

第二节　李纲拜罢

金军的南侵，使立国一百六十馀年的宋朝蒙受了空前的奇耻大辱，中原各地惨遭血与火的洗劫。女真贵族大纵屠戮，又大肆俘掠汉人充奴婢。故汉人"或长驱不返，或迎敌而殂。威临而坠井、坠河者有之，势胁而自刎、自缢者有之。士民共戮，善恶同诛。有千里而离乡者，有一门而尽殁者。尸盈郊邑，血满道途"。"男女无分，白骨交横"。① 金军"杀人如割麻"，臭闻数百里。人口的大量死亡，招致可怖的瘟疫；瘟疫的流行，又招致更多人口的死亡。② 金朝每占领一地，还强迫汉族男子"剃头辫髮"，"仰削去头髮，短巾左衽，敢有违犯"，"当正典刑"，采取类似后来清初留头不留髮，留髮不留头的政策，"禁民汉服"，"削髮不如法者死"。③ 这对长期保留蓄髮习俗的汉人，是极大的民族侮辱。其各种倒行逆施的、野蛮的罪行，激起河北与河东路人民的强烈反抗。"逃避之人，连绵不绝"，"各收集散亡士卒，立寨栅以自卫，持弓刀以捍〔贼〕。金人屡遣人多方招诱，必被剿杀"。④ 在河东路，抗金义军"蚁聚蜂屯，啸集林谷，每党不啻数千人，号曰红巾"。⑤ 武官何宏中"收合散亡，立山棚七十四所，号令所及，千里而远"。⑥ "河北百姓皆以白绢为旗，刺血，上书'怨'字，迎杀金贼"。⑦ "恩、冀之间，农民自置弓剑，保护一方，谓之巡社"，"相州以北，有山寨约五十馀处，每寨不下三万人，其徒皆河北州县避贼者"。⑧

在被俘北上途中饱受苦难和凌辱的宋徽宗，通过曹勋偷偷带回一件桧

---

① 《金文最》卷65李致尧《汾州葬枯骨碑》。此文虽说是河东路汾州的情况，各地大抵如此。
② 《会编》卷96《靖康遗录》，《要录》卷4建炎元年四月庚申朔。
③ 《大金吊伐录》下《枢密院告谕两路指挥》，《会编》卷115，132《金房节要》，《要录》卷28建炎三年秋，《历代名臣奏议》卷85宗泽奏。
④ 《忠愍集》卷1《使还上殿札子三道》，《历代名臣奏议》卷333。
⑤ 《山右石刻丛编》卷19《襄垣县修城记》。
⑥ 《中州集》卷10何宏中传，《齐东野语》卷11《何宏中》。
⑦ 《石林奏议》卷2《申大元帅府缴纳告谕军民榜牒状》。
⑧ 《松隐文集》卷26《进前十事札子》。

领（俗称背心），"拆领，写字于领中"说：

"可便即真，来救父母！"

连同宋徽宗的画押，共计九字。画押是当时一种特殊的签名符号。① 宋徽宗的御押为"开"，宋高宗的御押为"𢆡"。② 他还命曹勋转达给康王口谕："如见大王，但奏可有清中原之谋，悉举行之，无以我为念！且保守宗庙，洗雪积愤。"宋高宗母韦氏将"拭泪白纱帕子"交付曹勋说："见大王，深致我血泪之痛，父子未期相见，惟早清中原，速救父母！"邢秉懿也托曹勋带康王府邸金耳环一只，以为信物，说："到时转语大王，愿早如此环，遂得相见。"③

从中原百姓到皇族的巨创深痛，使人们对新即位的宋高宗寄予厚望，期盼着新政权真有一番中兴气象，励精图治，兴复故土，重整山河。从军事形势看，尽管金人一度悬军深入，实际上也只占领十多个府、州、军，④ 大部分州县仍然固守待援，金朝甚至连燕山府（治今北京）南下的通道也未能保持。然而新皇帝即位之初的若干重要举措，却已向人们昭示，中兴无望。

新皇帝登基后，宰辅的任命自然是首要问题。门下侍郎耿南仲本是宋钦宗的"东宫旧臣"，在元帅府中与汪伯彦等人沆瀣一气，又是康王登位的首要劝进者，但宋高宗鄙薄其为人，说："朕恨不手斩耿南仲！"很快便将他罢官赋闲。⑤

宋高宗最倚信的还是黄潜善和汪伯彦两人。他即位的当天，即拜黄潜善为中书侍郎，汪伯彦为同知枢密院事，很快又命两人兼御营使和副使，⑥ 将北宋作为中央军事机构的枢密院和三衙闲置一边，而由这两人掌军，占

---

① 参见《考古》1979年第3期朱瑞熙先生《再谈宋墓出土的太学牒》。
② 《癸辛杂识》别集下《宋十五朝御押》，参见传世的宋高宗赐岳飞御札墨迹。
③ 《会编》卷98《北狩闻见录》，卷111，《松隐文集》卷26《进前十事札子》，《梁溪全集》卷176《建炎进退志总叙》，《宋史》卷379《曹勋传》。
④ 参见《要录》卷6建炎元年六月甲子注，但此注统计不全。
⑤ 《宋史》卷352《耿南仲传》，《宋宰辅编年录校补》卷14，《历代名臣奏议》卷183邓肃奏，《朱子语类》卷127。
⑥ 《会编》卷102，卷103，《要录》卷5建炎元年五月庚寅朔，丁酉，《宋宰辅编年录校补》卷14。

据了最紧要的实职差遣。正如词臣为宋高宗起草的制词所说："干予心膂之忧，实赖股肱之旧。"① 同原先元帅府的地位相比，黄潜善的蹿升更高于汪伯彦。黄潜善和汪伯彦随即提出，向金朝派遣祈请使，"用靖康誓书，画河为界"，"令刑部不得誊赦文下河东、北两路及河中府、解州"。宋军"且令屯大河之南"，② 准备完全放弃大河以北的疆土。

赵士㒟对此深感忧虞和气愤，遂"首论大臣误国"，力荐李纲任相。宋高宗随即发表赵士㒟外任知南外宗正事，将他逐出朝廷。监察御史张所反对放弃两河，弹奏黄潜善"奸邪"，也被贬官凤州团练副使，流放到江州（治今江西九江）"安置"。宋朝台谏官虽然官位不高，但政治地位重要。张所作为一名台官，仅因弹奏一个执政官，而承受如此厉害的惩罚和贬黜，这在以"好谏纳言"为"家法"的宋朝，③ 是相当罕见的。张所和赵士㒟成为新皇帝"立极之初"首先被逐的端人正士。④ 即使在下层，相州汤阴县人岳飞怀抱"尽忠报国"的敌忾，从戎立功，当时他尽管只是一名低级武官，却不顾自己人微言轻，毅然上书言事，反对朝廷退避，希图苟安，力主进取。结果却被"用事之臣"以"小臣越职，非所宜言"为由，革去官职，削除军籍。在"孤子一身，狼狈羁旅"的窘境中，岳飞仍然满怀激情，直奔河北抗金前沿。⑤

宋高宗在重用黄潜善和汪伯彦的同时，又空缺相位，以待李纲。当时"天下人望之所归者"，李纲"一人而已"，"万口一音"，认为其"德义才力，足以任大事"。⑥ 宋高宗在即位前，给李纲手书说：

---

① 《宋宰辅编年录校补》卷14，《会编》卷102。
② 《会编》卷108宗泽奏，《要录》卷5建炎元年五月戊戌，《历代名臣奏议》卷348宗泽奏。
③ 《嵩山文集》卷1《元符三年应诏封事》。
④ 《要录》卷5建炎元年五月丙辰，月末，卷144绍兴十二年三月辛亥，《宋史》卷247《赵士㒟传》，卷363《张所传》。
⑤ 《鄂国金佗稡编》卷4《鄂王行实编年》，卷11《乞以明堂恩奏张所男宗本奏》，《要录》卷8建炎元年八月乙亥。
⑥ 《要录》卷5建炎元年五月乙未附吕中《大事记》，卷6建炎元年六月，《会编》卷124，《太仓稊米集》卷57《上皇帝书》，《北山小集》卷36《寄李枢密论事札子》。

"方今生民之命，急于倒悬，谅非不世之才，何以协济事功。"①

黄潜善、汪伯彦等人却反对李纲入朝，他们编造各种理由，如"李好用兵，今召用，恐金人不乐"，"名浮于实，而有震主之威"，甚至在五月五日发表李纲任右相后，仍建议"宜及其未至罢之"。②但宋高宗迫于严峻形势，也不能贸然收回成命。

六月一日，李纲抵达南京应天府，"谋身性虽拙，许国心独苦"，③这是他经历国家大灾大难与个人宦海沉浮后，孤忠许国的自我写照。鉴于一些人的反对，李纲更感到自己不能腆颜受命。他到内殿拜见新君，"不觉涕泗之横流"。④他说，"谓材不足以任宰相，则可，谓为金人所恶，不当为宰相，则不可"。"陛下断自渊衷，特达用臣，而外廷之论如此，臣敢当此任？愿乞身以归田里。至于陛下命相，于金人所喜所恶之间，更望圣虑有以审处"。宋高宗慰谕一番，当即命内侍邵成章"宣押赴都堂治事"。

翌日，李纲再次奏对于内殿，宋高宗说："朕决意用卿，非在今日，社稷、生灵赖卿以安，卿其无辞。"李纲说："臣愚陋无取，不意陛下知臣之深也。然今日之事，持危扶颠，以创业为法，而图中兴之功，在陛下而不在臣。"李纲对这位新皇帝的了解其实不深，但某些片断的事实和印象，已使李纲见微而知著。他不得不向官家剀切陈词，说知人而不能信用，"又使小人参之"，则必然败坏"中兴之业"，恳望皇帝"留神于君子、小人之间，使臣得以尽志毕虑，图报涓埃，虽死无憾"。⑤

除李纲外，黄潜善、汪伯彦之流最嫌忌的自然是宗泽。宋高宗即位之初，对元帅府僚属，即"随龙人"破格"并转四官"，以示特恩。⑥宗泽作为"霸府旧僚"，⑦依他在康王元帅府的地位和名望，本应在新君即位时

---

① 《梁溪全集》卷60《御书》，《建炎以来朝野杂记》乙集卷3《高宗属意李忠定》。
② 《要录》卷5建炎元年五月甲午、辛丑，卷6建炎元年六月己未朔，《宋宰辅编年录校补》卷14，《朱子语类》卷131。
③ 《梁溪全集》卷19《建炎行》。
④ 《梁溪全集》附录《行状》中。
⑤ 《会编》卷104，《要录》卷6建炎元年六月己未朔，《梁溪全集》卷19《建炎行》序，卷174《建炎进退志总叙》，卷178《建炎时政记》，附录《行状》中。
⑥ 《攻媿集》卷29《缴随龙讲官等转官》。
⑦ 《后村先生大全集》卷98《序·宗忠简遗事》。

委以重任，但他们无论如何也要阻挠宗泽在中央主持军政。宋高宗自然与他们臭味相投，故于五月下旬，匆忙发表宗泽外任襄阳府（治今湖北襄阳）知府。① 宗泽途经南京应天府，也于六月一日"入对"。他看到了睽别近半年的新主，"气哽不能语，涕泗交颐"，宋高宗一时也"为之动容"。宗泽与李纲不同，他对这位新帝已了如指掌，故在给宰相李纲信中特别强调：

"毋蹈东晋既覆之辙，毋安积薪未燃之火。"

这表明他对国势和国运已有先见之明。尽管如此，他身为大宋臣子，仍义不容辞地尽谏诤之责，"复陈兴衰拨乱大计，极论当时人材"。② 宗泽恳切地对宋高宗谈了三条看法："一论人主不可以喜怒为赏罚；二论人主职在任相，〔愿〕于稠人广众之中，不以亲疏，不以远近，虚心谨择，参以国人左右之言，爰立作相，毋使小人参之；三论臣下有怀奸藏慝、嫉贤蔽善者，当使耳目之官沥心弹纠，毋有所隐。"③

宗泽的言论自然是针对黄潜善、汪伯彦一类小人当道得志而发的，而与此类小人臭味相投的皇帝，实际上也决不会听从这个老臣的诤言。宗泽另外上疏，尖锐抨击"割地请和之议"说，"奈何轻听奸邪附贼张皇者之言，而遂自分裂乎"？"自金贼再犯"，"但闻奸邪之臣朝进一言以告和，暮入一说以乞盟，惟辞之卑，惟礼之厚，惟虏言是听，惟虏求是应"。"臣每念是祸，正宜天下臣子弗与贼虏俱生之日也。臣意陛下即位，必赫然震怒，旋乾转坤，大明黜陟，以赏善罚恶，以进贤退不肖，以再造我王室，以中兴我大宋基业。今四十日矣，未闻有所号令，作新斯民。但见刑部指挥，有不得誊播赦文于河东、河西、陕之蒲、解。兹非所以新人耳目也，是欲蹈〔西〕晋〔东〕迁既覆之辙尔！是欲裂王者〔大〕一统之绪为偏霸尔！为是说者，〔何〕不忠不孝之甚也"！"臣虽驽怯，当躬冒矢石，为

---

① 《要录》卷5建炎元年五月庚戌，《鲁斋王文宪公文集》卷14《宗忠简公传》。
② 《宗忠简公集》卷4《上李丞相书》，卷7《遗事》。
③ 《要录》卷6建炎元年六月己未朔，《鲁斋王文宪公文集》卷14《宗忠简公传》。

诸将先，得捐躯，报国恩足矣"！① 宗泽这番忠愤激烈、义正词严的说论，自然不可能医治新帝的软骨病，只能使他更加嫌恶这位耿直的老臣。

六十九岁的宗泽和四十五岁的李纲在南京应天府相会，这也许是两人的初次会见，又终于成为最后的一面。在饱经忧患之余，两个志同道合者互相倾吐衷曲。宗泽"忠义慷慨，愤发至流涕"。②两人深以国事为忧，也毅然决然以拨乱兴邦为己任。

宗泽不断公开斥责黄潜善为"闽人"，汪伯彦为"徽人"，"朝夕赞〔陛〕下南幸"，"何故厚于贼虏，薄于国家"。③黄潜善、汪伯彦等人自然对宗泽恨之入骨，只望将他尽早逐出朝廷，又设法使宗泽改任青州（治今山东益都）知州。李纲为此在宋高宗面前力争，说宗泽"卓荦有气节，敢为，不诡随于世"，"绥集旧邦，非泽不可"。宋高宗便任命宗泽为开封知府。④ 在当时的形势下，宋高宗根本不愿回旧京，开封知府自然是最重要的外任差遣。宗泽离南京应天府赴任，赋诗描写自己的心情说：

"泣涕收横溃，焦枯赖发生。
不辞关路远，辛苦向都城。"⑤

经历了北宋末年的祸乱变故后，李纲已成为一个有深谋远虑的政治家。后来朱熹评论所谓"中兴诸相"时说，唯有"李丞相大义分明"，"建炎再造，首登庙堂，慨然以修政事，攘夷狄为己任"，"纲领大，规模宏阔，照管得始终本末，才极大，诸公皆不及，只可惜太粗耳"。⑥所谓"粗"，无非是指他不谨小慎微，对细节的考虑不够周全缜密。这对一个掌大政方针的宰相而言，不过是微瑕和小疵而已。

---

① 《要录》卷6建炎元年六月戊辰，《鲁斋王文宪公文集》卷14《宗忠简公传》，宗泽奏引文以《历代名臣奏议》卷348，《会编》卷108，《宗忠简公集》卷1《上乞毋割地与金人疏》参校。
② 《梁溪全集》卷32《哭宗留守汝霖》序。
③ 《后村先生大全集》卷98《序·宗忠简遗事》，以《宋集珍本丛刊》影印明谢氏小草斋抄本《后村集》卷11同篇参校。
④ 《要录》卷6建炎元年六月戊辰，《鲁斋王文宪公文集》卷14《宗忠简公传》，《梁溪全集》卷175《建炎进退志总叙》。
⑤ 《宗忠简公集》卷5《雨晴渡关二首》。
⑥ 《朱子语类》卷131，《朱文公文集》卷76《丞相李公奏议后序》。

面对着一个年轻的，既缺乏政治经验，事实上又不想有任何作为的皇帝，李纲"以一身任天下之重"，"慨然以修政攘夷为己任"。① 他总结北宋亡国的惨痛教训，审度宋、金力量的对比，提出了一系列正确的政策和措施。

第一，关于宋金关系，李纲认为，"能守而后可战，能战而后可和，而靖康之末皆失之。今欲战则不足，欲和则不可，莫若自治，专以守为策。俟吾政事修，士气振，然后可以议大举"。"不务战守之计，唯信讲和之说，则国势益卑，制命于敌，无以自立矣"。先守后战，而不应和，这当然是唯一可行的正确政策。

第二，他主张对向金人屈膝的伪楚张邦昌以及其他官员给予严厉处分，"以励士风"。

第三，他提出一系列矫治弊政，加强战备的政策和措施。

第四，他提出任命被贬逐的张所为河北西路招抚使，王璪和傅亮为河东经制使和副使，负责收复河北和河东失地。② 他采纳张悫等人的建议，下令民间组织"忠义巡社"，以抵抗金军。③

张所在河北士民中有很高声望，李纲博询众议，"众谓招抚河北，此非所不可"。李纲鉴于黄潜善与张所有仇隙，只能先行劝说，黄潜善表面上"欣然许诺"。④

李纲拜相后的一系列修内攘外措施，表明他确是一位难得的相才。正如后来朱熹所说："方南京建国时，全无纪纲。自李公入来，整顿一番，方略成个朝廷模样。"⑤

但是，李纲几乎每一项政策和措施都遭到黄潜善、汪伯彦之流的阻挠和反对，与他们沆瀣一气的宋高宗也很快对李纲感到厌烦。黄潜善、汪伯彦等人私下说服皇帝，逃往东南，"其议颇传于外"。七月，宋高宗降亲笔

---

① 《要录》卷8建炎元年八月乙亥附吕中《大事记》。
② 参见《梁溪全集》卷58和卷59诸奏，卷174至卷177《建炎进退志总叙》，卷178至卷180《建炎时政记》，《历代名臣奏议》卷84。张所等差遣，参见《梁溪全集》卷61《乞于河北西路置招抚司河东路置经制司札子》，《要录》卷6建炎元年六月丁亥，卷7建炎元年七月己丑朔，丙辰，卷9建炎元年九月壬寅。
③ 《宋会要》兵2之50—58，《要录》卷8建炎元年八月丁卯，《宋史》卷363《张悫传》。
④ 《梁溪全集》卷175《建炎进退志总叙》。
⑤ 《朱子语类》卷131。

手诏,"欲巡幸东南以避狄"。李纲面奏,"极论不可",认为此议"偷取一时之安适,而忘祸患之在后","陛下既已降诏,独留中原,人心悦服,奈何诏墨未干,失大信于天下"。宋高宗无可奈何,暂时收回成命。① 他在骨子里却加深了对李纲的嫌恶,因为李纲的直言,刺中了他希图苟安宴乐、言而无信的痛处。其实,言而无信,正是宋高宗的一贯作风,而且并非始于即位之后,他向来不吝于将自己大量指天誓日般的漂亮言词扔进故纸堆中。

李纲坚持追查和处罚北宋末开封城中降金失节的官员,先后贬窜了一大批人,并处死了宋齐愈。黄潜善等营救降金官员不成,与李纲嫌隙更深。②

宋高宗设法提升黄潜善和汪伯彦的官位。他将汪伯彦升任知枢密院事,作为长官。八月,又任命李纲为左相,黄潜善为右相,以便于束缚李纲的手脚。李纲"知谮诉之言,其入已深",于是向皇帝"极论君子、小人不可并立之理,且言疑则当勿用,用则当勿疑"。宋高宗表面上仍虚与委蛇,"慰勉"一番。③

李纲在朝廷的处境更加困难。黄潜善和汪伯彦坚决主张撤销张所的河北西路招抚司和傅亮的河东路经制司,制造各种流言蜚语,实际上无非是要维持他们放弃大河以北的原议。李纲为此力辩,而宋高宗的御批却完全支持黄潜善和汪伯彦。④ 此外,由黄潜善举荐的殿中侍御史张浚,⑤ 也上章弹劾李纲。按宋朝的惯例,台谏官提出弹劾,不管是非曲直,宰相和执政也只能向皇帝上交辞呈。李纲深感事无可为,遂提出辞职。

宋高宗表面上仍虚伪地予以挽留,但随后发表的李纲罢相制,却作了份量很重的谴责,"论人臣之大戒,罪莫重于擅朝;置辅相以仰成,责尤严于误国"。"谋谟莫效,狂诞罔俊","以喜怒自分其贤愚,至赏罚〔失当〕于功罪。〔出〕令允符于清议,屡抗执以封还;用〔刑有〕拂于群

---

① 《梁溪全集》卷63《议巡幸第一札子》,《议巡幸第二札子》,卷177《建炎进退志总叙》,附录《行状》中,《要录》卷7建炎元年七月辛丑,乙巳。
② 《会编》卷111,卷112,《要录》卷6建炎元年六月壬戌,癸亥,卷7建炎元年七月辛丑,癸卯。
③ 《会编》卷112,《要录》卷6建炎元年六月戊寅,卷8建炎元年八月壬戌,《宋宰辅编年录校补》卷14。
④ 《要录》卷7建炎元年七月丙辰,卷8建炎元年八月乙亥。
⑤ 《要录》卷7建炎元年七月丁未。

情，必力祈于亲札。〔第〕欲〔市〕恩于己，靡思〔归〕怨于君"。"设心谓何，专制如此。忽览剡章之奏，且陈引咎之辞。顾物论以大喧，岂邦宪之可屈"。李纲罢相后，又再贬三贬，最后一度流放到当时认为是最荒凉的炎瘴之地海南岛。在贬谪制词中竟有"朋奸罔上，有虞必去于驩兜；欺世盗名，孔子首诛于正卯"之语。①

黄潜善极其憎恨张所，认为过去将他流放江州尚不解恨，又通过宋高宗，将张所贬逐至岭南。这位竭尽忠节的干才，最终竟被盗匪刘忠杀害。②

宋高宗在位时，有的宰相可罢而复拜，唯有德高、才大而望重的李纲，其"出入系朝廷轻重"，③却终不复用。宋高宗后来愤恨地说："李纲孩视朕！"④

李纲尽瘁国事，对皇帝直言开陈，却招致宋高宗的极度嫌恨。后来李纲写《建炎时政记》，客观地叙述自己拜罢经历，以及与黄潜善、汪伯彦的争议，进献皇帝。宋高宗也不得不承认李纲的记录"皆是实事"。⑤

李纲任相仅七十五日，便黯然下台，宋廷也随之失去了主心骨。一个在异时异地决然可以施展抱负，辉耀史册的中兴名相，却落得如此可悲可叹的下场，这在宋高宗的小朝廷中，却是无可避免的事。任相期如此短促，事实上也很难有显著的业绩可言。但宋人一些诗篇仍有很恰当的评论，"追数中兴相，公居第一人"。"整顿乾坤第一人，堂堂真相足仪型"。"材大古难用，功多忌更多。忠怀冲日月，谗口肆风波"。⑥这些诗句的基本缺点，则是恪守据说是孔夫子传下来的古老原则——为尊者讳。事实上，没有皇帝作主宰，"谗口"又如何得以"肆风波"呢？

---

① 《会编》卷113，《要录》卷8建炎元年八月乙亥，《宋宰辅编年录校补》卷14，《鹤林玉露》乙编卷2《前褒后贬》。
② 《要录》卷9建炎元年九月壬寅，《宋史》卷363《张所传》说他死于岭南贬所，系误，今据《鄂国金佗续编》卷9《照会追复张所左通直郎直龙图阁省札》。
③ 《栟榈文集》卷16《具瞻堂记》。
④ 《朱子语类》卷131。
⑤ 《要录》卷87绍兴五年三月乙酉。
⑥ 《梁溪全集》附录张致远、陈公辅、曾开挽诗。

第三节 杀陈东和欧阳澈

李纲罢相,震动朝野,使一些稍有血性的士大夫感到难以保持缄默。镇江府丹阳县(今属江苏)人陈东是北宋末年的太学生,曾领导数万人伏阙上书的爱国群众运动,名望极高。他其实与李纲并不相识,但听到罢相的消息后,立即上书,"论李纲不可罢,黄潜善、汪伯彦不可用,乞亲征,邀请二帝",又指责宋高宗"不当即大位,将来渊圣皇帝归来,不知何以处"。①

另一抚州崇仁县(今属江西)士人欧阳澈也上书,"极诋用事者",并且"语侵宫掖",指责宋高宗"宫禁宠乐",②无非是批评皇帝沉湎女色,宠信宦官之类。事实上,女色自然是新皇帝的第一紧切需要,他曾下"圣旨",命御药院"下开封府买拆洗女童不计数",广选"姝丽","举封其臂",其真正目的自然决非供"拆洗"之用。一时"搜求之甚,过于攘夺,愁怨之声,比屋相闻"。③

经过专制禁网的过滤,陈东和欧阳澈上书的原文已不复传世。但是,他们切直无隐的忠言,却刺中了宋高宗的灵魂深处,使他恼羞成怒。宋高宗亲下"手批",将两人处斩于应天府东市。陈东含笑对面有难色的吏胥说:"畏死即不敢言,已言肯逃死乎!"他在临刑前作家书,"墨行整整,区处家事,皆有条理","略无惨戚战慄之意"。陈东和欧阳澈慷慨就义,时年仅四十二岁和三十一岁。他们死后,还"枭首通衢,以竦天下",人

---

① 《挥麈后录》卷9,《会编》卷113,《要录》卷8建炎元年八月壬午。《梁溪全集》卷112《怀泽与吴元中别幅》说,"颍川(陈东)极论二人(黄潜善、汪伯彦),以谓必误中兴,遂置极法","颍川之书,〔甚〕明白激切,初无指斥之语。但论此二人,中其要害,故下毒手,以绝来者"。按李纲只怕未必看到陈东上书原文,但称说中黄潜善和汪伯彦的"要害,故下毒手",也是事实。
② 《欧阳修撰集》卷7和《陈少阳集》卷8许翰《哀词》,《要录》卷8建炎元年八月壬午,《宋史》卷473《黄潜善传》。
③ 《历代名臣奏议》卷195邓肃奏,《要录》卷6建炎元年六月丁亥。

们"识与不识皆为流涕"。①

　　许翰任尚书右丞,作为辅助宰相的执政官之一,为时仅一个月。他与李纲相交"最厚"。李纲罢相后,许翰对宋高宗说:"纲忠义英发,舍之无以佐中兴,今罢纲,臣留无益。"② 他力请辞职,"犹辍班列奏事"。

　　一天晚上,他看到黄潜善"独留甚久"。翌日,在宰辅奏对时,宋高宗对黄潜善说:"昨夕二人已处之矣。"接着皇帝又"泛言欧阳澈书论朕宫禁宠乐,恶有此事。陈东书必欲留李纲,归曲朝廷。"许翰听到这些无头无尾的圣谕,一时颇感"茫然,初不知其端也"。罢朝后,他立即诘问黄潜善:"上所处者何人?"黄潜善回答:"即后所指陈东、欧阳澈也。"许翰又问:"处之如何,岂已逐之耶?"黄潜善说:"斩之矣!"他还诡称"将论救,已不及"。许翰如梦初醒,大惊失色。③

　　他对人说:"吾与东皆争李纲者,东戮东市,吾在庙堂,可乎?"许翰接连上奏八份,力辞执政,宋高宗当即将他罢官赋闲。许翰对这个皇帝的品性显然已看得十分透彻,十分伤心。后来宋高宗又对他表示某种复用之意,他坚决辞不赴召。④

　　左正言邓肃也是北宋末年著名的太学生,曾赋诗备述花石纲扰民,"但愿君王安万姓,圃中何日不东风",而被削除学籍。⑤ 他上奏规谏皇帝说:

---

① 《会编》卷113,《要录》卷8建炎元年八月壬午,《宋史》卷455《陈东传》,《欧阳澈传》,《四朝闻见录》乙集《王竹西驳论黄潜善汪伯彦》,《清波杂志》卷5,《陈少阳集》卷7陈东行状,李猷《赎尸记》,《欧阳修撰集》卷7欧阳澈墓表,《栟榈文集》卷16《具瞻堂记》。《宋史》说欧阳澈死年三十七岁,系误,据墓表,欧阳澈丁丑年生,丁未年死,应为三十一岁。
② 《要录》卷8建炎元年八月乙亥,《宋史》卷363《许翰传》,《宋宰辅编年录校补》卷14。
③ 《欧阳修撰集》卷7和《陈少阳集》卷8许翰《哀词》。关于陈东和欧阳澈之死,宋朝官史多方为宋高宗开脱,而诿过于黄潜善等人。但从许翰的原始记载看,完全是宋高宗自己下令"处之"。此外,《会编》卷118,《要录》卷17建炎二年八月庚申引马伸弹劾黄潜善和汪伯彦奏:"或问陈东事,则答曰:'朝廷初不知。'盖谓事在陛下也。"可知宋高宗无疑是杀陈东和欧阳澈的元凶。
④ 《会编》卷113,《要录》卷8建炎元年八月丙戌,《宋史》卷363《许翰传》,《宋宰辅编年录校补》卷14。
⑤ 《挥麈后录》卷2,《栟榈文集》卷1《花石诗十一章》。

"纲学虽正而术疏,谋虽深而机浅,陛下尝顾臣曰:'李纲真以身徇国者!'今日罢之,而责词甚严,臣所以疑也。"

宋高宗又将他罢官,黄潜善、汪伯彦等指使"言者极论其罪",最后"罢归居家"。①

张浚等还弹劾秘书省正字胡珵,说他"自托李纲,服童仆之役,而出入其寝室,朝夕交结,阴中善良。逮纲遭逐,营为百计,密招群小,鼓唱浮言。陈东之书,珵实笔削,意欲使布衣草莱之士,挟天子进退大臣之权,一时哄然,几致召乱"。建议将胡珵"褫夺官爵,投之荒裔,永为臣子立党不忠之戒"。宋高宗为此特别下诏,将胡珵"特追所有官,勒停,送梧州(今属广西)编管",②严厉惩处,流放到炎荒之地。

在李纲等一批忠臣义士被贬被杀之后,宋高宗于十月将"行在所"自南京应天府迁往淮南东路扬州(今属江苏)。在临行前下诏说:

"朝廷以连年兵革,国势未强,所以长虑却顾,巡幸淮甸。访闻小人乐于侥倖,撰造言语,妄倡事端,意在扇惑军民,成其私计,不可不治。应敢妄议,欲摇动朝廷者,许人告,有官人转五官,白身人补保义郎。同谋或为首始谋之人能自首者,免罪,依此推恩。其同谋及知情曾见闻不告之人,并行处斩。"③

宋高宗对陈东和欧阳澈处以极刑,尚不满意,又下诏奖励告讦,企图以酷刑峻罚钳制天下之口,这既暴露他秉性极端残忍的一面,也在经常标榜"以宽仁为治"的宋代,④开了一个极为恶劣的先例。

相传宋太祖在太庙立一秘密"誓碑",规定"不得杀士大夫及上书言事人","子孙有渝此誓者,天必殛之"。⑤誓词为北宋历代皇帝所遵守,唯独宋钦宗时开此杀戒,杀掉一批奸臣佞人。曹勋逃归南宋后,特别给宋高宗上奏,转达充当俘虏的宋徽宗的口信:

---

① 《要录》卷8建炎元年八月乙亥,《宋史》卷375《邓肃传》。
② 《要录》卷13建炎二年二月辛未,己卯,《鼠璞》卷上《陈东伏阙》。
③ 《要录》卷9建炎元年九月癸丑。
④ 《宋史》卷199《刑法志》。
⑤ 《古今说海》本《避暑漫抄》载,此说抄自《秘史》。

"又语臣曰：'归可奏上，艺祖有约，藏于太庙，誓不诛大臣、言官，违者不祥。故七祖相袭，未尝辄易。每念靖康年中，诛罚为甚。今日之祸，虽不[在]此，然要当知而戒焉。'"①

宋高宗的所作所为，不仅完全违背了不久前向他传达的宋太祖誓约，他在即位伊始，曾下诏保证：

"容受直言，虽有失当，不加以罪。"②

时隔三月，却背弃了自己的信誓。他表面上不得不经常将"奉迎二圣"之类挂在口头，表现出对父母兄弟所遭劫难的哀痛，其实却另有一种不可告人的、喜出望外的心理。自己既然侥倖得来过去梦想不到的帝皇尊位，就必须恣情纵意地享受和淫乐一番。这个青年皇帝享乐至上，甚至懒得管理政务，唯求无事，故黄潜善、汪伯彦之流提出迁都避敌、屈膝求和等主张，与他一拍即合，牢不可破。他畏惧正论，嫌恶忠言，然而按照祖宗传下的言事制度，又正值国难当头之际，忠言和正论却纷至沓来。宋高宗一时急怒攻心，下此毒手，只图一时痛快，却铸成难以挽回的大错，这也表明他尚不深谙帝王南面之术。

直到两年以后，宋高宗方才领悟到，杀陈东和欧阳澈只能使自己蒙受难以洗刷的恶名，便下令为两位烈士恢复名誉，他说："陈东、欧阳澈可赠一官，并与子或弟一人恩泽。始罪东等，出于仓猝，终是以言责人，朕甚悔之。"③

金朝扶植的伪齐刘豫政权成立后，便在原南京应天府为陈东和欧阳澈立庙，作为攻击宋高宗无道的口实。④ 又数年后，宋高宗说："朕初即位，昧于治体，听用非人，至今痛恨之。虽已赠官推恩，犹未足以称朕悔过之意。"

---

① 《松隐文集》卷26《进前十事札子》，《会编》卷98《北狩闻见录》，《要录》卷4建炎元年四月，《宋史》卷379《曹勋传》。参见《岳飞研究》第二集张希清先生《宋太祖誓约与岳飞之死》。
② 《会编》卷102。
③ 《挥麈录馀话》卷1，《会编》卷113，卷123，《要录》卷20建炎三年二月乙亥。
④ 《要录》卷40建炎四年，《宋史》卷475《刘豫传》。

他又命中书舍人王居正起草赠官制词说：

"由朕不德，使尔不幸而不为良臣也。虽然，尔藉不幸，不失为忠臣，顾天下后世，独谓朕何？此朕所以八年于兹，一食三叹，而不能自已也。通阶美职，岂足为恩，以塞予哀，以彰予过，使天下后世考古之君，饰非拒谏之主，殆不如是。"[①]

宋高宗本人的话，特别是王居正为他起草的制词，确实写得沉痛之至，使人难以另找攻击的口实。但是，这不过表明宋高宗此时确已深谙帝王南面之术，能够口是而心非，而又得心应手地为自己涂脂抹粉而已。事实上，宋高宗往后的所作所为，还不是与当年陈东、欧阳澈的谏诤南辕北辙，背道而驰。杀陈东和欧阳澈，是宋高宗即位后所办的第一起冤案、第一次文字狱，往后，他为了一己私利，依然制造了更大更多的冤案，更广更滥的文字狱。

[①] 《会编》卷164，《要录》卷81绍兴四年十月壬寅，《宋史》卷455《陈东传》，《四朝闻见录》乙集《王竹西驳论黄潜善汪伯彦》。

肆

维扬惊梦

北宋李公麟线描人物

第一节　宗泽赍志以殁

　　自唐迄宋，扬州在全国城市中的地位有所降低，但宋代扬州因地处运河入江的交通要冲，仍作为淮南东路的首府。宋高宗君臣所以选中扬州作为临时的"行在所"，一是因为此地可作游乐和享受的较理想场所，二是准备万一有风吹草动，便于随时渡江南逃。

　　宋高宗小朝廷迁往扬州前后，凡是李纲"所规画军民之政，一切废罢"，①朝政昏暗，日甚一日。宦官邵成章倒是宋朝宦官中少见的正人君子。北宋后期，正值宦官童贯势力极盛之际，他居然劾奏童贯五十条罪状，"中外大骇"。此后，邵成章得到宋钦宗的提拔，又在孟太后立宋高宗时有功，在宋宫中成为一个头面人物。他眼看宋室江山有虞，便上疏条具黄潜善和汪伯彦之罪，说他们必致"误国"。宋高宗大怒，说他"不守本职，辄言大臣"，"祖宗以来所未有"，将邵成章"除名，南雄州（治今广东南雄）编管"。②唐宋时，官员的"除名"处罚，是指"官爵悉除，课役从本色"，但"六载之后听叙，依出身法"，"诸除名者，比徒三年"，相当于折三年徒刑。③宋高宗事实上不仅不干预，反而一贯纵容宠倖的宦官们作威作福，唯独对直言敢谏的邵成章，却以所谓祖宗家法问罪。当时"以言事被逐"的官员尚有吴给和张阐，④又有太学生魏祐上书，"尤知当世大略"，"论黄潜善、汪伯彦误国十罪"，宋高宗也置之不理。⑤

　　尽管李纲去位，但在外任大臣中，尚有一个升任开封尹、东京留守的宗泽，事实上居于举足轻重的地位。他以文臣身份统兵，虽然并不负责对金作战的全权指挥，而其所率的东京留守司军，却是宋军的中坚。宗泽广

---

① 《宋史》卷358《李纲传》。
② 《会编》卷115，卷128，《要录》卷12建炎二年正月辛丑，《宋史》卷469《邵成章传》。
③ 《宋刑统》卷2，卷3。
④ 《会编》卷118，《要录》卷17建炎二年八月庚申，《宋史》卷455《马伸传》。
⑤ 《会编》卷115，《要录》卷12建炎二年正月癸丑，《梁溪全集》卷112《怀泽与吴元中别幅》作魏祐。

泛联络两河抗金义军，在民众中有很高的威望。宋高宗得以在扬州行宫中寻欢作乐，黄潜善和汪伯彦得以在小朝廷上威福自恣，其实还是仰仗了宗泽，他的军队在北方形成了一道金人无法逾越的屏障。然而宋高宗君臣，特别是黄潜善和汪伯彦，却将宗泽视为眼中之钉、肉中之刺。

金朝派少府少监牛庆昌等，以出使伪楚为名，来到开封府。宗泽说："此名为使，而实觇我也。"他将来使拘捕入狱，"乞斩之"。① 这其实是处于交战状态的双方一件平常的措置，却使得了恐金软骨症的宋高宗君臣惶恐万状，急忙下令将来使"迁置别馆，优加待遇"。宗泽不服，上奏说：

> "何奸邪之臣，尚狃和议，惑乱圣聪，伏望陛下察之。臣之朴愚，不敢奉诏，以彰国弱。此我大宋兴衰治乱之机也，臣愿陛下思之。陛下果以臣言为狂，愿尽赐褫削，投之瘴烟远恶之地，以快奸邪贼。臣之心不胜痛愤激切之至。"②

宗泽看透了黄潜善、汪伯彦之流的居心，故在奏中毫不隐讳地斥骂。宋高宗不得不亲自下诏说：

> "卿弹压强梗，保护都城，宽朕顾忧，深所倚仗。但拘留虏使，未达朕心。朕之待卿尽矣，卿宜体此。"③

宋高宗屡次强令宗泽释放金使，倔强耿直的宗泽拒"不奉诏"。④ 黄潜善和汪伯彦抓住这个把柄，在皇帝面前大进谗言。御史中丞许景衡却上奏说，"若只缘拘留金国使人"，"然原其本心，只缘忠义所激，出于轻发"。"臣自浙度淮，以至行在，得之来自京师者，皆言泽之为尹，威名政术，卓然过人"。"又方修守御之备，历历可观。臣虽不识其人，窃用叹慕"。宋高宗虽然嫌恶宗泽，但也考虑到开封府重地，实在别无合适人选，足以

---

① 《要录》卷6建炎元年六月乙亥，《宋史》卷360《宗泽传》，宋方记载只称牛姓"大监"。今据《大金吊伐录》下《元帅右监军与楚书》，其官名与宋方记载有异。
② 《历代名臣奏议》卷85宗泽奏，《要录》卷7建炎元年七月丁未。
③ 《宗忠简公集》卷7《遗事》。
④ 《要录》卷16建炎二年七月癸未朔。

倚为国之长城，遂将许景衡奏封送宗泽，以安其心，以示自己的宽恩。①同知枢密院事张悫也与黄潜善、汪伯彦等争议，说："如泽之忠义，若得数人，天下定矣！"②

在北方众多的抗金武装中，庆源府（治今河北赵县）赞皇县五马山的一支，由宋朝官员马扩和赵邦杰领导。马扩听说有宋高宗弟信王赵榛，在被俘北上的过程中逃亡，隐于民间，便将他接到山上。由于以信王的名义作号召，"两河忠义闻风响应，受旗、榜者约数十万人"。此人是否是真信王，另当别论。建炎二年（公元1128年）春，马扩携带信王奏章，来到行在扬州。"黄潜善等皆疑非真，天子识其字"，从笔迹上推断确是信王。或传信王赵榛"有渡河入京城之谋"，宋高宗害怕他争夺皇位，便在四月和五月间，一面发表信王任河外兵马都元帅，一面又下诏宣称"朕将还阙，恭谒宗庙"，"诏旨络绎，令一人一骑不得渡河"支援。③

当时许景衡已升任尚书右丞，作为执政官的一员，黄潜善和汪伯彦"恶其异己，每排抑之"。至此便以许景衡曾"建请渡江"为藉口，怂恿皇帝将他罢免。许景衡在南归途中病故。④另一执政，中书侍郎、兼御营副使、提举措置户部财用张悫虽与李纲、许翰有龃龉，"未尝失同列（黄潜善和汪伯彦）之欢"，而"唯善许景衡"，"自为执政，谏诤愈切，无所顾避"，却也不幸病死。⑤许景衡和张悫的一罢一死，使朝廷上一时再无与黄潜善和汪伯彦有所抗论的人物，外任的宗泽也完全失去了支援。

建炎元年冬至二年春，金左副元帅完颜粘罕（宗翰）和右副元帅完颜讹里朵（宗辅）亲自发动凌厉的攻势。金军攻占宋朝一些州县，特别是蹂践了广大的京西路腹地，却在与宗泽军的对抗中遭到挫败，根本无法进逼

---

① 《要录》卷8建炎元八月乙酉，《历代名臣奏议》卷142，《横塘集》卷9《论宗泽札子》，《宋史》卷363《许景衡传》。
② 《会编》卷117，《要录》卷9建炎元年九月乙巳。
③ 《会编》卷115，卷116，《要录》卷13建炎二年二月辛巳，卷14建炎二年三月，卷15建炎二年四月，五月乙酉。《靖康稗史笺证·宋俘记》载，"燕人赵恭曾讬榛名，号召山贼助宋，榛以疑狱收禁。事雪"，"天眷二年六月十九日殁五国"。《呻吟语》所载晚死一年。
④ 《会编》卷116，《要录》卷15建炎二年五月乙酉，乙巳，《宋史》卷363《许景衡传》，《宋宰辅编年录校补》卷14，《斐然集》卷26《资政殿学士许公墓志铭》。
⑤ 《会编》卷117，《要录》卷15建炎二年五月壬寅，《宋史》卷363《张悫传》，《宋宰辅编年录校补》卷14。张悫卒日，《宋史》卷25《高宗纪》系于五月癸卯。

开封府。一个原先并无军事经验的、年至七旬的老人，转眼间威震南北，成为两宋最优秀的统兵文臣，无论如何是一个奇迹。金军"尊惮"宗泽，不敢直呼其名，"必曰宗爷爷"。① 宗泽在金军退却后，积极筹措北伐，准备联络两河的义师，大举收复失地。

宗泽对宋廷一味畏敌妥协，退避东南，表示了极大的愤慨。他连上二十四份奏表，请求皇帝还都，亲自主持北伐大计。他直率地批评宋高宗"只信凭奸邪与贼虏为地者之画"，准备"弃河东、河西、河北、京东、京西、淮南、陕右七路千百万生灵，如粪壤草芥，略不顾恤"。② 他斥责"不忠不义者但知持禄保宠，动为身谋，谓我祖宗二百年大一统基业不足惜，谓我京城、宗庙、朝廷、府藏不足恋，谓二圣、后妃、亲王、天眷不足救，谓诸帝、诸后山陵园寝不足护，谓周室中兴不足绍，谓晋室覆辙不足羞，谓巡狩之名为可效，谓偏〔安〕之〔霸〕为可述，储金币以为贼资，桩器械以为贼用，禁守御之招募，虑勇敢之敌贼也，掊保甲以助军，虑流离之安业也。欺罔天听，凌蔑下民，凡误国之事，无不为之"。③ 如此尖锐的、毫不留情的、而又无比痛切的抨击，在宋臣奏议中是很罕见的。这表明宗泽目睹新君即位之初的一系列倒行逆施，其满腔悲愤的迸发，已至不容自我抑勒的地步。

宋高宗在口头和纸面上常说"奉迎二圣"，其实不过是为杜人之口。宗泽猜中了皇帝其实不愿父兄南归的心病，为了让皇帝安心，故上奏说，宋徽宗回来可仍旧住龙德宫，"渊圣将来还归，未有苾止之处。臣欲乞将宝箓宫改建，以为迎奉之地，使天下知陛下悌于兄也"。宋高宗"不报"。④ 一个在官场蹭蹬和屈沉了数十年的老人，已届古稀之年，却不得不为国家的前途，进行着人生的最后一搏。当心力交瘁之馀，宗泽在奏中感慨万端地说：

"臣犬马之齿已七十，于礼与法，皆合致其事，以归南亩。臣漏尽钟鸣，犹仆仆不敢乞身以退者，非贪冒也。实为二圣蒙尘北狩，陛下驻跸在外，夙夜泣血，惟恐因循后时，使天下自此失

---

① 《宋史》卷360《宗泽传》。
② 《历代名臣奏议》卷85。
③ 《历代名臣奏议》卷86，以《会编》卷116参校。
④ 《要录》卷15建炎二年四月己巳，《历代名臣奏议》卷3。

我祖宗大一统之绪。"①

宗泽一道又一道足以感动木石的奏疏，到达朝廷，"黄潜善、汪伯彦皆笑以为狂"。② 宋高宗对待其奏请，或置之不理，或虚与敷衍，或屡加呵斥和刁难。这位斗志极端顽韧的老人，最后终于忧愤成疾，一病不起。在病重期间，宗泽转念自己惨淡经营，刚付诸实施的北伐计划，不由吟哦唐朝大诗人杜甫的名句：

"出师未捷身先死，长使英雄泪满襟！"③

在弥留之际，宗泽上遗表说，"岂谓馀生，忽先朝露"。"神爽飞扬，长抱九泉之恨；功名卑劣，尚贻千古之羞"。"嘱臣之子，记臣之言，力请銮〔舆〕，亟还京阙，上念社稷之重，下慰黎民之心。命将出师，大震雷霆之怒；救焚拯溺，出民水火之中。凤荷君恩，敢忘尸谏"。在七月一个"风雨冥晦"的日子，宗泽最后三呼"过河"，赍志以殁。开封府的百姓"为之号恸"，"三学之士千馀人为文以哭"，"三日祭吊，来哭不绝"。④

最明了宗泽之死后果的，莫过于身处贬谪地位的李纲，他写诗痛悼死者说：

"梁摧大厦倾，谁与扶穹窿？"⑤

一个士人吴芾也写诗说：

---

① 《历代名臣奏议》卷85，《要录》卷12建炎二年正月丁未。
② 《会编》卷117，《要录》卷9建炎元年九月乙巳。
③ 《全唐诗》卷226《蜀相》。
④ 《要录》卷16建炎二年七月癸未朔，《朱子语类》卷132，《宋宗忠简公全集》卷4和《宗忠简公集》卷2《遗表》。关于宗泽死期，《要录》作七月一日癸未朔，《宋史》卷25《高宗纪》为七月四日丙戌，《宗忠简公集》卷7《遗事》，《宋宗忠简公全集》卷9《宗忠简公事状》和《鲁斋王文宪公文集》卷14《宗忠简公传》为七月十二日。据《要录》卷16建炎二年七月乙未注，七月十二日宋廷得宗泽死耗，故宗泽死期似应以《要录》为准。然而《遗事》等记载，又来源于宗泽亲属所述。
⑤ 《梁溪全集》卷32《哭宗留守汝霖》。

— 44 —

"古来有生皆有终，唯公存亡系休戚。"①

宗泽死后，宋高宗的小朝廷一时再无一个足以支撑危局的人物。宋廷命北京留守杜充继任开封尹、东京留守，"命充镇抚军民，尽瘁国事，以继前官之美；遵禀朝廷，深戒妄作，以正前官之失"。杜充与黄潜善、汪伯彦可谓是一丘之貉，其实也无须宋廷另作告诫。他上任伊始，立即中止北伐，并断绝对两河抗金义军的任何联系和支援。②杜充面对金军发动的冬季攻势，唯一的对策是掘开黄河，使河流改道入淮，③却并不能阻遏金军。金军不但攻占河北与河东的最后一批州县，并攻入陕西、京西和京东地区。宋朝在靖康时的失地其实不多，失地三分之一，主要是在宋高宗的建炎时。

北方很多抗金义军先后遭金兵镇压。著名的五马山寨也被攻破，自称信王赵榛者下落不明。④

宋高宗得知五马山寨被攻破的消息后，实际上是喜不自胜，便将原先宣布的回开封旧京的诏令当作一纸废文，而心安理得地住在扬州。

第二节　仓皇逃窜　扬州劫难

建炎二年十二月，宋高宗将右相黄潜善迁左相，知枢密院事汪伯彦升右相。拜黄潜善的制词赞扬他"出处著三朝之望，险夷更百变之难"，"首倡兴王之业，独高佐命之勋"，"遭时多故，宏济大艰"。拜汪伯彦的制词赞扬他"德器群公之表，威名万里之冲"，"顷佐命于戎衣，久宣劳于枢管。历时滋久，俊誉益孚"。宋高宗说："潜善作左相，伯彦作右相，朕何患国事不济！"⑤难怪朱熹后来脱离了古代的臣规，无比感慨地评论说：

---

① 《湖山集》卷4《哭元帅宗公泽》。
② 《会编》卷118，《要录》卷16建炎二年七月甲辰，卷17建炎二年九月丁未。
③ 《要录》卷18建炎二年十一月乙未。
④ 《会编》卷117，《要录》卷17建炎二年秋。
⑤ 《会编》卷119，《要录》卷18建炎二年十二月己巳，《宋宰辅编年录校补》卷14。

"高宗初启中兴,而此等人为宰相,如何有恢复之望!"①

宋高宗将军国大事一概交付黄潜善和汪伯彦,自以为可以专心致志地在行宫享受和淫乐,而高枕无忧。但他大概汲取了乃父宋徽宗的教训,故一方面在内宫纵欲无度,另一方面又在外廷以清心寡欲自诩,有时也装模作样做几件旨在宣传自己俭德的小事。"有内侍自京师赍到内府真珠等物一、二囊",宋高宗立命"投之汴水",说:"太古之世,摘玉毁珠,小盗不起。朕甚慕之,庶几求所以息盗乎。"②他又令镇江府(今属江苏)将"螺钿椅桌于市中焚毁",教百姓围观,说:"还淳返朴,须人主以身先之,天下自然向化。"③他还对臣僚说,自己每次退朝,"亦正衣冠再坐而听"宦官奏事,"未尝与之款昵。又性不喜与妇人久处"。自己经常在殿旁小阁静坐,思考军国大事或阅读奏章。"宫人有来奏事者,亦出阁子外,处分毕而后入,每日如是",以示自己是"恭己勤政"之主,④与其父皇不同。又说:"如朕于两膳,物至则食,未尝问也。"⑤

尽管宋高宗如此煞费苦心地为自己涂脂抹粉,他在行宫荒淫生活的秘密,其实已不胫而走,成为朝野尽人皆知的事,只是不便公开戳穿而已。一个勇敢的戳穿者欧阳澈已被处以极典。右谏议大夫卫肤敏和给事中刘珏上奏,"论营缮、工作、内降、锡赉"等事,也婉转地批评皇帝"间以内批御宝",纵容宦官之类兴修土木,劳民伤财。⑥

宋徽宗的骄奢淫逸,正值国家太平无事之际。宋高宗居然将"〔夷虏〕日强,盗贼日炽,国本日蹙,威权日削"的形势,误认为是自己及时行乐的机遇,过着醉生梦死的生活。殿中侍御史马伸发愤上奏,弹劾黄潜善和汪伯彦,抨击时政,他说,"今是何时,尚仍旧体,以言为讳",列举了黄潜善和汪伯彦的种种劣迹,说"陛下隐忍,不肯斥逐,涂炭遗民固已绝望,二圣还期在何时邪?臣每念此,不如无生"。宋高宗"诏伸言事不实,趋向不正","责濮州(治今山东鄄城北)监酒税"。当时濮州已临抗金前沿,此项任命其实有借刀杀人之意。宋廷"趣使上道",马伸含怨死于途

---

① 《朱子语类》卷131。
② 《要录》卷10建炎元年十月丁卯,《挥麈前录》卷1。
③ 《要录》卷12建炎二年正月壬辰,《清波杂志》卷1。
④ 《要录》卷15建炎二年四月乙丑,《清波杂志》卷1。
⑤ 《要录》卷18建炎二年十月甲子。
⑥ 《要录》卷11建炎元年十二月戊辰,《宋史》卷378《卫肤敏传》,《刘珏传》。

中，一说武将王渊受黄潜善等"密旨"，加害于他。①

在强攻开封遭受挫败后，金军改变进攻方向。"金虏横行山东"，"将自东平历徐（今属江苏）、泗（今江苏盱眙），以趋行在"，"淮北累有警报"。随着金军的步步进逼，扬州的安全逐渐成为问题。吏部尚书吕颐浩、户部尚书叶梦得、吏部侍郎刘珏、殿中侍御史张守等都主张及早采取措施。刘珏说："淮甸备敌，兵食为先，今以降卒为见兵，以籴本为见粮，无一可恃。维扬城池未修，军旅多阙，卒有不虞，何以待之?"礼部侍郎张浚与同僚向宰相力陈利害，黄潜善和汪伯彦却"笑且不信"。②

他们一不备战，二不逃遁，要皇帝下诏规定，"有警而见任官辄搬家者，徒二年，因而摇动人心者，流二千里"。他们还"禁止街市不得扇摇边事，亦不许士庶般挈出城"，③ 连库存的金银、绢帛等物资也不准备运过大江。黄潜善和汪伯彦还天天听和尚克勤说法，④ 以示其从容闲雅、镇定自若的宰相风度。

建炎三年（公元1129年）初，金左副元帅完颜粘罕（宗翰）派遣完颜拔离速、乌林荅泰欲、耶律马五等"袭康王于扬州，未至百五十里，马五以五百骑先驰至扬州城下"。⑤

二月三日，内侍邝询急忙报告正在行宫中白昼淫乐的宋高宗，说金军已占领了近在咫尺的天长军（今属安徽）。宋高宗猝然间吓得丧魂失魄，心碎胆裂，"遂病痿腐"，从此丧失生育能力。⑥ 真可谓乐极生悲，寡人好色，到头来受到了无情的惩罚。

宋高宗慌忙带领御营司都统制王渊、内侍康履等五、六人，策马出城狂逃。扬州市民看到赵官家招摇"过市"，说："官家去也！"这个可怕的消息立时传遍全城。从行宫中星迸四散而出的宫女和内侍，更证实了赵官家出逃的消息确凿无疑。于是扬州城成了一锅沸粥，官员、军士、商人、

---

① 《会编》卷118，《要录》卷17建炎二年八月庚申，九月癸未，《宋史》卷455《马伸传》，《历代名臣奏议》卷182马伸奏，《伊洛渊源录》卷12《马殿院》。

② 《要录》卷18建炎二年十二月戊寅，《宋史》卷361《张浚传》，卷378《刘珏传》，卷445《叶梦得传》，《朱文公文集》卷95张浚行状。

③ 《会编》卷120，《要录》卷19建炎三年正月庚子。

④ 《宋史》卷473《黄潜善传》。

⑤ 《金史》卷74《宗翰传》。

⑥ 《说郛》卷29《朝野遗记·高宗无子思明受》，此处载向宋高宗通报者为张浚，系误。今据《会编》卷120，《要录》卷20建炎三年二月壬子。

居民等纷纷夺门而逃，门窄人众，自相践踏，死者无数。由于运河河水浅涸，官私舟船都陷在泥淖之中，动弹不得，一大股乱嘈嘈的人流遂拥向瓜洲江边。人们对黄潜善和汪伯彦恨之入骨。司农卿黄锷逃到江边，被军人们误认为是祸国殃民的"黄相公"，方待分辨，已人头落地。

逃在最前列的宋高宗，既万分焦急，又无比气恼。恰好有一个卫士说些牢骚话，宋高宗立即拔出剑来，将他刺死。在这个无辜者的身上，尚有施展皇威的馀地。王渊早先夸口说，江边有大批船只侍候，实际上，他已将大批船只用于搬运自己和内侍们的家财了。① 宋高宗等算是寻觅到一艘小船，渡过大江。"百僚窜身扬子江津，舟人乘时射利，停桡水中，每渡一人，必须金一两，然后登船"。② 十多万百姓则无船可济，只能在江北呼天喊地。

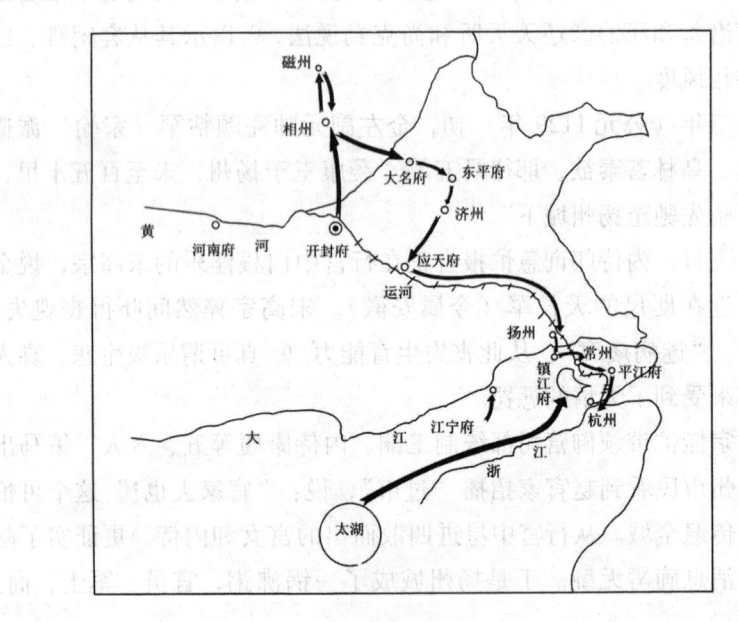

宋高宗即位前后逃遁路线图

宋高宗逃跑后，金军骑兵进入扬州城，在摘星楼纵火，满城杀掠。接着又追至江边，十多万人非沉江自尽，即任凭宰杀，幸存者全部成为俘虏。五十里运河中的舳舻，满载着财宝、器物、金帛、文书等，都原封未

---

① 《要录》卷21建炎三年三月壬午注引朱胜非《秀水闲居录》。
② 《挥麈后录》卷8。

动,金军连抢劫也抢劫不完。

  突击扬州的金军只有五、六千骑,而宋高宗的御营兵力至少有好几万人,① 但在宋廷失败主义和逃跑主义的气氛笼罩下,根本没有组织任何抵抗。唯有招信(今安徽七里湖西)县尉孙荣率百馀名弓手拼死抵抗,居然使金人骑兵阻滞了大半天。孙荣等战死的结果,则是为宋高宗的逃窜争取了时间。②

  宋高宗一行逃到两浙路镇江府(今属江苏)城,"宿于府治,从行无寝具",皇帝只能"以一貂皮自随,卧覆各半"。大将、江、淮制置使刘光世来到宋高宗面前,"拊膺大恸",说:"都统制王渊专管江上海船,每言缓急济渡,决不误事。今诸军阻隔,臣所部数万人,二千馀骑,皆不能济,何以自效?"王渊感到责任攸关,形势不妙,便慌忙杀死江北都巡检皇甫佐,理由是"佐主海舟,济渡留滞",以作替罪羊。镇江城中,一时也人心惶惶。王渊说:"暂驻镇江,止捍得一处,若虏自通州渡,先据姑苏,将若之何?不如钱塘有重江之阻。"他认为大江天堑并不能保证官家的绝对安全,还是南下"有重江之阻"的杭州(今属浙江),方能无虞。他的建议立即得到众宦官的支持。③

  宋高宗原先就倾向于去杭州,在此次事变前,已命武将苗傅和刘正彦护卫隆祐皇太后、皇子赵旉以及六宫等,分两批前往杭州。④ 故王渊的建议与他一拍即合。大家认为不可在镇江府久留,又逃往常州(今属江苏),皇帝落难,"仪仗皆阙,惟一兵执黄扇而已"。一大群高等逃难者到达平江府(治今江苏苏州市)后,宋高宗"始脱介胄,御黄袍,侍卫者皆有生意"。⑤ 但大群渡江难民仍然"骨肉相散失",各处道旁的店铺、树上贴满了寻找亲人的"榜子"。⑥

  这是扬州城市史上可悲、可耻而又可叹的一页,其浩劫之惨痛,完全

---

① 《会编》卷121《维扬巡幸记》,卷132《金虏节要》,《要录》卷30建炎三年十二月己丑说当时御营有十万或更多的兵力。按当时韩世忠兵溃于沭阳,刘光世兵溃于淮南后,扬州御营兵力当不及十万之数。
② 《要录》卷19建炎三年正月己酉,《挥麈前录》卷3。
③ 《要录》卷20建炎三年二月壬子,癸丑,《宋史》卷369《王渊传》。
④ 《要录》卷18建炎二年十月甲子,卷20建炎三年二月庚戌朔。
⑤ 关于扬州劫难的记述,除前引各注外,主要参据《会编》卷120,卷121,《要录》卷20。
⑥ 《朱子语类》卷127。

可以和明清之际的"扬州十日"相提并论。一小撮统治者的狼狈逃窜是丑剧，广大的无辜者惨遭毒手，则是一场大悲剧，但对胜利者而言，尽管没有达到捉拿赵构的目标，却又是一齣轻松的喜剧。这就是震惊一时的维扬之变的全部画面。

第三节　下诏罪己

宋高宗一行于二月十三日到达杭州，"以州治为行宫，显宁寺为尚书省"。皇帝"御白木床"，按宋朝"旧制，御膳日百品"，至此只能"日一羊，煎肉、炊饼而已"。当时正值黄梅天气，"霖雨不止"。臣僚们"因言州治屋宇不多，六宫居必隘窄"。宋高宗说："亦不觉窄，但卑湿尔。然自过江，百官、六军皆失所，朕何敢独求安？至今寝处尚在堂外，当俟将士、官局各得所居，迁从之人稍有所归，朕方敢迁入寝。"①

金人的铁骑，惊破了宋高宗不足一年半的维扬春梦。他惊魂甫定，就开始考虑如何处置善后事宜。在中国古代，皇帝既被尊奉为凌驾于全体臣民之上的主宰，其一言一行都只能是圣明的，对于政事上的失误，皇帝一般并不承担责任，往往是以一贯正确、永远正确者自居，居高临下，诿罪臣僚，以纠正失误。当然，只有在遇到严重统治危机之际，为挽回人心，皇帝也有下罪己诏的老例。宋徽宗在退位前夕，不是曾下罪己诏吗？宋高宗已明了自己所处的窘境、困境和危境，但是对下诏罪己一事，尚颇费踌躇。他在平江府"下诏慰抚维扬迁徙官吏、军、民"说：

"朕以单微之质，遭世大变，赖臣庶共戴，获承祖宗之馀德，念必宅中经远，均布惠泽，以慰万邦归往之心。故虽外迫于敌兵，誓不遽离于近甸。省刑薄敛，抚〔士〕与民，一毫不扰郡邑，行再期矣。输诚尽礼，遣使相望，而敌兵未寝；选将练师，朝夕从事，而自力不逮。〔自〕闻长〔驱〕之谋，议者请适东南险远之地，以保朕躬。朕宁不免于敌，不忍先事苟生，弃我西北

---

① 《会编》卷122，《要录》卷20建炎三年二月壬戌，《挥麈录馀话》卷1。

之人，而遽远别也。"

"逮轻骑潜行，不日遽至，朕与近臣始挺身东行，由江、浙为暂避之计。凡乘舆服御，若帑藏之积，一切弃捐。二、三大臣至不能保其家室。念虽颠沛至是，而不负于中原西北之人，朕心犹庶几焉。与其谋己忘民，未及患而去，则不得已而后动，不犹愈乎？但闻官吏、军、民虽有自便之诏，多不及避，生计荡然，或不得〔与〕其家属俱来，痛切朕心，愧负何极！"

"自昔帝王脱身于遑遽之时，而立国于颠危之后，失势于屡挫之辱，而戡难于必胜之功，〔尚多〕有之。夫良农不为水旱辍其耕，志士不为贫穷怠其道。朕能劳形克己，至死不变，图保生民，而不能使吾民之亟安；能侧身修行，以己赎民，图格天心，而不能保天心之相向。赖卿士大夫，暨尔万方有众，戮力一心，式孚于帝，庶几成绩，咸保康乂。

朕诚切至，宜察朕心。"①

幸亏宋朝恪守文治，养士一百六十年，方有如此高明的手笔，为皇帝起草了这篇绝妙好辞。不仅将自己即位以来的一切倒行逆施洗刷得一干二净，如此深重的惨祸，也居然成为皇帝"劳形克己"、"侧身修行"、"以己赎民"、"不忍先事苟生"的仁政。

但冠冕堂皇的言词，毕竟不能掩盖宋高宗的理亏心虚。他在召见因言事而被罢官赋闲的卫肤敏时，便忍不住君臣对泣。宋高宗说："卿今宜知无不言，有请不以时对。"卫肤敏认为，应将行在迁往江宁府（治今江苏南京市），杭州"亦非帝王之都"，宋高宗其实仍无听从之意。②

宋高宗到杭州后，再三权衡利害得失，最后还是忍痛"降诏罪己，求直言"，此诏说：

"实由凉德，未究远图。仰无以当上帝之意，而祸乱遝臻；俯无以得百姓之心，而流亡失所。比因强敌，深入近境，退保江津，以援淮甸。事出仓卒，人用震惊，衣冠顿踣于道途，帑藏弃

---

① 《会编》卷121，《要录》卷20建炎三年二月丁巳。
② 《要录》卷20建炎三年二月丁巳，《宋史》卷378《卫肤敏传》，《浮溪集》卷25《尚书礼部侍郎致仕赠太中大夫卫公墓志铭》。

损于兵火。呜呼！皇天后土岂不鉴朕之至诚，志士仁人岂不恤朕之恳恻。倘以寡昧，难弥凶灾，宜降罚于朕躬，以谢罪于率土。"

"尚以国家历数之未艾，祖宗德泽之在人，未至沦亡，必将恢复。益当洗心改事，雪涕输诚，悉去弥文，务从简素，屏斥细务，专事兵戎。明告庶邦，暨于列位，忠言可以规朕之过失，长策可以救国之倾危，毋蕴于衷，悉以达上。庙堂近服，宜务交修，藩翰诸侯，深思夹辅，将帅致爪牙之用，黎元保父母之邦，思持颠而扶危，用兴仆而起坏，庶资多助，驯致丕平。咨尔万邦，钦予至意。"①

这份罪己诏尽管仍有不少文过饰非的成分，但与几天前的慰抚诏相比，多少还有一些罪在朕躬的自责。作为古代专制皇帝认错的最高规格，自然非常有损于宋高宗的尊严，但事已至此，不下此诏，已不能应付严重的统治危机。

接着，这个曾自诩"性不喜与妇人久处"的皇帝，又下令"出宫人百八十人"。② 在扬州行宫大批宫女逃散之馀，居然能一次放出一百八十人，也足见这个色情狂人蹂躏妇女之多。

黄潜善和汪伯彦作为维扬之变的罪魁祸首，为天下之人所切齿痛恨。两人也不得不装模作样地上疏谢罪，请求罢黜。此外，汪伯彦在辞职奏札中强调："臣偶以沈疴所缠，不能密志而虑。"③ 又流露出诿过于左相，而推卸本人罪责之意。但在事实上，这两个恬不知耻之徒"居位偃然，犹无去意"，为自己的禄位作最后挣扎。他们为宋高宗策划发布德音，"释诸路囚杂犯死罪以下，士大夫流徙者悉还之，惟责授单州团练副使李纲不以赦徙"。理由是若开释李纲，会得罪金朝，④ 实际上是害怕李纲复相。

御史中丞张澂上疏弹劾黄潜善和汪伯彦，开列罪状二十条。宋高宗扬州逃难，也尝够了苦头，不由不嫌恨黄潜善和汪伯彦。当然，他并不嫌恨两人降金以求苟安的大政方针，只是嫌恨两人未能及早安排逃跑事宜。他们的党羽、签书枢密院事路允迪还企图为之开脱和说情，以"时方艰棘，

---

① 《会编》卷122，《要录》卷20建炎三年二月癸亥。
② 《会编》卷121《维扬巡幸记》，《要录》卷20建炎三年二月乙丑。
③ 《会编》卷122。
④ 《要录》卷20建炎三年二月乙丑。

不宜遽易辅相"为由，"乞责以后效"。皇帝开始仍"诏押赴都堂治事"，很快又将两人免相。黄潜善外任江宁知府，汪伯彦外任洪州（治今江西南昌市）知州。黄潜善的罢相制词说：

"移股肱者，固非朕意；作耳目者，言皆汝尤。俾解烦机，时惟众允。紬书秘殿，作屏大邦。肆加体貌之崇，增重蕃宣之托。"

汪伯彦的罢相制词说：

"深念潜藩之旧，独高佐命之勋。俾解烦机，尚图来效。寓职殿庐之秘，出分藩屏之雄。一札疏荣，十连增重。既昭体貌，庸示保全。"

两人罢相时还另进观文殿大学士，这就是制词中"紬书秘殿"和"寓职殿庐之秘"两句的来历。江宁府和洪州正好是江南东路和西路的首府，都属外任差遣之肥缺。如此罢相，倒是体现了天水一朝"体貌"和"保全"大臣的宽厚风度，但与两年前李纲罢相时的严词峻责，却又形成了鲜明的对照。皇帝对这两个祸国殃民的奸臣，虽眷遇已衰，却仍含情脉脉，而"深念潜藩之旧"。

后有右司谏袁植上言，认为黄潜善和汪伯彦罪责深重，"自登相位，曾未逾年"，"自河之南迄于东京，由陕之右迄于淮甸，生灵涂炭，州县丘墟"，建议"槛送两人，斩之都市，以崇国体"。宋高宗只将两人进一步贬黜，说："渡江之役，朕方念咎责己，岂可尽归大臣。植乃朕亲擢，虽敢言，至导朕以杀人，此非美事。"他随即以"忠厚之言未闻，杀戮之事宜戒"为由，发表袁植外任。①

宋高宗罢免黄潜善和汪伯彦后，又再下求直言诏说：

"朕以菲躬，遭时多故，举事失当，知人不明。昨以宰臣非

---

① 《会编》卷122，卷123，卷129，《要录》卷20建炎三年二月己巳，卷23建炎三年五月戊寅朔，卷24建炎三年六月丁卯，《宋宰辅编年录校补》卷14，《鹤林玉露》甲编卷5《杜惊范文正》。袁植差遣或作左司谏。

才，任用既久，专执已见，壅塞下情。事出仓皇，匹马南渡，深思厥咎，在予一人。既以悔过责躬，洗心改事，放斥宫嫔，贬损服御，罢黜宰辅，收召隽良。尚虑多方未知朕志。自今政事阙遗，民俗利病，或有关于国体，或有益于边防，并许中外士民直言陈奏，朕当躬览，采择施行。雄擢其人，庸示劝奖。言之或失，朕不汝尤。"①

此诏有更多的引躬自咎的成分，厌恶直言的人进一步求直言，正表明他进一步理解自己处境的危困。朝野的很多士大夫当此国运维艰之际，自然又寄希望于李纲，盼望他再次任相，持颠扶危，收拾残局。但是，宋高宗尽管显示虚心纳谏的姿态，却绝对无意于降金乞和大政方针的改弦更张，故李纲也决无复相之理。他后来屡次对臣僚说："士大夫间有言李纲可用者，朕以其人心虽忠义，但志大才疏，用之必亡人之国，故不复用。"② 他又说："纲多掠世俗虚美，以此协比成朋，变白为黑，相附者争称之。"③ 他对李纲的种种苛责，归根结底，还是担心李纲回朝，对金再持强硬方针而已。

宋高宗唯一的重要改变，是为已死的陈东、欧阳澈和马伸平反，以沽广开言路的虚名。④ 显而易见，若干仅限于装潢门面的措施，尚不能使宋高宗立即摆脱困境，维扬之变一波未平，苗刘之变一波又起。

---

① 《会编》卷123，《要录》卷20建炎三年二月丙子。
② 《要录》卷27建炎三年闰八月乙酉。
③ 《宋宰辅编年录校补》卷15。
④ 《会编》卷123，《要录》卷20建炎三年二月乙亥，《挥麈录馀话》卷1，《鼠璞》卷上《陈东伏阙》。

伍

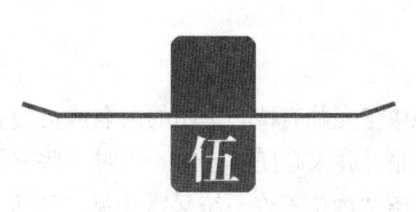

苗刘之变

青年宋高宗

第一节　逊位和复辟

维扬之变后，原康王元帅府核心集团的两名成员罢相去位，但康履、蓝珪等宦官依然势焰嚣张，并未有任何收敛。当时一些官员与宦官勾结，已成公开秘密。宋高宗曾诏"内侍不许与统兵官相见，如违，停官，送远恶州编管"。但在事实上，康履等人"以藩邸旧恩用事，颇忽诸将。诸将多奉之，而台谏无敢言者"。① 武将刘光世在宋高宗即位三个多月后，就荣升奉国军节度使，表面理由是"赏平贼之劳"，实际上是因为刘光世"曲意"奉承康履等人之故。② 宋时节度使虽为虚衔，却是武人的"极致"。③ 如此尊崇的官衔，居然在某种程度上可由宦官奉送，也足以从一斑而窥知全豹。

黄潜善和汪伯彦去位后，宋高宗任命朱胜非继任右相，又任命王渊为同签书枢密院事，仍兼御营使司都统制。④ 同签书枢密院事在枢密院长官中品位最低，却仍属执政之列。在以崇文抑武为传统国策的宋朝，武臣出任枢密院长官，算是少有的特殊恩典。王渊在维扬之变中，本有无可推诿的罪责，已经激起军愤。然而在事变结束还不足一个月，他反而得到破格超擢，这无非是由于他素来同康履之辈有"深交"，"由宦官荐"。⑤ 这项任命无异于向将士们的心头怒火之上浇油。

康履、蓝珪等内侍"凌忽诸将，或踞坐洗足，立诸将于左右"，任意颐指气使。有时甚至骑马来到军前，也对众将疾言厉色，动辄呵斥，"故疾之者众"。⑥

宋高宗南下逃难途中，宦官们居然在江南水乡"以射鸭为乐"。这种别开生面的娱乐，当然给百姓带来很多骚扰。小朝廷搬迁到杭州后，宦官

---

① 《要录》卷10建炎元年十月癸未。
② 《要录》卷8建炎元年八月庚申，《宋史》卷469《蓝珪传》。
③ 《宋史》卷474《贾似道传》。
④ 《会编》卷123，《要录》卷21建炎三年三月庚辰、辛巳，《宋宰辅编年录校补》卷14。
⑤ 《宋史》卷369《王渊传》，卷469《蓝珪传》，卷475《苗傅传》。
⑥ 《宋史》卷469《蓝珪传》。

辈听说钱塘江有观潮的胜景，又在江岸铺张盛宴，"帐设塞街"。① 他们还恣意抢夺民居，"强市民物"，"肆为暴横"。② 凡此种种，更激起了军愤和民愤。

武将苗傅和刘正彦都是将门之子，分别任御营后军统制和御营右军副统制，③ 他们统率的两支军队护卫隆祐皇太后、皇子赵旉等先来杭州。赵旉是原康王府因无名位，而幸免于当金军俘虏的宠妾潘氏之子。宋高宗即位后才一个多月，即建炎元年六月，赵旉降生。宋高宗原先准备将潘氏立为皇后，执政官、尚书右丞吕好问"谏止"，便于当年将潘氏立为贤妃。④

当时御营使司的大将刘光世、韩世忠、张俊等率部沿江防守，而戍守杭州的军队主要是苗傅和刘正彦两部。两人憎恨宦官们和王渊，便酝酿发动兵变。

三月初，朱胜非刚出任右相，就听说王渊的新任引起诸将"不乐"，便在"留身奏言"时上奏宋高宗。宋高宗感到有些不妙，就同朱胜非商议对策。朱胜非提出一个圆通的办法，说："臣记得武臣作枢，有免进呈及书押札子故事。今渊又兼都统制，于诸将尤有利害。臣欲罢渊兼官，免进呈、书押故事，庶弥众论。"

按宋朝枢密院制度，"大事则奏禀，其付授者用宣；小事则拟进，其付授者用札"。⑤ 王渊既免向皇帝进呈，又不得在枢密院的宣和札上画押，事实上便成为有"执政恩例"的空名，而"不与院事"。宋高宗当即表示赞同。

苗傅和刘正彦的密谋，被知情人向宦官康履告发。康履奏禀宋高宗，宋高宗立即命康履到都堂通知朱胜非，说次日清晨，密谋政变者将在天竺寺集中。康履走后，朱胜非又召见王渊商议。王渊派遣精兵五百人，使臣十名，武将一员，当夜前往天竺寺埋伏。

实际上，康履的情报恰好是中了政变者之计，他们使用此计，调离了王渊的亲兵。苗傅和刘正彦的军队并未去天竺寺，而是埋伏在城北桥下。

---

① 《要录》卷21建炎三年三月壬午，《朱子语类》卷127。
② 《要录》卷21建炎三年三月壬午注引《秀水闲居录》，《宋史》卷475《苗傅传》。
③ 《会编》卷119，《要录》卷13建炎二年二月己卯。
④ 《要录》卷6建炎元年六月辛未，《宋史》243《潘贤妃传》，卷246《元懿太子旉传》。
⑤ 《宋史》卷162《职官志》。

等次日王渊退朝，伏兵便一拥而上，将他拉下马，由刘正彦亲手处斩。叛兵分别包围了行宫和各个宦官住宅，"凡宦者非入直在内，皆为其所杀，而财物尽劫取"，① 甚至误将无胡须者一概斩杀。

苗傅和刘正彦在杭州城中张贴榜文，指斥朝政昏暗，"奸臣误国，内侍弄权"，"进退大臣，尽出阉宦，赏罚士卒，多出私门"，"民庶惶惶，不知死所"，自称"天其以予为民除害"。

尽管宋高宗已事先有所风闻，但一旦政变爆发，仍然吓得六神无主。朱胜非和执政官们只能争取同苗傅、刘正彦等谈判和敷衍。苗傅等将王渊枭首于竹竿上，身披甲胄，站立行宫门楼下，厉声呼喝，要求斩康履等宦官，以谢三军。两浙西路安抚使司主管机宜文字时希孟说："中官之害，至此为极，若不一切除去，恐天下之乱未已。"军器监叶宗谔也说："陛下何惜一康履，以慰三军之心。"宋高宗为保全自己，一时根本不可能顾及皇帝的尊严，只得命令卫士将康履从清漏阁搜捉而出。康履向皇帝大喊："大家！臣死矣！何独杀臣？"卫士们不容他继续分辩，当即交付政变将士，将他腰斩，脔割其肉，也枭首于竹竿。另一宦官曾择流放广南，出城不远，即被追还斩首。其馀如蓝珪、高邈、张去为、张旦、陈永锡等后都被贬窜到岭南。②

苗傅、刘正彦等引用两年前陈东上书，指责宋高宗"不当即大位"，强迫他"为内禅之事"。③ 宋高宗被迫下诏逊位，当太上皇，移居显忠寺，改名睿圣宫，只留宫女六十四人和内侍十五人。他的三岁幼子赵旉即位，由隆祐皇太后垂帘听政，改元明受。故苗刘之变又可称明受之变。时年五十七岁的隆祐皇太后，自二十四岁时被宋哲宗废黜，长期过着痛苦的幽居生活。至此又不得不扶持三岁小儿，和朱胜非等人共同商量谋划，勉为其难地与苗傅、刘正彦等敷衍周旋，委曲调和，以保全赵构这个很不争气的侄子。

苗傅和刘正彦升任节度使，两人虽然以武力挟制朝廷，实际上并无深谋和远略，他们的部属中也无足智多谋之士。在对金关系上，苗傅和刘正彦"欲和金人，以息兵革"，认为"遣使议和不可缓"。④ 他们设法召王孝

---

① 《挥麈后录》卷9。
② 《宋史》卷25《高宗纪》，卷469《蓝珪传》。
③ 《挥麈后录》卷9。
④ 《会编》卷125和卷126《秀水闲居录》，《要录》卷21建炎三年三月戊子注引《秀水闲居录》。

迪为中书侍郎，卢益为尚书左丞，令两人以执政官身份充奉使大金国信使。朱胜非害怕金朝得知宋廷内讧的消息，乘机出兵南侵，说未知敌帅所在，还是先派遣两名身份低的小使为宜。苗傅和刘正彦同意朱胜非的主张，另派两名小官充先期告请使，前往金朝。

苗刘之变一时成为震惊朝野的大事变。在宋廷的执政官中，有同签书枢密院事吕颐浩兼任江、淮、两浙制置使，江宁知府，他尚留在江宁府部署江防，另一文臣礼部侍郎，节制平江府、常、秀、湖州、江阴军军马张浚也督军于平江府。两人接到宋高宗内禅诏赦，方知杭州发生政变，遂分别上奏，请求太上皇复辟，并与韩世忠、刘光世、张俊三员大将联合发兵，勤王救驾。当时，韩世忠妻梁氏①和儿子尚扣留在苗傅军中为人质。朱胜非传达隆祐皇太后之命，说要派梁氏前去招降韩世忠，苗傅便将梁氏等释放。隆祐皇太后召见梁氏说：''国家艰难至此，太尉（宋时武将可尊称太尉）首来救驾，可令速清岩陛。''梁氏出杭州城，疾驰韩世忠军中。于是韩世忠等军加速向杭州推进。

朱胜非等人利用韩世忠等军进逼的压力，召苗傅和刘正彦到都堂，晓以利害，要他们主动请被废黜的太上皇帝复辟，并说有了隆祐皇太后和宋高宗的誓书和铁券，"便可保无虞也"，"更请御笔赦太尉擅诛内侍之诏"。苗傅和刘正彦被迫同意复辟之议，并请求宋高宗在复辟后，立即下手诏令韩世忠等退兵。结果宋高宗的御笔虽然传递到韩世忠军中，吕颐浩和张浚仍督韩世忠等军直扑杭州，击破苗傅和刘正彦军的抵抗。苗傅和刘正彦势屈计穷，于四月初引精兵二千，开涌金门逃命。吕颐浩、张浚、韩世忠等率勤王兵入杭州城。宋高宗步行到行宫门，执韩世忠之手，恸哭一场。

历时一个月的苗刘之变平定了。此后，韩世忠又统兵追歼苗傅和刘正彦的残部，将两人捕获，处以磔刑。②

---

① 韩世忠妻梁氏史传无名，邓广铭先生所撰《韩世忠年谱》已有考订，载《邓广铭全集》第1卷第318页，河北教育出版社，2005年。后世称梁氏名红玉，纯属虚构。
② 本节叙事除前引各注外，主要依据《会编》卷125至卷128，《要录》卷21，卷22，《宋史》卷361《张浚传》，卷362《吕颐浩传》，卷364《韩世忠传》，卷369《张俊传》，《刘光世传》，卷469《蓝珪传》，卷475《苗傅传》，《宋宰辅编年录校补》卷14，《挥麈后录》卷9，《独醒杂志》卷9，《文定集》卷11《书朱丞相渡江遭变录》）。

第二节 劫后馀波

两个月几乎接踵而至的事变,使二十三岁的宋高宗受到十分沉重的心理打击,也使他在政治上趋于成熟。待到政局较为稳定后,他又在六月下亲笔罪己诏,"以四事自责,一曰昧经邦之远图,二曰昧戡难之大略,三曰无绥人之德,四曰失驭臣之柄"。又说"朕之四失,姑举大纲,至如直言之士衔愤未摅,死事之家遗孤未录,朝纲尚紊,军律不严,兵无杀敌之心,士亡死节之谊。京东两路,旱蝗相继,斗米万钱,粟麦虽成,反资贼廪。加以军期〔征〕发,力役繁兴,远迩嗷嗷,民不堪命"。"今朕深自修省,悔过责躬。一食之间,惟二圣是念;一席之上,惟四方是忧。逆耳忠言,钦而必受;宽民良法,信而必行。放斥宫嫔,减损服御,捐不急之务,罢冗食之官,积粟训兵,图复旧业。庶渐平于多垒,获迎奉于两宫"。并规定"行在令尚书省出榜朝堂,在外令监司、郡守行下告谕,无有远迩,咸知朕悔过之意"。①

宋高宗自即位以来,对黄潜善和汪伯彦主持偏安大政盲目乐观,简单地认为自己既登大宝,就应享尽皇帝之乐。维扬之变已使他得到足够的教训,更何况又加上苗刘之变。事实上,若再无某种程度的改弦易辙,稳定政局,岂但不能有宫室之乐,还会有性命之忧。他的"深自修省,悔过责躬",不能说全无恳恻之意,但今后在多大程度上付诸实施,则又另当别论。

御史中丞张守说,"陛下罪己之诏数下矣,而天未悔祸,实有所未至尔",他希望皇帝"应天以实不以文"。张守还引用汉朝枚乘之说,"出舆入辇,命曰蹶痿之幾,洞房清宫,命曰寒热之媒,皓齿娥眉,命曰伐性之斧,甘脆肥浓,命曰腐肠之药,此言可以戒也"。②从杀陈东和欧阳澈时下"妄议"者"处斩"诏,到目今屡下罪己和求言诏,当然是一种进步,但只是悖逆于宋高宗秉性的进步、无可奈何的进步。聪明的张守不但自己进

---

① 《会编》卷130,《要录》卷24建炎三年六月辛酉。
② 《会编》卷130,《要录》卷24建炎三年六月己酉,《历代名臣奏议》卷3。

谏，还请汉人代自己进谏，其实无非是说明了皇帝诺言的虚伪性。

朱胜非在苗刘之变平息后，立即提出辞呈。他精通专制政治的三昧，尽管自己在这次惊心动魄的政变中，费尽心力保全官家，但事后却必须及时引退，他对皇帝说："臣若不去，人必谓有所蒙蔽。臣去之后，公议乃见。"宋高宗问他谁可继任相位，朱胜非说："以时事言之，须吕颐浩、张浚。"宋高宗说："且除一人，二人孰优？"朱胜非回答："吕颐浩练事而粗暴，张浚喜事而疏浅。"于是，宋高宗同意朱胜非辞职，而命吕颐浩为右相，张浚任知枢密院事。①

吕颐浩和张浚都倾向于抗金，朱熹评论吕颐浩说："这人粗，胡乱一时间得他用，不足道。"② 其实，除李纲外，在宋人承认的较好的中兴诸相中，哪一个也说不上比吕颐浩有多少高明之处。经历了内有黄潜善和汪伯彦，外有杜充的胡作非为，南宋的国力已虚弱到极点，任何一人也拿不出挽回颓势的速效的奇谋良策。四川人张浚认为，"若欲致中兴，必自关陕始。又恐虏或先入陕陷蜀，则东南不复能自保，遂慷慨请行"。宋高宗命他以执政官的资格出任宣抚处置使，前往陕西前沿。③ 吕颐浩和张浚建议，将行在搬迁到鄂州（治今湖北武汉市武昌），但宋高宗还是采纳其他臣僚的折中建议，将行在迁至江宁府，并改名建康府。④

黄潜善和汪伯彦两人在苗刘之变期间已被进一步贬谪，事变之后，宋高宗"诏责授镇东军节度副使、英州安置黄潜善降充江州团练副使，责授秘书少监、永州居住汪伯彦降充宁远军节度副使，并即其州安置"。值此"扰攘多故之秋"，与其说是贬黜，倒不如说是"好好送他去广中避盗"。⑤ 宋高宗为死去的王渊追赠开府仪同三司，连劣迹昭彰的康履"亦赠官"，谥号荣节。⑥

流放各地的宦官又纷纷回到行宫。中书舍人季陵上奏说，"宫闱之内，

---

① 《会编》卷126《秀水闲居录》，卷128，《要录》卷22建炎三年四月庚戌、辛亥、壬子、癸丑，《宋宰辅编年录校补》卷14。
② 《朱子语类》卷131。
③ 《会编》卷129，卷130，《要录》卷23建炎三年五月戊寅朔，卷25建炎三年七月庚子，《宋宰辅编年录校补》卷14，《朱文公文集》卷95张浚行状。
④ 《会编》卷129，《要录》卷23建炎三年五月戊寅朔、乙酉。
⑤ 《会编》卷129，《要录》卷21建炎三年三月庚寅、乙未，卷23建炎三年五月戊寅朔，卷24建炎三年六月丁卯，《朱子语类》卷131。
⑥ 《要录》卷22建炎三年四月甲寅，《宋史》卷369《王渊传》，卷469《蓝珪传》。

无女谒之私,惟宦寺之习未革"。"比闻蓝珪之流复有召命,党与相贺,气焰益张,众召僧徒,广设斋会,以追荐钱塘之被害者。行路见之,疑其复用,莫不切齿"。① 如前所述,宋高宗虽然好色,但对任何女人又都寡情薄义,故季陵称"无女谒之私",应是事实。但宋高宗对宦官"气焰益张"的警告,却置之不理。在大批作恶多端的宦官返回行宫的同时,宋高宗也想起了因进谏而被放逐已达两年的宦官邵成章,盘算着让他回宫。众宦官风闻此事,急忙进谗言说:"邵九伯若来,陛下无欢乐矣!"宋高宗认为此说有理,便令邵成章在洪州居留。②

在不得不宣称"逆耳忠言,钦而必受"之后,宋高宗也果然招来了尖锐的直言。起居郎胡寅上奏和万言书,直率批评皇帝"不力图兴复,抗志有为","反以省方巡幸之美名而文饰之"。"三年之间,国益危,势益蹙,狄益横,人益恐"。"陛下以亲王介弟,受渊圣皇帝之命,出帅河北,二帝既迁,则当纠合义师,北向迎请。而遽膺翊戴,亟居尊位,遥上徽号,建立太子,不复归觐宫阙,展省陵寝,斩戮直臣,以杜言路,南巡淮海,偷安岁月。虏兵深入陕右,远破京西,而漫不治军,略无捍御。盗贼横溃,莫之谁何。无辜元元,百万涂地"。"方且制造文物,縻费不赀,猥于城中,讲行郊报,朝廷〔之上〕,〔自〕谓中兴。虏骑乘虚,直捣行在,匹马南渡,狼狈不堪,淮甸之间,又复流血。逮及反正宝位,移跸建康,不为久图,百度颓弛,淮南宣抚,卒不遣行,自画大江,轻失形势,一向畏缩,惟务远〔逃〕,军民怨咨,如出一口,存亡之决,近在目前"。"黄潜善、汪伯彦、颜岐顾以乳妪护赤子之术待陛下,曰:上皇之子殆将三十人,今所存惟圣体,不可不自重爱也。曾不知太祖勤劳取天下,列圣兢业嗣守,不敢坠失。今也,宗庙为草莽堙之,陵阙为畚锸惊之,堂堂中华,戎马生之,赫赫帝国,盗贼营之"。"本初嗣服,既不为迎二帝之策;因循远狩,又不为守中国之谋。以至于今,德义不孚,而号令不行,刑罚不威,而爵赏不劝"。"未有乘衰微缺绝之后,窃窃焉因陋以为荣,施施焉苟且以为安,而能久长无祸者也"。他痛快淋漓地抨击建炎初政,特别强调宋高宗称帝本身就是"举措失人心之大者"。这实际上是重复两年前遇害的陈东的言论。他还提出了一系列正本清源的建议。

---

① 《要录》卷24建炎三年六月己酉,《宋史》卷377《季陵传》,《历代名臣奏议》卷305。
② 《会编》卷128,《要录》卷22建炎三年四月,《宋史》卷469《邵成章传》。

专制政治的最大特色之一，就是畏忌正论，嫌恨异议。史称宰相吕颐浩"恶其切直"，将胡寅罢官赋闲。这其实不过是修史者为尊者讳而已。真正"恶其切直"，但又不能采取当年对待陈东和欧阳澈的办法，而只能采取较温和的处置手段，无非是宋高宗本人。吕颐浩只是按皇帝圣旨行事，而又不得不代皇帝受恶名。尽管如此，胡寅上书确实轰动一时，连株守臣规的宋朝士大夫也承认"此论明白正大"，"关系最大"，"惜其说之不行也"。①

胡寅在上书中指责宋高宗"建立太子"，其实，他的三岁幼子赵旉正是在不久前已离开人世。在潘贤妃妊娠期间，正值金军破开封府的前后，她成天提心吊胆，生活艰难，故太子赵旉先天不足，体弱多病。七月间，赵旉患病时，恰好有一宫女不慎，踢翻了地上一只鼎，"仆地有声，太子即惊搐不止"，宋高宗大怒，"命斩宫人于庑下"。然而仅过片刻，赵旉即停止了呼吸。②

宋高宗在丧失生育能力之后，又失去了唯一的子嗣，这对他精神打击之沉重，是可想而知的。其实，他从当大元帅到扬州逃难，为时两年多，在正常情况下，本可继续生育，问题全在于他纵欲无度，故后宫无人怀孕。这当然是纵欲的恶报。他对宰辅们说："闻上皇遣内臣、宫女各二人来，朕闻之，一则以喜，一则以悲。朕违远二圣，已及三年，忽得安信，岂得不喜。上皇当承平之久，以天下之养奉一人，彼中居处服食，凡百粗陋，而朕居深宫广殿，极不遑安。且朕父、母、兄、弟及妻皆在异域，惟有子，近又薨逝。孑然一身，当此艰难，所以悲也！"一时声泪俱下。③ 他内心有深沉的哀痛，但哀痛毕竟从未真正转化为卧薪尝胆及发愤雪耻的精神。

---

① 《要录》卷27建炎三年闰八月庚寅，《宋史》435《胡寅传》，《历代名臣奏议》卷86，《斐然集》卷16《上皇帝万言书》，《鹤林玉露》丙编卷3《建炎登极》。《会编》卷131所载文字有异。
② 《要录》卷25建炎三年七月丙戌，《宋史》卷246《元懿太子旉传》。
③ 《要录》卷26建炎三年八月壬申。

陆

航海流亡

古画中明州东渡门和江边码头－宋高宗明州避难所

第一节　卑辞祈哀

金朝一般是在秋高气爽、弓劲马肥的时节用兵，而于盛夏撤军，回到北方避暑。苗刘之变后，时值暑热天气，宋高宗君臣已不得不首先考虑如何应付行将来临的建炎三年金军秋季攻势。

宋朝的国脉民命，经宋高宗和一帮奸佞自我摧残之后，确已虚耗到难以战守的地步。但更重要的，还是宋高宗和一部分臣僚丧失信心，有一种深重的前途渺茫、凶多吉少，而又走投无路之感。他们寄希望于金朝将帅大发慈悲，为自己开一线生机。尽管宋高宗本人与金朝有父、母、兄、妻及其他亲属被俘虏、被凌虐的深仇和大辱，但自宋高宗登基以来，一批又一批的"祈请使"仍不绝于道。苗刘之变后，宋高宗更深自贬抑，在致金元帅府的国书中，将原来的"大宋皇帝构致书大金元帅帐前"，降格为"宋康王赵构谨致书元帅阁下"。一个号称居九重之尊、享四海之奉的皇帝，居然对仇敌自动"贬去大号"，①改称"康王"，这在十分讲究名分观念的古代，已是极为卑辱的事。更何况从哀祈信的内容看，摇尾乞怜之意，已达到了无以复加的地步。

宋高宗在一份"请和诏"中说，"顷罹邦祸"，"止缘亟徇于民心，有失先资于大国"，承认自己登基即位，未事先得到金朝的允准，就是大错。"今则尽携臣属，远窜蛮荆。念守御以图存，师徒莫振；欲逃奔而求免，封域已穷"。"所冀宅中而受命，无烦涉远以劳师"。② 他以一个"远窜蛮荆"的陪臣自居，只求"受命"于中原"大国"，给他一个封号，"无烦涉远以劳师"，便志满意得了。"愿去尊号，用正朔，比于藩臣"，③ 这为日后的屈辱和议，已确定了一个基本的模式和规范。宋高宗在另一份致金左副元帅完颜粘罕（宗翰）的国书中写道：

"既遣使者于庭，君臣相聚，泣而言曰：古之有国家而迫于

---

① 《金史》卷74《宗翰传》。
② 《要录》卷25建炎三年七月癸未注。
③ 《要录》卷23建炎三年五月乙酉。

危亡者，不过守与奔而已。今大国之征小邦，譬孟贲（古代勇士）之搏僬侥（古代矮人）耳。以中原全大之时，犹不能抗；况方军兵挠败，盗贼交侵，财赂日朘，土疆日蹙。若偏师一来，则束手听命而已，守奚为哉！"

"自汴城而迁南京，自南京而迁扬州，自扬州而迁江宁，建炎三年之间，无虑三徙，今越在荆蛮之域矣。所行益穷，所投日狭，天网恢恢，将安之耶？是以守则无人，以奔则无地，一身彷徨，跼天蹐地，而无所容厝，此所以朝夕愬愬然，惟冀阁下之见哀而赦己也。"

"恭惟元帅阁下以宗英之重，行吊伐之师，谋略如神，威权不世，其用兵之妙，与黄帝争驱。遂北平契丹，南取中国，极天所覆，混为一区，此岂载籍所有哉！"

"前者连奉书，愿削去旧号……金珠玉帛者，大金之外府也，学士大夫者，大金之陪隶也，是天地之间，皆大金之国，而无有二上矣！亦何必劳师远涉，然后为快哉！"

"社稷存亡，在阁下一言。某之受赐，有若登天之难；而阁下之垂恩，不啻转圜之易。伏惟留神而特加矜察焉！"①

宋高宗降金政策的基本出发点，无非是保住自己的生命、皇冠和享乐，三者缺一不可，至于土地的得失，人民的死活，父、母、兄、妻等人的苦乐和荣辱，实际上并不萦怀。投降政策给南北方人民造成了深重的劫难，它本质上尚非是一个人或几个人的罪恶，宋朝统治阶级中最保守、最腐朽的一部分，就是降金政策的天然温床。尽管黄潜善、汪伯彦之流声名狼藉地退出了政府，却并不乏后继者。但是，在宋金力量对比于宋最不利的时机，此类哀祈书的作用，无非是益发刺激女真贵族的贪欲，使他们的气焰更盛，进一步南侵的决心更大。

---

① 《要录》卷26建炎三年八月丁卯注，原文有缺字。

第二节　天堑失守

宋高宗一面卑辞乞和,一面也不得不对金军的攻势预作准备。既有维扬逃难的惨重教训,御史中丞范宗尹上奏认为,只能对金"隐忍顺受,以纾目前之急","设若虏骑深入,当以控扼之事,责之将相,陛下姑引而避之。言至于此,可谓无策。然譬人之大病垂绝,投之善药,但得不死,徐议补治"。中书舍人季陵也上奏说,"自古无守城天子,以天子守城,则内重而外绌。臣愿陛下为马上之计"。"勿效前日百官跣足奔窜,以扈跸为名,弃城池以与敌,使生灵堕于涂炭,财用填于沟壑而不恤也。宗社安危,在此一举,惟陛下早图之"。① 两人意见归结为一点,就是三十六计,走为上计,必须早作逃跑的准备。这当然与宋高宗的心意相合。

宋高宗在六月"诏谕军民",说"今者迫近防秋,理当夙戒。朕已命杜充提重兵,为淮南、京东、西宣抚处置副使,力保诸路"。又恭请隆祐皇太后等一行"迎奉神主,前去江表"。"朕与二、三谋臣、帷幄宿将、士庶、军人戮力同心,以备寇敌,进援中原"。"一应官员、百姓欲遣家属南去者,官司不得禁止"。② 八月,隆祐皇太后等一行皇宫女眷三百八十三人,由滕康任权知三省、枢密院事,刘珏任权同知三省、枢密院事,陪同前往江南西路首府洪州。滕康和刘珏的同行,有分散朝廷事权,以应付紧急事变之意。武将、节度使杨惟忠"将卫兵万人从行"。随同隆祐皇太后的宋高宗妃嫔等,有已死的皇太子母潘贤妃、淑国夫人王氏、康国夫人萧氏、和国夫人王氏、嘉国夫人朱氏、成国夫人吴氏、润国夫人张氏、惠国夫人孙氏、直笔张氏、典字孙氏、直笔刘氏、尚服朱氏等,每位之下各有十多名至三十多名宫女。③ 好色的宋高宗为了避敌,不得不忍痛将自己的

---

① 《要录》卷24建炎三年六月甲戌,《宋史》卷377《季陵传》。
② 《会编》卷130,《要录》卷24建炎三年六月乙亥。
③ 《会编》卷130,《要录》卷25建炎三年七月壬寅,卷26建炎三年八月壬子、壬戌,《宋宰辅编年录校补》卷14,《宋史》卷243《哲宗昭慈孟皇后传》,卷375《李邴传》,《滕康传》,卷378《刘珏传》,《建炎以来朝野杂记》乙集卷3《建炎行幸六官数》。

妃嫔之类临时遣散，以免她们成为自己逃难时的累赘。

在此危难时刻，宋廷的宰执官已分命三处，张浚西去，滕康和刘珏南下，唯有吕颐浩等陪伴皇帝。在宋高宗君臣眼里，唯一可以依仗的外任重臣就是杜充。

杜充作为统兵文臣，是个自命不凡、色厉内荏的草包。他对部属苛酷，"残忍好杀"，① 以掩饰无能，树立权威。他既畏敌怯战，却又喜欢冒充硬汉，曾自诩说："方今艰难，帅臣不得坐运帷幄，当以冒矢石为事。"② 杜充接替宗泽出任东京留守后，其实只有丧地蹙土的记录。然而在这个是非功过颠倒的年代里，他的官位却反而随之升高，他的名望反而随之加重。其实，一部分士大夫也看透杜充的为人。如河北东路提点刑狱郭永曾当面讥诮杜充说："人有志而无才，好名而无实，骄蹇自用而得声誉，以此当大任，鲜克有终矣！"③ 宗泽之子宗颖也曾上奏朝廷，历陈杜充的过失。④ 但宋高宗和宰执大臣却惑于杜充的虚名，对此类言论采取听而不闻的态度。

面对着金军行将发动的新攻势，开封城中的杜充深怀一种如临深渊、如履薄冰之感，似乎大难临头，唯有走为上计。他既想逃离开封，却又不敢承担放弃旧京的罪责，于是便耍弄花招，自己带东京留守司的主力军南撤，而委派副留守郭仲荀任守京城之责。岳飞自南京应天府上书而被论罪后，先后投奔张所、宗泽等人，当时已成为东京留守司一个颇有勇名的统制，他出面力谏杜充，无论如何不能放弃开封。杜充自然置之不理，他并未因此将岳飞治罪，已算是对这名部将十分宽容了。留在开封城的郭仲荀也如法炮制，命留守判官程昌寓接替守备。程昌寓又逃之夭夭，将责任推给权东京留守上官悟。开封城中粮食奇缺，饿尸纵横，连程昌寓的部属也只能挖野菜充饥。建炎四年（公元1130年）二月，开封城最后陷落时，城里的壮年男子已不满一万人。⑤ 宋朝设在中原地区的东、西、南、北四

---

① 《宋史》卷475《杜充传》。
② 《要录》卷26建炎三年八月戊申。
③ 《要录》卷14建炎二年三月丙戌，《宋史》卷448《郭永传》，卷475《杜充传》，《浮溪集》卷20《郭永传》。
④ 《要录》卷18建炎二年十月癸酉，《宋史》卷360《宗泽传》，卷475《杜充传》。
⑤ 《会编》卷132，卷133，卷136，卷137，卷140《程昌寓家传》，《要录》卷24建炎三年六月戊申朔，乙亥，卷25建炎三年七月庚子，卷26建炎三年八月乙丑，卷31建炎四年二月丁亥。

京最后全部陷落。

如前所述，杜充领重兵撤离开封时，宋廷先已发表他任淮南、京东、京西宣抚处置副使，并"许便宜行事"，宋廷的原意，是允许他"提重兵防淮"。① 但杜充却利用"便宜行事"的伸缩馀地，不逃则已，一逃便径自逃至大江以南的建康府，将京东、京西和淮南的广大地域拱手让给金人。在军情渐趋紧张的时刻，宋廷根本未曾考虑过还要追究他弃地与敌的罪责，反而将他视为救星，似乎支撑半爿残天，全仗这根擎天柱了。"朝廷谓充有威望，可属大事，吕颐浩、张浚亦荐之"。② 担当防秋的重任，已非杜充而莫属。

七月，宋廷发表杜充升任同知枢密院事，"总兵防淮"，③ 作为执政官的另外第四处要任。杜充的升官制词将他吹嘘得神乎其神：

"具官杜充刚明不挠，沈鸷有谋。徇国忘家，得烈丈夫之勇；临机料敌，有古名将之风。比守两京（按：指北京和东京），备经百战，夷夏闻名而褫气，兵民矢死而一心。与其统方面而保我国都，孰若委腹心而还之廊庙。庶仲尼既用，齐人悉反于侵疆；随会来归，晋国永无于贼盗。"④

杜充嫌枢密院副长官的差遣太低，便以"中风在告"，上奏辞免。宋高宗"知其不满"，他在不允诏中说：

"卿资兼智勇，识洞古今，兹予付尔以本兵之任，此孟子所谓国人皆曰贤，然后用之者也。"

皇帝又在另一批答中说：

---

① 《要录》卷24建炎三年六月戊申朔，乙亥。
② 《宋史》卷475《杜充传》。
③ 《要录》卷25建炎三年七月壬寅，《宋史》卷25《高宗纪》，而《会编》卷130将任命时间系于七月二十一日丁酉，与前两书稍异。
④ 《会编》卷130，《浮溪集》卷11《东京留守杜充同知枢密院制》，《宋宰辅编年录校补》卷14，可知为汪藻手笔。

"朕遭世多艰，临川望济，求贤靡获，当馈兴嗟。以卿负天下之奇才，明古今之大略，两京之绩，四海所闻。兹擢预于折冲，庶稍宽于忧顾。朕志定于召卿之始，卿谋期于弼朕之成。众论皆然，屡辞奚益。"

宋高宗为表示对这位"天下之奇才"的重用，便将吕颐浩升任左相，杜充超擢右相。"制下四日"，本来无病的杜充便不再眷恋病榻，"即起视事"。①

接着，宋高宗又命杜充以右相身份兼任江、淮宣抚使，"领行营之众十餘万守建康"。② 左相吕颐浩"请自留平江督诸将拒战"，宋高宗认为，"朕左右岂可无宰相"，"颐浩不可去行在"，又命签书枢密院事周望任两浙宣抚使，"总兵守平江府"。③ 周望"有口材，好谈兵，尝为康邸记室"，为吕颐浩所荐引，宋高宗对这个康王府的旧僚特加超擢重用。④ 周望所统有二万兵力。⑤

按吕颐浩"且战且避"的主张，⑥ 宋廷部分官员随从宋高宗，自建炎三年闰八月至十月间，沿着浙西运河，由镇江府后撤到杭州。杭州已改名临安府，实有避难所和安乐窝的双重含义。尽管宋朝尚未得到金军大举进攻的确切消息，但身在临安府的宋高宗已成惊弓之鸟，他不住行宫，而住在御舟之中，"夜观天象"，按古时迷信习惯，"食素已二十餘日"。由于整日忧心忡忡，宋高宗的面容也明显消瘦。为了免蹈维扬劫难的覆辙，宋高宗又决定将行朝搬迁到越州（治今浙江绍兴），⑦ 并下诏说：

"国家遭金人侵逼，无岁无兵。朕纂承以来，深轸念虑，谓父兄在难，而吾民未抚，不欲使之陷于锋镝。故包羞忍耻，为退避之谋，冀其逞志而归，稍得休息。自南京移淮甸，自淮甸移建

---

① 《会编》卷130，卷131，《要录》卷27 建炎三年闰八月己丑，《浮溪集》卷15《杜充第二表辞免同知枢密院不允批答》。
② 《要录》卷27 建炎三年闰八月辛卯。
③ 《要录》卷27 建炎三年闰八月戊子，卷28 建炎三年九月癸丑。
④ 《挥麈后录》卷10。
⑤ 《要录》卷32 建炎四年三月辛未。
⑥ 《要录》卷27 建炎三年闰八月戊子。
⑦ 《要录》卷28 建炎三年十月丙戌，壬辰。

康,〔自建康移〕会稽,播迁之远,极于海隅。卑词厚礼,使介相望。以至愿去尊称,甘心贬屈,请用正朔,比于藩臣,遣使哀祈,无不曲尽。假使金石无情,亦当少动。累年卑屈,卒未见从。生民嗷嗷,何时宁息?

今诸路之兵聚于江、浙之间,朕不惮亲行,据其要害。如金人尚容朕为汝兵民之主,则朕于事大之礼,敢有不恭!或必用兵,窥我行在,倾我宗社,涂炭生灵,竭取东西金帛、子女,则朕亦何爱一身,不临行阵,以践前言,以保群生。朕已取十一月二十五日移跸,前去浙西,为迎敌计。惟我将士、人民,念国家涵养之恩,二圣拘縻之辱,悼杀戮焚残之祸,与其束手待毙,曷若并计合谋,同心戮力,奋励而前,以存家国。"①

虽然金军进逼不已,宋高宗在诏中仍声明愿"曲尽""事大之礼",只是不甘心"束手待毙"而已。当然,他也决不敢履践自己亲往浙西,"临行阵","以保群生"的"前言",只能是为"爱一身"而逃命。

金军此次南侵,由元帅左监军完颜挞懒(昌)负责淮南战场,金太祖的"四太子"完颜兀术(宗弼)负责江南战场。此外,另一支金军由完颜拔离速、完颜毂英、耶律马五等指挥,于当年十月由黄州(治今湖北黄岗)渡江。驻守江州(治今江西九江)的大将刘光世根本不敢与之交锋。隆祐皇太后一行不能在洪州停留,又南逃吉州(治今江西吉安)和虔州(治今江西赣州)。杨惟忠"所领卫兵万人皆溃"。隆祐皇太后和潘贤妃"皆村夫荷轿而驰",宋高宗费尽心血搜罗而得的三百几十名宫女,"死亡、散失者甚众"。金军在洪州屠城,② 先后荼毒江南西路、荆湖南路和荆湖北路,然后渡江北撤。

十一月,完颜兀术(宗弼)所率金军主力攻打太平州(治今安徽当涂)的采石渡和慈湖失利,改由建康府西南的马家渡过江。坐镇建康府的

---

① 《宋史》卷114《礼志》,《宋会要》兵7之15,《要录》卷29建炎三年十一月丁卯。

② 《会编》卷133,卷134,卷135,《要录》28建炎三年十月庚子、辛丑,卷29建炎三年十一月壬子、戊午、丁卯,30建炎三年十二月乙未,《宋史》卷243《哲宗昭慈孟皇后传》,《建炎以来朝野杂记》乙集卷3《建炎行幸六宫数》,《金史》卷72《毂英传》,卷74《宗翰传》。

右相、兼江、淮宣抚使杜充平时深居简出，"日事诛杀，无制敌之方"。及至得到金军渡江消息，急命都统制陈淬率岳飞等将出战。双方战斗正酣，不料宋将王瓅卖阵逃跑，金军遂乘机击溃宋军，陈淬英勇战死，唯有岳飞整军而退。杜充接到败报，慌忙下令打开水门，准备逃跑，却受到众百姓的唾骂。但他终于在第二天带三千亲兵，渡江北逃真州（治今江苏仪征）。完颜兀术（宗弼）派人劝降，应允杜充组织傀儡政权，杜充遂无耻投敌。①

后杜充北上，前去参见金朝左副元帅完颜粘罕（宗翰），完颜粘罕（宗翰）对他十分鄙薄。于是，完颜兀术（宗弼）关于由他组织傀儡政权的承诺，遂成泡影。不久，完颜粘罕（宗翰）又怀疑他私通宋朝，将他投入牢狱，"炮掠备至"。杜充虽被打得体无完肤，却不肯招承。最后，完颜粘罕（宗翰）亲自审问，说："汝欲复归南朝邪？"杜充回答说："元帅敢归，充不敢也！"完颜粘罕（宗翰）哂笑一阵，便将杜充释放，留在金朝当官。②

身居右相、兼江、淮宣抚使重任者叛变降金，身败名裂，这是宋高宗在位三十六年间仅有的一次，自然引起宋廷极大的震动。宋高宗得到确讯后，"不食者累日"，说："朕待充自庶官拜相，可谓厚矣，何故至是？"③其实，将懦夫尊奉为"临机料敌"的"名将"，将败类吹捧为"徇国忘家"的"丈夫"，这正是宋高宗苟安降金的大政方针所种下的恶果。

第三节　浮海逃生

身在越州的宋高宗，最初得到金兵自采石渡江的不确切传闻，"大骇"，命随从官员商议对策。众人七嘴八舌，议论纷纷，莫衷一是。接着，又正式得到杜充的败报。吕颐浩说："臣有一策，望圣意详度，断在必行。"宋高宗问："如何？"吕颐浩说："虏人以骑兵取胜。今銮舆一行，皇

---

① 《会编》卷134，《要录》卷29建炎三年十一月壬戌，甲子，丙寅，丁卯，卷31建炎四年二月乙未，《宋史》卷475《杜充传》，《宋宰辅编年录校补》卷14。
② 《会编》卷143，《要录》卷58绍兴二年秋，《宋史》卷475《杜充传》。
③ 《忠正德文集》卷7《建炎笔录》，《要录》卷31建炎四年二月乙未，卷33建炎四年五月庚戌，《宋宰辅编年录校补》卷14。

族、百司官吏、兵卫家小甚众，若陆行山险之路，粮运不给，必致生变。兼金人既渡浙江，必分遣轻骑追袭。今若车驾乘海舟以避狄，既登海舟之后，虏骑必不能袭我。江、浙地热，虏亦不能久留。俟其退去，复还二浙。彼入我出，彼出我入，此正兵家之奇也。"宋高宗为此不得不沉思良久。翌日，吕颐浩晚朝奏事，宋高宗说："航海之事，朕昨夕熟思之，断在必行，卿等速寻船。"君臣遂决定先逃往明州（治今浙江宁波）。吕颐浩还建议，"欲令从官已下，各从便而去"。宋高宗表示不同意，说："士大夫当知义理，岂可不扈从？若如此，则朕所至，乃同寇盗耳！"但百官们人心惶惶，皇帝的圣旨对他们已无约束力，"侍从百官皆散"，或留在越州不走，或逃奔外地，唯有吕颐浩等少数臣僚"从行"。①

十二月初，宋高宗一行来到明州。原来在当年初春，由监察御史林之平往福建沿海的泉州和福州，召募到南方福建、广南路的大批海船，"为防托之计"。故当时已有很多船只在明州停泊待命，其中包括一百艘米船。枢密院提领海船张公裕向皇帝禀明情况，宋高宗愁颜稍开，并亲自下诏褒嘉和赏赐广南东路转运使赵亿，因为他所募的船队最先到达明州。②

完颜兀术（宗弼）率军占领建康府后，急欲捉拿宋高宗，他只派少量兵力留守，遂以大兵直扑临安府。③

宋廷商议航海避敌的具体计划，由于船只供应等诸多困难，决定每艘海船载卫士六十名，每人所带家眷不得超过两人。众卫士自然必须提出交涉，说："我有父、母，有妻、子，不知两者如何去留？"他们向主管禁卫、入内内侍省都知陈宥提出申诉，陈宥一时张口结舌，难以区处。于是又有卫士张宝等百馀人遮道拦阻左相吕颐浩，"问以欲乘海舟何往，因出语不逊"，"间有斥骂者"。吕颐浩发怒，责问说："班直平日教阅，何尝有两箭上贴（中靶心），今日之事，谁为国家死战者？"众卫士怒不可遏，甚至举刃相向，要杀吕颐浩，参知政事范宗尹将吕颐浩拉入行宫殿内。权同主管殿前司公事李质④出面制止，将众卫士关在殿门之外。

---

① 《会编》卷134，《要录》卷29建炎三年十一月甲子，己巳，庚午，《挥麈后录》卷9，《挥麈三录》卷1。
② 《要录》卷30建炎三年十二月己卯，《忠正德文集》卷7《建炎笔录》。
③ 《会编》卷135，《要录》卷30建炎三年十二月辛巳，壬午，癸未，乙酉。
④ 关于李质的差遣，《要录》卷30建炎三年十二月癸卯作"主管殿前司公事"，卷31建炎四年正月庚戌作"权同主管殿前司公事"，后者应是全称。加以"权同"两字，用以表示殿帅的官位较低。

宋高宗得知此事，说："闻人情纷纷，不欲入海。缓急之际，岂可如二圣不避敌，坐贻大祸。"他亲自下手诏"抚谕"，众卫士遂在殿门外山呼万岁而散。风波平息后，宋高宗深感诸班直不可依仗，便密谕宰执说："此辈欲沮大事，朕今夕伏中军甲士五百人于后苑，卿等翌旦率中军入朝，捕为首者诛之。"

吕颐浩退朝，当即密令御营都统制辛企宗、御营中军统制辛永宗和自己的亲军将姚端作秘密准备。第二天，御营中军和姚端部冲入行宫，对直宿卫士发动突然袭击。宋高宗本人也披带铠甲，指挥伏兵接应。卫士们猝不及防，无法抵抗，"或升屋，或逾墙遁走"。宋高宗亲自弯弓搭箭，射中两人，坠落屋下。众卫士"骇惧，悉就擒"。

宋高宗命令吕颐浩将卫士张宝等十七人，斩于明州闹市。其他卫士"降隶诸军"。宦官陈宥也受贬窜潭州（治今湖南长沙）"安置"的处分。由于皇帝诸班直建置的撤销，遂以辛永宗御营中军几千人和姚端所部充当皇帝宿卫。①

处置了诸班直卫士后，宋高宗仍身穿甲胄，与臣僚冒着大雨，从明州州衙出东渡门，乘楼船前往定海县（今浙江镇海）。从行臣僚除宰执外，仅有御史中丞赵鼎、右谏议大夫富直柔、权户部侍郎叶份、中书舍人李正民、綦崇礼和太常少卿陈戬六人，另有御营都统制辛企宗和御营中军统制辛永宗兄弟朝夕侍卫。一部分官员或留在明州，或以"不便海舶"为由，"请陆行以从"。当时宋廷已得到金军逼近临安府的报告。"士大夫去者有风涛之患，留者有兵火之虞，相别殿门外，皆面无人色"，笼罩着一片凄惨景象。②

金朝一面用兵，一面劝降，仍派出使的属官卢伸回宋廷。宋高宗一行到达定海县后，接到传闻有金使前来的消息。宋高宗害怕金使到行朝打听情况，刺探虚实，便命参知政事范宗尹回明州等候。范宗尹看到卢伸，方知并非金使，因金朝国书"语极不逊"，"遂不奏"。宋高宗仍感不安全，又将行朝搬迁到海中的昌国县（今浙江定海舟山岛）。范宗尹赶回行朝，

---

① 关于卫士哗变的经过，参据《要录》卷30建炎三年十二月壬午，癸未，甲申，己丑，《忠正德文集》卷7《建炎笔录》。

② 《会编》卷134，《要录》卷30建炎三年十二月己丑，庚寅，《忠正德文集》卷7《建炎笔录》，《挥麈后录》卷9，《挥麈三录》卷1。

报告了临安府陷落的消息。①

完颜兀术（宗弼）大军占领临安府后，"命讹鲁补、术列速降越州"，又令斜卯阿里和乌延蒲卢浑率精骑四千，疾驱明州。② 斜卯阿里和乌延蒲卢浑军自南下以来，追奔千百里，到得明州，已成强弩之末。张俊以优势兵力迎战，权同主管殿前司公事李质、明州知州刘洪道也派兵助战，使疲惫的金军遭受"小衄"。完颜兀术（宗弼）闻讯，即派兵增援，张俊等急忙撤离明州。③

宋高宗得到金兵径趋明州鄞县的消息，遂与臣僚商议，将船队移泊台州（今属浙江）和温州（今属浙江）。建炎三年岁末，宋高宗的御舟自昌国县起碇南下，偏巧遭遇海上的连日南风，时称"送年风"，船队航行甚慢。④ 建炎四年（公元1130年）正月元旦，由于海风势劲，这批船队只能在海中下碇停泊。⑤ 宋廷君臣漂泊海上，成日提心吊胆，在金军利刃和大海鱼腹之间犯死求生。这个二十四岁的君主，回忆昔日开封皇宫辞旧迎新的繁盛，两年扬州行宫除夜元旦的欢乐，转瞬间居然已成梦景和幻境，真有一种难以形容的辛酸滋味。扈从的中书舍人李正民居然还诗兴发作，写下了自我解嘲的绝句。

"云涛雪浪蘸天浮，隐隐征帆去未休。
蛟鼍伏藏舟楫稳，将军何用说防秋。"⑥

宋高宗的六宫女子大多随隆祐皇太后去江南西路，惟有张才人和吴夫人留在身边。⑦ 张才人是开封人，"有宠"。⑧ 吴夫人出身开封"珠子吴员

---

① 《会编》卷134，卷135，《要录》卷29建炎三年十一月戊申，卷30建炎三年十二月辛卯，壬辰，癸巳，卷124绍兴八年十二月癸亥，《挥麈三录》卷1。
② 《金史》卷77《宗弼传》，卷80《斜卯阿里传》，《乌延蒲卢浑传》。
③ 关于明州之战的原始记录，参见《会编》卷134，卷136的记事及汪藻奏，《忠正德文集》卷7《建炎笔录》，《挥麈后录》卷9，《挥麈三录》卷1。张俊虚报战功，此后的史籍又夸大战绩，并不足信。
④ 《忠正德文集》卷7《建炎笔录》。
⑤ 《会编》卷134，《要录》卷31建炎四年正月甲辰朔，《挥麈三录》卷1。
⑥ 《大隐集》卷10《扈从航海》。
⑦ 《要录》卷26建炎三年八月壬子。
⑧ 《宋史》卷243《张贤妃传》。

外"家，"累赀数百万"，北宋末已被选入康王府，算是康邸旧人。吴夫人容貌不算美，但聪明过人，"读书万卷，翰墨尤绝人，繇是宠遇日至"。①她"常以戎服侍左右"。当明州卫士哗变时，有的卫士曾向吴夫人打探皇帝居止，她机警地予以隐瞒和欺骗。此次航海，恰好有一条鱼跃入御船，吴夫人当即说："此周人白鱼之祥也。"相传周武王渡河伐商时，有白鱼跃入王舟中，结果周军获得全胜。这种荒诞迷信的祥瑞，却使近乎绝望的宋高宗得到很大的精神慰藉，并将吴夫人进封和义郡夫人。②

正月初二日，北风稍劲，宋高宗的船队得以在晚间停泊台州港口。初三日，船队又进泊章安镇，船队的食品已极度缺乏。宋高宗一行步行到祥符寺，向寺院索食。寺院事先毫无准备，仓促之间，只能取炊饼（类似于今馒头）五枚，又采摘一些园蔬，另加姜和盐以进呈。饿极了的皇帝居然连吃了三枚半炊饼。③台州知州晁公为，权户部员外郎李承造，江、淮发运副使、兼军前粮料使宋辉先后前来参拜。宋辉运来大批钱、米、帛，使皇帝和百官、军士的断炊之忧得以缓解。

宋高宗等人不敢离舟陆居，但一个时期的海上漂泊又颇感寂寞无聊。吕颐浩等宰执大臣"常郁郁不乐，游宴金鳌峰，以消忧感"。一天，忽然有两艘海船，因被风所吹，直犯禁卫船队，经军士查问后，原来其上是贩运柑子的客商。宋高宗便命将柑子全数收买，分给禁卫军士食用。到了正月十五日元宵之夜，"乃命贮油于柑皮中，点灯，随潮退，放入海中。时风息浪静，水波不动，有数万点火珠，荧荧出没沧溟间"。于是章安镇的居民们便纷纷登上金鳌峰，观看这种别致的灯火胜景。宋高宗并无处变不惊、从容镇定的气质，然而在辗转逃亡之际，却不乏及时行乐的志趣。

宋高宗在章安镇泊船期间，也曾登上金鳌峰一游，他看到僧寺壁上题诗一首：

---

① 《宋史》卷243《宪圣慈烈吴皇后传》说她"乙未岁生"，"年十四，高宗为康王，被选入宫"。据《宋会要》后妃2之17，19，淳熙十年（公元1183年）为吴太后预祝明年七十大寿，则吴后应生于政和五年（公元1115年）乙未岁八月。她被选入宫，当在十四岁前。《四朝闻见录》乙集《宪圣不妒忌之行》，丙集《慈明》介绍她的出身，说她曾为宋徽宗宫女，后"赐高宗"。《建炎以来朝野杂记》甲集卷1《宪圣慈烈吴皇后》则说她十四岁入扬州行宫。《四朝闻见录》乙集《宪圣不妒忌之行》："宪圣初不以色幸。"
② 《宋史》卷243《宪圣慈烈吴皇后传》。
③ 《云麓漫钞》卷7。

"牡蛎滩头一艇横，夕阳高处待潮生。

与君不负登临约，同向金鳌背上行。"

便问是何人所题，和尚回答说是过往行人，不详其姓氏。宋高宗却对这首寻常的旅游题诗产生恶感，认为这个无名氏是有意讥诮自己，他顺手就将啜馀的茶水泼在诗上。①

宋高宗一行在章安镇停留半月，张俊率本部人马赶到行朝。宋廷得知金军再犯明州的消息，臣僚们建议张俊率所部前往救援。宋高宗要留此军保驾，不同意发遣。他下御批"令刘洪道等皆退避其锋"。君臣们又担心明州失守，"则海道可虞，而行在必不敢安"，遂决定再次航海，南逃温州。船队于正月二十一日到达温州港口，此后又屡次改变泊船地点。②

此次海上流亡，险阻备尝。在"四海已无容足地"③的窘境中，为维持行朝的体面，每次御舟近岸下碇，吕颐浩等臣僚尚须登御舟朝拜宋高宗。他们在沮洳之地行走，只能"著草屦行泥泞中"。吕颐浩便对同僚作戏言道："草屦便将为赤舄。"有时遇到岸边水深，还须用稻草垫路，而登宋高宗的御舟。于是参知政事范宗尹又和以下联说："稻秸聊以当沙堤。"④这条戏联也足见宋高宗君臣当时的狼狈情状。

金军连破明州鄞县和定海县后，便大肆抢掠宋朝民间商船，组织舟师，进犯昌国县。金军船队到达碛头，正值风雨大作，枢密院提领海船张公裕指挥水军，"引大舶击散之"。⑤

金军攻势至此已至再衰三竭的地步。据说完颜兀术（宗弼）还亲自下海，遥望大洋之中，隐隐有一座山，便问向导，说是阳山。完颜兀术（宗

---

① 关于停泊章安镇的记事，参据《会编》卷134，卷136，《要录》卷31建炎四年正月乙巳，丙午，《挥麈三录》卷1。
② 《会编》卷134，卷136，《要录》卷31建炎四年正月丁巳，辛酉，甲子，丙寅，己巳，《挥麈三录》卷1。
③ 《耻堂存稿》卷5《跋赵忠简公诗帖》载范宗尹诗。
④ 《鸡肋编》卷上，《老学庵笔记》卷2。
⑤ 《要录》卷31建炎四年正月丙寅，《忠正德文集》卷7《建炎笔录》，《桯史》卷5《阳山舒城》。按《金史》卷77《宗弼传》，卷80《斜卯阿里传》，《乌延蒲卢浑传》载金军"由海路追三百馀里，弗及"而返，应有扬胜讳败的成分。

弼）自我解嘲说："昔唐斥境，极于阴山，吾得至此足矣！"便下令"反棹"。①

自完颜兀术（宗弼）大军渡江后，金军官兵显然对卑湿的地气、纵横密布的江河湖泊无法适应，而江南广大军民的奋起抗击，更使金军屡遭挫败。完颜兀术（宗弼）无可奈何，遂决定撤兵。金军宣称"搜山检海已毕"，首先在明州纵火屠城，"惟东南角数佛寺与僻巷居民偶有存者"，"遍州之境，深山穷谷，平时人迹不到处，皆为虏人搜剔杀掠，不可胜数"。②接着，金兵又在临安城撤退，"下令洗城，自州门杀人，而四隅发火"，"三日夜烟焰不绝"。③

由于金军掳掠的财物过多，陆行不便，他们便绕道六百四十一宋里的浙西运河，④破秀州（治今浙江嘉兴市），取平江府，占常州，准备由镇江府渡江。镇守平江府的签书枢密院事、两浙宣抚使周望"恐怖畏怯"，望风而遁。"市人遮道请留，为一城生灵计"，大家"极口谩骂"。周望则不顾谩骂，而只管逃命。金兵沿途所至，烧杀抢掠，实行毁灭性的破坏，使作为当时全世界最丰腴谷仓的浙西地区，惨遭浩劫，"横尸枕藉"，人口锐减。⑤

金兵在北撤过程中，也不断遭受宋朝军民的攻击。完颜兀术（宗弼）大军抵达镇江府后，韩世忠率水军进行拦击，金兵不能渡江。双方相持四十日，金军屡战屡败，一时颇为狼狈，但最后又用火攻击破韩世忠的舰队。完颜兀术（宗弼）又退守建康府，青年将领、御营司统制岳飞率兵克复建康城，将金军最终逐出江南。

宋高宗的船队在二月二日，又移泊温州江心寺下。他将江心寺改名龙翔寺，并将寺中一小轩赐名"浴日"，亲自"御书题额"。当月中旬，宋高宗得知金军撤出明州，方敢将行朝迁入温州的州衙。⑥三月，宋高宗得到金军北撤的确讯，遂自温州乘船北上，途经台州时，还在海上发生御舟搁

---

① 《桯史》卷5《阳山舒城》。
② 《要录》卷31建炎四年二月丙子，《挥麈后录》卷9。
③ 《会编》卷137，《要录》卷31建炎四年二月丙戌，《忠正德文集》卷7《建炎笔录》。
④ 《宋史》卷97《河渠志》。
⑤ 《会编》卷137，《要录》卷31建炎四年二月丙戌，辛卯，丙申，卷32建炎四年三月壬子，丁巳，《挥麈后录》卷10。
⑥ 《要录》卷31建炎四年二月乙亥，庚寅，《忠正德文集》卷7《建炎笔录》。

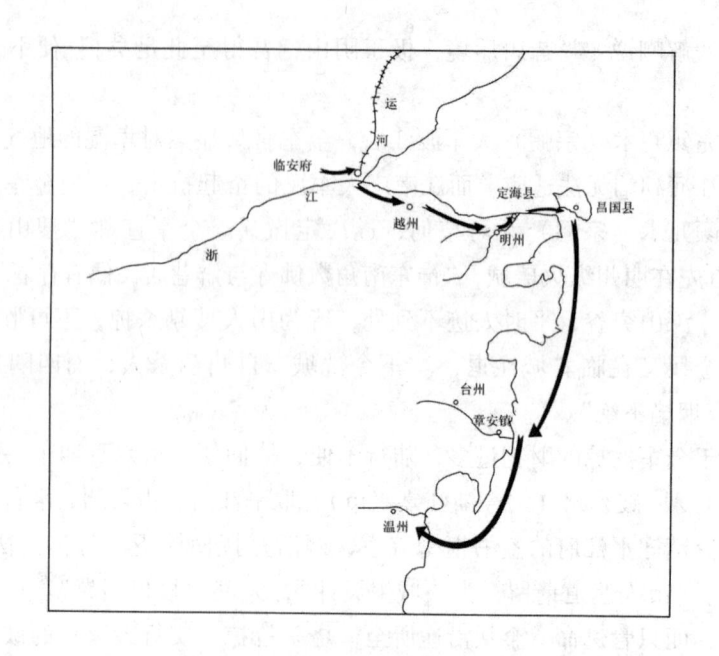

宋高宗海上流亡图

浅，几乎翻船的事故。① 四月，宋高宗船队抵达残破不堪的明州城，又从明州到越州，得以结束了五个月的海上流亡生涯。他将行朝暂驻越州州衙，② 后又将隆祐皇太后以及潘贤妃等尚未死难和逃离的六宫女子接回越州。饱经患难的隆祐皇太后则于翌年病逝。③

经历建炎三年、四年之交的大变故后，执政官李邴、滕康、刘珏、周望等人因失职，而相继被罢免。自建炎初设御营使司后，一直由宰相兼领御营使，"遂专兵柄，枢密院几无所预"，吕颐浩任相期间"颛恣尤甚"。宋高宗回到越州后，得到韩世忠在黄天荡一带屡败金军的消息，吕颐浩"请上幸浙西，且下诏亲征，以为先声，而亟出锐兵"，策应韩世忠，消灭江南金军。御史中丞赵鼎认为不宜轻举妄动，他率台官屡次上奏，弹劾吕颐浩。按照惯例，吕颐浩只能请求罢相，宋高宗予以允准。吕颐浩的罢相制词中枚举其过失，说：

---

① 《要录》卷32建炎四年三月己未，辛酉，壬戌，乙丑，丙寅，辛未，《忠正德文集》卷7《建炎笔录》。
② 《要录》卷32建炎四年四月甲戌，乙亥，丙子，癸未，《忠正德文集》卷7《建炎笔录》。
③ 《会编》卷146，《要录》卷36建炎四年八月庚辰，卷43绍兴元年四月庚辰，《宋史》卷243《哲宗昭慈孟皇后传》。

"然浸怀偏见之私,殊失大臣之体。占吏员而有亏铨法,专兵柄则几废枢庭。下吴门之诏,则虑失于先时;请浙右之行,则力违于众议。"

其实,吕颐浩的罢相,在相当程度上还是反映了他和皇帝、赵鼎等对金政策的分歧。但宋高宗又特别面谕执政王绹等人:

"颐浩功臣,兼无误国大罪,与李纲、黄潜善不同。朕当眷遇,始终不替。"

由于参知政事王绹与吕颐浩政见"颇同",宋高宗遂暂命参知政事范宗尹"摄行相事"。①

宋高宗于苗刘之变平定后,曾在杭州中和堂赋诗一首:

"六龙转淮海,万骑临吴津。
王者本无外,驾言苏远民。
瞻彼草木秀,感此疮痍新。
登堂望稽山,怀哉夏禹勤。
神功既盛大,后世蒙其仁。
愿同越勾践,焦思先吾身。
艰难务遵养,圣贤有屈伸。
高风动君子,属意种蠡臣。"②

诗以言志,经历了流离颠沛之苦,逃死求生之忧的宋高宗,更是痛定思痛,百感交集。当他途经定海县时,目睹金军焚杀后的惨状,曾无比感慨地说:"朕为民父母,不能保民,使至如此!"③

---

① 《会编》卷137,《要录》卷32建炎四年四月癸未,甲申,乙酉,丙申,《宋宰辅编年录校补》卷14,《宋史》卷360《赵鼎传》,卷362《吕颐浩传》。
② 《四朝闻见录》甲集《中和堂御制诗》,《宝庆会稽续志》卷6,《淳祐临安志》卷5。《四朝闻见录》和《淳祐临安志》称此诗写于"建炎三年四月壬戌"。
③ 《要录》卷32建炎四年三月辛未。

如今身居夏禹殡葬之地，勾践雪耻之国，对他不能没有很大的刺激和感触。他盼望真能有文种、范蠡那样的古代贤臣，能辅佐他摆脱目前的困境。当然，宋高宗虽然也有效法勾践的一时冲动或自我标榜，但终究不可能真正具备卧薪尝胆、以复中原、以雪国耻的决心和恒心。

宋金对抗的局面，出现了某种转机。一方面，金军撤出江南，标志着金朝的武运开始由盛转衰；另一方面，宋廷回归越州，又标志着宋朝的偏安局面开始渐趋稳定。

柒

炎兴之交的纷更

《中兴瑞应图》中的宋军重骑

宋高宗回到越州后,于翌年将年号改为绍兴元年(公元1131年),并将越州升为绍兴府。按照宋人的习惯,有时就将建炎和绍兴两个年号合称为炎兴。到绍兴二年正月,宋高宗又以绍兴府"漕运不继,移跸临安"。[①] 在建炎和绍兴之交,宋金对抗形势和宋朝的国事纷更,出现了某种新的格局。

第一节　宋金南北对峙的格局

在建炎四年间,金朝从占领河北和河东路的少数州县,进而夺取了包括宋朝四京在内的北方广大领土。但是,随着金军的不断深入,广大南方和北方民众的反抗斗争也愈益激烈。在淮南路的楚州(治今江苏淮安市)和陕西路的陕州(治今河南三门峡西),分别有勇将赵立和李彦仙率领当地军民,英勇顽强地进行城市守卫战,予金军以重创。建炎四年,金朝分别以优势兵力攻占这两座城市,李彦仙、赵立等先后壮烈牺牲。

金朝元帅左监军完颜挞懒(昌)以重兵猛扑泰州(今属江苏),通、泰州镇抚使岳飞率所部浴血苦战,掩护当地百姓渡江南撤。绍兴元年三月,完颜挞懒(昌)又率军进攻驻泊承州兴化县缩头湖的张荣抗金义军,被张荣设计,歼敌四千余人。此战扭转了淮南战局,完颜挞懒(昌)军退回淮河以北,宋朝先后夺回了淮东和淮西。

在陕西战场,金军攻占陕州后,仍与宋军处于拉锯战状态。金朝特命"三太子"、右副元帅完颜讹里朵(宗辅)任陕西主将,完颜兀术(宗弼)也率军驰援。建炎四年九月,知枢密院事、宣抚处置使张浚不听一些部将和幕僚的忠告,轻率地决定在富平县(今属陕西)举行大会战。结果宋军一败涂地,金军乘胜侵占陕西路绝大部分地区,并且得陇望蜀,对南方的天府之国垂涎三尺。金人企图夺取四川,进而顺江东下,吞灭南宋。

宋将吴玠虽处一溃千里的逆境,仍率所部扼守大散关以东的和尚原要塞(今陕西宝鸡南),以屏蔽四川。绍兴元年,金军屡次进攻,都被吴玠军击败。特别是当年十月,吴玠军破完颜兀术(宗弼)所率金军主力,使金兵遭受自灭辽破宋以来的首次大败,损失惨重。

---

① 《会编》卷150,《要录》卷49绍兴元年十一月戊戌,卷51绍兴二年正月丙午。

在宋朝炎兴之交，金朝因前沿战事迭遭挫败，在河北、河东等地的后方又受到抗金义军的困扰，故元帅左监军完颜挞懒（昌）主张尽可能地施展"以和议佐攻战，以借逆诱叛党"①的策略。

原来在金朝开国前，完颜部事实上存在着完颜阿骨打和完颜撒改两大派系。②建炎时，作为金太祖完颜阿骨打（旻）之弟的金太宗，和作为完颜撒改之子的左副元帅完颜粘罕（宗翰），实际上仍是两大派系的首领，嫌隙日深。在"二太子"完颜斡离不（宗望）死后，金太宗着意扶植金太祖"三太子"完颜讹里朵（宗辅）、"四太子"完颜兀术（宗弼）和完颜挞懒（昌）三人，与完颜粘罕（宗翰）抗衡。完颜挞懒（昌）是金太宗的从兄弟，他未出生时，其父完颜盈歌一度将幼侄完颜吴乞买（后为金太宗）收作儿子，③故与金太宗有着特殊关系。

金朝女真贵族不得不考虑于南方组织傀儡政权，在人选问题上，完颜挞懒（昌）倾向于前宋朝济南知府刘豫，金太宗准备采纳其建议。完颜粘罕（宗翰）也看准形势，抢先下手。他命心腹渤海人高庆裔到大河以南，导演了"万姓""推戴"刘豫的闹剧，又促使金太宗同意。于是，在建炎四年七月，金朝便正式册封刘豫为"子皇帝"，建立伪齐，将京东、京西等路划归刘豫管辖。④大约是由金朝词臣韩昉所写的册文中，专门有一段对宋高宗作了人身攻击，册文说：

> "始者宋国罪馀，赵氏遗孽，家乏孝友，国无忠勤。衔命出和，已作潜身之计；提兵入卫，反为护己之资。忍视父兄，甘为俘虏。事虽难济，人岂无情。方在殷忧，乐于僭号，心之〔幸〕祸，于此可知。乃遣重兵，连年讨捕，始闻远窜，越在岛夷。"⑤

此段谩骂文字的优点是无须如宋朝臣子那么讲究忌讳，因而能刺中宋

---

① 《大金国志校证》卷7。
② 《金史》卷70《撒改传》："太祖称都勃极烈，与撒改分治诸部，匹脱水以北太祖统之，来流水人民撒改统之。"后完颜阿骨打起兵反辽和即帝位，都须得到完颜撒改的"赞成"。
③ 《松漠记闻》卷上。
④ 《会编》卷141，卷181，《要录》卷35建炎四年七月丁卯，《宋史》卷475《刘豫传》，《金史》卷77《刘豫传》。
⑤ 《伪齐录》卷上，以上海古籍出版社影印本《三朝北盟会编》卷141参校。

高宗立身行事的某些痛处。

刘豫粉墨登场后，认为自己与宋高宗只能处于势不两立的地位。但他着手组建军队，尚需时日，故除配合金军专力进攻四川外，在东南战场，一时不可能另有大的军事行动。在东南一隅立足未稳的宋高宗小朝廷，也因此得到了喘息之机。

第二节　秦桧归宋

宋高宗君臣由海洋转回陆地，他们对局势的发展仍感把握不定，因而惴恐不安。宋高宗在离温州前下诏说：

> "昨金人侵犯州县，其投拜官除知（州）、通（判）别取旨外，馀并罢。内统兵官以众寡不敌，致有溃散，理宜矜恤，可特放罪，仍旧统押人马。"

此诏将文官和武将区别对待，因为在溃兵如潮、败将如毛的情势下，"恐将士溃散者众，乘乱为变"。① 宋廷在不得已的情况下，也只能行此权宜之计。

范宗尹"摄行相事"不到十日，便于五月初正式拜命右相，年仅三十一岁。② 他长得"肥白如冠玉，旦起与裹头，带巾，必皆览镜，时谓三照相公"。③ 他为人十分注重仪表，但面对着虚弱到极点的国势，其实并无转危为安、变弱为强的灵丹和妙方。范宗尹说："今日国势，正如人之疾病，

---

① 《要录》卷32建炎四年三月庚申。
② 《会编》卷139，《要录》卷33建炎四年五月甲辰，《宋史》卷362《范宗尹传》，《宋宰辅编年录校补》卷14。关于范宗尹拜相年龄，各书记载不一，参见标点本《宋史》卷362注〔六〕。据《宋史》卷362《范宗尹传》和《要录》卷104绍兴六年八月己亥，范宗尹于绍兴六年卒，时年三十七岁，则建炎四年时，应以《建炎以来朝野杂记》甲集卷9《本朝未三十知制诰未四十拜相者》所载三十一岁为准。
③ 《鸡肋编》卷中，《山房集》卷8《杂记》。

沉疴方笃，稍施驶药，立见颠仆之患。要〔使〕施设有序，勿遽勿亟。"①也就是说，对体质极虚的病人，已不宜施用猛药。这当然是一种似是而非之论。范宗尹拜相后，为矫治宰相任御营使所造成的弊端，他说服宋高宗撤销御营使司的机构，恢复枢密院统兵的祖宗旧制。范宗尹本人以宰相兼知枢密院事。②

范宗尹拜相后的另一项重要措施是设置镇抚使。他主张承认很多地区被兵痞、土豪、溃将、摄官之类割据的现实，"稍复藩镇之法"。经宋高宗批准，将淮南东、西路，京西南、北路，荆湖北路和陕西路的一角，划分为若干小军区，每个军区设镇抚使，辖两个以至多个府、州、军的防务，兼管民政和财政，作为"救弊之道"。炎兴之交前后拜命镇抚使三十馀人，因辖区不大，人力、物力和财力有限，并不能有效抵御金军。镇抚使们或战败牺牲，或丧失辖区，或火并被杀，或叛变降敌，种种结局，难以概述。③

在范宗尹任相期间，一件对后来政局演变影响最大的事，就是北宋末钦宗朝御史中丞秦桧的归宋。

秦桧字会之，建康府江宁县（今江苏南京市）人，父亲秦敏学曾任桂州（治今广西桂林市）古县县令等职。秦桧妻王氏是宋神宗朝宰相王珪的孙女。④ 汪伯彦在科举入仕前，"秦桧尝在其席下读书"，⑤ 两人结下师生之谊。秦桧在太学生时代，"博记工文，善干鄙事，同舍号为秦长脚"。⑥

秦桧于政和五年（公元1115年）科举入仕。⑦ 北宋末，他以主张对金采取强硬态度的面目活跃于朝廷。靖康元年，时为太学正的秦桧上奏说，"金国远夷，俗尚狙诈"，"不宜示怯，以自蹙削"，"狄人贪心无厌，得地

---

① 《会编》卷139，《要录》卷33建炎四年五月癸丑，《宋宰辅编年录校补》卷14。
② 《要录》卷34建炎四年六月甲戌。
③ 《会编》卷139，卷140，《要录》卷33建炎四年五月甲辰，甲子，《宋会要》职官42之74—78，《建炎以来朝野杂记》甲集卷11《镇抚使》。参见黄宽重先生《南宋对地方武力的利用和控制：以镇抚使为例》，载台湾《中央研究院第二届国际汉学会议论文集》和《南宋地方武力——地方军与民间自卫武力的探讨》，台北，东大图书股份有限公司，2002年。在他的列表统计中，李允文、范福和寇宏三人似可商榷。
④ 《会编》卷220《中兴姓氏录》，《朱文公文集》卷19《乞褒录高登状》，《东窗集》卷11追赠秦桧祖、父三代制词，《鸡肋编》卷中。
⑤ 《会编》卷148，卷206，《宋史》卷473《汪伯彦传》。
⑥ 《鹤林玉露》甲编卷5《格天阁》，《夷坚丁志》卷10《建康头陀》。
⑦ 《会编》卷220《中兴姓氏录》，《宋史》卷473《秦桧传》。

而势益强，复不能保其不再犯边"。他"乞奉使"，"伐大金始谋"，反对"割弃三镇之说"。① 当金军再次进逼开封时，宋钦宗召百官集议对策，秦桧等三十六人反对割地，而多数官员，特别是范宗尹则坚决主张割地求和。②

金军破开封城后，准备废除赵宋政权，另立张邦昌伪楚政权，却仍遭受一些士大夫的反对。监察御史马伸也在御史台倡议对此事公开表态，并与吴给起草了一份议状，号召众人签名。秦桧身为御史台之长，因"同僚合辞力请"，"不得已，始肯书名"。但他又担心此状言辞过于激烈，会得罪喜怒叵测、动辄使用屠刀的金人。于是，秦桧便以朝散郎、试御史中丞致仕的名义单独上状说：

"张邦昌在上皇时，执政日久，伐燕败盟之计，皆所预知。今若册立，恐元帅府大兵解严之后，奸雄窃发，祸及无辜，将不称元帅吊民伐罪之意。若蒙元帅推天地之心，以生灵为念，于赵氏中推择其不预前日背盟之议者，俾为藩臣，则奸雄无因而起，元帅好生之德，通于天地。"

此状不仅删除马伸和吴给原件中所有较为激烈的言词，并且降格为仅求另立宋朝宗室中"不预前日背盟之议者"。但金朝元帅府仍颇为震怒，在撤兵时，将秦桧夫妻等一并驱虏北上。③

一批被俘宋官北上时，张叔夜即在途中自杀，其他如何㮚、孙傅、陈过庭、司马朴等，也都守节不屈。唯独意志本不坚定的秦桧，却看风使

---

① 《国朝诸臣奏议》卷142《上钦宗论边机三事》，《靖康要录》卷7靖康元年五月十一日。
② 《靖康要录》卷12靖康元年十一月八日，《会编》卷62。
③ 《大金吊伐录》下，《挥麈三录》卷2，《挥麈录馀话》卷2，《会编》卷80，卷81，卷87，《要录》卷2建炎元年二月癸酉、乙亥，卷4建炎元年四月庚申朔，《伊洛渊源录》卷12。按秦桧议状，宋金两个传本文字相差极大，应以《大金吊伐录》所载为准。宋方传本出自秦家，其文字可能大致接近马伸原状，强调反对"灭宋易姓"，却删除了马伸等众台官署名，以作秦桧欺世盗名之资。秦桧官衔，《要录》作"朝请郎、守御史中丞致仕"，也与《大金吊伐录》稍异。据《职官分纪》卷14，卷48，朝请郎和朝散郎为正七品，而御史中丞为正三品，官品相差大，按北宋后期官制，不当用"守御史中丞"，而应用"试御史中丞"。

舵。宋徽宗得知九子宋高宗即位的消息，便教秦桧起草一信，向金朝左副元帅完颜粘罕（宗翰）表示，愿"奉匦尺之书，谕嗣子以大计，使子子孙孙永奉职贡"。① 宋徽宗向金人摇尾乞怜，并未能使他摆脱阶下囚的悲惨境遇，但秦桧却因而得到金人的青睐。金廷下令，将陈过庭等迁至广宁府（治今辽宁北镇县），而秦桧却由金太宗赐给元帅左监军完颜挞懒（昌），在燕山府"居留弗遣"。② 秦桧先充完颜挞懒（昌）的"任用"，"任用者，犹执事也"，后任"参谋军事"。③ 他已由阶下囚超升为座上客。完颜兀术（宗弼）也曾经特请秦桧赴宴，"左右侍酒者，皆中都贵戚王公之姬妾"。④ 原来同为北宋皇朝的达官贵人，转眼之间，却是荣枯有匦尺之异。

建炎四年金军攻楚州时，完颜挞懒（昌）曾命秦桧写劝降书，"有指斥语"，即有辱骂宋高宗的文字。十月，秦桧、王氏连同小奴砚童、小婢兴儿等一批随从，满载丰厚的财宝，投奔涟水军（今属江苏）宋方水寨。一些将领怀疑他"必大金使来阴坏朝廷"，主张"速诛之"。但秦桧得到丁禩等的保护，航海前往行在越州。⑤

秦桧归宋，其实无疑是完颜挞懒（昌）的授意和"密纵"。⑥ 关于他如何逃归，秦桧自己的说法也是前后矛盾，或说是"自燕至楚二千八百里，逾河越海"而来，⑦ 或说是"杀虏人之监己者，夺舟而归"，⑧ 破绽甚多。秦桧后来又自撰《北征纪实》，作为谎言的最后定稿。⑨ 宋朝一些士大夫也曾对秦桧的行踪提出种种怀疑，例如向子忞说："与桧同时被执军前，鲜有生也。独桧数年之后，尽室航海以还，非大奸能若是乎！"⑩ 但是，靖

---

① 《会编》卷211《北狩行录》，《要录》卷16建炎二年六月。此信各书记载不一，或称宋徽宗本人起草，经秦桧润色，或称秦桧起草。
② 《靖康稗史笺证·呻吟语》，此书称陈过庭等迁至显州，据《金史》卷24《地理志》，当时金朝已将显州升广宁府。
③ 《会编》卷142，卷220《秀水闲居录》，《要录》卷38建炎四年十月辛未。
④ 《鄂国金佗续编》卷20《鄂王传》。
⑤ 《会编》卷142，卷143，卷221洪皓行状，《要录》卷38建炎四年十月辛未，《盘洲文集》卷74《先君述》，《鄂国金佗续编》卷20《鄂王传》。
⑥ 《玉照新志》卷4。
⑦ 《宋史》卷473《秦桧传》。
⑧ 《会编》卷220《秀水闲居录》，《要录》卷39建炎四年十一月丙午。
⑨ 《要录》卷38建炎四年十月辛未注。
⑩ 《要录》卷136绍兴十年六月乙丑，《卢溪文集》卷47《故左奉直大夫直秘阁向公行状》作向子愻。

康末的一纸议状,却成为秦桧欺世盗名的政治资本。右相范宗尹和同知枢密院事李回力排众议,一力向宋高宗举荐。

十一月,秦桧朝见皇帝之初,即称"如欲天下无事,须是南自南,北自北",他"建议讲和",并请宋高宗亲自致书金朝元帅左监军完颜挞懒(昌)"求好"。此说正中宋高宗下怀。翌日,宋高宗任命秦桧为礼部尚书,并对范宗尹说:"桧朴忠过人,朕得之,喜而不寐,盖闻二帝、母后消息,而又得一佳士也。"但宋高宗对自己亲自向完颜挞懒(昌)致国书,也感到难以为情,便向大将刘光世下达御笔手诏说:

"前御史中丞秦桧近自挞辣郎君寨中脱身来归,所得情实及房中事宜,皆可质据。今令宰执与桧商量,撰成书一通,录以付卿。卿可依此修写,作书五本,自以卿意,十馀日间,累遣五辈,令往通达。彼若审见利害之实,肯以师还,不复侵略,庶几粗获休息。"

刘光世得此御笔后,便遵命作书,"择士以行",① 却未得金方的回覆。

绍兴元年二月,宋高宗将秦桧升任参知政事,作为副相,在升官制词和辞免不允诏中,皇帝强调秦桧"忠信行于异域","安社稷为悦,尝抗死以力陈;与鸟兽为群,卒奉身而旋返",将他誉为当代苏武。② 秦桧辅政半年,其实并无什么政绩可言。

秦桧所觊觎者,自然是宰相之位。原来一力援引他的范宗尹,如今成为他排挤和陷害的首要对象。

北宋末,范宗尹"尝仕伪楚",他指使户部侍郎季陵上奏,建议对因受伪命、苗刘之变等罪废者,"选择实能,量付以事,勿因一眚,废其终身"。事实上,也有一部分罪废者已得到"申雪"。此事遭到侍御史沈与求等台谏官的攻击,季陵因此罢官,范宗尹的相位也发生动摇。③

绍兴元年,范宗尹又建议追夺宋徽宗以来"滥赏"官位之事,"遂为画一规式,有至夺十五官者"。就公论而言,似为理所当然,但既然损害

---

① 《要录》卷39建炎四年十一月丙午,丁未,《鄜王刘公家传》卷3。
② 《会编》卷144,《要录》卷42绍兴元年二月辛巳,《宋宰辅编年录校补》卷15。
③ 《要录》卷36建炎四年八月辛未朔,戊寅,《宋史》卷362《范宗尹传》,卷377《季陵传》。

很多人的既得权益，必然招致"胥动造谤，浮议蜂起"。范宗尹将具体事务"皆委之都司"，先后任右司员外郎的王俣和万格"刻薄苛细"，以至有人编造了一副对联说："逢〔俣〕多龃龉，遇格必阻隔。"还有无名氏写了一阕打油词《行香子》说："不如归去，作个齐民。免一回来，一回讨，一回论。"宋高宗看到此种情景，"虑或摇人心"，遂亲下御批说：

"朕不欲归过君父，敛怨士大夫，可日下寝罢。"

此事遂成范宗尹罢相的导火线。身为参知政事的秦桧，最初也是"力赞"此事，他看到宋高宗"意坚"，立即一反初议，乘机对范宗尹落井下石。范宗尹遂于七月罢相。①

第三节　吕秦政争　秦桧罢相

宋高宗在罢免范宗尹的前一天，下诏召吕颐浩还行在绍兴府，准备重新拜相，而朝廷的相位暂时空缺。当时论资历和声望，秦桧尚不足以与吕颐浩争衡。秦桧为争取相位，便四出活动，在众官员中倡言："我有二策，可以耸动天下。"有人问何以不说，秦桧又故弄玄虚，说："今无相，不可行也。"② 似乎他葫芦里的灵丹妙药，尚须待价而沽。秦桧对宋高宗本人也说："若用臣为相，有耸动天下事。"宋高宗在内心深处，对秦桧主张对金媾和，自然是极为欣赏的。但他已有了四、五年当皇帝的经验，政治上也不像初即位时那么幼稚。宋高宗对秦桧"凡有未尽善事"，当面从不与范宗尹争议，背后却在皇帝面前"私言"的一套权术，已有所觉察。③ 尽管如此，他还是愿意试用一下秦桧。

---

① 《会编》卷147，卷220《秀水闲居录》，《要录》卷46绍兴元年七月癸亥，《宋史》卷362《范宗尹传》，卷473《秦桧传》，《宋宰辅编年录校补》卷15，《容斋四笔》卷15《讨论滥赏词》，《鸡肋编》卷中。
② 《要录》卷46绍兴元年八月丁亥，《宋史》卷473《秦桧传》，《宋宰辅编年录校补》卷15。
③ 《北海集》卷7秦桧罢相制所载宋高宗御笔，《会编》卷220《中兴姓氏录》。

八月，即范宗尹罢相的下一月，宋高宗发表秦桧任右相。吕颐浩到行朝前后，有一批官员向皇帝进言，表示反对他复相，宋高宗迟疑了一些时日，方于九月命他再任左相。① 从此开始了吕颐浩和秦桧并相的局面。

　　吕颐浩是苗刘之变的救驾功臣，并辅佐皇帝度过了一段最艰难的时日。至少自航海回来后，他也一直主张对金强硬，用兵收复失地。但是，吕颐浩显然也有不少弱点。吕颐浩再相后，儒学家胡安国曾修书一封，希望他"进退贤否，赏罚功罪，固当以至公无我为先，报复恩雠为戒"。② 看来胸襟狭隘，不能容人，确是他的一大毛病。

　　吕颐浩上奏皇帝，说自己"年逾六十"，"所幸未填沟壑之前，一见中兴之业"。"三、四年来，金人才退，士大夫及献言之人便以谓太平无事，致机会可乘之便，往往沮抑不得行"。"伏〔愿〕陛下发中兴之诚心，行中兴之实事，要当先定驻跸之地"。他主张"移跸于上流州军"，"然后乘大暑之际，遣精锐之兵"北伐。③ 当时所谓"上流"，即是指今长江中游。此议未被采纳。

　　秦桧任相后，便向宋高宗"献二策"，其主要内容是"一则与南北士大夫通致家信，一则纠率山东、河北散群之人，愿归乡土者，差官管押前去"。④ 后金朝派李永寿、王翊等出使宋朝，"议七事，第一事欲尽取北人，与桧二策合"。⑤ 这说明金朝的完颜挞懒（昌），其实正是秦桧"二策"的真正炮制者。秦桧向宋高宗提出"二策"后，还特别为皇帝草拟了一份诏书说：

> "军兴以来，河北、山东忠义之徒自相结约立功。其后番兵深扰，逐头项人渐次渡江，今各所在屯聚就粮。议者欲兴兵讨伐，朕惟黎元骚动，罪在朕躬，既未能率以还北，岂宜轻肆杀

---

① 《会编》卷148，《要录》卷46绍兴元年八月丁亥，卷47绍兴元年九月乙巳，癸丑，《宋宰辅编年录校补》卷15。
② 《要录》卷51绍兴元年二月辛巳。
③ 《会编》卷194吕颐浩行状，《要录》卷49绍兴元年十一月戊戌，《历代名臣奏议》卷90，《忠穆集》卷5《论乞定驻跸之地状》，《景定建康志》卷48吕颐浩传。
④ 《北海集》卷7秦桧罢相制所载宋高宗御笔。
⑤ 《会编》卷220《秀水闲居录》，《鄂国金佗续编》卷20《鄂王传》。王翊，或作王翊。

戮。应河北、山东渡江无归之人，并令所在招抚，开具乡土所在，当议遣官纠率起发。其南方士大夫因守官北地，隔绝未能还乡，及北方士大夫因守官南方，以至避难渡江，想其念国保家之心，彼此俱同，虽有一时从权卫身之计，必皆出于不得已，度其深谋远虑，亦岂在人下。应欲书问往来，并令朝廷差人发遣，如得回书，有司即时遣人分付本家，贵得情通，各无疑间。朕蒙祖宗休德，托于士民之上，初无处显之心，亦无贪功之念。倘有生之类，因朕得以保家室，复井里，则朕亦将复侍父兄，省陵寝。"

行文虽然隐晦曲折，其中心意思还是明白无误的。当时南宋军队主要是由北方健儿编组的，若将流寓在南的北方人"遣官纠率起发"，只能意味着抗金军力的削弱。北人归北，加之对"北方士大夫"的"一时从权卫身之计"表示理解，其实就是驱迫或同意北方人"从夷"。至于所谓"无贪功之念"，就等于明确宣布放弃恢复失地之念。凡此种种，表明秦桧的"二策"及其所草拟的诏旨，其实是为金人设计，而不是为宋人考虑的。宋高宗并非白痴，不会全然不懂其中的利害关系。他将秦桧的二策概括为"南人归南，北人归北"，感到无法采纳，故虽接受了秦桧的诏旨草稿，"不曾降出"。[①]

秦桧南归时，带有"亲信"高益恭，但秦桧为掩人耳目，声称是宋军"擒获汉儿高益恭"。高益恭是"燕人"，金朝沿用辽的习惯，称原辽统治区的汉人为"汉儿"。秦桧建议放高益恭归金朝，"俾携酋长书"。在得到宋高宗首肯后，秦桧便"得旨作书"给完颜挞懒（昌），其内容包括承认宋钦宗时"所割河朔"之地归金，但仍希望归还伪齐刘豫管辖的"河南之地"，以及祈请金朝不要拘留宋朝"所遣信使"。[②] 高益恭去后，金朝并无回音。秦桧为对金和议，煞费苦心，但因无成效，就不可能博得宋高宗的欢心和信任。

中国成语有"结党营私"一词，确实具备了科学的内涵。大凡活动于政治舞台，而欲以权谋私者，往往必须结党，不"结党"便不能"营私"。

---

① 《鄂国金佗续编》卷20《鄂王传》，《要录》卷57绍兴二年八月甲寅。
② 《会编》卷142，卷172秦桧奏，卷197《中兴遗史》，《要录》卷38建炎四年十月辛未，卷130绍兴九年七月己卯朔注。《中兴遗史》称秦桧此信欲行反间计，系误。

秦桧自然是个深悉"结党营私"之三昧者。他脱离宋朝已三年有馀,根基不深,就尤须援引亲党。汪伯彦与秦桧有师生之谊,秦桧拜相前后,便设法援引汪伯彦出任江南东路安抚大使。但汪伯彦毕竟名声太坏,遭右司谏韩璜等人的论奏,宋高宗最后不得不说:"治天下,蔽以一言,曰公而已,朕亦安得而私。"于是汪伯彦只能重新安排宫观使的闲职。①

此外,秦桧看中了柔媚奉承的杨愿,"荐授"他任枢密院编修官,又升计议官。秦桧表兄弟王鈇也被引为枢密院编修官,后升江南东路提举常平茶盐公事。秦桧妻党王晚升任提点江、淮等路坑冶铸钱,王昞任提辖行在榷货务都茶场,王守道任枢密院计议官。在部分士大夫中,对秦桧汲引亲故的做法已颇有非议,指责他"大植朋党"。②

秦桧知道吕颐浩"不为时论所与,乃多引知名之士为助,欲倾颐浩而专朝权"。③ 当时也确有一些名士得到秦桧的推举,与他过从较密。例如名儒胡安国就认为,秦桧"归自虏中,若得执政,必大可观"。及至听说秦桧拜参知政事,胡安国又在书信中说自己为此"喜而不寐"。④ 然而胡安国到宋廷后,还是致力于劝说皇帝命李纲复相。⑤

但是,秦桧拉拢名士,亦并非都是成功的。翟汝文在北宋末年同秦桧有旧交,秦桧便一力援引,举荐他任参知政事,希望翟汝文成为自己的得力助手。不料翟汝文性情刚烈,他常说:"天下人知桧真大金之奸细,必误国矣!"在政事堂上,秦桧和翟汝文甚至"对案相诟",秦桧骂翟汝文为"狂生",翟汝文骂秦桧"浊气"。最后,秦桧在宋高宗前"面劾"翟汝文"专擅",宋高宗也不支持翟汝文,将这个在位才三个月的执政罢官。⑥

另一个官员王居正,也"素与秦桧善"。但他后来发现秦桧心术不正,便对宋高宗说:"秦桧尝语臣:'中国之人惟当著衣啖饭,共图中兴。'臣

---

① 《会编》卷148,《要录》卷46绍兴元年八月己巳,辛卯。
② 《要录》卷44绍兴元年五月丙申朔,卷48绍兴元年十月辛巳,卷52绍兴二年三月辛丑,卷56绍兴二年七月戊辰,卷57绍兴二年八月壬子注,癸丑,卷58绍兴二年九月庚申,《历代名臣奏议》卷182胡寅奏,《斐然集》卷15《再论朱胜非》,《水心文集》卷23《资政殿学士参政枢密杨公墓志铭》,《挥麈后录》卷11。
③ 《要录》卷53绍兴二年四月癸未。
④ 《朱子语类》卷131。
⑤ 《要录》卷57绍兴二年八月壬辰,《宋宰辅编年录校补》卷15。
⑥ 《会编》卷220《中兴姓氏录》,《要录》卷55绍兴二年六月壬寅,《宋宰辅编年录校补》卷15,《宋史》卷372《翟汝文传》,《独醒杂志》卷10。

时心服其言。又自谓'使桧为相数月，必耸动天下'。今为相施设止是，愿陛下以臣所言，问桧所行。"秦桧"惭而怒"，便设法将王居正逐出朝廷，外任知州。①

为了排挤吕颐浩，秦桧嗾使其党羽向宋高宗建议说："周宣王时内修政事，外攘夷狄，故能中兴。今二相宜分任内外之事。"宋高宗认为此说有理，便亲自对左、右二相宣谕说："颐浩专治军旅，桧专理庶务。"

按照皇帝指定的分工，绍兴二年（公元 1132 年）四月，吕颐浩以左相、兼知枢密院事的身份外任都督江、淮、荆、浙诸军事，离开行朝，"开府镇江"。②

秦桧利用吕颐浩离朝的机会，盘算着进一步独揽朝政。他上奏宋高宗，提议设修政局，仿效宋徽宗时蔡京设讲议司的旧例，得到批准。遂设修政局于都省，秦桧自任提举修政局，其下拉拢一批士大夫，分任参详官、参议官和检讨官。其实，这是一个叠床架屋式的机构，被援引任检讨官的曾统就对秦桧说："丞相事无不统，何以局为？"秦桧无言以对，只能置之不理。③ 在国难当头、财政困窘的情况下，设修政局无疑是多此一举，但对秦桧一己私利而论，他又自认为是绝对必要之举。

吕颐浩虽然心胸并不宽广，然而在再相之初，显然并未将秦桧作为不能共事的政敌对待。但是，这也并不意味着吕颐浩不善于勾心斗角，当他很快觉察了秦桧的图谋后，便着手反击。前宰相朱胜非在苗刘之变中，竭力保全官家，"调护有力"，宋高宗对他的印象不坏。七月，吕颐浩自镇江府还朝，举荐朱胜非任同都督，实际上是准备与朱胜非互为奥援，共同对付秦桧。宋高宗批准朱胜非的新命。给事中胡安国行封驳之权，予以奏罢。宋高宗又发表朱胜非任提举醴泉观、兼侍读，回行朝供职。吕颐浩害怕胡安国再行封驳之权，特命中书、门下省检正诸房公事黄龟年"书行"。胡安国大怒，认为此种做法是"侵紊官制，隳坏纪纲"，"遂卧家不出"。

胡安国反对朱胜非回朝，这本是他个人的政见，并非出自秦桧的教唆。但他的所作所为，恰好又与秦桧的意图合拍。围绕着朱胜非回朝之

---

① 《要录》卷 56 绍兴二年七月丁卯，《宋宰辅编年录校补》卷 15，《宋史》卷 381 《王居正传》，《东莱吕太史文集》卷 9 王居正行状。

② 《会编》卷 216 《秀水闲居录》，《要录》卷 53 绍兴二年四月己卯，戊子，《宋史》卷 362 《吕颐浩传》，卷 473 《秦桧传》，《宋宰辅编年录校补》卷 15。

③ 《要录》卷 54 绍兴二年五月丙戌，《宋史》卷 473 《秦桧传》。

争,恰好成为吕颐浩和秦桧政争激化的一个焦点。吕颐浩回朝途经平江府时,知府席益向他献策说:"目为党可也,今党魁胡安国在琐闼,宜先去之。"

在中国古代,君主十分忌讳的自然是群僚的分朋植党。吕颐浩认为此计大妙,因为在宋朝政治史上,也早有给政敌加以朋党罪名,使之垮台的前例。胡安国宁愿"旷官",以示自己不"贪禄位",正是吕颐浩求之不得的事。①

吕颐浩和秦桧政争的胜负,自然是取决于宋高宗本人的态度。宋高宗对秦桧的结党营私,已有所觉察。他在绍兴二年四月,便下诏告诫说:

> "尚虑进用之人,才或胜德,心则媚奥,潜效偏私,浸成离间,将见分朋植党,互相倾摇,由辨之不早辨也,可不戒哉!继自今小大之臣,其各同心体国,敦尚中和,交修不逮。如或朋比阿附,以害吾政治者,其令台谏论列闻奏,朕当严置典刑,以诛其意。"

表面上,皇帝是高踞于"二相"之上,不偏不倚,其实却是着重于告诫秦桧。② 围绕着胡安国的"落职"问题,秦桧"三上章,乞留安国",宋高宗"不报",③ 这就进一步表明了皇帝的意向。

吕颐浩以罢免胡安国为契机,乘胜追击,他上奏皇帝,以中书、门下省检正诸房公事黄龟年改任殿中侍御史,尚书右司员外郎刘棐行右司谏,并将指为秦桧一党的十多名官员一并贬逐,④ 使秦桧在朝廷中完全陷于孤立。黄龟年赴任后,便上奏弹击秦桧,说他"厚貌深情,矫言伪行。进迫君臣之势,阳为面从;退恃朋比之奸,阴谋沮格"。"专主和议,沮止恢

---

① 《会编》卷151,《要录》卷56绍兴二年七月辛巳,卷57绍兴二年八月壬辰,戊戌,《宋史》卷362《朱胜非传》、《吕颐浩传》,卷435《胡安国传》,卷473《秦桧传》,《宋宰辅编年录校补》卷15,《斐然集》卷25《先公行状》。
② 《要录》卷53绍兴二年四月癸未,《宋宰辅编年录校补》卷15。
③ 《要录》卷57绍兴二年八月戊申,《宋宰辅编年录校补》卷15,《宋史》卷435《胡安国传》,卷473《秦桧传》,《斐然集》卷25《先公行状》。
④ 《要录》卷57绍兴二年八月己酉,壬子,《宋史》卷362《吕颐浩传》,卷473《秦桧传》。

复，植党专权，渐不可长"，甚至将秦桧比为汉代的王莽和董卓。①

八月，宋高宗亲自召见直学士院綦崇礼，交付他一份御笔，御笔指斥秦桧自任执政以来阳一套，阴一套的两面派行为，指责秦桧的"二策"，说"此何理哉"！宋高宗还将秦桧为贯彻"二策"的"亲拟诏本，布告在廷"。② 他气冲冲地说："秦桧言南人归南，北人归北，朕是北人，将安归！"③

綦崇礼便按皇帝旨意，用骈体文起草一份秦桧的罢相制，对他进行了尖锐的斥责，"自诡得权而举事，当耸动于四方；逮兹居位以陈谋，首建明于二策。罔烛厥理，殊乖素期"。"凭恃其党，排斥所憎。进用臣邻，率面从而称善；稽留命令，〔辄〕阴怀以交攻"。"顾窃弄于威柄，或滋长于奸朋"。宋高宗还亲"谕朝廷，终不复用，仍榜朝堂"。秦桧任宫观官赋闲。④ 他一时受到非常沉重的打击，似再无重返政府的可能。

其实，宋高宗的表演，在相当程度上可说是假戏真唱，后来他终于对秦桧说了一些真话："朕记卿初自虏中归，尝对朕言：'如欲天下无事，须是南自南，北自北。'遂首建讲和之议。朕心固已判然，而梗于众论，久而方决。"⑤ 当然，即使是这段"玉音"，其实也是真伪参半。宋高宗在罢免秦桧时，对他的分朋植党、玩弄权术确是十分嫌恶的，认为是为臣不忠的表现。至于对金媾和，固然甚合寡人之意，但对其"二策"却有戒心，加之刘光世发出的求和信件已近两年，高益恭又捎带去秦桧的书函，而完颜挞懒（昌）本人并无任何回报。宋高宗尚未树立欲求和，则必用秦桧，不用秦桧，便不能求和的信条。故他将秦桧当作一只无用的卒子，而轻率地予以废弃。

---

① 《要录》卷57绍兴二年八月甲寅，《宋史》卷381《黄龟年传》，卷473《秦桧传》，《历代名臣奏议》卷183黄龟年奏，《密斋笔记》卷1，《宋名臣言行录》别集下卷6《黄龟年》。
② 《北海集》卷7秦桧罢相制所载宋高宗御笔，《鄂国金佗续编》卷20《鄂王传》。
③ 《会编》卷151，《要录》卷57绍兴二年八月甲寅，《宋宰辅编年录校补》卷15，《宋史》卷473《秦桧传》。
④ 《会编》卷151，《要录》卷57绍兴二年八月甲寅，卷58绍兴二年九月戊午朔，《宋史》卷473《秦桧传》，《宋宰辅编年录校补》卷15，《北海集》卷7秦桧罢相制。按《挥麈后录》卷7载宋高宗另有"亲批"说："秦桧不知治体，信任非人，人心大摇，怨讟载路。"据《要录》记载，乃言者之弹奏，而非皇帝之御批。
⑤ 《要录》卷158绍兴十八年八月癸丑。

吕颐浩和秦桧的政争，确实存在着两人战与和的政见分歧，也存在着无原则派系倾轧的因素。在当时形势下，宋廷中抗战派和投降派的分野尚不明显，加之秦桧"行诡而言谲，外缩而中邪"，① 他的真面目尚未彻底暴露。被视为秦桧一党，而遭罢黜的官员之中，固然有杨愿、王晚、王昞、林待聘等党羽，但也有如张焘、程瑀、吴表臣、胡世将等人，他们后来又在不同程度上反对秦桧的降金政策。

秦桧罢相后，宋高宗"罢修政局"，朱胜非也于九月复任右相。② 吕颐浩和朱胜非都主张对金和伪齐用兵。吕颐浩"屡请因夏月举兵北向，以复中原，且谓人事天时，今皆可为"。"况今之战兵，其精锐者皆中原之人，恐久而销磨，异时势必难举，此可为深惜者也"。③ 朱胜非"自再相，首建议遣诸大帅分屯于淮南等路，各据要害，以经略淮北、荆襄"。④ 但限于南宋当时的国力，宋高宗的态度等因素，他们的计划也无法付诸实施。

由于吴玠军抵挡了金军对四川的猛攻，韩世忠、岳飞等军又先后击破或平定了李成、曹成、刘忠等兵痞土匪，消灭福建路范汝为的叛乱割据势力，"巨盗悉平，年穀丰稔"，国势粗安，宋高宗的行朝在南方暂时稳定了统治。尽管如此，宋高宗仍然怀着忐忑不安的心理。有一回，他向宰辅们发问："假如寇或南来，避与不避，策将安出？"吕颐浩回答："若尽遣诸将向前，广为备御，寇岂能便渡江，但当先为定计以待之。"⑤ 事实上，宋高宗一直在临安城候潮门外钱塘江上，备有二百艘船，又在明州昌国县另设"聚船积粮之处"，随时准备一有风吹草动，便越海逃遁。⑥ 只是金军攻势已衰，再无跨江用兵的可能，故宋高宗在临安城的行宫中，事实上已可奠枕而居了。

---

① 《宋史》卷381《黄龟年传》。
② 《会编》卷151，《要录》卷58绍兴二年九月己未、乙丑，《宋宰辅编年录校补》卷15。
③ 《要录》卷60绍兴二年十一月己巳，《宋史》卷362《吕颐浩传》，《景定建康志》卷48吕颐浩传。
④ 《会编》卷213朱胜非行状，《要录》卷59绍兴二年十月。
⑤ 《要录》卷57绍兴二年八月庚寅。
⑥ 《金史》卷77《刘豫传》。

捌

战不忘和　安不忘逸

《宋高宗书孝经马和之绘图册》

第一节 频遣使指

绍兴三年（公元 1133 年），宋金之间的激战主要仍限于川陕交界。金将完颜撒离喝（杲）在饶风关（今陕西石泉县西）一度击败吴玠军，但金军无力大举深入，在撤军途中，又遭宋军邀击。宋与金的军力对比，事实上已从劣势转变为某种均势。一些士大夫也从国势渐振的事实中，看到了国运中兴的某种希望。綦崇礼曾上奏说：

"今日之议论规〔模〕，宜不出三者。恢复中原，以成再造之功，上也；因所有之地，而疆理之，中也；苟目前之安，而无所为，下也。语其上，则今之力诚未可为；守其下，则吾之势不可复立。惟度时量力，就其中者为之，中者既成，则其上可驯而致。"①

綦崇礼此说是相当稳重的，并无一点冒进的成分，但他的议论的主旨还在于反对"苟目前之安"，而是积蓄力量，"以成再造之功"。当然，问题的关键还在于宋高宗本人的态度。在国势危迫之际，频遣使指，固然有缓兵的意图；如今在国势较为稳定之时，仍然频遣使指，这就说不上有什么缓兵之谋了。

宋金交战不同于历史上两国相争、不通来使的许多先例。主要是在南宋一方，始终以各种名义遣使北往。建炎二年五月，宇文虚中以资政殿大学士、左太中大夫，充大金祈请使。② 由于金朝扣押来使，根本不予理睬，南宋小朝廷也感到难以为情。故"自宇文虚中之后，率募小臣，或布衣借官以行"，前后出使者有王伦、朱弁、魏行可、洪皓、崔纵、杜时亮、宋汝为、张邵、孙悟等人，"皆为所拘"。在骄横的女真贵族眼里，南宋不过是一块迟早要被吞食的俎上肥肉，已无通使的必要。直到金朝军事上屡次

---

① 《历代名臣奏议》卷 46 綦崇礼奏，《北海集》卷 28《面对札子》。
② 《会编》卷 117，卷 215 宇文虚中行状，《要录》卷 15 建炎二年五月丙申，《宋史》卷 371《宇文虚中传》，《金史》卷 79《宇文虚中传》。

失利，方于绍兴二年放王伦归宋。在秦桧罢相前十日，淮东宣抚使刘光世关于王伦归国的上奏，已抵达临安行朝。九月，王伦到行在所，向宋廷报告金方有"息兵议和之意"。金朝"丞相"、都元帅完颜粘罕（宗翰）在致宋高宗信中说：

"既欲不绝祭祀，岂肯过为吝爱，使不成国。"①

至少在书面上，金朝算是第一次宣布放弃了灭宋的打算。王伦的信息，对宋高宗自然是至关重要，而又喜出望外。以战求和，战不忘和，正是他的本意。左相吕颐浩也赞同"再遣使人，以骄其志"。宋廷决定，命潘致尧任大金奉表使、兼军前通问，高公绘任副使，并准备一应礼品，进献金朝首领和宋朝被俘的"两宫、二后"，以及赐给宇文虚中等被扣押的使者。宋高宗特命吕颐浩"作书，以果、茗、币、帛"赠送伪齐刘豫之子刘麟。② 向伪齐皇子致信通问，自然完全有损于宋朝的国格，但既有皇帝旨意，吕颐浩也不能违命。数日之后，吕颐浩向皇帝口奏："闻夏国屡遣人来吴玠、关师古军中，金人与夏国颇睽，可令（张）浚常通问夏国。"宋高宗当即发问："此与今来欲讲和事相妨否？"③ 这表明尽管君相都同意遣使，但两人的目标却存在着差别。宋高宗是求和心切，唯恐和议失败，而吕颐浩则仍汲汲于设法打败敌人，收复失地，他认为遣使不过是辅助性的策略。

绍兴三年五月，潘致尧和高公绘出使回朝，他们将伪齐皇子刘麟退回的礼品一并带回，在内殿奏事，说"金人欲遣重臣以取信"。当时吕颐浩和朱胜非"已定计北伐"，但因宋高宗亲自决定讲和，"恐害和议，其事中

---

① 《会编》卷161和卷162《绍兴甲寅通和录》，《要录》卷57绍兴二年八月癸卯，卷58绍兴二年九月辛酉，《宋史》卷371《王伦传》，《金史》卷79《王伦传》，《攻媿集》卷95王伦神道碑。《金史》记载称"挞懒为元帅左监军，经略南边，密主和议，乃遣伦归"。宋方记载称完颜粘罕"与伦议和，纵之归报"。既有完颜粘罕本人书信，应以宋方记载为准。

② 《会编》卷194吕颐浩行状，卷220《中兴遗史》引秦桧奏，《要录》卷58绍兴二年九月辛酉，壬戌。

③ 《要录》卷58绍兴二年九月丙寅。

辍"，不得不临时取消北伐的军事部署。①

宋廷当即委任韩肖胄为同签书枢密院事，即以次于宰相的执政身份，充大金军前奉表通问使，胡松年试工部尚书，充副使，再次北上。韩肖胄在临行前上奏说：

> "大臣各循己见，致和战未有定论。然和乃权时之宜，他日国家安强，军声大振，誓当雪此雠耻。今臣等行，或半年不返命，必复有谋，宜速进兵，不可因臣等在彼而缓之也。"

宋使途经开封，金朝所封的伪齐子皇帝刘豫"欲见之"，胡松年认为"见之无碍"。伪齐官员要求宋使"以臣礼见"，胡松年坚持"用平交礼"。他对刘豫说："松年与殿下比肩事主，不宜如是。"刘豫为之折服，问："主上如何？"胡松年说："圣主万寿。"刘豫又问："其志何在？"胡松年回答："主上之志，必欲复故疆而后已。"刘豫不得不面露赧色。② 胡松年作为一个有气节的文士，可谓不辱使命，然而他所说的"主上之志"，其实又不能表明皇帝的真意。

金朝都元帅完颜粘罕（宗翰）发遣韩肖胄和胡松年归宋，并指派元帅府议事官、安州团练使、银青光禄大夫李永寿和朝散大夫、职方郎中王诩等随同南下。宋高宗闻讯后，对多年来求之不得的第一批金朝正式使者的到达，自然极表欢迎。他亲自下诏，令金使经过的州军，必须为金太祖"旻"和金太宗"晟"两个汉名避讳。十二月，韩肖胄等回临安行朝，金使也随后抵达，李永寿、王诩等"骄倨自肆"。宋高宗急令王伦就馆驿与之商谈，并"诏赐永寿等衾褥，传旨勿拜"。中国古代最为注重礼仪规格，他率先亲自贬降，自居于卑辱的地位，唯求和议之速成。

金使入见宋高宗时，当面提出"还伪齐之俘及西北士民之在东南者，且欲画江以益刘豫"，共计七项条款。其第一条即与秦桧著名的"南人归

---

① 《会编》卷155，卷176吕颐浩奏，《要录》卷65绍兴三年五月壬戌，《历代名臣奏议》卷90，《忠穆集》卷2《上边事善后十策》。

② 《会编》卷155，《要录》卷65绍兴三年五月丁卯，卷66绍兴三年六月丁亥，卷67绍兴三年七月乙丑，《宋史》卷379《韩肖胄传》、《胡松年传》。

南，北人归北""二策"相合，① 如前所述，这当然决非是偶然的巧合。当时伪齐并无能力占领大江以北的广大土地，宋军的兵员主要又是由西北人充当。可知李永寿、王诩等南来，表明女真贵族其实仍不愿接受南北对峙的格局，而是企图通过外交谈判，以取得军事进攻无法得到的胜果，为今后灭亡宋朝创造有利条件。

金使退后，殿中侍御史常同当即上奏，说："先振国威，则和战常在我；若一意议和，则和战常在彼。靖康以来，分为两事，可为鉴戒。"宋高宗说："今养兵已二十万有畸。"常同说："未闻二十万兵而畏人者也。"② 但宋高宗一方面固然感到难以接受金朝如此苛刻的割地等近乎亡国的条件，另一方面又无论如何也不肯放弃这个难能可贵的和谈机会。他于绍兴四年（公元1134年）正月，命章谊为大金军前奉表通问使，孙近为副使，随金使李永寿、王诩等同往金朝，其使命是"请还两宫及河南地"，③ 向金朝明白无误地宣布放弃黄河以北的广大失地。翰林学士、兼侍读綦崇礼上奏说：

"陛下惩强敌之侵凌，念两宫之阻远，不惮卑词以通使，屈己以议和，上以为宗庙社稷灵长之计，下以息海内元元战伐之苦，至诚交感，异类革心，甚盛德也。然臣私窃度之，陛下郁郁居此，忍自卑屈，以求成请好，岂得已哉！徒以事势未竟，国步未〔夷〕，生民未安，故为计出此。非谓旧事可忘，中国可弃，敌情可信，能恃以久安也。然则约和之后，便欲高枕而卧，得乎？仰惟圣意，固将大有所为，兴起庶政，观时俟衅，期复旧业，不唯苟纾目前之急而已。臣愿陛下坚卧薪尝胆之志，励宵衣旰食之勤。"④

---

① 《会编》卷155，卷220《秀水闲居录》，《要录》卷70绍兴三年十一月甲子，戊辰，卷71绍兴三年十二月丙午，己酉，卷72绍兴四年正月乙卯注引《秀水闲居录》，《宋史》卷371《王伦传》，《鄂国金佗续编》卷20《鄂王传》，《攻媿集》卷95王伦神道碑。
② 《要录》卷71绍兴三年十二月己酉，《宋史》卷376《常同传》。
③ 《会编》卷157，《要录》卷72绍兴四年正月乙卯，丙寅，《宋史》卷379《章谊传》。
④ 《要录》卷72绍兴四年正月丙寅，《北海集》卷28《面对第一札子》，《面对第二札子》。

从道理上说，綦崇礼此奏可谓义正辞严，没有可以辩驳的馀地。但宋高宗的主意已定，其实亦无挽回的馀地，而綦崇礼作为大宋的臣子，总须对皇帝进献自己的忠告。

张浚从四川回到东南行朝后，罢官闲居，他也上奏反对遣使议和说：

"窃观此房情状，专以和议误我，亦云久矣。彼势蹙即言和，势盛即复肆，前后一辙。"

"窃惟此房倾我社稷，坏我陵寝，迫我二帝，驱我宗室、百官，自谓怨隙至深，其朝夕谋我者不遗馀力矣。况刘豫介然处于其中，势不两立，必求援于房。借使暂和，心实未已，数年之内，指摘他故，岂无用兵之辞。"①

此奏也将对金议和的利害，说得相当透彻。

得了顽固的对金软骨病与求和症的宋高宗，在国势稍振的形势下，媾和的欲望不是减退，而是更为迫切。他不仅对金朝"不惮卑词以通使，屈己以议和"，连对那个昔日的皇宋臣僚、今日的大金子皇帝刘豫，也甘愿低声下气。因害怕得罪金人，宋朝在公开场合已称刘豫政权为"大齐"。伪齐宿迁（今属江苏）县令张泽率军民二千人归宋，泗州知州徐宗诚予以接纳，反而受到宋廷的处分。②

第二节　鏖兵中决定岁币

金朝从来是遣使决不妨碍用兵，与李永寿、王诩等北归大致同时，即绍兴四年二月和三月间，时任元帅左都监的完颜兀术（宗弼）、完颜撒离喝（昊）等率大军猛攻川陕交界的仙人关（今甘肃徽县东南白水江车站）。吴玠军大败金军，赢得了和尚原之战后又一次大捷。五月至七月，按宰相

---

① 《朱文公文集》卷95张浚行状。
② 《中兴小纪》卷17，《皇朝中兴纪事本末》卷31之上，《要录》卷75绍兴四年四月丙午，卷82绍兴四年十一月壬子，《宋史》卷376《常同传》。

朱胜非等人的主张，岳飞统兵北伐，一举收复郢州（治今湖北钟祥市）、襄阳府（治今湖北襄樊市）、随州（今属湖北）、邓州（今属河南）、唐州（治今河南唐河）和信阳军（今属河南）六郡，大败金与伪齐联军，这是南宋首次收复大片失地。岳家军从此接管了宋金之间的中部战场，成为抗金的中坚力量。

但是，宋高宗对此次北伐的意图，是与岳飞的主张显然有异。岳飞出师前，宋廷以"三省、枢密院同奉圣旨"的名义，向他下达进兵襄汉的密令，其中说，"今来出兵，止为自通使议和后来，朝廷约束诸路，并不得出兵，伪齐乘隙侵犯"。"若逃遁出界，不须远追"。"亦不得张皇事势，夸大过当，或称提兵北伐，或言收复汴京之类，却致引惹。务要收复前件州军实利，仍使伪齐无以藉口"。① 尽管规定得如此详密，宋高宗仍不放心，他又另下手诏叮咛岳飞：

"追奔之际，慎无出李横所守旧界，却致引惹，有误大计。虽立奇功，必加尔罚，务在遵禀号令而已。"②

岳飞一面用兵，一面也向朝廷申奏，他说：

"臣窃观金贼、刘豫皆有可取之理。金贼累年之间，贪婪横逆，无所不至，今所爱惟金帛、子女，志已骄堕。刘豫僭臣贼子，虽以俭约结民，而人心终不忘宋德。攻讨之谋，正不宜缓。苟岁月迁延，使得修治城壁，添兵聚粮，而后取之，必倍费力。陛下渊谋远略，非臣所知，以臣自料，如及此时，以精兵二十万直捣中原，恢复故疆，民心效顺，诚易为力。此则国家长久之策也，在陛下睿断耳。"③

但是，皇帝的"睿断"，也只能使岳飞以全国二十万兵力"直捣中原"的计划成为画饼。岳家军出生入死，驱驰和效命疆场，可是在宋高宗以战为守、以战求和的棋局中，不过是一步棋而已。

---

① 《鄂国金佗续编》卷5《朝省行下事件省札》。
② 《鄂国金佗稡编》卷1。
③ 《鄂国金佗稡编》卷10《画守襄阳等郡札子》。

章谊等人出使金朝,"论事不少屈"。金朝都元帅完颜粘罕(宗翰)命其心腹金吾卫上将军萧庆接受宋方国书,将使者打发回朝。章谊等人在绍兴四年七月到达临安行朝,向宋高宗报告说,"所议互有可否,独疆界一事未定",金方还向宋朝规定,"淮南不得屯驻军马"。① 吕颐浩已于绍兴三年罢相,朱胜非独任右相,亦于绍兴四年九月罢相。② 在朱胜非罢相前后,宋高宗又指派魏良臣和王绘任大金国军前奉表通问使和副使。③

　　接替朱胜非的新任右相赵鼎"不主和议",他只向使者们传语说:"事忙,不及相见。"宋高宗则在魏良臣等"朝辞"之际,叮咛说:"卿等此行,切不须与虏人计较言语。卑辞厚礼,朕且不惮,如岁币、岁贡之类,不须较。"他亲自为魏良臣等奉使定下了基调。魏良臣等出发前,由奉使回朝后升任直学士院的孙近,"面禀国书指意",孙近对魏良臣和王绘"举五指于胸前",由于听说金朝"有大举意",宋高宗同意将岁币"添作五十万"匹、两银和帛。④

　　魏良臣、王绘等出使时,金和伪齐已大举进攻淮南。对于此次军事行动,金朝都元帅完颜粘罕(宗翰)主张采纳伪齐刘豫的建议,自海道南下,直取昌国县和明州,夺取宋高宗准备越海逃遁的船队,直抵钱塘江口,却被"三太子"、左副元帅完颜讹里朵(宗辅)等人所否决,改为陆路进攻。海道和陆路之争,标志着完颜粘罕(宗翰)派系的失势,"由是失兵柄"。金军此次南侵,其统兵官为完颜讹里朵(宗辅)和右副元帅完颜挞懒(昌),"四太子"、元帅左都监完颜兀术(宗弼),另加伪齐皇子刘麟。⑤

　　魏良臣、王绘等自淮东北上,首先会见金军万夫长聂儿孛堇(孛堇为女真语音译,意为官长),接着又与金方接伴官李聿兴和萧褐禄谈判,最后方见到完颜挞懒(昌)本人。金人沿用北宋初对待南唐的旧例,只称宋朝为"江南",不用国号,而宋使也按"不须""计较言语"的圣旨,不

---

① 《会编》卷161和卷163《绍兴甲寅通和录》,《要录》卷78绍兴四年七月辛未,《宋史》卷379《章谊传》。
② 《会编》卷155,卷161,《要录》卷68绍兴三年九月戊午,卷80绍兴四年九月庚午,《宋宰辅编年录校补》卷15。
③ 《要录》卷79绍兴四年八月乙未,卷80绍兴四年九月庚午。
④ 《会编》卷161《绍兴甲寅通和录》,《要录》卷80绍兴四年九月癸丑,乙丑,庚午。
⑤ 《要录》卷80绍兴四年九月乙丑,《金史》卷74《宗翰传》,卷77《刘豫传》。

敢擅用国号。他们对李聿兴说，"此来为江南欲守见存之地，每岁［贡］银、绢各二十五万匹、两"。"前来蒙丞相惠书，止是说淮南不得屯驻军马"，"江南遂依禀指挥，不敢于淮南屯驻人马，所以奉承大国之命，不敢有违"。

宋使又上书完颜挞懒（昌）说：

"窃以大国德泽仁恩，丕冒寰宇，凡日月所照，舟车所通，无不沾溉。独江南僻陋，赵氏社稷与一方生灵未蒙加惠，殆非驾近举远、一视同仁之义。项者伏蒙大国恻然，有存抚敝邑之意，许通使命。遂蒙丞相、都元帅赐以书词，许以立国，江南君臣感服至意，誓传子孙，不敢忘怀。"①

词意如此卑屈，虽有辱使命，却并不违背皇帝的旨意。金方对宋使的回报，则是说"当以建州（治今福建建瓯市）以南，王尔家为小国，索银、绢犒军，其数千万"。② 其要价更高于李永寿、王诇等出使之时，还进一步索取大江以南的土地。

在谈判过程中，金方屡次探听秦桧的下落。聂儿孛堇通过翻译询问："秦中丞桧在何处？"宋使回覆："今带职名、宫观，在温州居住。"聂儿孛堇又问："闻曾作相，莫是闻得大军来后，怕这里军前去取，所以教他去。"宋使说："自前年归朝廷后，实曾作相一年。后来坚欲请退，遂以宫祠闲居。"契丹人馆伴官萧褐禄也问："秦中丞安乐么？此人元在自家军中，煞是好人。"完颜挞懒（昌）通过翻译对宋使传话说，"只恐你江南终被将臣误事"，"本朝事体，秦桧与张底一一知得，若未信时，语言问他们"。③ 在金人的谈话中，对放纵归宋的秦桧表现出浓厚的兴趣，也不避讳秦桧曾在"自家军中"效力的事实。

魏良臣、王绘等归朝后，侍御史魏矼上奏说，"伏睹魏良臣、王绘归自淮甸，亦有虏酋文字，事意曲折，不得与闻"。"愿自睿断，立罢讲和二

---

① 《会编》卷162和卷163《绍兴甲寅通和录》，《要录》卷81绍兴四年十月己丑。
② 《朱文公文集》卷95张浚行状。
③ 《会编》卷162和卷163《绍兴甲寅通和录》。

字","饬励诸将,力图攻守,庶有再造之期"。①

面对金与伪齐联军的大举进攻,宋廷又是"举朝震恐",有人建议宋高宗解散"百司",避敌"他幸"。右相赵鼎却力主皇帝亲征,并且援引闲废的张浚复任知枢密院事。但宋高宗对亲征抗金一直犹豫不决,赵鼎"每日留身,必陈用兵大计"。宋高宗每次"皆首肯之,既退,即为中官阻止"。赵鼎不得不请求皇帝"发遣近上中官赴都堂",他亲"具酒礼",说:"诸公见上,可以赞成其事。俟退敌回銮,则共享安逸之福。"皇帝亲征,居然需要宰相出面,说服宦官,也足见其权势之重。宋高宗最后终于慷慨激昂地表示:"朕为二圣在远,生灵久罹涂炭,屈己请和,而〔虏〕复肆侵陵。朕当亲总六军,往临大江,决于一战。"

十月,宋高宗和一批臣僚自临安府出发,沿浙西运河北上,往沿江的平江府督战,算是"亲征"。但与此同时,宋高宗又"命六宫自温州泛海往泉州",仍然作了逃遁的准备。②

伪齐出兵时,发布诏书,扬言要"直捣僭垒,务使六合混一"。③宋高宗才被迫于十一月亲下手诏,声讨"叛臣刘豫",并在公开场合正式取消了"大齐"的称呼,这已是伪齐政权成立的第五个年头。但他在指斥刘豫"大逆不道"的同时,却不敢有片言只语冒犯俘虐父兄的金朝。④

当时,宋朝在东部战场有韩世忠、刘光世和张俊三支大军,连同担任宿卫的杨沂中神武中军等,兵力总计约十五万人以上。⑤刘光世按未战先遁的惯例,退兵江南建康府,将整个淮西拱手让敌。韩世忠军在大仪镇、鸦口桥和承州(治今江苏高邮市)连获三次小胜,也因独力难支,还师江南的镇江府。

---

① 《会编》卷170,《要录》卷83绍兴四年十二月乙亥朔。《会编》将此奏误系于绍兴六年,时间当以《要录》为准。
② 《会编》卷164,《要录》卷80绍兴四年九月乙丑,壬申,卷81绍兴四年十月丙子朔,戊戌,壬寅,卷82绍兴四年十一月己未,《宋史》卷360《赵鼎传》,《宋宰辅编年录校补》卷15,《宋史全文续资治通鉴》卷19。
③ 《要录》卷80绍兴四年九月乙丑。
④ 《会编》卷166,《要录》卷82绍兴四年十一月壬子。
⑤ 《要录》卷80绍兴四年九月辛酉,《要录》卷86绍兴五年闰二月丁卯,《宋会要》礼25之20,《建炎以来朝野杂记》甲集卷18《绍兴内外大军数》,《鄂国金佗稡编》卷18《措置襄汉乞兵申省状》。上述十五万人以上的兵力,系以总兵额减去岳飞所部二万八千六百馀人和王𤫉所部一万五千人而得。

狡黠的张俊口头上慷慨激昂，说："避将何之，惟向前〔进〕一步，庶可脱。当聚天下兵守平江，俟贼退，徐为之计。"实际上，这正反映了他对"渡江出战，有迟疑未渡之意"。宰相赵鼎对张俊说："公言避非策，是也；以天下之兵守一州之地，非也。公但坚向前之议足矣。"① 赵鼎催督张俊出兵，张俊到得平江府，便"辞以坠马伤臂"。赵鼎大怒，向宋高宗提出斩张俊，"以警不用命者"，皇帝当然不能同意，而宁愿采取姑息的态度。② 最后，张俊勉强带兵到达常州，便不再前进。韩世忠、刘光世和张俊三军只能与敌隔江相持。③

新任参知政事沈与求对宋高宗说，"和亲乃金人屡试之策，不足信也"，他建议"遣岳飞自上流取间道，乘虚击之，彼必有反顾之忧"。宋高宗表示同意，说："当如此措置，兵贵拙速，不宜巧迟，机事一失，恐成后悔，宜速谕之。"④ 前任宰相李纲也特别上奏，说"岳飞新立功于襄汉，其威名已振"，"陛下倘降明诏，遣岳飞以全军间道疾趋襄阳"，"捣颍昌以临畿甸，电发霆击，出其不意；则伪齐必大震惧，呼还丑类，以自营救，王师追蹑，必有可胜之理"，"此上策也"。⑤

但宋高宗事实上决无采用进取性战略的雄心，实施李纲围魏救赵之计，而只图消极周旋于一时。他下亲笔手诏给岳飞说：

"近来淮上探报紧急，朕甚忧之，已降指挥，督卿全军东下。卿夙有忧国爱君之心，可即日引道，兼程前来。朕非卿到，终不安心。"⑥

岳家军东援淮西，在庐州（治今安徽合肥市）打败敌军。金军和伪齐军无力渡江，正值岁末大雪凝寒，粮饷不通，野无所掠，又恰巧传来了金太宗病危的消息，最后只能慌忙撤军。

绍兴四年的一年之内，宋军先后在西部、中部和东部战场，三次获

---

① 《会编》卷164，《要录》卷80绍兴四年九月乙丑，《宋史》卷369《张俊传》。
② 《鄂国金佗稡编》卷8《鄂王行实编年》。
③ 《要录》卷82绍兴四年十一月戊午。
④ 《要录》卷81绍兴四年十月丙申，丁酉，《宋史》卷372《沈与求传》。
⑤ 《梁溪全集》卷77《陈捍御贼马奏状》。
⑥ 《鄂国金佗稡编》卷1。

第八章 战不忘和 安不忘逸

— 109 —

胜，士气为之一振。宋高宗十分高兴，他赞许赵鼎说，"此乃朕用卿等之力"，"若警奏初闻，而朕或为退避之计，江、浙已丘墟矣"。①

绍兴五年（公元1135年）二月，宋高宗又自平江府返回临安府，升赵鼎为左相，张浚任右相、都督诸路军马。② 张浚亲往洞庭湖滨，派岳飞指挥各军，瓦解和消灭了割据一方、勾结伪齐的杨幺军，并将大批投降者编入岳家军中，使这支抗金雄师的兵力更为壮大，消除了南宋最后一个心腹之患。南宋国势至此便完全稳固。

第三节　和战条陈　遣使争议

绍兴五年正月，按照宰相赵鼎的建议，宋高宗下诏，向前任宰执等"访以攻战之利，备御之宜，措置之方，绥怀之略，令悉条上焉"。③ 于是，前任的宰相和执政便应诏纷纷上奏，条陈己见。但按各人的立场、观点和主张，实际上依然划分为主战与主和两个营垒。

李纲上奏说，"窃愿陛下勿以贼马退遁为可喜，而以僭逆未诛，仇敌未报为可［愤］；勿以保全东南为可安，而以中原未复，赤县神州犹污腥膻为可耻；勿以诸将屡捷为可贺，而以军政未修，士气未振，尚使狂寇得以潜逃为可虞，则中兴之期，可指日而俟"。"大概近年所操之说有二：闲暇则以和议为得计，而以治兵为失策；仓卒则以退避为爱君，而以进御为误国。〔众〕口和之，牢不可破。然累年之间，冠盖相望，而初不得其要约，翠华蒙犯霜露，而尚未有所定居。上下苟且偷安，而不为长久之计，天步益艰，国势益弱，职此之由"。"臣夙夜为陛下深思，所以为善后之策，无他，在尽反前日之所为，解琴瑟而更张之"。"臣愿陛下自今以往，勿复为退避之计"，"勿复遣和议之使"。他另外提出六条建议，说"臣前

---

① 《要录》卷83绍兴四年十二月乙未。
② 《会编》卷166，《要录》卷85绍兴五年二月丁丑，壬午，丙戌，《宋宰辅编年录校补》卷15。
③ 《会编》卷171，《要录》卷84绍兴五年正月己酉。《会编》将此事系于绍兴七年，系误。

所陈,皆改辙之道,非循旧迹所能为也"。①

吕颐浩上奏说,"卑辞屈己,祈请讲和","而虏性贪婪,吞噬未已"。"古者交兵,使在其间,既不可因战而废和,又不可因和而忘战。间遣使命,再贻书以骄之,复示弱以绐之,而我急为备,出其不意,乘时北伐,此用兵之利也"。他的主张与李纲稍异,仍主张"遣使",但"遣使"只是作为配合军事行动的辅助手段。"察贼之势如彼,度我之势如此,若不用兵,恢复中原,则必有后时之悔,岂［可少］缓哉"!"臣事陛下［之］久,出入将相逾［五］年,平日尝以谓若不举兵,则必不能还二圣,复中原","决不可苟暂时之安,而忘北向争天下之事"。他为北伐还提出很多具体建议。②

朱胜非上奏说:"今内外劲兵无虑三十万众。兵既众矣,患无可作之气,今则勇气可作。气既作矣,患无可乘之机会,今则机会可乘。不于此时,速谋进取,使既作之气复堕,当乘之机复失,以数年尝胆之勤,为一旦噬脐之悔,可胜惜哉!"③

前参知政事李邴上奏说:"方今大臣,如吕颐浩气节高亮,忠力慨然,李纲识度宏远,威名素著,必自简于宸衷。愿陛下于二人者择其一,起而用之,必有以报陛下。"④

汪伯彦的上奏,虚拟了"决战将军"和"万全元老"的争论,最后则以"决战将军"被"万全元老"说服作结尾,曲曲折折,但又明白无误地表述了自己的政见。他借"万全元老"之口说,"御戎之道,来则惩而御之,去则守而备之,不贵追也","未可急追,以侥幸一时之功"。"恢复之计,不患逆刘之难除,患金狄之未衰,不患金狄之未衰,患吾措置有失缓急。缓其所急,则图成长久之功;急其所缓,则效见目前之利。失之毫厘,差之千里,可不慎乎"!"与其急于目前之追奔,不若修政,以为善后之计"。⑤ 汪伯彦表面上是主守,骨子里其实仍是主和。

秦桧的奏对说,"靖康以来,和战之说纷纷然,言战者专欲交兵,而

---

① 《会编》卷171,卷172,《历代名臣奏议》卷84,《梁溪全集》卷78《奉诏条具边防利害奏状》。
② 《会编》卷176,《历代名臣奏议》卷90,《忠穆集》卷2《上边事善后十策》。
③ 《会编》卷176。
④ 《会编》卷173。
⑤ 《会编》卷173。

彼己之势未必便;言和者专事恳请,而军旅之气因以阻,皆非至当之画。为国者自有正理,不必以虚张为强,亦不必以力弱为怯"。"臣顷归朝廷,妄进狂瞽,令刘光世通书房酋,说其利害,以为得地则归(刘)豫,失亡则在房。即蒙陛下听纳施行,不旋踵,房果退师。豫邀之东平,百端说诱,房言候儿孙长大,与你图此"。此处他将张荣抗金义军逐退金兵之功,归结为"通书房酋"所致。他还说:"海州(治今江苏连云港市西南)擒获汉儿高益恭,稍知文字。臣又尝妄议,俾携酋长书归,谕以立国之体,当明顺逆,助豫则叛者得利,金国何以统众,款本朝,则河南之地自非金国所欲,若渊圣所割河朔,既立有盟约,岂敢睥睨。又明言不当留朝廷所遣信使,以致不敢再遣。得旨作书,纵益恭北还。旋有所留一、二使人来归,后所遣使,始不拘留。"秦桧专门重提这些往事,旨在说明自己和议主张已初见成效。如前所述,高益恭其实是秦桧自金归宋所带的"亲信"。他说,"自古两国相敌,力强者骄,不足深较"。"臣前奏乞安慰狂房,当用所获房人,令诸将通其酋长书,明言止欲讨叛,而不敢轻犯大国"。① 在宋军屡捷,抗战气氛高涨的情势下,秦桧既有罢相的前戒,不敢明目张胆地鼓吹屈辱媾和。但他与汪伯彦的上奏主旨在和而不在战,应是无可置疑的。

  前任宰执各抒己见,都无非是仅供皇帝参考而已。事实上,既然金朝并未关闭和谈之门,宋高宗也决不可能采纳李纲之议,而必定是"复遣和议之使"。五月,宋廷派小武官何藓"赴大金国军前,奉表通问二圣"。② 当时,建炎三年上书切直,指责宋高宗不当即位的胡寅,又回朝升任中书舍人,他上奏提出异议,说:

  "自建炎丁未(元年)至绍兴甲寅(四年)以来,卑辞厚礼,以问安迎请为名而遣使者,不知几人矣,知二帝所在者谁欤?见二帝之面者谁欤?〔闻二帝之言者谁欤〕?得女真之要领者谁欤?因讲和而能息房兵者谁欤?臣但见丙午而后,通和之使归未息肩,而黄河、长淮、大江相次失〔险〕矣。臣但闻去年冬,

---

① 《会编》卷172。以上诸奏,《会编》系于绍兴七年正月,《要录》卷87绍兴五年三月亦载诸奏,但文字经清人篡改。前任宰执上奏时间应以《要录》注中的说明为准,《会编》系误。

② 《会编》卷167,《要录》卷89绍兴五年五月辛巳。

使者还言,苗豪帖服,国势奠安,形于章奏,传播远近。曾未数月,而刘豫〔挟虏〕,称兵犯顺矣。"

"当今之事,莫大于夷狄之〔怨〕也。欲纾此怨,必殄此雠,〔则用此之人,而不用讲和之臣,行此之政,而不修讲和之事。使士大夫、三军、百姓皆知女真为不共戴天之雠,人人有致死于女真之志,百无一还之心。然后二圣之怨有可平之日,陛下为人子之职举,臣等鸷下,伸眉吐气,食息世间,变预荣矣。]"①

但右相张浚认为:"使事兵家机权,后将辟地复土,终归于和,未可遽绝。"② 他从洞庭湖滨出发,巡边回朝后,又派都督行府帐前准备差使范宁之与何薛同行。③

胡寅遂再次上奏,对张浚之说进行反驳,认为遣使无益而有害,"今我与虏之势,如两家有没世之仇","今以虏为父兄之仇,绝不复通,则名正而事顺"。④

胡寅之弟胡宏也上书说,"万世不磨之辱,臣子必报之雠,子孙之所以寝苫枕戈,弗与共天下者也,而陛下顾虑畏惧,忘之不敢以为雠;臣下僭逆,有明目张胆,显为负叛者,有协赞乱贼,为之羽翰者,有依随两端,欲以中立自免者,而陛下顾虑畏惧,宽之不敢以为讨。守此不改,是祖宗之灵,终天暴露,无与复存也;父兄之身,终天困辱,而求归之望绝也;中原士民,没身涂炭,无所赴愬也。陛下念亦及此乎"?"反以天子之尊,北面雠敌,陛下自念,以此事亲,于舜何如也"?⑤

杨造也上奏说,"自靖康以来,力主和议,不为备御之计,卒为虏诈,以至二圣蒙尘,其祸亦可监矣。至今不悟,犹蹈覆辙,深可痛也"!"吾之求和,无纤毫之益,徒沮义士忠勇之气,长黠虏桀骜之心,竭民脂膏,以资盗粮,非计之得也。若其称臣奉贡,尤非所宜"。"或者以为二圣在彼,

---

① 《会编》卷167,《要录》卷89绍兴五年五月丙戌,《宋史》卷435《胡寅传》,《历代名臣奏议》卷86胡寅奏,《斐然集》卷11《论遣使札子》。
② 《宋史》卷28《高宗纪》。
③ 《要录》卷95绍兴五年十一月戊子。
④ 《会编》卷168,《要录》卷95绍兴五年十一月戊子,《宋史》卷435《胡寅传》,《历代名臣奏议》卷86胡寅奏,《斐然集》卷11《再论遣使札子》。
⑤ 《宋史》卷435《胡宏传》,《历代名臣奏议》卷89胡宏奏,《五峰集》卷2《上光尧皇帝书》。此书称徽、钦二帝被俘,"九年于此矣",应为绍兴五年所上。

故吾不得不与之和,是不然。昔汉太上皇、吕后为项王所得,置俎上,欲烹之,夫高帝岂恝然亡之哉,而未尝为之屈,盖势不可尔,然项王卒不敢加害"。"今国家若能励兵秣马,稍振中国之威,且勿与之通,则彼莫能测其虚实,必不敢动。吾已复中原,然后遣辩士若侯公者往说焉,彼亦且奉二圣以来归矣"。①

胡寅、胡宏和杨造提出了反对遣使议和的理由。在两国交兵之际,是否通使,其实并非是原则问题,原则问题在于通使之目的与任务。宋高宗频遣使指,其实只是陈自辱之辞,行自卑之礼,不敢进行强硬的、平等的外交谈判,则张浚所谓"兵家机权"之说,只能是一种迎合皇帝苟安之念的失策,而"无纤毫之益"。

面对胡寅的正论和责词,宋高宗一面"赐诏书褒谕",一面又同张浚等商议,发表胡寅外任知州。②

第四节 赵张睽异 秦桧复出

绍兴六年(公元1136年)初春,右相兼都督张浚有志于恢复故土,在镇江府召集东南各大将的军事会议,决定韩世忠自淮东出兵,进攻京东路的淮阳军(治今江苏邳县西南),岳飞军由鄂州(治今湖北武汉市武昌)进屯襄阳府,挺进中原,张俊军自建康府出屯泗州州治盱眙县,刘光世军从太平州(治今安徽当涂)进驻庐州,而杨沂中的殿前司军充当张俊军的后援。按此军事部署,是韩世忠和岳飞两军采取攻势,而张俊和刘光世两军采取守势,实际上是对两人拥兵自重的迁就。至于川陕的吴玠军,则又不在军事计划之内,按兵不动。③ 这当然不是高明的军事部署。

二月,韩世忠出兵,在宿迁县(今属江苏)附近击败伪齐军,进围重兵守御的淮阳军,最后金和伪齐援兵赶来,他被迫撤军。七月至八月间,岳家军长驱伊洛,击败伪齐军,夺取大片土地,兵临西京河南府附近。李

---

① 《会编》卷168。
② 《要录》卷95绍兴五年十一月戊子、乙未,《宋史》卷435《胡寅传》。
③ 《要录》卷97绍兴六年正月丙戌,卷98绍兴六年二月辛亥,《朱文公文集》卷95张浚行状,《诚斋集》卷115《张魏公传》。

纲盛赞此次北伐为"十馀年来所未曾有"。① 但因粮运供应困难，也旋即被迫班师。

张浚认为，"临安僻居一隅，内则易生安肆，外则不足以号召远近，系中原之心"，"力陈建康之行为不可缓"，但"朝论同者极鲜"。② 在众多的反对者中，最有力者是左相赵鼎。他提出一个折中性的方案，将"行在所"自临安府迁往平江府。③

九月一日，宋高宗在启程之前，先去上天竺烧香，"为二圣祈福"。皇帝的一行仪仗路过中天竺时，接到岳飞自前方递发的捷奏，报告已破虢州寄治卢氏县（今属河南）。翌日，宋高宗君臣一行乘舟，沿浙西运河北上。船队晚泊临平镇（今浙江余杭），左相赵鼎、右相张浚等在御舟中奏事。宋高宗说："岳捷固可喜，但淮上诸将各据要害，虽为必守之计。然兵家不虑胜，唯虑败耳。万一小有蹉跌，不知后段如何？"他命赵鼎等人"更熟虑"。④ 事实上，他对用兵北伐，始终是怀着一颗忐忑不安的忧心。宋高宗等抵达平江府后，又得到岳飞班师的奏报。九月下旬，张浚辞别皇帝，前往镇江府"视师"。⑤

刘豫的伪齐政权自绍兴四年冬在淮南败退后，一直在休养创伤，恢复元气，重整军备，却遭遇岳家军的猛烈攻击，自然不肯善罢甘休。但刘豫苦于自身的实力不足，只能向金朝告哀求援。

金太宗死后，年幼的侄孙金熙宗即位。由于"三太子"、左副元帅完颜讹里朵（宗辅）病死，带兵的完颜挞懒（昌）和"四太子"完颜兀术（宗弼）成为最有势力的人物，而完颜粘罕（宗翰）一派的权势继续在冰消瓦解之中。作为金朝"子皇帝"的刘豫，当时已改为"称臣"。⑥ 他原来竭力奉承和献媚者是金太宗、完颜粘罕（宗翰）和高庆裔三人，以求保住其傀儡帝座，而对其他女真贵族，特别是最早一力扶持他的完颜挞懒（昌），赂遗和礼意有所不周，如今却走向了反面。此次告急求援活动，几乎遭到全体女真贵族的冷遇。金朝不肯出兵攻宋，只命完颜兀术（宗弼）

---

① 《梁溪全集》卷128《与岳少保第二书》。
② 《朱文公文集》卷95张浚行状，《宋史》卷361《张浚传》。
③ 《要录》卷104绍兴六年八月甲辰。
④ 《要录》卷105绍兴六年九月丙寅朔，丁卯，《忠正德文集》卷8《丙辰笔录》。
⑤ 《要录》卷105绍兴六年九月癸酉，庚寅，《忠正德文集》卷8《丙辰笔录》。
⑥ 《金史》卷4《熙宗纪》。

屯兵濬州黎阳县（今河南浚县），作壁上观。①

刘豫万般无奈，便决定铤而走险。他强行签发乡兵二十万，号称七十万，于九月分兵三路，进攻淮西。"又令乡兵伪胡服，于河南诸州十百为群"，藉以给自己壮胆，恫吓宋军。这次色厉内荏的攻势本不足道，但宋廷却不断得到了"处处有虏骑"的探报。淮西大将刘光世和张俊"皆张大贼势，争请益兵"，其实无非是作为退避和逃遁的借口。②

左相赵鼎面对伪齐虚张声势的进攻，一时颇为惊慌失措。他同签书枢密院事折彦质接连给右相兼都督张浚七、八封书信，又草拟"条画项目"，请宋高宗亲笔书写后，作为皇帝手诏，急递张浚。这些书信和手诏的主要内容，一是命张俊、刘光世、杨沂中等"退师善还，为保江之计"，放弃淮西，二是命令岳家军沿江东下，东援淮西。此外，赵鼎和折彦质还主张皇帝"回跸临安"。张浚在镇江府得到确切情报，此次伪齐军的进攻并无金军配合，就有了足够的理由，劝说皇帝回心转意，他上奏说：

"俊等渡江，则无淮南，而长江之险与虏共矣。淮南之屯，正所以屏蔽大江。向若叛贼得据淮西，因粮就运，以为家计，江南其可保乎？陛下其能复遣诸将渡江击贼乎？淮西之寇，正当合兵掩击，令士气益振，可保必胜。若一有退意，则大事去矣。又岳飞一动，则襄汉有警，复何所制。"

都督府参议军事、吏部侍郎吕祉也在宋高宗"榻前力争，至于再四"，他说："士气当振，贼锋可挫，不可遽退以示弱。"折彦质则坚持己见，密奏说："异时误国，虽斩晁错以谢天下，亦将何及？"宋廷内部以张浚为一方，赵鼎为另一方，展开了激烈争论。宋高宗得知并无金军南下的确讯，才略为安定一下诚惶诚恐的心，转而支持张浚的意见。他以亲笔手诏回报张浚说：

"朕近以边防所疑事咨问于卿，今览卿奏，措置方略，审料

---

① 《会编》卷182《金虏节要》，卷197《金虏节要》，《要录》卷46绍兴元年七月丙午，卷105绍兴六年九月庚寅，《宋史》卷475《刘豫传》。
② 《会编》卷169，《要录》卷105绍兴六年九月庚寅，《朱文公文集》卷95张浚行状，《诚斋集》卷115《张魏公传》，《梁溪全集》卷91《奏陈防秋利害札子》。

敌情，条理明甚，俾朕释然，无复忧顾。非卿识虑高远，出人意表，何以臻此。"①

宋高宗另外还给张浚御笔说：

"有不用命，当依军法从事！"

刘光世军正在后撤途中，张浚派人驰骑，带御笔前往，严令刘光世重返前沿。刘光世看到御笔后，惶恐万状，他对部属大呼大叫："汝辈且向前，救取吾首级！"② 刘光世部将王德和郦琼的军队在霍丘县（今属安徽）等地击败伪齐军，杨沂中军又在定远县（今属安徽）附近的藕塘大败伪齐军。伪齐的攻势很快便土崩瓦解。

岳飞第二次北伐后回鄂州，正值眼疾发作，痛楚异常。宋高宗仍按赵鼎等人建议，频发诏旨，督岳家军东援淮西。他在一份手诏中说：

"近张浚奏，知卿病目，已差医官为卿医治。然戎务至繁，边报甚急，累降诏旨，促卿提兵东下。卿宜体朕至怀，善自调摄，其他细务委之僚佐，而军中大计须卿决之。如兵之在远者，自当日下抽还，赴此期会。想卿不以微疾，遂忘国事。"③

宋廷以"金字牌降到御封枢密院札子"，"催促"岳飞"全军人马前去江、池州（治今安徽池州市贵池区）"，"星夜兼程，起发前来"。右相兼都督张浚最初反对岳飞率军东援，后又转而与宋高宗、赵鼎等妥协，他

---

① 宋廷争议参见《要录》卷106绍兴六年十月丁酉、癸亥，《宋史》卷361《张浚传》，卷370《吕祉传》，《朱文公文集》卷95张浚行状，《历代名臣奏议》卷232张浚奏，《诚斋集》卷115《张魏公传》。
② 《要录》卷106绍兴六年十月戊戌，《宋史》卷369《刘光世传》。《要录》注称御笔可能是付杨沂中，而非刘光世。按宋高宗有时也可能向几员大将递发内容相同的御笔，而未必只有一份，参见《鄂国金佗稡编校注》卷2高宗宸翰五十一，第24页，此手诏即并非发付岳飞一人者，又见《琬琰集删存》卷1韩世忠神道碑。《鄂国金佗稡编校注》卷2高宗宸翰六十二，第34页，此手诏亦发付杨沂中，又见《铁网珊瑚》书品卷2《宋两朝御札墨本》。
③ 《鄂国金佗稡编》卷1。

以都督行府的名义，命岳飞"依累降指挥施行"。①

淮西宋军的胜利，证明宋廷对岳家军的调遣，纯属无谓的盲动。宋高宗又下手诏给岳飞说：

"比屡诏卿提兵东下，今淮西贼遁，未有他警，已谕张浚从长措置，卿之大军未须遽发也。"②

事实上，由于古代交通通信的迟缓，岳飞在接到此诏前，已率军抵达江州。赵鼎闻讯后，也自知失策，只能自我解嘲说："此有以见诸将知尊朝廷，凡所命令，不敢不从。"宋高宗说："刘麟败北，朕不足喜；而诸将知尊朝廷，为可喜也。"③君臣两人一唱一和，为自己的失措文过饰非。宋高宗又下手诏给岳飞说：

"闻卿目疾小愈，即提兵东下，委身徇国，竭节事君，于卿见之，良用嘉叹。今淮西既定，别无他警，卿更不须进发。"④

便将岳飞发付回鄂州。岳飞回鄂州后，又发兵击破金军和伪齐军，兵临蔡州（治今河南汝南），俘敌甚众。

张浚在胜利的形势下回行朝，当时"回跸临安"已成定议。他赶紧上奏说，"车驾进止一事，利害至大"，"夫天下者，陛下之天下也"。"六飞倘还，则有识解体，内外离心"，"彼知朝廷姑以此为避地之计，实无意于图回天下"。宋高宗遂回心转意，又接受了张浚之议。宋高宗说："却贼之功，尽出右相之力。"这自然使左相赵鼎感到难堪。左司谏陈公辅劾奏赵鼎。右司谏王缙又论奏签书枢密院事折彦质，说他"几误国事"，也有指桑骂槐之意。⑤

以淮西战事为契机，赵鼎和张浚的矛盾逐渐激化。张浚单独奏对时，

---

① 《鄂国金佗稡编》卷14《目疾乞解军务札子》，《鄂国金佗续编》卷7《目疾令不妨本职治事省札》。
② 《鄂国金佗稡编》卷1。
③ 《要录》卷106绍兴六年十一月癸酉。
④ 《鄂国金佗稡编》卷1。
⑤ 《要录》卷107绍兴六年十二月甲午朔，戊戌，《宋宰辅编年录校补》卷15，《朱文公文集》卷95张浚行状，《诚斋集》卷115《张魏公传》。

"乞乘胜取河南，擒刘豫父子"，又说："刘光世骄惰不战，不可为大帅，请罢之，以励诸将。"宋高宗当即发问："曾与赵鼎议否？"张浚回答："未也。"宋高宗说："可与赵鼎议之。"张浚不得不找赵鼎商议，赵鼎对这两条建议持强烈的异议，他说："不可，刘豫，几上肉耳，然刘豫常倚金人为重轻，不知擒灭刘豫，得河南故地，可保金人不侵入乎？如其侵入，何以御之？且刘光世军下统制、将辖、士校多出其门，若无故罢之，恐其士卒惧而不安。"张浚为此大为恼火。赵鼎还针对张浚"幸建康"之议说："强弱不敌，宜且自守，未可以进。"

主守而不主攻，这已成为赵鼎对金政策的指针。既然措置淮西战事有得失之别，张浚自然理直气壮，而赵鼎只能自愧弗如。他对宋高宗表明自己离开政府之志，说"臣与张浚如兄弟，近因吕祉辈离间，遂尔睽异。今同相位，势不两立"，"浚当留，臣当去，其势然也"。十二月，宋高宗遂发表赵鼎外任绍兴知府。①

张浚逐走赵鼎，却又引来一个可怕而危险的政敌——秦桧。秦桧自绍兴二年罢相后，蛰居于浙东温州。他在绍兴五年的应诏上奏，既表明他对金媾和的政见，也反映他对东山再起的渴望。绍兴六年，秦桧起知温州，改任绍兴知府。八月，秦桧改任侍读，充临安府行宫留守，使他得以在朝廷供职，这是出于张浚的举荐。秦桧以前宰相的身份"入谢"，宋高宗"诏赐衣带、鞍马"，以示礼遇。秦桧上奏说：

"臣罪戾之馀，猥蒙召用。切愿扈从銮辂，身冒矢石。伏念臣陷敌累年，敌国诡计，稍知一、二，贼豫狂谋，备见本末。若有探报远近，或可以备顾问。"

他企图将行宫留守的职任推给行宫同留守孟庾，以便由"顾问"而进入政府，或干预朝政，而宋高宗却"优诏不许"。②

当年岁末，在赵鼎罢相的同时，宋高宗"诏行宫留守秦桧令赴行在所

---

① 以上记事参据《会编》卷170，《要录》卷106绍兴六年十月癸亥，卷107绍兴六年十二月甲午朔，戊戌，壬寅，《宋史》卷360《赵鼎传》，《宋宰辅编年录校补》卷15。
② 《要录》卷101绍兴六年五月乙酉，卷102绍兴六年六月乙卯，卷104绍兴六年八月己亥，丁未，壬戌，癸亥，《宋史》卷473《秦桧传》。

奏事"。秦桧到达平江府后，宋高宗又令他在"讲筵供职"，改令行宫同留守孟庾充行宫留守。为秦桧赴任，皇帝诏令"前宰相到阙，并许张盖"，以为优礼。绍兴七年（公元1137年）正月，秦桧复出任枢密使的要职，再次进入中枢要地，"应干恩数，并依见任宰相条例施行"，以示皇帝对这个前任宰相的殊恩。①

　　宋高宗以破格的优恩，重新起用秦桧，实际上仍出于对其政见的赞赏。张浚一力援引秦桧，是看中了他"柔佞易制，荐入使备员"。秦桧也汲取当年罢相的教训，暂时不敢锋芒太露，"无所建明，惟奉张浚而已"。②

第五节　居危思安

　　南宋国势确实出现了某些振兴的迹象，但这并非是宋高宗以卧薪尝胆的决心，而励精图治的结果。由于岳飞、吴玠、韩世忠等几支屯驻大军的壮大，已经建立了军威，金朝丧失了恣意侵侮宋朝的能力。此外，吕颐浩、朱胜非、赵鼎、张浚诸相，尽管都不是合格的中兴相才，但又先后在某些重要问题和关键时刻，起了扭转时局的作用。宋高宗迫于形势，不得不听从他们若干正确的主张。但是，在宋廷抗战气氛日益高涨的情势下，宋高宗的真实意向，仍是以战作为和的筹码。对于皇帝这种意向，包括李纲在内的不少臣僚还是一清二楚的。后来有个官员张戒面奏，宋高宗问："几时得见中原？"张戒还是直率地陈述己见，说："古人居安思危，陛下居危思安。"③ 可谓一语道破，说中了皇帝的心病。

　　国势粗安，并不意味着政治的清明。南宋的政风，仍沿袭北宋季年的馀绪，官吏们贪饕成癖，贪贿成风，在军兴时期，百姓们承受着更多更重的急征暴敛，各种社会弊病堆积如山，却又积重难返。宋朝长时期的文治，倡导崇文抑武，养成了文士们鄙视武夫为粗人的心理。武将岳飞却力

---

① 《要录》卷107绍兴六年十二月甲午朔，戊申，己酉，卷108绍兴七年正月丁亥，戊子，《宋史》卷473《秦桧传》，《宋宰辅编年录校补》卷15。
② 《会编》卷220《中兴姓氏录》，《要录》卷107绍兴六年十二月甲午朔，卷108绍兴七年正月戊子注引《林泉野记》。
③ 《朱子语类》卷127。

求以文武全才律己。在一次朝见时，宋高宗随便发问："天下何时太平？"岳飞当即回答："文臣不爱钱，武臣不惜命，天下当太平。"① 寥寥数语，言简意赅，针砭了时政，也不得不使皇帝对这个赳赳武夫刮目相看。

岳飞有个幕僚朱梦说，原是北宋的太学生，曾因上书痛陈时弊，在宣和时"编管池州"。北宋末又在开封参加抗金斗争。岳飞闻其贤名，辟任本制置司幹办公事。朱梦说随岳飞入行朝，"见当时尚禽色之乐，多无用之物，二圣播迁而未还，中原陷没而未复，万民涂炭而不安，上无良相，朝乏贤臣"，遂修书给御史中丞辛炳，责备他素餐尸位，不向皇帝进谏。辛炳也感到难以为情，便袖带朱梦说的书信，上殿奏陈。宋高宗看后"不悦"，便命令岳飞辞退朱梦说，后将辛炳也发付外任知州。②

文士汪大圭、张致平和江阴军（今属江苏）文士李韬、苏白分别"伏阙上书，论时事"。宋高宗立即下诏书和"御笔"，命令将他们"押归本贯"。他先后对宰执说，"所言皆细务可行，非有诋讦之语，顾不当伏阙耳。此风皆李纲辈启之，卒成变乱，不可不惩也"。"〔如〕伏阙事，倘再有，朕当令五军收捕，尽诛之"。③

中国古代的台谏官制度，允许臣民上书言事的制度，在某些场合，而并非在一切场合，对君主专制政治是起着一些调节作用的。当然，这种调节作用是非常有限的，在某种意义上，又成为君主专制的一种装饰品。自杀戮陈东和欧阳澈后，宋高宗才领悟到这种装饰品的重要性。在北临强敌的形势下，他也希望这类制度能起一些调节作用。但是，宋高宗又绝对不允许讥议时政超过限度，或者弄假成真。他不得不以虚心纳谏自我标榜，然而处分朱梦说一事，又再一次表明他并无进贤纳谏的度量。至于"伏阙上书"，即是北宋末年太学生陈东等领导的一次爱国群众运动，李纲本人其实根本没有参与或鼓动，但在宋高宗眼里，这无疑是触犯赵宋家规的乱阶，而深恶痛绝，"不可不惩"。

宋高宗作为专制帝君，也憎恶儒家经典中的一点民主思想。有一回，他问理学家程颐门生尹焞说："纣亦君也，孟子何以谓之独夫？"尹焞回

---

① 《鄂国金佗稡编》卷9《遗事》，《朱子语类》卷112。
② 《会编》卷159，卷160，《要录》卷78绍兴四年七月戊辰，《宋史》卷22《徽宗纪》。按《宋史》卷372《辛炳传》不载此事。
③ 《要录》卷58绍兴二年九月庚辰，卷61绍兴二年十二月乙卯，卷68绍兴三年九月乙丑，《宋宰辅编年录校补》卷15。

答:"此非孟子之言,武王誓师之言也,'独夫受,洪惟作威'。"宋高宗又问:"君视臣如草芥,臣可遽视君如寇仇乎?。"尹焞又巧妙地回答:"此亦非孟子之言,《书》云:'抚我则后,虐我则仇。'"宋高宗在表面上"大喜"。① 其实,他的想法与憎恶伏阙运动,是完全一脉相通的。

在宋高宗的身上,根深蒂固地埋藏着父皇帝的遗传基因——骄奢淫佚。但是,既有宋徽宗落难的前辙,又有维扬逃遁等教训,他更深知目前决非是大讲排场、大摆阔气的时机,只能强行克制自己的逸豫之念。他曾对宰辅说:"朕省阅天下事,日有常度。每退朝,阅群臣及四方章奏,稍暇即读书史。至申时(下午三、四时),而常程皆毕,乃习射。晚则复览投匦封事,日日如是也。"② 他努力将自己装扮成一个勤政的中兴之主形象。宋高宗此后又对臣僚说,"祖宗创业艰难,未尝不以躬俭为天下先。盖俭则不妄费,不妄费则征求寡,而民心悦,此所以得天下也"。"宣和以来,世习承平之久,奢侈极矣,驯致祸乱,可不戒哉"!③

官史中记录皇帝的嘉言懿行,从来就有涂脂抹粉的功能。更何况是宋高宗,他早在建炎之初,于南京应天府和扬州行宫及时行乐之际,已相当注重以小谨曲廉修饰自己。如今对自己修饰和伪装,又显得更加高明,更为老练了。

临安城的行宫位于城南凤凰山东麓,原为五代吴越的宫寝所在,此后又成为杭州的州衙,按皇宫的标准,显得十分卑陋。宋高宗特别决定,自己"止御后殿,更不行前殿之礼,以二圣未还,意有所避也"。④ "时行宫外朝止一殿。日见群臣,省政事,则谓之后殿;食后引公事,则谓之内殿;双日讲读于斯,则谓之讲殿"。将后殿、内殿和讲殿三个殿名合用于一个殿堂,因事而更名。绍兴三年,由于此殿"梁朽",不得不"缮治",宋高宗"乃权御射殿,极卑陋,茆屋才三楹,侍臣行列,巾裹触栋宇"。⑤此外,"行宫南门里并无过廊,百官趋朝,冒雨泥行",宋高宗不得不下诏"营盖"。⑥ 按中国古代九重之主的规范看来,行宫的排场确是相当寒酸的。

---

① 《丹铅总录》卷10《尹和靖对宋高宗》,《天中记》卷26。此段文字可能引自宋叶寘《坦斋笔衡》。
② 《要录》卷65绍兴三年五月乙卯朔。
③ 《要录》卷83绍兴四年十二月乙亥朔。
④ 《忠正德文集》卷8《丙辰笔录》。
⑤ 《要录》卷68绍兴三年九月丙辰。
⑥ 《宋会要》方域2之11。

但在另一方面，宋高宗的行宫又是在不断修筑和扩建之中，绍兴二年与三年间，不仅修造了行宫的南门和北门，行宫房屋计划"添造共百餘间"。① 看来营造的重点是在后宫，而不是前殿。宋高宗的聪明，在于既要为自己在后宫经营安乐窝，又要将前殿作为标榜自己恭俭的宣传品。

当时凤凰山上生长着茂密的森林，其中栖息着成千上万只乌鸦，"朝则相呼，鼓翼以出，啄粟于近郊诸仓，昏则整阵而入。噪鸣聒天"，吵闹得宋高宗坐卧不宁。他命内侍张去为带领一批人，弹射群鸦，但见效不大。久而久之，宋高宗和宫人们反而对鸦噪习以为常。② 但是，随着行宫的不断扩建，鸦噪声又逐渐消失了。

不仅在临安城，在建康城中的行宫，"皆因张浚所修"，又"葺数间小屋，为燕居及宫人寝处之地"，"地无砖面"，"初不施丹雘，盖不欲劳人费财也"。③

除宫寝外，宋高宗对自己的服食器用也稍作减削。建炎末，宋高宗在越州城中，"百物贵踊"，"一兔至直五、六千，鹌鹑亦三、四百"，他下令"尚食勿进鹌、兔"。④ 韩世忠有一回向皇帝进献鲟鱼鲊，宋高宗"却之"，并当面告诫说："朕艰难之际，不厌菲食。卿当立功报朕，至于进贡口味，非爱君之实也。"⑤ 宋高宗有一次对宰辅们说："朕常日不甚御肉，多食蔬菜，近日颇杂以豆腐为羹，亦可食也。水陆之珍，并陈于前，不过一饱，何所复求。过杀生命，诚为不仁，朕实不忍。"⑥ 这似乎还有一点虔诚信佛的倾向。绍兴三年夏旱，按当时的迷信习惯，宋高宗下令"进素膳"，待"雨足"后，"始御玉食"。⑦

宋高宗自称"所服者多缯素，岂复有绮绣也"。⑧ "顷在藩邸，犹用黑漆床。渡江以来，止用白木，上施蒲荐，素黄罗为褥，素黄罗被三条而已"。⑨ 时有"抚州（治今江西临川市）布衣宁子思献白银木刻成千手大

---

① 《要录》卷67绍兴三年七月丙辰，《宋会要》方域2之9—11。
② 《四朝闻见录》丙集《官鸦》。
③ 《要录》卷109绍兴七年三月辛未，卷117绍兴七年十一月壬寅。
④ 《要录》卷38建炎四年十月癸未。
⑤ 《要录》卷83绍兴四年十二月辛卯。
⑥ 《要录》卷109绍兴七年二月甲辰。
⑦ 《要录》卷67绍兴三年七月庚辰，
⑧ 《要录》卷51绍兴二年二月己卯。
⑨ 《要录》卷117绍兴七年十一月丙辰。

悲像，极精工"，宋高宗下令"自今有来献者，皆却之"。① 婺州（治今浙江金华市）"市御炉炭"，"须胡桃纹，鹁鸪色"，当地知州王居正调任起居舍人后，向皇帝上奏，宋高宗说："朕平居衣服饮食，犹且未尝问其美恶。隆冬附火，只取温暖，岂问炭之纹色也。"于是"令户部讲究，更有似此之类，并行禁止"。②

宋高宗有一次对秦桧等人说："朕在宫中，声色之奉未尝经心，只是静坐内省，求所以合天意者。"秦桧当即奉承说："陛下圣德，畏天如此，中兴可必也。"③ 绍兴五年，宋高宗放宫女三十人出宫，他对赵鼎等人说："邦计匮乏，苟有一毫可以节省，亦当行之。朕宫人仅给使令，然昨日亦搜检三十人出之。"这当然又势必使赵鼎对"陛下盛德"，赞叹不已。④ 但是，在真伪搀杂的阳宣"圣德"的背面，其阴伏的真相仍是"尚禽色之乐，多无用之物"，朱梦说尽管来行朝为时短暂，却已一眼看穿，一语道破了。

宋高宗自我宣传"声色之奉未尝经心"，其实，他的好色早已传遍遐迩。绍兴二年的状元张九成在对策中即强调"去声远色"，"去谗节欲，远佞防奸，皆中兴之本也"。⑤ 有一次面对，宋高宗说："朕只是一个至诚。"张九成说："陛下对群臣时如此，退居禁中时不知如何？"宋高宗回答："亦只是个诚。"张九成再问："对宫嫔时如何？"宋高宗又在"经营答语"，张九成便乘机补奏一句："只此便是不诚！"⑥ 皇帝被逼到如此地步，也就无言以对了。

宋高宗自诩"天性不好华靡"，⑦ 实际上，他的物欲也并非以女色为限。伪齐刘豫的榜文指斥他"远遁江南，苟乐一身，法令愈乱，奢靡更甚"，并非是纯属造谣毁谤。宋高宗的宫中还喜养鹁鸪，"官员受差遣者，往往寻买〔妾并〕鹌鹑、鹁鸪之类"，以女色和飞禽，通过宦官冯益等人

---

① 《要录》卷74绍兴四年三月戊午。
② 《要录》卷75绍兴四年四月戊申，《老学庵笔记》卷5，《清波杂志》卷6。
③ 《要录》卷140绍兴十一年六月甲戌。
④ 《要录》卷95绍兴五年十一月癸未。
⑤ 《要录》卷52绍兴二年三月甲寅，《宋史》卷374《张九成传》，《历代名臣奏议》卷3，《横浦文集》卷12《状元策一道》。
⑥ 《朱子语类》卷127。
⑦ 《要录》卷51绍兴二年二月辛未。

进献，"便得好差遣"。① 临安行宫内的大群鹁鸽，"寓金铃于尾，飞而扬空，风力振铃，铿如云间之珮"，宋高宗有时也"躬自飞放"。于是有人写诗讥刺他玩物丧志说：

"铁勒金狻似锦铺，暮收朝放费工夫。
争如养取南来雁，沙漠能传二帝书。"②

由于宋高宗的嗜好颇多，故张九成也在对策中指出，"彼阉人私求禽马，动以陛下为名"，"搜〔揽珍禽〕，驰驱骏马，道路之言，有若上诬圣德者"。③ 他的谏诤已经相当婉转，似乎是"圣德"无亏，只是被"阉人"所累。

宋高宗强调须"节省"，实际上，他的后宫消费依然是惊人的。官员刘一止上奏说：

"迩来议者颇谓岁取左藏库金帛之数，不减全盛时，有司告病，缙绅惑焉。岂陛下俭于一躬，而赐予或未节耶？且左右亲近之人至无厌也，不以礼法抑之，将何时而已。"

刘一止的进言，就言事技巧而言，只能肯定皇帝"俭于一躬"，而诿过于"左右亲近之人"，使皇帝"以身当天下之谤"。④ 宋高宗还在内宫另置甲库，"百工技艺精巧，皆聚其间。禁中既有内酒库，而甲库所酿尤胜，以其馀沽卖，颇侵户部课额"，"而日费无虑数百千"。后吏部尚书张焘论列，说"甲库萃工巧以荡上心，沽良酝以夺官课。教坊乐工，员数日增，俸给赐赍，耗费不赀"。宋高宗不得不接受，光减乐工即有数百人。⑤

为了满足自己的奢侈之志和虚荣之心，宋高宗又经常"内降恩泽"，随意给人加官进爵等恩赏，赵鼎任相时，"多奏格不行"。⑥ 由于货赂公行，

---

① 《伪齐录》卷上，《要录》卷 103 绍兴六年七月庚辰注。
② 《四朝闻见录》丙集《鹁鸽诗》，《宋人轶事汇编》卷 3 引《古抗杂记》。
③ 《要录》卷 52 绍兴二年三月甲寅，《横浦文集》卷 12 《状元策一道》。
④ 《历代名臣奏议》卷 48，《苕溪集》卷 14 《应诏条具利害状》。
⑤ 《庶斋老学丛谈》卷下，《建炎以来朝野杂记》甲集卷 17 《御前甲库》，《文献通考》卷 24。
⑥ 《宋宰辅编年录校补》卷 15 引《喻樗语录》。

民间有谚语说：

"斗量珠，便龙图；五千索，直秘阁；二千贯，且通判。"

很多官员以贿得官，他们到任后，"无不扰民诛求"。① 与北宋晚年"三百贯，直通判；五百索，直秘阁"的卖官行情相比，② 卖价又大幅度提高。被岳飞降服的盗匪戚方，用赌博的方式，向宦官贿赂黄金，而得到升官，民间又有谚语说：

"要高官，受招安；欲得富，须胡做。"③

虽有不少忠臣义士的惨淡经营，图谋兴复，然而他们的努力却是在逐步地成全宋高宗"居危思安"之志。

宋高宗的皇叔祖、嗣濮王赵仲儡有一次朝见皇帝，他"至榻前则恸哭"。宋高宗大吃一惊，忙问何故。赵仲儡说："见十五哥，言我皇似上皇。"宋高宗问"十五哥"是谁，回答姓冯，宋高宗问："冯益邪？"赵仲儡说："是也。"皇帝在后宫的所作所为，或可瞒昧部分臣民，却不可能瞒昧朝夕侍奉的亲信宦官冯益。冯益对宋高宗的心肺了如指掌，说他酷似宋徽宗，可谓入木三分。史称赵仲儡"性不慧"，看来相当愚鲁，而不够圆滑，他感到官家"似上皇"，则中兴无望，便在皇帝榻前"恸哭"。宋高宗面对皇叔祖的"答语狂谬"，虽然十分恼怒，也只能予以"优容"了。④

人言可畏，宋高宗在臣民面前，虽居至高无上的尊位，却仍千方百计地遮掩其骄奢淫佚的本性，甚至在表面上做了某种程度的克制，表明他并非不畏人言。但是，他也决不会因畏惧人言，而真愿当一个奋发有为的中兴之主。

---

① 《伪齐录》卷上。
② 《会编》卷31《中兴姓氏奸邪录》。《曲洧旧闻》卷10作"三千索，直秘阁；五百贯，擢通判"。
③ 《会编》卷140，《要录》卷34建炎四年六月戊子。
④ 《要录》卷118绍兴八年三月己丑，《宋史》卷245《赵仲儡传》。

玖

淮西之变

《南宋中兴四将》局部，左二为岳飞

第一节　父皇凶耗

绍兴七年正月，在秦桧拜枢密使的当天，两年前出使金朝的何藓、范宁之等返回行朝。他们带回金朝完颜兀术（宗弼）的书信，正式通报宋徽宗和郑后已相继死亡的凶耗。① 大半生优游在锦绣丛中的宋徽宗，如今却在荒凉寒苦的东北受尽煎熬，他曾写诗描述自己当俘虏后的痛苦心境说：

"九叶鸿基一旦休，猖狂不听直臣谋。
甘心万里为降虏，故国悲凉玉殿秋。"②
"彻夜西风撼破扉，萧条孤馆一灯微。
家山回首三千里，目断天南无雁飞。"③
"杳杳神京路八千，宗〔祊〕隔越几〔经〕年。
衰残病渴那能久，茹苦穷荒敢怨天。"④

郑后是在被俘后的第四年，即建炎四年九月辞世的，时年五十二岁。⑤宋徽宗是在被俘后的第九年，即绍兴五年四月谢世的，时年五十四岁。他临终还带着昏德公的封号，请求归葬内地。⑥ 他们虽不得善终，却又并不足道，但其凶耗似乎仍有某种积极意义，这就是刺激了宋人的国耻感。

宋高宗得知此讯，便"号恸擗踊，终日不食"，表现出一副"哀不自胜"的模样。宰相张浚上奏说："天子之孝与士庶不同，必也，仰思所以承宗庙、奉社稷者。今梓宫未反，天下涂炭，至雠深耻，亘古所无。陛下挥涕而起，敛髪而趋，一怒以安天下之民，臣犹以为晚也。"

---

① 《会编》卷177，《要录》卷108绍兴七年正月丁亥。
② 《鸡肋编》卷中。
③ 《山房随笔》。
④ 《说郛》卷57《雪舟谜语》，《说郛》号29《雪舟谜语》。
⑤ 《要录》卷37建炎四年九月甲辰，《宋史》卷243《郑皇后传》，《靖康稗史笺证》的《呻吟语》和《宋俘记》。
⑥ 《要录》卷88绍兴五年四月甲子，《宋史》卷22《徽宗纪》，《金史》卷4《熙宗纪》，《靖康稗史笺证》的《呻吟语》和《宋俘记》。

张浚等"伏地固请",宋高宗"乃少进粥"。三日后,张浚等"请入奏事"。宋高宗宣旨,说自己"以荒迷中,未能裁决庶政,兼不知祖宗故事","恐今日行之,便成典礼"。张浚等转奏,说有此"祖宗故事","臣等非敢奏事,实以为上哭踊过哀,不胜忧惧,欲一望天表"。宋高宗又再次宣旨说,自己也"深欲一见群臣,以哀迷未能支持,借或相见,不过恸哭而已"。①

中国古代的丧礼是件大事,更何况是皇帝的丧礼。宋高宗为此下诏臣僚讨论,并"诏诸路州县寺观各建道场七昼夜,禁屠宰三日",将各地的囚犯减刑或释放,令行在平江府"诸佛寺声钟十五万杵,选僧道三十有五人醮祭作佛事"。"诏百官禁乐二十七日,庶人三日"。行在平江府在七日之内,宗室在三日之内,禁止嫁娶。②文武百官七次上表,请遵守以日易月之制,宋高宗下诏"外朝勉从所请",但自己在宫内仍行"三年之丧"。③古代所谓三年守丧,其实是守孝二十七个月。宋朝沿袭前朝礼制,自宋太祖始,皇帝驾崩后,即以日易月,新皇帝"三日而听政,十三日小祥,二十七日大祥"。④

按照中国古代的伦理,对宋徽宗之死于非命,宋高宗和全体臣僚自然负有无可推诿的政治和道义责任。张浚不得不为皇帝起草一份诏书:

"朕以不敏不明,托于士民之上,勉求治道,思济多〔艰〕,而上帝降罚,祸延于我有家。天地崩裂,讳问远至。呜呼!朕负终身之〔戚〕,怀无穷之恨,凡我臣庶,尚忍闻之乎!今朕所赖以宏济大业,在兵与民,惟尔小大文武之臣,早夜孜孜,思所以治兵恤民,辅朕不逮。皇天后土,实照临之,无或自暇,不恤朕忧。"⑤

此外,张浚本人也只能上奏待罪,他说,"臣之至愚,获遭任用,在

---

① 《要录》卷108绍兴七年正月丁亥,庚寅,《朱文公文集》卷95张浚行状,《历代名臣奏议》卷124张浚奏,《胡澹庵先生文集》卷8《经筵玉音问答》。
② 《要录》卷108绍兴七年正月丁亥,戊子,己丑,辛卯。
③ 《要录》卷109绍兴七年二月癸巳朔,《历代名臣奏议》卷124张浚奏。
④ 《宋史》卷122《礼志》。
⑤ 《会编》卷177,《要录》卷109绍兴七年二月庚子,《朱文公文集》卷95张浚行状。

第九章 淮西之变

诸臣先","而臣终隳成功，使贼无惮"。"今日之祸，端自臣所致，尚叨近辅，实愧心颜，伏愿明赐罢黜，亟正典刑"。① 一诏一奏，都是不得不为的表面文章。如果说"实愧心颜"尚为真情，则"伏愿明赐罢黜"又分明是假意，宋高宗也自然不予允准。

宋廷随即任命王伦充奉使大金国迎奉梓宫使，高公绘任副使。王伦和高公绘入辞之时，宋高宗面谕王伦传话给金朝当时军中地位最高的右副元帅完颜挞懒（昌）说："河南之地，上国既不有，与其付刘豫，曷若见归。"②

对宋徽宗丧礼的处置，固然不可能没有从权达变的特例，但从皇帝和宰执的本意，也希图尽量办得周全和得体，以免招致讥议。然而某些臣僚仍对此持有异议。荆南知府王庶认为，"宜用鼎湖故事，奉衣冠、弓剑，起陵庙，葬之名山，尽举送终之典，使海内咸知梓宫还与否，不足为国重轻"。"然后遣使，倘或请之未获，则以大兵蹴之，问罪致讨，不为无名。因神民痛愤之情，刷宗庙存亡之耻"。但他得知朝廷已派遣专使，就中止上奏。③

直言敢谏的外任知州胡寅上奏说："恭惟大行太上皇帝、大行宁德皇后蒙尘北狩，永诀不复，实繇粘罕，是有不共戴天之雠。考之于礼，雠不复则服不除，寝苫枕戈，无时而终。所以然者，天下虽大，万事虽众，皆无以加于父子之恩、君臣之义也。"他反对"以日易月"，"乞直降诏旨"，表明"怨雠有在，朕敢忘之。虽军国多虞，难以谅暗，然衰麻枕戈，非异人任"。"即戎衣墨"，"布告中外，昭示至怀"。④

枢密院编修官胡铨上奏说："窃见军民不胜愤惋，皆愿一举而空朔庭，以还梓宫于沙漠，此诚臣子义不戴天之秋。然朝廷隐忍含垢，尚守和议，谓可庶回封豕荐食之心，军民失望，正堕虏计。"他提议"仗大义诏天下"，"梓宫不复，痛贯心骨，朕誓不与虏俱存。军皆缟素，悉发诸道兵，

---

① 《会编》卷177，《朱文公文集》卷95张浚行状。
② 《会编》卷177，《要录》卷109绍兴七年二月庚子，卷110绍兴七年四月丁酉，《宋史》卷371《王伦传》，《攻媿集》卷95王伦神道碑，《金史》卷79《王伦传》。
③ 《会编》卷177，《要录》卷110绍兴七年四月丁酉。
④ 《宋史》卷122《礼志》，卷435《胡寅传》，《历代名臣奏议》卷124胡寅奏，《斐然集》卷11《请行三年丧札子》。

以讨不义"。①

　　王庶、胡寅、胡铨等人的议论不尽相同，但都主张对金人持强硬态度。张浚为皇帝起草的诏旨，避免公开谴责金朝，自然有迎合宋高宗意向的成分，也为派使迎奉宋徽宗和郑后的棺材，即所谓梓宫，留有馀地。张浚"连疏论丧服不可即戎"，② 否定了胡寅的意见。当然，张浚在每次朝见奏对时，"必深言雠耻之大，反复再三"，宋高宗也"未尝不改容流涕"。③ 张浚把握时机，力劝宋高宗将行在迁至建康，以图恢复。宋徽宗已死两年，如今只能按得到讣闻的正月二十五日起算，到二月七日正好十三日，作为"小祥"，"百官拜表，请听政"。翌日，宋高宗召宰辅奏事，遂下诏"巡幸建康"。④

第二节　岳飞受命节制诸军

　　除了行在迁至建康府外，张浚一直坚持的另一件大事，就是罢刘光世的兵柄，至此也已水到渠成。张浚屡次向宋高宗进言："刘光世握兵数万，无复纪律，沉酣酒色，不恤国事，语以恢复，意气怫然。宜赐罢斥，用警将帅。"

　　当时南宋的军队主要有西部战区的吴玠军，中部战区的岳飞军，东部战区的韩世忠、刘光世和张俊军，共计五支屯驻大兵，其军号分别为行营右护军、行营后护军、行营前护军、行营左护军和行营中护军。张浚认为，不罢免刘光世，由他继续指挥行营左护军，便不可能实现北定中原的宏图。其他一些官员也认为，刘光世去冬"退保当涂，几误大事，〔后〕虽有功，可以赎过，不宜仍握兵柄"，有的则"言其军律不整，士卒恣横"。刘光世本来就胸无大志，厌于统兵，而乐于酒色，贪于财宝，他听到一些风声，便主动"引疾乞祠"，请求当宫观闲官。在平江府至建康府

---

① 《历代名臣奏议》卷232胡铨奏。
② 《宋史》卷28《高宗纪》。
③ 《朱文公文集》卷95张浚行状，《宋史》卷361《张浚传》，《诚斋集》卷115《张魏公传》。
④ 《要录》卷109绍兴七年二月己亥、庚子。

的途中，宋高宗亲自向刘光世下手诏说：

> "卿忠贯神明，功存社稷，朕方倚卿，以济多艰。俟至建康，召卿议事，其馀曲折，并俟面言。"①

宋高宗一方面已准备罢刘光世的兵权，另一方面在手诏中又多加抚慰，并无半点责备之意，还强调"朕方倚卿，以济多艰"，这正是古代司空见惯的帝王南面之术。当然，刘光世所统的行营左护军达五万二千馀人，② 宋高宗的手诏对稳定军心，亦非可有可无。但是，罢免刘光世后，由谁统率行营左护军，这又是一个必须安排和解决的问题。

自绍兴六年末到绍兴七年初，宋廷发出省札，命令岳飞前往行在朝见和"奏事"。③ 他在二月八日，即宋徽宗小祥后的翌日，来到行在平江府，次日便在"内殿引对"。④

在当时的五大将中，岳飞年龄最小，资历最浅，而又升迁最速。自建炎三年到绍兴六年，因在安内攘外的历次军事行动中战功卓著，他已成为一颗最引人注目的将星，最受皇帝器重的武帅。在"引对"之际，宋高宗顺便问及岳飞是否有良马。岳飞大约已听到一些刘光世行将罢官的传闻，便作了巧妙的回答。他以自己骑乘的良马和驽马为喻，说"寡取易盈，好逞易穷，驽钝之材也"，"受大而不苟取，力裕而不求逞，致远之材也"。宋高宗频频点头"称善"。⑤

几天之后，宋高宗与宰辅议论时，便提及岳飞有关自己乘骑的谈话，他说："飞今见〔识极〕进，论议皆可取。朕〔尝〕谕之，国家祸变非常，唯赖将相协力，以图大业。不可时时规取小利，遂以奏功，徒费朝廷爵赏。须各任方面之责，期于恢复中原，乃副朕委寄之意。"⑥

宋高宗趁论功行赏之机，给岳飞升迁太尉的虚衔，并将他的实职差遣

---

① 《要录》卷109绍兴七年二月庚申，《朱文公文集》卷95张浚行状。五支屯驻大军的军号，参见《要录》卷96绍兴五年十二月庚子。
② 《鄂国金佗续编》卷8《督府令收掌刘少保下官兵札》。
③ 《鄂国金佗续编》卷8《令赴行在奏事省札》，《再令疾速赴行在奏事省札》。
④ 《要录》卷109绍兴七年二月庚子。
⑤ 《鄂国金佗稡编》卷7《鄂王行实编年》。
⑥ 《要录》卷109绍兴七月二月己酉，以《宋史全文续资治通鉴》卷20参校。

由湖北、京西路宣抚副使、兼营田使升为宣抚使、兼营田大使。① 太尉"同二府之列","崇以辅臣之礼",其官位已相当于"辅臣",跻身于三省和枢密院"二府"高官之列,宣抚使也是作为仅次于宰相的执政级差遣,宋时"所置使名莫重于宣抚,多以见任执政官充使"。② 岳飞的官位至此已超躐吴玠,而与韩世忠、张俊等平列。

岳飞奉命以所带马军"禁卫从行","扈从"宋高宗自平江府前去建康府。③ 三月四日,宋高宗途经镇江府时,又单独召岳飞"引对"。④ 七日,宋高宗自镇江府启程。九日到建康府后,又撇开了以亲兵护送的韩世忠,⑤ 在"寝阁"再次单独召见岳飞,说:"中兴之事,朕一以委卿,除张俊、韩世忠不受节制外,其馀并受卿节制。"⑥

宋时所谓"节制",有暂时和间接指挥之意。⑦ 按皇帝的御旨,受岳飞节制者,不仅有驻守淮西的行营左护军,还有川陕交界吴玠所统的行营右护军,以及杨沂中、刘锜所统的三衙军等。决定将全国大部分兵力归一个将帅统辖,大举北伐,这在深忌武人的宋朝,是无此先例的,突出地表现了宋高宗当时对岳飞的信用。为率先确定淮西行营左护军的归属,宋高宗以亲笔手诏交付岳飞,以备岳飞前往淮西,"付王德等"诸将,手诏中说:

"朕惟兵家之事,势合则雄。卿等久各宣劳,朕所眷倚。今委岳飞尽护卿等,盖将雪国家之耻,拯海内之穷。天意昭然,时不可失,所宜同心协力,勉赴功名,行赏答勋,当从优厚。听飞号令,如朕亲行,倘违斯言,邦有常宪。"⑧

岳飞非常感激皇帝的恩遇,更渴望抗金功成,他于三月十一日上

---

① 《要录》卷109绍兴七月二月丁巳,《宋会要》职官1之13,41之33。
② 《鄂国金佗续编》卷3《再辞免起复太尉仍加食邑不允诏》,《宋会要》职官41之24—25。《梁溪全集》卷65《论宣抚两司职事乞降处分奏状》作"多以见任宰相、执政官充使","宰相"疑为赘字。
③ 《鄂国金佗续编》卷8《令扈车驾幸建康省札》。
④ 《鄂国金佗续编》卷8《令入内内侍省引对省札》。
⑤ 《要录》卷109绍兴七月三月癸亥朔,己巳,辛未。
⑥ 《鄂国金佗续编》卷27黄元振编岳飞事迹。
⑦ 《朝野类要》卷4《节制》,《鄂国金佗续编》卷5《朝省行下事件省札》。
⑧ 《鄂国金佗稡编》卷1。

第九章 淮西之变

奏说：

> "臣伏自国家变故以来，起于白屋，实怀捐躯报国、雪复雠耻之心，幸凭社稷威灵，前后粗立薄效。而陛下录臣微劳，擢自布衣，曾未十年，官至太尉，品秩比三公，恩数视二府，又增重使名，宣抚诸路。臣一介贱微，宠荣超躐，有逾涯分；今者又蒙益臣军马，使济恢图。臣实何人，误辱神圣之知如此，敢不昼度夜思，以图报称。"

岳飞在奏中提出了大举北伐的计划，准备"提兵直趋京、洛，据河阳、陕府、潼关，以号召五路叛将，则刘豫必舍汴都，而走河北，京畿、陕右可以尽复。至于京东诸郡，陛下付之韩世忠、张俊，亦可便下。臣然后分兵澶、滑，经略两河"。按内定的安排，岳飞实际上已非仅是湖北、京西路宣抚使，而是"宣抚诸路"，除京东作为韩世忠行营前护军和张俊行营中护军的作战区域外，其馀京西、陕西、河北、河东诸路失地，都是岳家军的作战区域。岳飞在此奏末尾说：

> "异时迎还太上皇帝、宁德皇后梓宫，奉邀天眷归国，使宗庙再安，万姓同欢，陛下高枕无北顾忧，臣之志愿毕矣。然后乞身还田里，此臣夙昔所自许者。"

着重地表明了他并不贪恋权势，准备功成身退的心迹。宋高宗看了此奏后，当即"御批四行"：

> "览奏，事理明甚，有臣如此，顾复何忧。进止之机，朕不中制。惟敕诸将广布宽恩，无或轻杀，拂朕至意。"①

如前所述，南宋开国之初，宋高宗首先提出了迎还二圣的政治口号。如今宋徽宗已死，而金人又不断散布政治流言，说准备由宋钦宗或宋钦宗之子组织傀儡政权。故在南宋方面，也包括岳飞，遂放弃了不合时宜的旧政治口号，他在奏中只是笼统地提出"奉邀天眷归国"，而将宋钦宗也包

---

① 《鄂国金佗续编》卷1，《宝真斋法书赞》卷28《鄂国传家帖》。

括在"天眷"之中。

宋高宗决意重用岳飞，看来是出于相当复杂的心理因素。他从未断绝过屈膝求和之念，然而自即位以来的十一年间，虽频遣使者，而和议的希望仍十分渺茫。最后父亲也成了异域的怨鬼，这不能不使他在政治上处于一种十分尴尬而难堪的境地。他在一份诏书中说：

"'哀哀父母，生我劬劳，欲报之德，昊天罔极'。孝子不获养其亲，人情之至痛也，朕有甚焉，抱恨终身，曷其穷也。朕君临天下，不能建德，致兵兴一纪，毒流四方。亿万生灵，委骨草莽者，非其父母，则其妻、子、兄、弟。人之爱其亲，一也，使至于此，咎由朕躬，思与万邦，同致此愤。"①

他不得不为父皇之死承担责任，也多少有一点报复父仇之念。

此外，伪齐刘豫以往不过是他的臣僚，自依仗金人，称子皇帝和臣皇帝，便与南宋势不两立。他阻挠宋金和议，并且采取了一切手段，包括搜罗宋高宗个人的秽行丑闻，发布文榜，公然声讨"亡宋遗孽康王"。② 宋高宗受此侮辱，也不免愤愤然，他在绍兴六年给岳飞的手诏中说：

"古之人见无礼于君者，必思有以杀之。今刘豫、刘麟四出文榜，指朕为孽庶首恶，毁斥诟骂，无所不至。朕固不德，有以招致此言，卿蒙被国恩，尚忍闻之不动心乎？备录全文，密以示卿，主辱臣死，卿其念之。"③

单从手诏文字看，皇帝激愤之情，也溢于言表。当时各支屯驻大军不能协同配合，甚至胜不相庆，败不相救，是宋军一个严重的弱点。宋高宗也承认，岳飞"素志殄虏，常苦诸军难合"。④ 他考虑再三，认为欲求北伐成功，已非岳飞莫属，而由岳飞统一指挥大部分兵力，又是北伐成功的必要条件。宋高宗授命岳飞并统诸军，"中兴之事"，"一以委卿"，说明他确

---

① 《会编》卷177。
② 《伪齐录》卷上。
③ 《鄂国金佗续编》卷1。
④ 《鄂国金佗稡编》卷3。

实下了很大的决心。然而事态的发展又立即表明，这种决心终究只是一时的冲动。

第三节　宋廷翻覆　岳飞辞职

岳飞大举北伐的计划，很快便遭到张浚的反对和秦桧的破坏；而宋高宗的一时冲动，转瞬间就烟消云散了。

张浚正值得志之秋，眼看自己的相业将臻于巅峰状态。他不满于自己当空名都督，早就计划将行营左护军作为都督府的直属部队。他不满于授命岳飞"宣抚诸路"，因而在相当程度上取代了都督的职权。秦桧一向以破坏抗金战争，促成和议为本份，他决然反对岳飞并统诸军北伐的计划。秦桧狡猾地看准了张浚的意向，利用他的弱点，事事处处将张浚推在前列，自己躲在后面，又从旁竭尽煽风点火之能事。

张浚和秦桧"以合兵为疑"，① 而说服宋高宗，自然并不困难。他们只需提醒皇帝，不可忘却宋朝列祖列宗的家规，让岳飞掌过大的兵权，一旦功盖天下，挟震主之威，就后悔莫及了。赵宋本来就有根深蒂固的猜忌武夫的传统，宋高宗很快便接受了宰辅的意见，立即写手诏给岳飞说：

"淮西合军，颇有曲折。前所降王德等亲笔，须得朝廷指挥，许卿节制淮西之兵，方可给付。仍具知禀奏来。"②

此份手诏无异于收回成命，而"仍具知禀奏来"，更反映了宋高宗的急切心情。当时岳飞很快要离开行朝，宋高宗不便另外召见，就由张浚出面，约见岳飞。张浚也只能装出从未发生过授权岳飞并统行营左护军的事，转弯抹角地发问："王德之为将，淮西军之所服也。浚欲以为都统制，而命吕祉以都督府参谋领之，如何？"张浚其实决非是征询岳飞意见，只是通知他取消前命，然而耿直的岳飞却直率地申述己见："淮西一军多叛

---

① 《鄂国金佗稡编》卷7《鄂王行实编年》，《宋史》卷28《高宗纪》。
② 《鄂国金佗稡编》卷1。

亡盗贼，变乱反掌间耳。王德与郦琼故等夷，素不相下，一旦握之在上，则必争。吕尚书虽通才，然书生不习军旅，不足以服其众。飞谓必择诸大将之可任者付之，然后可定，不然，此曹未可测也。"张浚又提名张俊和杨沂中，岳飞也一一否定。张浚艴然而怒，认为岳飞无非是专意于扩充自己的实力，说："浚固知非太尉不可也！"岳飞也感到气愤，他严肃地回答："都督以正问，飞不敢不尽其愚，然岂以得兵为计耶！"①

岳飞对宋高宗君臣的出尔反尔，愤慨至极。他在西归途中，径自上江州庐山，在东林寺为亡母姚氏守孝，并接连上奏，以"与宰相议不合"为由，② 请求辞职。这自然是脱离臣规的举动。

张浚得知岳飞居然擅自离职，也怒不可遏。他屡次上奏皇帝，说"岳飞积虑，专在并兵，奏牍求去，意在要君"。③ 张浚主张双管齐下，在罢刘光世兵权的同时，也乘机罢岳飞的兵权。

刘光世于三月下旬到达行在建康府后，便以少保、三镇节度使的官衔充万寿观使，奉朝请，进封荣国公。张浚"乃以其兵属都督府"，"令听本府参谋军事吕祉节制"。他自己亲往太平州和淮西"视师"。在临行前，张浚又委派兵部侍郎、兼都督府参议军事张宗元权湖北、京西路宣抚判官，前往鄂州"监岳飞军"，"谋收内外兵柄"。④ 秦桧当然完全支持张浚对岳飞的处置，但为了自己政治地位的万无一失，也必须窥测宋高宗的意向。

宋高宗对岳飞辞职也十分震怒，在专制帝君看来，臣僚只能俯首帖耳地顺从自己的翻覆无常，岳飞提出辞呈，分明是为臣不忠。他在召见左司谏陈公辅时，隐瞒了曾命岳飞并统诸军的事实真相，反而指责岳飞骄横跋扈。陈公辅在退班后，仔细回味了皇帝的"圣语"，便上奏说：

> "前此采诸人言，皆谓飞忠义可用，不应近日便敢如此。恐别无他意，只是所见有异，望陛下加察。然飞本粗人，凡事终少委曲。臣度其心，往往谓其馀大将或以兵为乐，坐延岁月，我必

---

① 《鄂国金佗稡编》卷7《鄂王行实编年》，《齐东野语》卷2《张魏公三战本末略·淮西之变》。
② 《要录》卷110绍兴七年四月壬子。
③ 《宋史》卷28《高宗纪》。
④ 《会编》卷177，卷199《秀水闲居录》，《要录》卷109绍兴七年三月甲申，卷110绍兴七年四月庚戌，壬子，《中兴小纪》卷21注和《皇朝中兴纪事本末》卷40注引《秀水闲居录》。

第九章 淮西之变

欲胜之。又以刘豫不足平，要当以十万横截虏境，使虏不能援，势孤自败，则中原必得，此亦是一说。陛下且当示以不疑，与之反复诘难，俟其无辞，然后令之曰：朝廷但欲先取河南，今淮东、淮西已有措置，而京西一面，缓急赖卿。飞岂敢拒命。前此朝纲不振，诸将皆有易心，习以为常，此飞所以敢言与宰相议不合也。今日正宜思所以制之。"①

陈公辅虽不明真相，但他的上奏其实仍是婉转地为岳飞说情，称赞他"忠义可用"，希望宋高宗予以谅解。宋高宗本人也反复权衡利害得失，他深知目前并非是解除岳飞兵柄的时机，遂再三下手诏，敦促岳飞出山复职，其中一份手诏说：

"再览来奏，欲持馀服，良用愕然。卿忠勇冠世，志在国家，朕方倚卿以恢复之事。近者探报，贼计狂狡，将窥我两淮，正赖日夕措置，有以待之。卿乃欲求闲自便，岂所望哉！张浚已过淮西视师，卿可亟往，商议军事，勿复再有陈请。"②

宋廷还严令岳飞部将王贵和参议官李若虚前往庐山敦请。岳飞无可奈何，于六月重返行朝，他还必须向本来理亏的宋高宗"引过自劾"，说"臣妄有奏陈乞骸之罪"，请求"明正典刑，以示天下"。宋高宗一面"降诏慰谕"，③一面又在奏对时，说了一番形似宽慰、实则儆戒的话："卿前日奏陈轻率，朕实不怒卿。若怒卿，则必有行遣。太祖所谓犯吾法者，惟有剑耳！所以复令卿典军，任卿以恢复之事者，可以知朕无怒卿之意也。"

宋高宗的谈话中其实已隐隐透露出杀机。秦桧的内心深处只求罢岳飞兵柄，但在表面上又只能顺从皇帝，他所能做的，是对岳飞的复职表示"忿忿之意"，④以取悦宋高宗。至此，宋高宗与岳飞之间的君臣裂痕，事

---

① 《要录》卷110绍兴七年四月壬子。
② 《鄂国金佗稡编》卷1。
③ 《会编》卷178，《宋史》卷28《高宗纪》，《鄂国金佗续编》卷3《上章乞骸有旨不允继赴行在入见待罪降诏慰谕》。
④ 《会编》卷178，《要录》卷112绍兴七年七月丁卯。

实上已无可弥合。宋高宗只是一时尚不得不在表面上作些应付和酬酢而已。

岳飞返回鄂州。他在并统诸军大举北伐的计划夭折后，又上奏请求以本军北伐。他说，"陛下审重此举，累年于兹，虽尝分命将臣，鼎峙江、汉，而皆仅令自守以待敌，不敢远攻而求胜。是以天下忠愤之气，日以沮丧；中原来苏之望，日以衰息"。"臣待罪阃外，不能宣国威灵，克殄小丑，致神州隔于王化，房、伪穴于宫阙，死有馀罪，敢逃司败之诛"！他提醒皇帝，不要自食在建康府"寝阁"单独召见之言，"陛下比者寝阁之命，圣断已坚；咸谓恢复之功，指日可冀。何至今日，尚未决策北向。臣愿因此时，上禀［陛下］成算，不烦济师，只以本军进讨，庶少塞瘝官之咎，以成陛下寤寐中兴之志"。"万全之效，兹焉可必。惟陛下力断而行之"！① 真可谓是忠义正论，流自肺腑，语重而心长。

宋高宗接到此奏，也多少有些难堪，他回手诏说：

"览卿来奏，备见忠诚，深用嘉叹。恢复之事，朕未尝一日敢忘于心，正赖卿等乘机料敌，力图大功。如卿一军士马精锐，纪律修明，鼓而用之，可保全胜，卿其勉之，副朕注意。"②

与几个月前的手诏相比，宋高宗勉强敷衍的神情已跃然纸上，尽管得知父皇的凶耗仅有半年，而他复仇雪耻之念事实上已近乎烟消云散。岳飞得此手诏，正部署精士健马，准备进击，而淮西却已爆发了兵变。

第四节　淮西兵变

张浚亲往淮西视师后，就命兵部尚书、都督府参谋军事吕祉留在庐州，"以护诸将"，使行营左护军成为都督府直属部队。按张浚计划，将此军第一员勇将、前军统制王德升官，并加"提举训练诸将军马"的差遣，

---

① 《鄂国金佗稡编》卷12《乞本军进讨刘豫札子》，以《鄂国金佗稡编》卷7《鄂王行实编年》参校。
② 《鄂国金佗稡编》卷1。

实际上协助吕祉。但枢密使秦桧和知枢密院事沈与求"以握兵为督府之嫌",宋廷又将王德升任行营左护军都统制。粗鲁而自负的王德不懂得安抚人心,引起郦琼等众将的不服,大家联名上告。宋廷为调停冲突,又任命郦琼为副都统制,而将王德的八千人马调回行在建康府。①

吕祉是一个善于纸上谈兵的人,"自谓若专总一军,当生擒刘豫父子,然后尽复故疆",得到张浚信用。然而一些士大夫也对张浚提出异议。资政殿学士叶梦得认为吕祉"非驭将之才"。中书舍人张焘说吕祉"不更军旅,何得轻付"。起居舍人勾涛说吕祉"疏庸浅谋,必败事"。参知政事张守告诫张浚"毋轻改军政","必欲改图,须得有纪律,闻望素高,能服诸兵官之心者一人,乃可"。右司谏王缙则"请于都督府属官中选知兵者",帮助吕祉"谋议","抚循训练,通将士之情"。张浚却置若罔闻。②

吕祉在行营左护军中,沿袭了宋朝崇文抑武的传统,对众将倨傲无礼。郦琼阴蓄异志,乘机拉拢了大部分武将。吕祉发现形势不妙,他密奏朝廷,请求派遣大将进驻淮西,削除郦琼之辈的兵权。不料事机不密,其奏章内容被书吏泄漏给郦琼。宋廷发表张俊为淮西宣抚使,杨沂中为淮西制置使,此讯传到庐州,正好成为爆发兵变的导火线。八月八日,郦琼等裹胁全军四万馀人北上,投奔伪齐,并杀死吕祉等人。③

淮西兵变犹如晴天霹雳,南宋前沿四大军区之一,一时竟陷于防卫空虚的状态。朝野为之震惊,执政辈"皆惶恐失措",④更不论张浚本人。宋高宗慌忙给郦琼等下手诏,进行招抚,宣布"以前犯罪,不以大小,一切不问,并与赦除"。⑤他又特别给岳飞下手诏说:

---

① 《会编》卷177,卷178,卷212,《要录》卷109绍兴七年三月丁亥,卷111绍兴七年五月乙丑,壬午,甲申,六月戊申,卷117绍兴七年十一月甲午,《宋宰辅编年录校补》卷15,《朱文公文集》卷95张浚行状,《齐东野语》卷2《张魏公三战本末略·淮西之变》。

② 《会编》卷177,《要录》卷111绍兴七年五月壬午,六月戊申,《宋史》卷375《张守传》,卷382《勾涛传》,《南轩先生文集》卷38《王司谏墓志铭》。

③ 《会编》卷178,《要录》卷113绍兴七年八月乙未,戊戌,壬寅,《宋史》卷370《吕祉传》,《鄂国金佗稡编》卷1,《齐东野语》卷2《张魏公三战本末略·淮西之变》。

④ 《忠正德文集》卷8《丁巳笔录》。

⑤ 《要录》卷113绍兴七年八月辛丑。

> "朕降亲笔，与琼委曲喻之，使知朝廷本意，乃已不及。闻琼与卿同乡里，又素服卿之威望，卿宜为朕选一、二可委人，持书与琼，晓以朕意：若能率众还归，不特已前罪犯一切不问，当优授官爵，更加于前。朕已复召刘光世，不晚到行在。琼之田产布在淮、浙诸郡，已降指挥，令元佃人看守，以待琼归。卿是国之大将，朕所倚注，凡朕素怀，卿之所悉，可子细喻琼，使其洞然无疑，复为忠义，在卿一言也。"①

但是，皇帝的特恩，岳飞的书信，都已不可能使郦琼回心转意。郦琼给岳飞回函，说自己降"大齐"，已"投身效命，合得其所"。② 事变的进程，证实了岳飞的先见之明，却使他陷入更深沉的痛苦。宋高宗又乘机下手诏，取消了岳飞的北伐计划：

> "朕怀国家之大耻，竭尽民力，以养兵训戎，恢复之事，未尝一日少忘于心。但以近者张浚谋之不臧，淮西兵叛，事既异前，未遑亟举。"③

淮西兵变爆发后，志大才疏的张浚自然成为众矢之的，台谏官们上了一道又一道弹章。御史中丞周秘指责张浚"轻而无谋，愚而自用。德不足以服人，而惟恃其权；诚不足以用众，而专任其数。若喜而怒，若怒而喜，虽本无疑贰者，皆使有疑贰之心；予而复夺，夺而复予，虽本无怨望者，皆使有怨望之意。无事则张威恃势，使上下有睽隔之情；有急则甘言美辞，使将士有轻侮之志。谋之不善者，力与之共谋；众所不与者，力使之统众。率易妄作，动辄乖谬"。他列举了张浚二十条罪状。④ 殿中侍御史石公揆弹击张浚"狠愎自用，轻脱寡谋，事不师于古义，言惟悦于己从，自持中外之柄，多失将士之心"。⑤ 其实，罢刘光世兵柄"未为不是，但分

---

① 《鄂国金佗续编》卷1。
② 《忠正德文集》卷8《丁巳笔录》。
③ 《鄂国金佗稡编》卷2。
④ 《会编》卷179，《要录》卷113绍兴七年八月乙卯，卷114绍兴七年九月乙丑。
⑤ 《会编》卷179，《要录》卷113绍兴七年八月丙辰。

付得他兵马无著落",① 酿成巨变，张浚的罢相遂势不可免。

枢密使秦桧对淮西兵变本来也有不可推卸的罪责，但因为他行事诡秘，深藏幕后，遇事将张浚推在第一线，故不仅没有挨着一支弹劾之箭，反而觊觎着相位。张浚尽管曾荐引秦桧，但彼此共事八、九个月后，对秦桧奸诈的本性已有所觉察。参知政事张守也对张浚说："守向言某（秦桧）旧德有声，今与同列，徐考其人，似与昔异。晚节不竟，有患失心，是将为天下深忧。"张浚深以为然。② 宋高宗在张浚罢相前，曾单独召见，问他谁可继相，张浚"不对"，宋高宗进一步发问："秦桧何如？"张浚回答："近与共事，始知其暗。"他对秦桧的为人虽有所了解，知其"包藏顾望"，却为时已晚。宋高宗听后，说："然则用赵鼎。"他命张浚起草御批，召令绍兴知府赵鼎"兼侍读，疾速赴行在"。秦桧以为张浚罢相时，必定举荐自己，后来看到皇帝派人催促张浚草拟御批，脸上"色变愈甚"，大失所望。③ 当然，事态后来的发展又表明，秦桧的失望不过是暂时的。

淮西兵变其实完全是由宋高宗君臣出尔反尔，取消岳飞并统此军的成命，而自食恶果。但是，宋高宗从岳飞辞职和淮西兵变中却得到了另外的教训。他加深了对武将的猜忌，认为必须罢免一批大将的兵权，至于半年前雪复仇耻的冲动，自然是弃若敝屣，食言而肥。早在绍兴三年，宋高宗曾说："议者多言诸大将不宜益兵。汉高祖定天下，诸将兵至十数万，未尝以为疑，故能成功。今刘光世、韩世忠兵才各五万，张俊不满三万，议者已患其多，此不知时宜也。"④ 然而在淮西兵变后的翌年，岳飞"乞增兵"，宋高宗又用了另外一种腔调说话："上流地分诚阔远，宁与减地分，不可添兵。今日诸将之兵，已患难于分合。末大必折，尾大不掉，古人所戒。今之事势虽未至此，然与其添与大将，不若别置数项军马，庶几缓急之际，易为分合也。"⑤

监察御史张戒利用进对之机，"因言诸将权太重"，宋高宗说："若言

---

① 《朱子语类》卷131。
② 《宋宰辅编年录校补》卷15，《宋史》卷375《张守传》。
③ 《要录》卷113绍兴七年八月甲辰，《宋史》卷361《张浚传》，卷473《秦桧传》，《宋宰辅编年录校补》卷15，《朱文公文集》卷95张浚行状，《朱子语类》卷131。
④ 《要录》卷68绍兴三年九月戊辰。
⑤ 《要录》卷118绍兴八年二月壬戌。

跋扈则无迹。兵虽多，然聚则强，分则弱，虽欲分，未可也。"张戒说："去岁罢刘光世，致淮西之变。今虽有善为计者，陛下必不信。然要须有术。"宋高宗说："朕今有术，惟抚循偏裨耳。"张戒说："陛下得之矣，得偏裨心，则大将之势分。"宋高宗说："一、二年间自可了。"① 宋高宗既然一心一意地准备在一两年间，用"抚循偏裨"的办法，分"大将之势"，则其对金政策，就只能完全立足于一个"和"字。

---

① 《要录》卷119绍兴八年五月戊子，《中兴小纪》卷24，《皇朝中兴纪事本末》卷44。

第九章 淮西之变

拾

力排众议 屈辱媾和

南宋·李唐《采薇图》

第一节　赵鼎复相

绍兴七年九月，宋高宗正式宣布罢免右相、兼都督张浚，数日后，又发表赵鼎复任左相。① 赵鼎对宋高宗说："见诸将尤须安靖，使之罔测。不然，益增其骄謇之心，谓朝廷莫敢谁何矣。"② 这反映了宋朝对武人传统的猜忌心理，在淮西之变后，不是强调文官武将的团结，共赴国难，而是更须防止武将的举趾。

张浚虽已罢相，却仍不能平息一些臣僚，特别是台谏官的怒火，认为张浚"败事，天下之人皆痛愤切齿"，"罪大责轻"，"未厌公论"。③ 宋高宗也对张浚"盛怒"，打算再给予严厉处罚，而赵鼎却对这个往昔的政敌采取十分宽厚的态度，每次奏对，必"随事开解"，宋高宗说："浚误朕极多，理宜远窜。"他在内降台谏官周秘、石公揆、李谊弹章后写御批说："张浚谪授散官，安置岭表。"按照宋朝惯例，"凡御书批出文字，多在暮夜，不问早晚，即时行出"。但赵鼎还是将御批暂予扣押，他约执政大臣共同朝见皇帝，解救张浚。赵鼎和张守再三劝解，宋高宗意犹未解。赵鼎最后说："浚之罪，不过失策耳。凡人计谋欲施之际，岂不思虑，亦安能保其万全。倘因其一失，便置之死地，后虽有奇谋妙策，谁敢献之？此事利害，自关朝廷，非独私浚也。"宋高宗终于表示同意，宣布张浚贬官，"永州（今属湖南）居住"，其贬责制词表明了"屈法申恩，姑投善地，记功闵旧，忍置严科"之意。赵鼎退朝后说："鼎不负德远（张浚字），德远负鼎。"④ 他力求在营救张浚一事中，表现出宰相的度量。

宋高宗对赵鼎说："卿既还相位，现任执政去留惟卿。"赵鼎的回答十分简单："秦桧不可令去。"秦桧因为张浚罢相时，未荐引自己补相位之

---

① 《会编》卷179，《要录》卷114绍兴七年九月壬申，丙子，《宋宰辅编年录校补》卷15。
② 《忠正德文集》卷8《丁巳笔录》，《宋史》卷360《赵鼎传》。
③ 《会编》卷179，《要录》卷115绍兴七年十月丁酉，戊戌。
④ 《会编》卷179，《要录》卷115绍兴七年十月戊戌，《宋史》卷360《赵鼎传》，《宋宰辅编年录校补》卷15，《忠正德文集》卷8《丁巳笔录》。

缺，遂怀恨在心。他不得不对新相赵鼎表示恭顺，并对张浚进谗言，说："张德远直憨无廉耻，弄坏得淮上事如此，犹不知去！及主上传宣来召相公，方皇恐上马去。"①他又说张浚有意"迟留"皇帝宣召赵鼎的御批，图谋阻止赵鼎重返行朝。由于秦桧施展一套挑拨离间、奉承献媚的手段，使本来嫌恶秦桧的赵鼎，居然转而对他深信不疑。

参知政事张守和陈与义请求罢官，先后得到批准。秦桧因觊觎相位不成，而满腹怨恨，但表面上又不得不装模作样，"求解机务"。宋高宗说："赵鼎与卿相知，可以必安。"秦桧退朝后，即对赵鼎说："桧得相公如此，更不敢言去。"

当赵鼎与执政们相约，共同说服皇帝，力争为张浚减轻处分时，恨不能对张浚落井下石的秦桧，并不曾为张浚说半句开脱的话。这个老奸巨猾为了表示对赵鼎的附和，只是说："臣等前日不敢言，今日却当言。"②算是保持了与其他宰执的表面一致。

对淮西兵变持正确态度者，是前任宰相李纲。他上奏论述朝廷对淮西一军之"措置失当，深可痛惜"，主张"相时之宜，暂辍攻取之谋，且为固守之计。静以待之，俟人心之渐宁，士气之复振，然后可以行师，顺时而动，以讫天诛"。他强调说，"自古创业、中兴，艰难之际，叛将不能无也"，"今淮西一军数万众一旦叛去，固不为小变。若能应之于后，亦未足为吾害也"。"倘以一时之变，而议退避，则车驾一动，大事去矣。所谓坚圣心之守，而勿轻动，在今日为不可后也"。"古语曰：临大难而不惧，圣人之勇也"。"深恐退避讲和之议复出，以眩惑圣听，则大事去矣"。李纲时任江南西路安抚制置大使、兼洪州知州，③他既深悉时局的症结，又洞见皇帝的肺肝，可惜他的正论虽切中要害，却不可能左右朝政。

掌政的赵鼎对张浚个人表现了宽厚和度量，但对张浚一些正确的抗金主张和措置，却并不宽厚，亦无度量。他再相逾月，似乎并无什么新的措置，有些朝臣便向他提出质询，他说："今日之事，有如至虚极弱久病之

---

① 《朱子语类》卷131。
② 以上关于秦桧的记事，参见《要录》卷115绍兴七年十月戊戌，《宋史》卷473《秦桧传》，《宋宰辅编年录校补》卷15，卷16，《朱文公文集》卷95张浚行状，《朱子语类》卷131。
③ 《要录》卷115绍兴七年十月戊戌，《宋史》卷359《李纲传》，《梁溪全集》卷99《论淮西军变札子》，卷100《奏陈利害札子》。

人，再有所伤，元气〔必〕耗。自非缓缓温养之，必致颠覆。方此危迫之际，唯有安靖不生事，坐以镇之。若欲大作措置，焕然一新，此〔趣〕死之术也，非老拙所能。且张德远非不欲有为，而其效如此，不量力之过，亦足为戒矣。"①

赵鼎的意图其实只是对金"安靖不生事"，决不"大作措置"，至于张浚在位期间的政事，就必须"一切更改"。②

赵鼎原先就反对将行在迁至建康府，他任相后所办的第一件大事，便是伙同秦桧，"协议回跸临安"，这当然正合孤家寡人之意。臣僚们讨论时，蒲赞认为行朝"当择险要之地"，勾龙如渊则说"当修德而不在险"，宋高宗说："以二人之论校之，如渊为胜矣。"③ 他的意向是十分清楚的。

李纲闻讯后，不得不上奏苦口婆心地谏劝，"今日之事，岂可因一叛将之故，望风怯敌，遽自退屈。果出此谋，六飞回驭之后，人情动摇，莫有固志，士气销缩，莫有斗心。虏、伪乘之，谁为陛下坚守苦战，以御大敌者"。"偷取目前之安，不顾异时噬脐之悔，非策之得者。借使虏骑冲突，不得已而权宜避之，犹为有说，今幸疆场未有警急之报，兵将初无不利之失。朝廷正可惩往事，修军政，审号令，明赏罚，益务固守，而遽为此扰扰，弃前功，蹈后患，以自趋于祸败，岂不重可惜哉！臣故曰车驾不宜轻动，正当静以镇之者，此也"。④

李纲还为此专门给赵鼎修书说，"深虑随时献说者，浸失本旨，而避退讲和之说复行，则宗社安危，未可知也"。"论者皆谓宰相还朝，必守前议，请车驾还幸平江"。"今既驻跸几年，徒以淮西叛将，遽复舍去，使虏、伪得以窥伺，非良策也"。⑤

但宋高宗君臣对这些逆耳的忠言自然极感腻烦和嫌恶，便免除李纲的职务，改任宫观官赋闲。⑥ 烈士暮年，壮心不已，饱经忧患的李纲又遭受

---

① 《要录》卷116绍兴七年闰十月癸亥，《宋史》卷360《赵鼎传》，《忠正德文集》卷8《丁巳笔录》。
② 《朱子语类》卷131。
③ 《要录》卷116绍兴七年闰十月辛巳，卷118绍兴八年正月戊戌，《宋会要》方域2之14。
④ 《要录》卷116绍兴七年闰十月辛巳，《宋史》卷359《李纲传》，《历代名臣奏议》卷85李纲奏，《梁溪全集》卷100《奏陈车驾不宜轻动札子》。
⑤ 《梁溪全集》卷123《与赵相公第十三书》。
⑥ 《要录》卷116绍兴七年闰十月辛巳。

了一次打击。

　　参知政事张守尚未去任，他对宋高宗说："建康自六朝为帝王都，江流险阔，气象雄伟，正宜据〔要会〕以经理中原，依险阻以捍御强敌，可为别都，以图恢复。"他为此同赵鼎争议于都堂之上，赵鼎不肯听从。张守又对皇帝面奏说："陛下至建康，席未及暖，今又巡幸。百司六军有勤动之苦，民力邦用有烦费之忧，愿少安于此，以系中原民心。"张守最后看到谏诤无效，遂力请罢官。绍兴八年（公元1138年），张守便离开政府，外任知州。①

　　由左司谏升礼部侍郎的陈公辅，主张在"淮西军叛"之后，"正当镇静"。他对"回跸"临安，"深以为不可"，说"臣乡奏事，亲闻玉音，谓建康若不可居，临安又岂能保，坚断如此。但恐群臣主进者少，主退者多，则陛下不能无惑。更望陛下勿因小害而沮，则中兴之功可望"。赵鼎实际上对陈公辅去年的弹劾耿耿于怀，将他视为张浚一党，"稍侵公辅"。其实，从陈公辅的仕历看来，他确与李纲志同道合，故早就被指"为李纲之党"。陈公辅"因力请祠"，罢官赋闲。②

　　按照宋高宗、赵鼎、秦桧等人的决定，行在终于在绍兴八年二月又迁回临安府。在张浚"极费调护，已自定叠"之馀，赵鼎决策，"毅然"迁都，无非是说明在张浚罢相后，宋廷新的大政方针即在于"主和议"，图苟安而已。这是淮西兵变后政治风向的一个全局性的变化。迁都本身标志着"和议已有萌矣"。③

第二节　金废伪齐

　　郦琼以四万兵力投降伪齐，使刘豫喜出望外，"命重粉刷门墙，一新

---

① 《会编》卷183，《要录》卷118绍兴八年正月戊戌，《宋史》卷375《张守传》，《宋宰辅编年录校补》卷15。
② 《要录》卷114绍兴七年九月壬申、辛巳，卷115绍兴七年十月丙申，《宋史》卷360《赵鼎传》，卷379《陈公辅传》。
③ 《会编》卷183，《要录》卷118绍兴八年二月癸亥、戊寅，《朱子语类》卷127，卷131，《后村先生大全集》卷86《进故事·丙午十二月初六》。

从卫，增置仪仗，以待其来"。郦琼等到开封城后，刘豫"御文德殿引见"，立即授予高官厚禄。刘豫随即命冯长宁出使金朝，说郦琼"具陈过江自效之理"，建议用郦琼为向导，"乘势并力"，进攻宋朝。然而金朝并不理睬伪齐"乞兵"之议，却以防备郦琼"诈降为名"，命令将原宋朝行营左护军的人马立即解散。①

在金朝女真贵族的派系倾轧中，完颜粘罕（宗翰）一派不断失势。完颜粘罕（宗翰）最初看中金太祖孙完颜合剌（亶）"幼小易制"，迫使金太宗立为皇储。然而金熙宗完颜合剌（亶）即位后，却在其继父完颜斡本（宗幹）等指使和帮助下，继续翦除完颜粘罕（宗翰）一系的势力。金天会十五年，即宋绍兴七年六月，金廷起大狱，杀完颜粘罕（宗翰）的心腹、尚书左丞高庆裔，"连坐甚众"。完颜粘罕（宗翰）也"恚闷而死"，或说金熙宗将他下狱，"密遣人缢杀之"。②

金太宗、完颜粘罕（宗翰）和高庆裔三人的去世，使伪齐刘豫的靠山完全崩坍了。尽管金朝女真贵族仍有新的派系倾轧，但对伪齐刘豫的态度却相当一致，认为废除这个傀儡政权，已十分必要，而且势在必行。故女真贵族对刘豫"乞兵"攻宋之议根本没有兴趣，他们只是害怕刘豫实力的壮大，急令遣散郦琼的降军。

绍兴七年十一月，金朝左副元帅完颜挞懒（昌）和右副元帅完颜兀术（宗弼）率军南下，诡称伐宋。他们先擒获前来迎接的伪齐皇太子刘麟，又率部急驰开封城中，将刘豫押解金明池，废为蜀王。刘豫被废后，仍向完颜挞懒（昌）摇尾乞怜，说："父子尽心竭力，无负上国，唯元帅哀怜之。"完颜挞懒（昌）说："刘蜀王，刘蜀王，尔犹自不知罪过。独不见赵氏少主出京日，万姓燃顶炼臂，香烟如云雾，号泣之声闻十馀里。今废了尔后，京城内无一人为尔烦恼。做人犹自不知罪过。朝廷还尔奴婢、骨肉，各与尔父子钱物一库，煞好。"

刘豫父子"虽外示俭朴，而内为淫佚"，苛政滥刑，自然不得民心。有人写诗讥诮短命的伪齐政权说：

---

① 《会编》卷178，卷181，卷182《金虏节要》，《要录》卷113绍兴七年八月乙巳，卷114绍兴七年九月，《宋史》卷475《刘豫传》。
② 《会编》卷166，卷178，《要录》卷111绍兴七年夏，卷112绍兴七年七月辛巳，《金史》卷4《熙宗纪》，卷74《宗翰传》，卷76《宗幹传》，《靖康稗史笺证·呻吟语》。

"浓磨一铤两铤墨，画出千年万年树。
误得百鸟尽飞来，踏枝不著空飞去。"

金朝为了安定人心，命军士在开封城的大街小巷传话，说："不用尔为签军，不要尔免行钱，不要尔五厘钱，为尔敲杀貌事人，请尔旧主人来此坐，教尔懑（你们）快活。"① 他们诡称将请宋钦宗复辟，其实只是一场骗局而已。②

伪齐的废黜，促进了因淮西之变而暂时压抑的抗金热情的高涨。中原人心动荡，自绍兴七年冬到绍兴八年，"淮北兵归正者不绝"。③ 一批又一批的归正人，或投奔岳家军，或投奔其他屯驻大兵。应天府爆发了二万伪齐军的起义。④ 蔡州知州刘永寿、提辖白安时等杀金将兀鲁孛堇，率众投归岳飞。⑤ 右正言李谊为此上奏说：

"金人入居汴都，西北之民，感恩戴旧，襁负而归，相属于路，此殆天所以兴吾宋。"⑥

岳飞接连上奏宋廷，主张"乘废立之际，捣其不备，长驱以取中原"，恳望"陛下慨然英断，将欲兴王师，举大事，以雪积年之耻"。但宋廷却根本不予"俞允"。⑦

金廷无意于利用淮西兵变之机攻宋，宋廷则更无志于利用伪齐被废之机攻金。这两个重大事变恰好成为宋金双方政策转变的契机。

---

① 《会编》卷180，卷181，《要录》卷117绍兴七年十一月乙巳，丙午，丁未，《宋史》卷475《刘豫传》，《金史》卷77《刘豫传》，《伪齐录》。
② 《鄂国金佗续编》卷19《鄂王传》。
③ 《要录》卷118绍兴八年二月戊午，《宋会要》兵29之28。
④ 《金史》卷128《张奕传》。
⑤ 《会编》卷183，《要录》卷118绍兴八年正月辛丑。
⑥ 《要录》卷118绍兴八年三月戊申。
⑦ 《鄂国金佗稡编》卷7《鄂王行实编年》，卷12《奏审已条具曲折未准指挥札子》。

第三节 挞懒通和 秦桧再相

金朝自完颜粘罕（宗翰）死后，派系斗争出现了新的格局。大致以左副元帅完颜挞懒（昌），金太宗长子、领三省事完颜蒲鲁虎（宗磐），金熙宗叔父、后任尚书左丞相和领三省事完颜讹鲁观（宗隽）等为一方，右副元帅、金熙宗叔父完颜兀术（宗弼），金熙宗继父、领三省事完颜斡本（宗干）等为另一方。尽管两派在废立伪齐的问题上意见一致，然而在对宋政策等问题上又有分歧，前一派主和，后一派主战。主和派的政见一时尚占优势。①

完颜挞懒（昌）在废立伪齐后，对宋使王伦说："好报江南，既道途无壅，和议自此平达。"他示意双方和谈再无刘豫从中作梗，并且同意交还宋徽宗和郑后的棺材、皇太后韦氏，还有原伪齐占据的河南之地。金方此次提出的和议条件，同绍兴三年、四年间李永寿、王诩等使宋，魏良臣等使金时所提条件相比，确是后退了一大步；而与宋方绍兴四年所派章谊、孙近等使节，此次所派王伦、高公绘等使节所提和议条款相比，倒是接近的。关于"以废齐旧地与宋"，金廷也展开争论，完颜斡本（宗干）等"争之不能得"。②

王伦等于绍兴七年十二月返回南宋行朝，转达金方的议和意图。宋高宗得知朝夕盼望的对金媾和实现在即，心中"大喜"，对王伦等"赐予特异"。但在表面上，他仍装出一副颦眉蹙额的模样，说："朕以梓宫及皇太后、渊圣皇帝未还，晓夜忧惧，未尝去心，若虏人能从朕所求，其馀一切非所较也。"

自即位之日始，宋高宗本意就是愿和而不愿战，更何况适逢淮西兵变之后，宋廷对金政策正在实现由战到和的重大转变。王伦等带回的福音，对宋高宗真可谓是如天之赐，一拍即合，他明确表示了不惜代价的媾和决

---

① 《会编》卷197《金虏节要》，《金史》卷69《宗隽传》，卷76《宗磐传》，《宗干传》，卷77《挞懒传》，卷79《王伦传》。
② 《会编》卷182，《要录》卷117绍兴七年十二月癸未，《宋史》卷371《王伦传》，《金史》卷77《挞懒传》，卷79《王伦传》，《攻媿集》卷95王伦神道碑。

心。左相赵鼎当即应声附和说："仰见陛下孝心焦劳。"宋高宗说："国家但能自治，以承天心，岂无复疆之日。"① 出于体面等考虑，复旧疆之说虽已弃之脑后，尚须挂在口头。

王伦在面奏后仅四日，宋廷又立即发表他再充大金国奉迎梓宫使，高公绘再任副使，又一次出使金朝。②

以王伦回朝和再次出使为标志，宋廷对金政策已完成了重大转折，但这种转折一时尚未完全公开化和明朗化。绍兴八年三月，宋高宗任命刘大中任参知政事，王庶任枢密副使，秦桧又接着由枢密使升任右相。③

秦桧自赵鼎再相后的半年间，一直对首揆采取亦步亦趋、唯命是从的态度，进一步博取赵鼎的欢心。秦桧在前任宰相张浚之下充当九个月的"备员"，从不敢提什么对金媾和的建议。自赵鼎上台后，他揣摩皇帝和左相的意向，上奏说："金属将乃主帅之婿，今闻统兵在山东。宜作书与金属将，俾达于主帅，责助贼豫为背天逆理之事，何以为臣子之戒。冀其休兵息民也。"④

王伦回朝后，秦桧又再"议遣王伦使金国请和"，遭左正言辛次膺的弹奏，"力言国耻未雪，义难讲好"。他还指责秦桧"容私营救"妻党，"有蔽朝之渐"。但辛次膺"面陈及上疏者六、七"，却反而被皇帝罢官外任。⑤ 辛次膺的弹击未能奏效，关键在于由皇帝和左相保护着这个枢密使。赵鼎原先曾对张浚评论秦桧说："此人得志，吾辈安所措足邪！"此时却对秦桧"深信之，又荐之，至与之并相"。⑥ 在秦桧复相前，宋高宗问赵鼎："秦桧久在枢府，得无怨望否？"赵鼎回答："桧大臣，必不尔。然用之在陛下尔，况自有阙。"秦桧的新命发表后，"朝士皆相贺"，说"桧之作相，天下之福"，惟有吏部侍郎晏敦复面有忧色，说："奸人相矣！"当时有的

---

① 《要录》卷117绍兴七年十二月癸未。
② 《要录》卷117绍兴七年十二月丁亥，《宋史》卷371《王伦传》，《宋会要》职官51之12—13，《攻媿集》卷95王伦神道碑。
③ 《要录》卷118绍兴八年三月庚寅，壬辰，《宋宰辅编年录校补》卷15。
④ 《忠正德文集》卷8《丁巳笔录》。
⑤ 《会编》卷180，《要录》卷118绍兴八年正月丙午，《宋史》卷383《辛次膺传》，《文史》第26辑第264页《宋乾道六年资政殿学士辛次膺墓志》。关于辛次膺的谏官衔，《宋史》卷383《辛次膺传》和《夷坚甲志》卷15《辛中丞》作"右正言"。
⑥ 《宋史》卷473《秦桧传》，《朱子语类》卷131。

官员还以为此说太过。① 此外，御史中丞常同也对宋高宗说："桧自金归，受其大帅所传密谕，阴为金地，愿陛下察其奸。"② 辛次膺、晏敦复、常同等都不失为有识之士，然而他们对秦桧的讥评和论奏，都为时已晚。宋金关系的客观进程，一方面是完颜挞懒（昌）在北方主和，另一方面又是八年前由他纵归的秦桧在南方再相。这似乎是历史的巧合，然而却又有某种必然性，关键在于宋高宗本人已迫切需要有一个投降派人物充任宰相，经他反复考察和比较，秦桧无疑是个最恰当的人选。

第四节　宰执廷争　金使骄倨

王伦一行于绍兴八年四月到河北路祁州（治今河北安国市），会见了金朝左副元帅完颜挞懒（昌）。在宋金和谈尚未公开化和明朗化之时，宋将吴玠、岳飞和韩世忠继续各自派遣人员，招徕中原抗金义士，金朝方面也搜索到宋方蜡丸封裹的旗帜和榜文，完颜挞懒（昌）对王伦说："议和之使既来，而暗遣奸谍如此，君相给，且不测进兵耳。"王伦说："所议靖民，乃主上之意。边臣见久而无成，或乘时希尺寸为己劳，则不可保，主上决不之知。若上国孚其诚意，确许之平，则朝廷一言戒之，谁敢尔者！"③

王伦的应答确实道破了问题的关键。完颜挞懒（昌）等也认为此说有理，他命人陪伴王伦前往今东北的金朝上京会宁府，朝见金熙宗。金熙宗时年二十，"宛然一汉家少年子"。④ 其实朝见不过是一种形式，金熙宗并不能左右朝政。金廷随即命兀林答赞谟⑤等，与王伦一同南下，以便与宋朝进行初步商谈。兀林答赞谟乃宋徽宗时"通好海上所遣之人"，金廷再

---

① 《要录》卷118绍兴八年三月壬辰，《宋史》卷381《晏敦复传》，卷473《秦桧传》，《宋宰辅编年录校补》卷15。

② 《文定集》卷20《御史中丞常公墓志铭》。据《要录》卷121绍兴八年七月庚寅，常同罢御史中丞，他论奏秦桧，当在此前。

③ 《要录》卷119绍兴八年四月，《攻媿集》卷95王伦神道碑。

④ 《会编》卷166《金虏节要》。金熙宗的年龄据《要录》卷160绍兴十九年十二月丁巳，《金史》卷4《熙宗纪》。

⑤ 兀林答赞谟，宋人一般译为乌陵思谋，今据《金史拾补五种》统一译名。

次命他出使，"示有许和意"。兀林答赞谟作为第二批使者，其出使的规格和意图，自然与上次绍兴三年和四年间的李永寿、王诩等有异。此次来使，一时忙坏了宋高宗君臣，宋高宗强调"管待之理，宜稍优厚"，宋廷决定由吏部员外郎范同假太常少卿，充接伴使。①

在两名新任执政中，枢密副使王庶为人相当劲直，他曾在鄂州与岳飞共事。他三月就任后，四月即前往江、淮"视师"，"按行营垒"。他在沿边同韩世忠、岳飞等武帅交谈，深受他们爱国热忱的感染。他闻知金使前来，便一面上奏，一面赶回行朝，决心不计成败利钝，据理力争。②

兀林答赞谟一行入境后，"经过州郡，傲慢自尊，略无平日礼节。接伴使欲一见而不可得。官司供帐，至有打造金盏，百端须索"，"轻侮肆志，略无忌惮"。③ 范同是个愿意卑躬屈节的人，也不得不感到难堪和尴尬。

宋廷对此一切隐忍，为显示求和诚意，须提高接待规格，于是又命吏部侍郎魏矼充馆伴使。魏矼是个耿直的文臣，他说："顷任御史，尝论和议之非，今难以专对。"右相秦桧将魏矼召到都堂，魏矼强调敌情叵测，和议事实上是吉凶未卜，秦桧说："公以智料敌，桧以诚待敌。"魏矼说："相公固以诚待敌，第恐敌人不以诚待相公耳。"两人经历一番唇枪舌剑的交锋后，宋廷只能改命王伦充馆伴使。④

殿中侍御史张戒就金朝遣使上奏，表示自己的疑虑说，"我今未有以胜虏，而虏初非惮我。虏一废刘豫，而自有中原，乃遣王伦回，扬言讲和，且有复中原，还梓宫，归渊圣之〔说〕，此正所谓无方之礼、无功之赏，祸之先也"。"臣恐不足以讲和，适足以招寇"。⑤

魏矼、张戒等人的论奏，固然反映了大多数廷臣的意见，但对金谈判的成败，关键在于皇帝的意向以及宰执如何执行皇帝的意向。当时的四名宰执形成两个分明的营垒。

---

① 《会编》卷223，《要录》卷119绍兴八年五月丁未。
② 《会编》卷183，《要录》卷119绍兴八年四月壬戌，丙寅，五月丁未，卷120绍兴八年六月戊辰，癸酉，《宋史》卷372《王庶传》，《宋宰辅编年录校补》卷15。
③ 《会编》卷186王庶奏，《要录》卷120绍兴八年六月癸酉。
④ 《会编》卷225《绍兴正论》，《要录》卷119绍兴八年五月辛亥，《宋史》卷376《魏矼传》，卷473《秦桧传》。
⑤ 《会编》卷184，《要录》卷120绍兴八年六月辛未。

左相赵鼎和参知政事刘大中"首鼠两端",① 实际上也倾向于屈膝求和。宋高宗从表面抗金急遽转变到降金,似乎未曾料想到竟招致群臣如此激烈的反对。"物议大讻,群臣登对,率以不可深信为言","抗议不屈,辩说纷起"。② 但宋高宗"意坚甚,往往峻拒之,或至震怒"。赵鼎便为皇帝出谋划策,说:"陛下与金人有不共戴天之雠,今乃屈体请和,诚非美事。然陛下不惮为之者,凡以为梓宫及母、兄耳。群臣愤懑之辞,出于爱君,非有他意,不必以为深罪。陛下宜好谓之曰,讲和诚非美事,以梓宫及母、兄之故,不得已而为之。议者不过以狼子野心,不可深信,但得梓宫及母、兄,今日还阙,明日渝盟,吾所得多矣。此意不在讲和也。群臣以陛下孝诚如此,必能相谅。"③

宋高宗的本意就是"屈体请和",这与"梓宫及母、兄"等无关。赵鼎调和皇帝与群臣之间的紧张关系,实际上又是向皇帝提供了一面抵挡群臣谴责的挡箭牌,一块向杀父之仇下跪的遮羞布。宋高宗自然心领神会,从此之后,他用以拒谏饰非的唯一手段,就是一个"孝"字。当宋高宗得到金使已到常州的消息后,便表现出一副凄怆的神色,说:"太后春秋已高,朕晨夕思念,欲早相见,所以不惮屈己,冀和议之成者,为此。"秦桧立即附和说:"陛下不惮屈己,讲和夷狄,此为人君之孝也;群臣见人主卑屈,怀愤愤之心,此人臣之忠也。君臣之用心,两得之矣。"④

秦桧任右相之初,羽毛尚未丰满,虽对主战的群臣恨之入骨,却只能见机行事,表面上追随左相赵鼎,使用一些调和与敷衍之辞,而一时尚不敢有过激的言行。

当然,赵鼎教宋高宗的拒谏饰非之方,也并非是万能的。官员冯时行在召对之际,皇帝"谕以为亲屈己之意"。冯时行当即引用楚汉相争的故事,项羽扬言要烹杀刘邦之父,刘邦却说,自己曾与项羽"约为兄弟,吾翁即若翁,必欲烹而翁,则幸分我一杯羹"。⑤ 但宋高宗也不愧有自己的表演艺术,他神色惨然地说:"杯羹之语,朕不忍闻!"并且颦眉蹙额,起身

---

① 《会编》卷187,《要录》卷122绍兴八年十月戊寅王庶评语。
② "抗议不屈"一句,据《浪语集》卷33《先大夫行状》。
③ 《要录》卷120绍兴八年六月丙子。
④ 《会编》卷223,《要录》卷120绍兴八年六月戊辰。
⑤ 《史记》卷7《项羽本纪》。

退朝，①以免冯时行另有奏论，使自己理屈词穷。起居舍人薛徽言在奏对时也强调"帝王之孝，至援汉高祖杯羹之说"，宋高宗则报之以"垂涕"。②

中国自古以来，颇为讲究名正言顺。为了给这件名不正、言不顺的"屈体请和"勾当，编造某种口实，宋高宗和赵鼎诸人也煞费了一番苦心。

王庶是宰执之中唯一的抗战派，而又官位最低，以一对三，却大义凛然。他在回朝前后，不断上奏，以表明自己的立场。他说，金人"变诈百出，自渝海上之盟，以至今日，其欺我者何所不至，陛下所自知也，岂待臣言。乃不虑宴安鸩毒之戒，尚将信其愚弄，臣不知其可也"。"先帝北征而不复，天地鬼神为之〔愤怒〕，能言之类，孰不痛心乎！陛下既抱负永诀之痛，将见不共戴天之雠，其将何以为心？又将何以为容？亦将何以为说"？他对金使之来，提出三策，"〔上策〕莫若拘其使"，"出于意表，锐气骤夺，殒败可立而待"。中策"愿陛下念不共戴天之雠，〔坚〕谢使人，勿与相见，一切令与大臣商议"。"最其下者，姑示怯弱，待以厚礼，俟其出界，精兵蹑之，掩其不备"。③当然，宋高宗也绝对不会采纳王庶的任何一策。

六月，兀林答赞谟一行抵达临安城后，宋方通知他，宰执将在都堂与他会商。兀林答赞谟却坚持要在使馆会商。左相赵鼎感到金使的要求，使自己过于卑躬屈节，无论如何不肯同意。双方僵持了若干时日，兀林答赞谟总算作了让步。然而在都堂会面之际，金使仍表现出十足的骄横和傲慢。赵鼎问他："地界何如？"兀林答赞谟回答："地不可求而得，听大金还与汝。"兀林答赞谟在整个谈判过程中气焰甚盛，而赵鼎、秦桧与刘大中三人却"温颜承顺"，唯有王庶"心酸气噎"，"〔口〕未尝交一谈，〔目〕未尝少觇其面"，以示抗议。④

揆情度理，宋高宗为维护自己作为万乘之主的尊严，也应接受王庶的中策，以不接待金使为宜。但皇帝盼望和议之速成，是无论如何不愿顾及这份体面的。赵鼎同皇帝的分歧，是希望多少讲究一点体面，他对宋高宗说："金使入见，恐语及梓宫事，望少抑圣情，不须哀恸。"宋高宗问何

---

① 《要录》卷120 绍兴八年六月丙子。
② 《浪语集》卷33《先大夫行状》。
③ 《会编》卷186，《要录》卷120 绍兴八年六月戊辰，癸酉。
④ 《会编》卷183，《要录》卷120 绍兴八年六月丁丑，卷121 绍兴八年七月戊子。

故,赵鼎解释说:"使人之来,非为吊祭,恐不须如此。"但聪明的宋高宗却并不按他的叮咛行事。兀林答赞谟升殿,仍然显得十分倨傲。宋高宗命王伦传旨说,"上皇梓宫,荷上国照管"。"太后及渊圣圣体安否"?询问完毕,宋高宗"因哽咽,举袖拭泪",于是"左右皆饮泣"。兀林答赞谟表示"但望和议早成"。宋高宗当即宣谕说:"记旧人必能记上皇,切望留意。"

七月初,兀林答赞谟再次升殿辞行。宋高宗"每及梓宫事,必掩泣",①再一次作了声泪俱下的表演。宋高宗虽然从赵鼎那里得到了孝思罔极的启示,但他表演的精妙和纯熟,又非赵鼎所能预为设计。

王庶此后又再次上奏说,兀林答赞谟"在宣(和)、政(和)间,尝来东京,虏人任以腹心,二圣北狩,尽出此贼。今日天其或者遣使送死,虽齑醢之,不足以快陛下无穷之冤。今陛下反加礼意"。他特别强调,如今宋金对峙之势,已非"匹马渡江,扁舟航海"时可比。"虽犹未能复两河,取巩洛,定山东,降关右,而大将星列,官军云屯,比之前日,可谓小康矣,又据长江以自卫,万全计也。若不念父母之雠,不思宗庙之耻,不痛宫阙之辱,不恤百姓之冤,含糊容忍,姑从谬悠,不能终始,以坠大业,非特逆〔天,其所以辜人望者,未可〕以一、二数也"。②

王庶之奏,其实也是专门针对宋高宗自我标榜的孝道而发的。他的论述实际上涉及了宋高宗本人的一个重要的历史谜团,在军威既振的情势下,不对金和谈,最坏的结局无非是南北对峙,宋高宗依然可以稳居帝位,为何非向杀父之仇屈膝不可?按宋高宗的判断,不屈膝则不足以求和,而他求和之志又是坚如磐石,绝不动摇。是否真是宋高宗的孝思起着决定作用呢?当然不是。早在他称帝前的奉使渡河北上之日,拜帅引兵东逃之时,已不难证明其孝道实为何物。宋高宗自即位后,其对金政策的基点在和而不在战,这也是无可争辩的基本事实。朝夕相处的宦官冯益认为宋高宗酷似其父,看来其求和欲确实根生于愿为太平风流天子的秉性。当然,联系到淮西之变前后的宋高宗的思想演变加以考察,后人王夫之说:

---

① 《会编》卷183,卷223,《要录》卷120绍兴八年六月丁丑,卷121绍兴八年七月丁酉,两书记载有异。按《要录》所载乃据秦熺等编纂的《高宗日历》,《会编》载宋高宗见金使,有"朝廷数遣使议和,不从,今忽来和,何也"?和议"俟朝廷议之"等语,李心传不取,看来是有道理的。宋高宗急于求和,似不至于有此类言词。

② 《会编》卷183,卷188,《要录》卷121绍兴八年七月戊子。

"高宗之为计也，以解兵权而急于和。"① 也不失为鞭辟入里之论。但是，自古迄今，有时也会出现一些无法用常理加以思议和忖度的怪事。宋高宗即使欲对金求和，也完全可以设法争得较为体面的和平，而他却深怕和谈夭折，宁肯选择卑辱的和平，即是一例。后人可以对此作一些猜测和解释，然而也不必刻意求成。因为宋高宗本人的真实和原始盘算，在当时已是不可告人的秘密，更何况在事隔千百年之后。

王庶的正论自然不足以同皇帝和其他三名宰执的意志相抗衡，宋廷决定，仍由王伦随金使乌林答赞谟北上，进行穿梭外交。②

在临行前，左相赵鼎面授王伦"使指二十馀事"，其中包括对金岁币"银、绢各不过二十五万匹、两"，由于黄河被杜充决口而改道，"向著近南"，宋金双方以黄河为界，"须是旧来浊河"，"须是尽得刘豫地土"，不能同意金朝对宋高宗"行封册，移损尊称"，并向金朝保证，"招纳事皆边将所为，朝廷已行戒约，若和议已成，自无此事"，即同意停止对北方民众抗金斗争的联系与支援，如此之类。③ 王伦禀命而行。

至此为止，对金和议由宋高宗授意，左相赵鼎全权主持，而秦桧则暂充配角。尽量少露头角，待机伺隙，以求他日的得志和逞威，这正是秦桧奸诈之所在。王庶面折廷辩，抗论不屈，使自己在皇帝面前和宰执圈中，反而处于孤立的境地。

第五节 三大将表态

自刘光世罢兵柄后，宋朝剩有四大将。驻守川陕交界的吴玠远离朝廷，从未朝见过皇帝。其馀韩世忠、张俊和岳飞三大将，大致每年都要前来行朝，朝见宋高宗。这三人握有重兵，又都是执政级高官，虽然并未左右朝政，但对大政方针却有份量颇重的发言权。其中韩世忠官位最高，而

---

① 《宋论》卷10。
② 《会编》卷184，《要录》卷121绍兴八年七月乙酉朔，丁亥，《宋史》卷371《王伦传》，《攻媿集》卷95王伦神道碑。
③ 《要录》卷121绍兴八年七月戊戌，《忠正德文集》卷9《使指笔录》所载仅十五项。

才能与军功则以岳飞为胜。

岳飞眼看北伐的大好时机被朝廷放弃，心情一直十分郁闷。当王庶到江、淮视师时，岳飞正式给王庶写咨目（公文）说：

"今岁若不举兵，当纳节请闲！"①

岳飞官拜武胜、定国军两镇节度使，这是十分荣耀的武将虚衔，岳飞决心上缴两镇节度使的仪仗——旌节，以表达难以言喻的激愤之情。岳飞同王庶会面后，"抵掌击节"，慷慨陈词说："若失今日机会，他日劳师费财，决无补于事功！"韩世忠也对王庶作了同样的表态。② 在与王庶会面后，岳飞眼见议和大计已定，事无可为，遂"累具奏闻，乞归田野，以养残躯"，以求履践自己纳节致仕的誓言，但宋高宗一直不予"俞允"。八月上旬，岳飞接到金字牌快递发来的枢密院札子，通知韩世忠、张俊和岳飞"暂赴行在奏事"。岳飞深知朝廷的乞和方针已无扭转的馀地，故迁延时日。他在沿路仍不断上奏，恳求"屏迹山林"。宋高宗"累降诏旨不允，不许再有陈请"。最后，岳飞迟至九月，方抵达行在临安府。韩世忠和张俊亦于同月朝见。③

此次朝见，最初是由赵鼎在年初提议，宋高宗与三大将"面议金国讲和事"。④ 岳飞字斟句酌地作了简单表态："夷狄不可信，和好不可恃，相臣谋国不臧，恐贻后世讥议。"宋高宗只得报以难堪的沉默。岳飞批评"谋国不臧"，当然是包括左相赵鼎和右相秦桧。尽管他当年在江南西路与赵鼎有一段友好共事的经历，他受命出兵复襄汉，也曾得到赵鼎的大力举荐。右相秦桧"闻而衔之"。⑤ 岳飞在朝见后，又上奏说：

"不可与和，缘虏人犬羊之性，国事隙深，何日可忘！臣乞整兵复三京、陵寝，事毕，然后谋河朔，复取旧疆，臣之愿也。

---

① 《会编》卷183，《要录》卷119绍兴八年五月丁未，《宋史》卷372《王庶传》。
② 《会编》卷186，《要录》卷120绍兴八年六月戊辰。
③ 因秦桧父子篡改历史，《高宗日历》及后来的《要录》不载三大将此次朝见。今据《会编》卷184和《鄂国金佗续编》卷9《乞致仕不允仍令前来行在奏事省札》等四份省札，证明确有此次朝见。
④ 《会编》卷223，《鄂国金佗稡编》卷2。
⑤ 《鄂国金佗稡编》卷7《鄂王行实编年》。

臣受陛下深恩厚禄，无一时敢忘。"①

韩世忠的表态也与岳飞同样的忠愤激烈。

唯有"任数避事"的张俊，②却看准时机，对宋高宗的求和活动表示了绝对的支持。韩世忠军"以铜为面具"，于是军中戏言称"韩太尉铜颔，张太尉铁颔"。当时"谓无廉耻，不畏人者为铁颔"。③淮西之变后，张俊吓得丧魂落魄，"擅弃盱眙而归"，"朝廷亦不能诘"。④宋高宗在绍兴八年二月，将张俊召到宫中，张俊害怕追究其弃地逃遁的罪责，便在皇帝面前大肆吹嘘说："臣当与岳飞、杨沂中大合军势，期于破敌，以报国家。"⑤几个月前的豪言壮语，实际上也表明了张俊当时尚未看清政治风向。张俊本是一员庸将，有志于官场的争权夺利，无心于疆场的献身效命，故宋高宗的决策，也正合其意。张俊的投机，赢得了皇帝的欢心。绍兴七年淮西之变前，岳飞一度是宋高宗最倚重的武帅；绍兴八年对金和议后，张俊便成为宋高宗最宠信的大将。

三大将朝见后，各自返回自己的战区。岳飞和韩世忠的表态，只能使君臣的隔阂更深。

第六节　秦桧独相

左相赵鼎在绍兴四年初相前后，是"不主和议者"。⑥他当时反对派遣魏良臣、王绘等出使金军，主张任用岳飞和皇帝亲征，对当年的战局曾作出积极贡献。但"当国久，未必不出于和"，到绍兴六年时，其态度已有很大改变。时至绍兴八年，他"亦自主和议，但争河北数州，及不肯屈膝

---

① 《会编》卷 207《岳侯传》。
② 《水心别集》卷 12《四屯驻大兵》。
③ 《鸡肋编》卷下。
④ 《要录》卷 119 绍兴八年四月丙寅，《朱文公文集》卷 97 朱松行状。
⑤ 《要录》卷 118 绍兴八年二月壬戌。
⑥ 《会编》卷 161《绍兴甲寅通和录》。

数项礼数尔",而右相秦桧却"便都不与争"。①两人其实并无原则性分歧。即使在后来,秦桧也在宋高宗面前承认,赵鼎"为首相,于议和通使,未尝不金同议论"。②秦桧汲取以往与吕颐浩并相的教训,在"并相之后"的半年间,"复不敢专,唯诺而已"。③表面上事事顺从赵鼎旨意,处处听凭赵鼎措置,背地里却窥伺时机,随时准备进行排挤和陷害。

宋高宗不惜一切代价,唯求对金媾和之速就,赵鼎却在一些枝节问题上斤斤计较,不能不逐渐招致宋高宗的腻烦和嫌恶。在皇帝眼里,赵鼎事实上已成碍事的人物,唯有秦桧可以不折不扣地贯彻自己的意图。此外,宋高宗尽管丧失生育能力,仍幻想自己能病愈得子,而赵鼎却主张另立储嗣,使皇帝大为恼火,秦桧则乘机进一步赢得了宋高宗的好感。④赵鼎的相位至此便岌岌可危了。

秦桧认为时机成熟,便施展阴谋,排挤赵鼎。他首先利用侍御史萧振弹劾参知政事刘大中,所摭拾的理由是刘大中"与父不睦"。"所以治家者如此,何以为国;所以事父者如此,何以事君"。刘大中按惯例上奏辞免。十月,宋高宗发表他外任知州。刘大中是赵鼎的亲密同僚,几乎在每件政事上都与他一唱一和。他脱离政府,自然是削除了赵鼎的羽翼。⑤

萧振攻击刘大中得手后,便不断对人扬言:"某只论刘参政,如赵丞相不必论,盖欲其自为去就也。"赵鼎也明白,"振意不在大中也"。一时朝廷之上"传语纷纷,今日曰赵丞相乞去矣,明日曰赵丞相搬上船矣",此类谣言其实都源自秦桧,他至此已急不可耐,故"百计摇撼"。⑥

殿中侍御史张戒与赵鼎关系较密。他上奏论列给事中勾涛,说他"阴附张浚","及浚败事,乃显立同异,反覆无耻"。勾涛也对宋高宗说,张戒弹奏自己,"乃赵鼎意也"。勾涛转而"力诋"赵鼎"结台谏与诸将"。勾涛虽与秦桧并无瓜葛,但他的看法显然又加重了宋高宗对赵鼎的疑忌。⑦

---

① 《朱子语类》卷131。
② 《要录》卷124绍兴八年十二月癸亥,《宋宰辅编年录校补》卷15。
③ 《朱子语类》卷131。
④ 参见本书第十四章第四节。
⑤ 《要录》卷122绍兴八年十月丁巳,《宋宰辅编年录校补》卷15,《宋史》卷360《赵鼎传》,卷380《萧振传》。
⑥ 《要录》卷122绍兴八年十月甲戌,《宋宰辅编年录校补》卷15,《宋史》卷360《赵鼎传》,卷380《萧振传》。
⑦ 《要录》卷122绍兴八年九月庚寅,《宋史》卷360《赵鼎传》,卷382《勾涛传》。

尽管秦桧耍弄了各种手段，但他深知，欲排挤赵鼎，主要在于自己争得皇帝的欢心，而欲得皇帝的欢心，关键又在于对金议和大计上能够独树一帜，表明自己比赵鼎更为积极的态度，也有更高明的办法。一日宰执奏事罢，秦桧请求自己留下单独面奏。他对宋高宗反复论述和议之必要，说："臣以为讲和便。"宋高宗说："然。"秦桧说："讲和之议，臣僚之说皆不同，各持两端，畏首畏尾，此不足以断大事。若陛下决欲讲和，乞陛下英断，独与臣议其事，不许群臣干与，则其事乃可成，不然，无益也。"宋高宗说："朕独〔委〕卿。"秦桧说："臣亦恐未便，欲望陛下更精加思虑三日，然后别具奏禀。"三日后，秦桧朝见，宋高宗又表示了坚定的和议态度。秦桧仍未肯受命，请求皇帝再考虑三日。直到秦桧深信宋高宗之"坚确不移"，方取出奏札，"乞决和议，不许群臣干与"，宋高宗表示欣然同意。秦桧如此行事，还是慑于当年罢相的馀悸，害怕宋高宗反覆无常。秦桧独相的格局至此便内定下来。[①]

赵鼎门客、敕令所删定官方畴感到赵鼎的境遇十分不妙，他本着君子难进易退的古训，写信给赵鼎，劝他"见机而作，大《易》格言，当断不断，古人深戒"。赵鼎便向皇帝上辞呈，宋高宗顺水推舟，爽快地予以批准，距离刘大中罢官才十几天，赵鼎便外任绍兴知府。

秦桧假意殷勤，约王庶同往津亭饯行。王庶对赵鼎说："公欲去，早为庶言。"赵鼎说："去就在枢密，鼎岂敢与！"秦桧到达后，赵鼎只一揖而登舟，秦桧说："已得旨，饯送相公，何不少留？"赵鼎说："议论已不协，何留之有！"他叱令篙师开船离岸，秦桧恼羞成怒，说："桧是好意！"他也叱令从人撤收筵席。[②]

秦桧的重新登台，曾仰仗张浚和赵鼎先后援引之力，然而最后都反目成仇。张浚和赵鼎初则惑于秦桧之谄媚，终则又恨其奸佞，堕其术中，却追悔莫及。尽管张浚和赵鼎的大政方针颇有不同，但归根结底，却都是为秦桧的相业做了嫁衣裳。

赵鼎罢相后，剩下一个枢密副使王庶，是十分容易处置的。王庶再三向宋高宗坚决表示，"遇有和议文字，许免签书，庶逃前后反覆，有失立

---

① 《会编》卷184，《要录》卷122绍兴八年十月甲戌，《宋宰辅编年录校补》卷15，《宋史》卷473《秦桧传》。
② 《会编》卷184，《要录》卷122绍兴八年十月甲戌，《宋史》卷360《赵鼎传》，卷473《秦桧传》，《宋宰辅编年录校补》卷15。

朝之节"。"臣生于陕西,渐染其风气,耳目所闻见者,莫非兵事。祸乱以来,尝欲以气吞强虏,则所谓讲和者,非臣之所能也。非其所能而强使之,则恐误国家之大计。故臣愿陛下惟责臣以修戎兵,不以讲和之事命臣"。"逆虏诡诈,动辄请和,口血未干,随即背叛,要我以难从之请,加我以违约之辞,兵兴而每堕其计"。他恳望皇帝"无以成算已定,而重于改图"。"臣备数枢庭,自合辞职,不合辞事"。宋高宗对王庶已至忍无可忍的地步,便于十一月发表他外任知州。王庶离开宋廷前,严厉抨击秦桧说:"公不思东都抗节存赵氏时,而忘此敌耶!"秦桧因此对王庶尤为憎恨。①

王庶离朝一个月后,秦桧唆使党羽、御史中丞勾龙如渊弹劾王庶等人,说"王庶在枢府,使尽奸计,乃以和议不合,卖直而去","伏望重行窜削,以明庶欺君罔上、愚弄天下之罪"。于是宋高宗命令王庶"落职宫祠",其罢官制词说:

"大言惑众,小智饰奸。既陈立异之辞,旋有坏成之意。倘谓和戎之非策,则虽执义以何惭。乃因知己之莫留,始欲脱身而邀誉,第务死党,宁知有君。"

王庶原与赵鼎异论,而勾龙如渊居然指责他与赵鼎结党,制词也重复此说。在体貌大臣的宋代,如此苛刻的制词,使不少士大夫为王庶"战慄"。②

原有的政府成员仅剩秦桧一人。宋高宗仍命他以右相的身份总揽大政,他还接受秦桧的提名,先后发表孙近和李光两人出任参知政事,孙近又兼权同知枢密院事。孙近是秦桧党羽之流,不孚众望,"伴食中书","徒取容充位"而已。李光当时颇有政绩和名望,秦桧与他"初不相知,

---

① 《会编》卷187,卷188,卷190,《要录》卷122绍兴八年十月戊寅,己卯,卷123绍兴八年十一月庚子,甲辰,《宋宰辅编年录校补》卷15,《宋史》卷372《王庶传》,卷473《秦桧传》。
② 《会编》卷190,《要录》卷124绍兴八年十二月丙寅,《宋史》卷372《王庶传》,《宋宰辅编年录校补》卷15。

特以和议初成，将揭榜，欲藉光名以镇压"。两人先从地方官调到朝廷任职。①

中书舍人、兼直学士院勾龙如渊本姓勾，因避宋高宗名讳，改姓勾龙。② 他面奏宋高宗说："陛下既罢鼎相，则用人材，振纪纲，必令有以耸动四方。如君子当速召，小人当显黜。"宋高宗问："君子谓谁？"勾龙如渊回答说："孙近、李光。"宋高宗说："近必召。如光则赵鼎、刘大中之去，皆荐之。朕若召，则是用此两人之荐，须朕他日自用之。"勾龙如渊说："此鼎、大中奸计也。两人在位时，何不荐光？及罢去，而后荐之，意谓陛下采公言，必用光，故以市恩耳。"③ 勾龙如渊的议论，事实上无疑出自秦桧的唆使。由于宋高宗并不想进用李光，秦桧又亲自对皇帝进言："光有人望，若同押榜，浮议自息。"宋高宗方采纳秦桧之议。④

至于勾龙如渊本人的进用，对于秦桧相权的巩固和扩张，更有着特殊的意义。秦桧独相后，面对着朝廷群臣高涨的抗金舆论，痛感必须改变赵鼎那种姑息与调和的态度，却又镇压无策。勾龙如渊向秦桧献计说："相公为天下大计，而邪说横起，盍不择人为台谏，使尽击去，则相公之事遂矣。"秦桧大喜，便通过宋高宗，擢用勾龙如渊为御史中丞。⑤ 勾龙如渊也果然充当了秦桧的鹰犬。

自此以后，台谏部门逐渐成为秦桧箝制舆论、排除异己、巩固相权的工具。台谏官的任命，自然需要经过宋高宗的首肯。最初，宋高宗也完全赞同利用台谏部门，压制异论，清除朝廷内抗战派的做法。但是，按照宋制，台谏官可以弹劾宰相和百官，这本是君权用以压抑、限制和削弱相权的一种重要手段，一项常设制度。一旦台谏部门成为秦桧手中的玩物，而根本无法起压抑、限制和削弱相权的作用，这又是宋高宗始料之所不能及。

---

① 《要录》卷122绍兴八年十月乙亥，卷123绍兴八年十一月甲申、庚子，卷124绍兴八年十二月己未，《宋史》卷363《李光传》，《宋宰辅编年录校补》卷15，《挥麈后录》卷10引胡铨奏。
② 《宋史》卷380《勾龙如渊传》，《鼠璞》卷上《姓氏改易》，《齐东野语》卷4《避讳》。
③ 《要录》卷122绍兴八年十月乙亥，《宋史》卷380《勾龙如渊传》。
④ 《要录》卷124绍兴八年十二月己未，《宋史》卷363《李光传》，《宋宰辅编年录校补》卷15。
⑤ 《会编》卷186，《要录》卷123绍兴八年十一月甲辰，《宋史》卷380《勾龙如渊传》，卷473《秦桧传》。

第七节　群情激愤　独断专行

秦桧在与赵鼎并相之时，处事还相当谨慎，"凡遣使议论，悉是赵鼎所奏"。① 待到独相后，宋高宗为早日达成和议，又授予全权，秦桧便敢于独断专行。其暴戾恣睢的秉性很快就暴露无遗了。赵鼎在位之时，尚尽量设法调和皇帝与力主抗战的臣僚之间的矛盾。秦桧独相后，自认为得到皇帝撑腰，有恃无恐，便摆出敢于身任天下之怨的架势，自称"我欲济国事，死且不[恤]，宁避怨谤"。② 这不能不招致很多人的口诛笔伐，使他经历了独相后的第一次政治危机。

十一月，金朝"诏谕江南使"张通古携带金熙宗诏书，偕同王伦南下。不称宋国而称"江南"，不称通问而称"诏谕"，这既是沿用北宋初年对待南唐的旧例，也是承袭金朝以往对待南宋的惯例。金方坚持，与宋方接伴使相处，金使必须端坐厅堂之中，而宋使只能屈居厅堂一隅。凡经历的州县，宋朝地方官必须以迎天子诏书之礼，迎其国书。金使及随从还放出风声说："本国主、相及军前并无遣使之意，江南令王伦来唤我，伦百拜恳告，不得已而来，不知有何事商量。"他们出语不逊，对宋方接待人员百般凌辱。但关键性的礼节，则是宋高宗必须跪拜在金使张通古足下，接受金熙宗的诏书，"奉表称臣"。③

伪齐刘豫曾是金太宗的"子皇帝"，如今宋高宗自愿"称臣"，按中国古代名分，自然更卑辱十倍。宋高宗以和为贵，以和为重，对如此卑屈的礼数并不介怀，他下诏说：

"大金遣使至境，朕以梓宫未还，母后在远，陵寝宫阙久稽汛扫，兄弟宗族未得会聚，南北军民十馀年间不得休息，欲屈己

---

① 《要录》卷122绍兴八年九月乙巳注。
② 《会编》卷187范如圭书，《要录》卷123绍兴八年十一月辛亥。
③ 《会编》卷185，卷188，卷189，《要录》卷123绍兴八年十一月甲申，戊申，卷124绍兴八年十二月戊午，《宋史》卷473《秦桧传》，《金史》卷4《熙宗纪》，卷60《交聘表》，卷79《王伦传》，卷83《张通古传》。

就和。在廷侍从、台谏之臣，其详思所宜，条奏来上，限一日进入。"①

他还对秦桧等人说："若使百姓免于兵革之苦，得安其生，朕亦何爱一己之屈。"② 显然，宋高宗已下定了向杀父之仇下跪称臣的决心，他下诏所求者，无非是群臣应声附和，使皇帝在屈膝下拜的前后，得到臣子们对这位君父的阿谀奉承。馀下的所谓"详思所宜"，是要在极不体面的礼数中，令群臣绞尽脑汁，设法挽回一点可怜的体面，如此而已。但出乎这个专制君主意料者，是从前沿到行在，从地方到中央，不论朝野，群情激愤的抗议浪潮，达到中国古代史上前所未有的声势和规模。

韩世忠接连上奏十馀封。③ 他本人没有文化，其章奏自然是幕僚们的手笔。韩世忠在奏中说：

"金人遣使前来，有诏谕之名，事势颇大。深恐贼情继发重兵压境，逼胁陛下，别致礼数。今当熟计，不可轻易许诺。其终不过举兵决战，但以兵势最重去处，臣请当之。"④

他请求亲自来行朝奏事，宋高宗当然不能允准。于是韩世忠继续上奏说：

"臣今续体探得银牌郎君言，到临安府日，要陛下易衣拜伪诏，及诏谕使要宾客相见，如刘豫相待礼数。及称今来诏谕所行礼数，并是大金阙下定到。"

"臣自闻此事，晓夕实不遑安。以臣愚见，万一陛下轻赐俯从，即是金人以诏谕为名，暗致陛下拜顺之义。此若果有实心，欲修和好，必须礼意相顺，阔略细故，各存大体。今使人所来行

---

① 《会编》卷 185，《要录》卷 123 绍兴八年十一月辛丑。
② 《要录》卷 123 绍兴八年十一月戊申。
③ 《会编》卷 217，《琬琰集删存》卷 1 韩世忠神道碑，《宋朝南渡十将传》卷 5《韩世忠传》，《宋史》卷 364《韩世忠传》载"章上以十数"，《要录》卷 122，卷 123 载其七奏。
④ 《要录》卷 122 绍兴八年十月丁丑。

径,皆是难从之事,灼见奸谋,欲生衅端。"

"若随从稍有失当,举国士大夫尽为陪臣,深虑人心离散,士气凋沮,日后临敌,何以贾勇?若四方传闻陛下以有拜顺之礼,其军民定须思乡,自然散去,散易聚难,悔将何及。今若待其重兵逼胁,束手听命,坐受屈辱,不若乘此事力,申严将士,为必战之计,以伐其谋,免贻后患。臣边远庸材,荷国厚恩,无以补报。今正当主辱臣死之时,臣愿效死节,激昂士卒,率先迎敌,期于必战,以决成败。"

"窃详金人欲要陛下如刘豫相待礼数。且刘豫系金人伪立,而陛下圣子神孙,应天顺人,继登大宝,岂可相同。显见故为无礼,全失去就,玷辱陛下。伏望特回圣念。"

此奏言词激切,其立论使宋高宗很难有辩解的馀地。但宋高宗仍下手诏发付韩世忠,说"疆埸事大,正倚卿为重,未可暂离军中","令差人防护北使往回,不得少有疏虞,仍严戒将佐及所差人,不得分毫生事"。①

此外,宋高宗还另以手诏严令接伴使范同说:

"涂中稍生事,当议编置!"

不论金使如何盛气凌人,范同必须曲意逢迎,稍有违忤,便贬官流放,这就是皇帝的圣意。并无气节可言的范同,也果然在金使张通古、萧哲等入境后,"北向再拜",问候金熙宗之"起居","军民见者多流涕"。②

由于"诸将韩世忠、岳飞皆以议和为非计",故不愿充兀林答赞谟馆伴使的吏部侍郎魏矼上奏说:

"惟三军之心,未知所向,和戎,国之大事,岂可不访之兵将乎?欲望圣慈速召大将,各带所部近上统制官数人同来,以屈己事目广加访问,以塞他日意外之忧。彼或以为不可,亦能鼓作

---

① 《会编》卷217,《琬琰集删存》卷1韩世忠神道碑,《要录》卷123绍兴八年十一月壬辰。
② 《要录》卷123绍兴八年十一月戊申,《宋史》卷380《范同传》。

其气，益坚守御之备。"①

宋高宗当然不能同意岳飞和韩世忠再次入朝，阻挠和议。负责守卫临安的三衙长官，包括主管殿前司公事杨沂中、权主管侍卫马军司公事解潜、权主管侍卫步军司公事韩世良（韩世忠兄）到都堂见右相秦桧，又到御史台见御史中丞勾龙如渊，说："闻官家受虏书，必欲行屈己之礼，万一军民汹汹，即某等弹压不得。"他们还说："此亦非某等生事，盖缘有大底三个（指岳飞、韩世忠和张俊）在外，他日问某等云：尔等为宿卫之臣，如何却使官家行此礼数？不知使某等如何辞对。"② 杨沂中"宿卫出入"，深得宋高宗宠信。③ 但他这次却不得不与解潜、韩世良采取一致行动。

唯有大将张俊，则坚决支持皇帝屈辱求和，宋高宗事后说："曩者张通古来，俊极宣力，与韩世忠等不同。"④

在文臣方面，很多抗论的奏章纷纷递送朝廷。时任提举临安府洞霄宫闲职的李纲愤慨上奏说，"自古夷狄陵侮中国，未有若斯之甚者。原其所自，皆吾谋虑弗臧，不能自治自强，偷安朝夕，无久远之计，群臣误陛下之所致也"。"今兵民财用，皆祖宗之所以遗我者，而陛下不思所以用之，遽欲委身束手，受制於仇雠之手，此臣之所不晓也。陛下纵自轻，奈宗社何？奈天下臣民何？奈后世史册何"？"今陛下藉祖宗二百年之基业，纵使未能恢复土宇，岂可不自爱重，而怖惧屈服，以贻天下后世之讥议哉"！"方今朝廷自十数年来，议论不一，执守不坚，无规模素定之计，玩岁愒日，苟且过时，无积累就绪之功。唱为和议者，纷纷趣度目前，而不以后艰为念，以致今日之陵侮，非偶然也。忠义之士，怀才抱智，不能自达者，顾岂乏人"。"与其事不共戴天之雠，仰愧宗庙，俯失士民之心，而终归于亡，贻羞无穷，曷若幡然改图，正仇雠之名，辞顺理直，以作士民之气，犹可以履危而求安，转亡而为存"。李纲的侃侃正论，流自肺腑，"区

---

① 《会编》卷185，《要录》卷123绍兴八年十一月壬寅，《宋史》卷376《魏矼传》，《历代名臣奏议》卷348魏矼奏。
② 《要录》卷124绍兴八年十二月庚午。
③ 《宋史》卷367《杨存中传》。
④ 《要录》卷167绍兴二十四年七月癸丑。

区孤忠","不胜愤懑"之情溢于言表。① 但宋高宗对这位老臣的谏诤,又无疑是最嫌恨的。

权礼部侍郎、兼侍讲张九成最初曾对赵鼎表示异议,他面奏宋高宗,更强调"虏情多诈"。秦桧仍企图拉拢他,说:"大抵立朝须优游委曲,乃能有济。"张九成回答说:"未有枉己而能正人。"秦桧艴然变色,于是设法将张九成罢官。② 接任的礼部侍郎、兼侍读曾开也上奏说:

"信其诡谋,饶倖讲和,稽之前古为可忧,考之今事为难信,而朝廷不思有以伐其谋,方且忘大辱,甘臣妾,贬称号,损金帛,以难得之时,为无益之事,可不为恸哭流涕哉!"③

他在都堂同秦桧争议,秦桧说:"此事大系安危。"曾开说:"丞相今日不当说安危,止合论存亡尔!"他"引石晋奉契丹之祸以证,折之"。秦桧发怒说:"侍郎知故事,桧独不知耶!"两人不欢而散。秦桧最初曾诱以官位,说"主上虚执政以待",曾开却表示"高爵厚禄弗顾",秦桧于是便通过宋高宗,将曾开罢官赋闲。④

曾开退位后,又一任权礼部侍郎、兼侍读,程颐门生尹焞也上奏反对和议,他说,"本朝戎虏之祸,亘古未闻"。"臣观陛下所以不顾众说,力求和好者,不过谓梓宫未还,母、兄、宗族在人掌握。不知虏人之情,专尚奸诈,虏人之求,无有纪极。坐竭帑藏,敛及百姓,〔撼动〕人心,沮丧士气,异时悔之,固无及矣。《礼》曰:父母之雠不与共戴天,兄弟之雠不反兵。今陛下方将信仇敌之谲诈,而觊其肯和,以纾目前之急,岂不失不共戴天,不反兵之义乎"? 他还写信给秦桧,规劝他"勿以小智孑义

---

① 《要录》卷124绍兴八年十二月戊午,《历代名臣奏议》卷85李纲奏,《梁溪全集》卷102《论使事札子》。

② 《要录》卷123绍兴八年十一月丙戌,《宋史》卷374《张九成传》,《横浦文集》附录《横浦先生家传》。

③ 《会编》卷185载曾开两奏,《要录》卷123绍兴八年十一月戊申另载一奏,注中称《会编》所载"其词浅俗",似不能作为否定之理由。

④ 《会编》卷185,《要录》卷124绍兴八年十二月戊午,《宋史》卷382《曾开传》,《历代名臣奏议》卷90曾开奏。

而图大功"。秦桧"大怒",尹焞遂力辞新命。① 他引用儒家经典《礼记·曲礼》之说,这自然是有力地戳穿了皇帝所谓孝道的虚伪性。

除了曾开以外,秦桧也对兵部侍郎、权吏部尚书张焘,试吏部侍郎晏敦复,户部侍郎李弥逊等进行封官许愿,都被他们严词回绝,晏敦复表示"终不为身计误国家",李弥逊强调自己"何敢见利忘义"。这些身为六部长贰的高官,能视富贵如浮云,表现了在中国传统儒家思想熏陶下,作为正直士大夫应有的高风亮节。②

但是,也有一批小人却看准时机,钻营官位,除勾龙如渊外,又有施廷臣、莫将、沈该等因"附会和议",而骤得美差。宋高宗亲下诏旨,表彰"莫将所上封事,通晓世务,议论可采"。秦桧听从勾龙如渊之言,通过宋高宗,任命施廷臣为侍御史,企图强化排除异己的手段,"除目既颁,搢绅骇愕,道路以目"。于是张焘和晏敦复上奏说,施廷臣"抗章,力赞此议,姑为一身进取之资,不恤君父屈辱之耻"。"前日勾龙如渊以附会此议,而得中丞,众议固已嗤鄙之矣。今廷臣又以此而跻横榻(侍御史别名),一台之中,长贰皆然,既同乡曲,又同腹心,惟相附会,变乱是非,岂不紊国家之纪纲,蔽陛下之耳目乎?众论沸腾,方且切齿,而沈该者又以此议,由冗散而召对,莫将者又以此议,由寺丞而擢右史","则自祖宗以来未之有也"。"一时小人,缘类偕来,羽翼既成,何所不可"。他们两人在朝中颇有影响,而正气也尚未被邪说所压倒,故施廷臣、莫将和沈该的新命便因此撤销。张焘还为此"面折"勾龙如渊。③

张焘和晏敦复都单独上奏,反对和议。④ 他们又与户部侍郎李弥逊、梁汝嘉,起居舍人薛徽言等同班上奏,恳切地规谏宋高宗说:

---

① 《会编》卷189,《要录》卷124绍兴八年十二月己卯,《宋史》卷428《尹焞传》,《历代名臣奏议》卷348尹焞奏,《和靖尹先生文集》卷2《谏议和札子》,《贻秦相书》。

② 《要录》卷124绍兴八年十二月丁丑,《宋史》卷381《晏敦复传》,卷382《张焘传》,《李弥逊传》,《筠溪集》附录《筠溪李公家传》。

③ 《会编》卷187,卷248张焘行状,《要录》卷124绍兴八年十二月甲子,丙子,丁丑,戊寅,《宋史》卷381《晏敦复传》,卷382《张焘传》,《历代名臣奏议》卷183晏敦复奏。

④ 《要录》卷123绍兴八年十一月壬寅,《宋史》卷381《晏敦复传》,卷382《张焘传》,《历代名臣奏议》卷348张焘奏。

"传曰：众怒难犯，专欲难成。合二难以立国，危乱之道也。"

宋高宗颇感难堪，面色愀然，他说："卿言可谓纳忠，朕甚喜士大夫尽忠如此。然朕必不至为虏所绐，方且熟议，若决非诈伪，然后可从。"①李弥逊又屡次单独上奏说，"陛下受其空言，未有一毫之得，乃欲轻祖宗之所付托，屈身委命，自同下国而尊奉之，是倒持太阿，以授之柄也。授之以柄，危国之道，而谓之和，可乎？""陛下率国人以事雠，将何以责天下忠臣义士之气"？②

刑部侍郎陈橐上奏说；

"金人多诈，和不可信。且二圣远狩沙漠，百姓肝脑涂地，天下痛心疾首。今天意既回，兵势渐集，宜乘时扫清，以雪国耻；否亦当按兵严备，审势而动。舍此不为，乃遽讲和，何以系中原之望？"③

吏部员外郎许忻的奏疏说，"彼既以诏谕江南为名而来，则是飞尺书而下本朝，岂讲和之谓哉？我躬受之，真为臣妾矣。陛下方寝苫枕块，其忍下穹庐之拜乎？臣窃料陛下必不忍为也"。"况犬羊之群既已惊动我陵寝，戕毁我宗庙，劫迁我二帝，据守我祖宗之地，涂炭我祖宗之民，而又徽宗皇帝、显肃皇后銮舆不返，遂至万国痛心，是谓不共戴天之雠。彼意我之必复此雠也，未尝顷刻而忘图我，岂一王伦所能和哉"。④

三省检正诸房文字林季仲上奏说，"能洗是耻，犹有馀耻，能雪是冤，犹有馀冤"。"区区吴越，发于感愤，犹能以危为安，以亡为存，况以天下之大，亿兆之众，乘其怒心而为之，何遽不为福乎"？⑤

当时的馆职官，如著作郎胡珵，尚书司勋员外郎、兼史馆校勘朱松（朱熹之父），著作佐郎张扩，凌景夏，秘书省正字、兼史馆校勘常明，范

---

① 《会编》卷186，《要录》卷124绍兴八年十二月己卯，《周益国文忠公集·平园续稿》卷29梁汝嘉神道碑。
② 《宋史》卷382《李弥逊传》，《历代名臣奏议》卷348李弥逊奏，《筠溪集》卷2《答和议奏》，《再论不当先事致屈札子》。
③ 《宋史》卷388《陈橐传》，《历代名臣奏议》卷91陈橐奏。
④ 《会编》卷189，《宋史》卷422《许忻传》，《历代名臣奏议》卷348许忻奏。
⑤ 《会编》卷189。

如圭等联名上奏说：

"彼以和之一〔字〕，得志于我十有二年矣，以覆我王室，以弛我边备，以竭我国力，以解体我将帅，以懈缓我不共戴天之雠，以绝望我中国讴吟思〔汉〕之赤子，奈何至今而犹未悟也。"①

起居舍人薛徽言还与秦桧"廷争"，他当面斥责秦桧说："偷安固位于相位，私计则便，然以仇雠臣辱君父，忘宗庙之大耻，于心安乎？"②

范如圭还单独给秦桧写信，给予十分尖锐的抨击："古之人有命将出师，誓灭鲸鲵，以迎梓宫者矣。虽其力小势穷，不能有济，而名正言顺，亦可以无愧于天下后世。未闻发币遣使，祈哀请命，以求梓宫于寇雠之手者也。"他针对秦桧所谓"欲济国事"，"宁避怨谤"之类悖论说，"若犯众怒，陷吾君于不义，政恐不惟怨谤而已。将丧身及国，毒流天下"。"苟非至愚无知，自暴自弃，天夺其魄，心风发狂者，孰肯为此"，"必且遗臭万世矣"！③

枢密院编修官赵雍也上书说，"金人肆祸，亘古无比，我乃凭一介之使，忘千百年无穷之耻，更欲自屈，不知其可也"。"天子之孝，与臣庶不同，报难报之雠，雪难雪之耻"，"震国威，立法制"，"此陛下之职，而群公所当尽心也"。④

监察御史方庭实上奏说，"天下者，中国之天下，祖宗之天下，群臣、万姓、三军之天下，非陛下之天下"。"陛下纵未能率励诸将，克复神州，尚可保守江左，何遽欲屈膝于虏乎？陛下纵忍为此，其如中国何？其如先王之礼乎？其如〔百姓〕之心何"？⑤ 他继承孟子民贵君轻的思想，强调天下非皇帝一人之天下。

严州桐庐县主簿贾廷佐上书尖锐指责，说降金则"无天可戴，无地可

---

① 《会编》卷186，《要录》卷124绍兴八年十二月癸酉，《宋史》卷473《秦桧传》，《朱文公文集》卷97朱松行状，《周益国文忠公集·平园续稿》卷30朱松神道碑。
② 《浪语集》卷33《先大夫行状》，《书先右史遗编》。
③ 《会编》卷187，《要录》卷123绍兴八年十一月辛亥，《宋史》卷381《范如圭传》，《朱文公文集》卷89范如圭神道碑。
④ 《要录》卷124绍兴八年十二月丙寅。
⑤ 《宋史全文续资治通鉴》卷20绍兴八年十二月癸酉，《皇宋中兴两朝圣政》卷24。

覆，虽生不如无生之为愈"。"陛下二、三将，如岳飞、韩世忠，皆忠义可使"。"王庶忠勇有谋，将士无不服其威名"，主张"召还王庶，以监督诸将"，"则中兴之业，指日可成"。①

古代的普通平民自然是与朝政绝缘的。但临安市民至此也愤愤不平，而忍无可忍了，于是街上出现了醒目的榜帖：

"秦相公是细作！"

言词虽短，却可说是一针见血。"都人汹惧"，有的军人甚至扬言要发动兵变，杀掉秦桧。②

在中国古代史上，宋高宗对杀父仇敌的卑屈，是史无前例的；而群臣以至百姓对这种行为的批评乃至谴责，也同样是史无前例的。面对着无数义正辞严的谠论，宋高宗和秦桧根本没有回驳的馀地，皇帝的孝字号遮羞布已被撕割得粉碎。尽管如此，宋高宗依然恬不知耻地坚持其既定方针，而无丝毫回心转意的盘算。

秦桧自独掌大政后，一直摆出顽钝无耻、不畏人言、我行我素的姿态，然而他毕竟独相伊始，羽毛尚未丰满，如此激愤的抗议声浪，使他很快便陷于困境。他希望宋高宗行屈膝之礼，却又不敢承担如此重大的政治和道义责任。当宰执朝见时，宋高宗说："近日士大夫好作不靖，胥动浮言，以无为有，风俗如此，罪在朕躬。卿等大臣亦与有罪，盖在上者未有以表率之故也。"秦桧说："风俗如此，臣等实任其责。"他对群臣的抗议和谏诤恨之入骨，却又无计可施，只能在皇帝的责备下自任其咎。孙近说："陛下圣德躬行，多士狃于习俗，未能向化。他时疆事稍定，当须明政刑，以示劝惩，庶几丕变。"③孙近其实倒是和盘托出了宋高宗和秦桧的心计，指望等"疆事稍定"之后，对抗战派"明政刑"，"示劝惩"，以彻底镇压异论。

不料在这次谈话的三日后，有枢密院编修官胡铨上疏，使这次抗议运

---

① 《敬乡录》卷5《上高宗论遣使书》，《吴礼部文集》卷11《贾删定画像赞》，《金华黄先生文集》卷22《书贾氏家谱后》。
② 《朱子语类》卷131，《朱文公文集》卷97朱松行状，《筠溪集》附录《筠溪李公家传》。
③ 《要录》卷123绍兴八年十一月甲辰。

动达到了高潮。胡铨曾受学同乡萧楚，萧楚对他说："身可杀，学不可辱，无祸吾《春秋》。"① 胡铨按其师的教诲立身行事，是个豪迈尚气节之士。他在绍兴七年宋徽宗死耗传来时，已上奏反对和议。此次上奏，言辞更为锋利和激昂，他说：

"王伦本一狎邪小人，市井无赖，顷缘宰相无识，遂举以使虏。专用诈诞，欺罔天听，骤得美官，天下之人切齿唾骂。今〔者〕无故诱致虏使，以诏谕江南为名，是欲臣妾我也，是欲刘豫我也。且豫臣事丑虏，南面称王，以为子孙帝王万世之业，牢不可拔。一旦豺狼改虑，捽而缚之，父子为虏，商监不远。而伦乃欲陛下效之。

夫天下者，祖宗之天下也；陛下之位，祖宗之位也。奈何以祖宗之天下，为犬戎之天下；〔以〕祖宗之位，为犬戎藩臣之位。陛下一屈膝虏人，则祖宗社稷之灵，尽污夷狄；祖宗数百年之赤子，尽为左衽；朝廷之宰辅，尽为陪臣；天下士大夫皆当裂冠毁冕，变为胡服。异时豺狼无厌之求，安知不加我以无礼，如刘豫也哉！夫三尺童子，至无知也，指犬豕而使之拜，则怫然怒。〔今丑虏则犬豕也〕，堂堂天朝，相率而拜犬豕，曾〔不若〕童稚之所羞，而陛下忍为之耶！

伦之议乃曰：我一屈膝，则梓宫可还，太后可复，渊圣可归，中原可得。呜呼！自变故以来，主和议者，谁不以此说啖陛下，然而卒无一验，则虏之情伪，已可见矣。而陛下尚不觉悟，竭民膏血而不恤，忘国大雠而不报，含垢忍耻，举天下而臣之甘心焉。就令虏决可和，尽如伦议，天下后世以陛下为何如主也？况丑虏变诈百出，而伦又以奸邪济之，则梓宫决不可还，太后决不可复，渊圣决不可归，中原决不可得，而此膝一屈，不可复伸，国势陵夷，不可复振，可不为恸哭流涕，长太息哉！

向者陛下间关海道，危如累卵，尚未肯臣虏。况今国势既张，诸将尽锐，士卒思奋。如顷者丑虏陆梁，伪豫入寇，固尝败之于襄阳，败之于淮上，败之于涡口，败之于淮阴，较之往时蹈海之危，固已万万不侔。倘不得已，而至于用兵，则我岂遽出虏

---

① 《独醒杂志》卷6。

人下哉！今无故欲臣之，屈万乘之尊，下穹庐之拜，三军之士，不战而气已索。此鲁仲连所以义不帝秦，非惜夫帝之虚名，惜天下大势有所不可也。今内而百官，外而军民，万口一谈，皆欲食伦之肉。谤议汹汹，陛下不闻，正恐一旦变作，祸且不测。臣故谓不斩王伦，国之存亡未可知也。

虽然，伦固不足道也，秦桧为心腹大臣，而不为之计。陛下有尧、舜之资，桧不能致陛下于唐、虞，而欲导陛下为石晋。顷者礼部侍郎曾开以古〔谊〕折之，桧乃厉声责之曰：'侍郎知故事，我独不知！'则桧之遂非愎谏，已自可知。而乃建〔白〕，令台省侍臣佥议可否，盖畏天下议己，令台省侍臣共分谤耳。有识者皆以谓朝廷无人，吁，可惜也！孔子曰：'微管仲，吾其被发左衽矣。'夫管仲者，伯者之佐，尚能变左衽之〔区〕，而为衣裳之会。秦桧，大国之相也，反驱衣裳之俗，而为左衽之乡，则桧也，不惟陛下之罪人，实管仲之罪人也！

孙近傅会桧议，遂得参知政事。天下望治，有如饥渴，而近伴食中书，漫不〔敢〕可否。桧曰虏可讲和，近亦曰可和；桧曰天子当拜，近亦曰当拜。臣尝至政事堂，三发问而近三不答，但云：'已令台谏、侍臣议之矣。'呜呼！身为执政，不能参赞大政，徒取容充位如此，若虏骑长驱，近还能折冲御侮耶？窃谓秦桧、孙近，皆可斩也！

臣备员枢属，义不与桧等共戴天！区区之心，愿斩三人头，竿之藁街，然后羁留虏使，责以无礼，徐兴问罪之师，则三军之士，不战而气自倍。不然，臣有赴东海而死耳，宁能处小朝廷求活耶！"①

这篇声讨投降主义的檄文，不仅提出斩秦桧等人，以谢天下，而且近乎斥骂宋高宗本人，并将"天朝"的庙堂讥刺为"小朝廷"。宜兴县（今

---

① 《挥麈后录》卷10，《会编》卷186，《要录》卷123 绍兴八年十一月丁未，《宋史》卷374《胡铨传》，《历代名臣奏议》卷348，《胡澹庵先生文集》卷7《戊午上高宗封事》。

江苏宜兴市）进士吴师古①为之刻版印行，此文一时传诵遐迩，临安"市井间喧腾，数日不定"。②金人"以千金求其书"，"得副本"，"君臣失色"，说"南朝有人"。张浚后来十分感慨地说："秦太师专柄二十年，只成就得一胡邦衡（胡铨字）。"宋人认为，自建炎年间胡寅上书，指责宋高宗不当称帝以后，胡铨此书是又一篇雄文，"关系最大"。③

胡铨此奏发表后，便成为一种义正辞严的震慑力量，使秦桧吓得心惊肉跳，他只能"上表待罪"。④宋高宗也恼羞成怒，他在秦桧和孙近朝见时说："朕本无黄屋心，今横议若此。据朕本心，惟应养母耳。"这确是一个专制帝王在理屈词穷、万般无奈情况下的自我解嘲。黄屋本是指帝王之车，说自己本不想当皇帝，当然绝非事实。秦桧和孙近说："臣等比以金使及境，各进愚计，务欲接纳适中，可以经久。朝廷之体，贵在缜密，不敢漏言。闻铨上章历诋，盖缘臣等识浅望轻，无以取信于人。伏望睿断，早赐诛责，以孚众听。"

嗜权如命的秦桧，居然主动向皇帝提出辞呈，也足见他处于何等狼狈和困窘的境地。在千夫所指，秦桧相位岌岌可危的时刻，也只能依赖宋高宗挺身而出，以维护其相权，使之度过难关。宋高宗下诏说：

> "卿等所陈，初无过论。朕志固定，择其可行。中外或致于忧疑，道路未详其本末，至彼小吏，轻诋柄臣。久将自明，何罪之有？"

一君一臣，在对金议和的大政方针上，事实上存在着同舟共济的命运。秦桧固然必须得到宋高宗的支持，宋高宗也必须依赖秦桧的协赞。要对主张抗金的官员立即全部予以撤换和惩处，一时尚无可能，撤换和惩处

---

① 吴师古称"进士"，并非是科举及第，而是指可参加乡试的举子，即"业进士"，或是乡试合格后的"乡进士"，参见龚延明先生《中国古代职官科举研究》第384—391页，中华书局，2006年。本书往后提及的进士大致都是如此。

② 《会编》卷186，《要录》卷123绍兴八年十一月丁未、辛亥，卷126绍兴九年二月乙亥，《宋史》卷374《胡铨传》。

③ 《会编》卷221洪皓行状，《盘洲文集》卷74《先君述》，《诚斋集》卷82《澹庵先生文集序》，卷118胡铨行状，《四朝闻见录》甲集《请斩秦桧》，《鹤林玉露》甲编卷6《斩桧书》，丙编卷3《建炎登极》。

④ 《会编》卷186。

必须进行，而只能分期分批地逐步进行。但是，宋高宗和秦桧也必须对影响和轰动最大的胡铨开刀，借以压制尚在不断高涨的抗战舆情和物论。经过君臣的密议，秦桧为皇帝起草批旨说：

"北使及境，朝廷夙夜讲究，务欲上下安帖，贵得和好久远。胡铨身为枢属，既有所见，自合就使长建白。乃狂妄上书，语言凶悖，仍多散副本，意在鼓众，劫持朝廷。可追毁出身以来文字，除名，勒停，送昭州（治今广西平乐）编管，永不收叙。令临安府差使臣、兵级押发前去，候到，具月日闻奏。仍令学士院降诏布告中外，深知朕安民和众之意。"①

秦桧"恐言者不已"，又向宋高宗建议下戒谕诏说：

"朕以眇躬，抚兹艰运。越自初载，痛二帝之蒙尘；故于累年，每卑辞而遣使。不难屈己，徒以为亲，虽悉意以经营，终未得其要领。昨者惊传讳问，恭请梓宫，彼方以讲和而来，此固当度宜而应。朕念陵寝在远，母、兄未还，伤宗族之流离，哀军民之重困，深惟所处，务得厥中。既朝虑而夕思，又广询而博访。言或异同，正在兼收，事有从来，固非创议。

枢密院编修官胡铨职在枢机之属，分乖帘陛之仪，遽上封章，肆为凶悖。初投匦而未出，已誊稿而四传，首创陵犯之风，阴怀劫持之计。倘诚心于为国，但合输忠；惟专意于取名，故兹眩众。悯其浅虑，告尔多方，勿惑胥动之浮言，庶图长久之大计。"②

欲加之罪，何患无词。但这两份诏书给胡铨所滥加的罪名，也确实达到了吓人的地步。其目的也并非仅针对胡铨一人，而是惩一儆百，对忠心耿耿的士大夫滥施皇帝的淫威。

宋高宗在狂怒之下，一度"欲正典刑"，准备将胡铨处死。但有的臣

---

① 《要录》卷123绍兴八年十一月辛亥。
② 《会编》卷188，《要录》卷124绍兴八年十二月丙辰。

僚以建炎初斩陈东的事进谏，皇帝才强忍住怒火。① 在宋太祖不杀言事官誓约的束缚下，将胡铨流放到当时尚是远恶而荒僻的岭南，这已是极重的罪罚。胡铨的妾尚怀身孕，行将临盆。胡铨准备寓居西湖僧寺，稍稍迟留若干时日。临安府居然"遣人械送贬所"。秘书省正字、兼史馆校勘范如圭和敕令所删定官方畴为此约见吏部侍郎晏敦复，晏敦复感叹说："顷尝言秦桧之奸，诸公不以为然。今方专国，便敢如此。赵元镇（赵鼎字）虽无状，不至是也。此人得君，何所不为。"他囿于君臣伦理，自然不能道破宋高宗和秦桧同恶相济这个基本的事实。晏敦复便去找临安知府张澄，指责说："铨论宰相，天下共知。祖宗时以言事被谪，为开封者必不如是。"张澄为之"愧谢"，追还了所派遣的人员。②

秦桧虽然恨不能将胡铨千刀万剐，但迫于万众唾骂的形势，加之范同进言，认为对胡铨"若重行遣，适成孺子之名"，③ 便与孙近上奏，请求减轻胡铨的处分，说：

　　"铨所上封事，言及臣等。若重加窜斥，于臣等分义有所不安。欲望圣慈更加宽宥。"④

宋高宗迫于公论，将对胡铨的处罚改为"监广州盐仓"。⑤ 胡铨贬谪岭南时，监登闻鼓院陈刚中写骈体文的启送行说：

　　"屈膝请和，知庙堂御侮之无策；张胆论事，喜枢庭经远之有人。身为南海之行，名若泰山之重。"

　　"谁能屈大丈夫之志，宁忍为小朝廷之谋。知无不言，愿请尚方之剑；不遇故去，聊乘下泽之车。"

---

① 《四朝闻见录》甲集《请斩秦桧》。
② 《要录》卷123绍兴八年十一月辛亥，《宋史》卷381《晏敦复传》，《独醒杂志》卷8。
③ 《朱子语类》卷131。
④ 《要录》卷123绍兴八年十一月壬子，《胡澹庵先生文集》卷16《赠王复山人序》，文渊阁《四库全书》本《澹庵文集》卷4《跋郑亨仲枢密送邢晦诗》，《诚斋集》卷118胡铨行状。
⑤ 《要录》卷123绍兴八年十一月壬子作昭州盐仓，今据《宋史》卷374《胡铨传》，《诚斋集》卷118胡铨行状，《周益国文忠公集·省斋文稿》卷30胡铨神道碑。

此启引起秦桧痛恨，后将陈刚中贬官虔州安远县（今属江西），饮恨而终。他并无子嗣，死后其妻又削髮当尼姑。① 这是在专制淫威下，一个刚直之士的下场。吴师古因刊印胡铨此奏，经宋廷查究后，"送袁州（治今江西宜春市）编管，永不得应举"，后死于"罪籍"。② 李柔中上书，历数秦桧十大罪状，以图营救胡铨。后被关押于大理寺狱，受尽煎熬，惨死狱中。③ 不少官员营救胡铨，都因此得罪了秦桧。④

第八节　宰执代君　跪拜成礼

宋高宗虽惩处了胡铨，但反对和议的舆论，仍然此伏彼起。金使张通古在宋高宗跪拜成礼的问题上，坚持强硬立场，他说："大国之卿当小国之君。天子以河南、陕西赐之宋，宋约奉表称臣，使者不可以北面。若欲贬损使者，使者不敢传诏。"他甚至以"索马欲北归"相要挟。⑤ 宋高宗因此焦躁万分，却又无计可施。当御史中丞勾龙如渊和右谏议大夫李谊⑥朝见时，宋高宗"辞色俱厉"，说："士大夫但为身谋，向使在明州时（按：指建炎航海逃难之际），朕虽百拜，亦不复问矣！"李谊说："此事莫须召三大将来，与之商议，取具稳当乃可。"宋高宗不予理睬，君臣沉默良久，宋高宗又愤愤然说："王伦本奉使，至此亦持两端。秦桧素主和议，今亦来求去。去则无害，他日金人只来求朕，岂来求秦桧。"⑦ 由于降金乞和心切，一时之间，连秦桧也成为宋高宗责备的对象。

---

① 《会编》卷225《绍兴正论》，《要录》卷123绍兴八年十一月壬子，《宋史》卷473《秦桧传》，《鹤林玉露》甲编卷3《幸不幸》，《咸淳临安志》卷87《陈寺丞刚中墓》，《诚斋集》卷118胡铨行状。
② 《要录》卷126绍兴九年二月乙亥，《宋史》卷374《胡铨传》，《历代名臣奏议》卷306胡铨奏。
③ 《永乐大典》卷10421《李柔中》。
④ 《诚斋集》卷118胡铨行状。
⑤ 《金史》卷83《张通古传》。
⑥ 《要录》卷123绍兴八年十一月癸未朔。
⑦ 《要录》卷124绍兴八年十二月戊寅。

为打破僵局，给事中、直学士院楼炤向秦桧献计，援引儒家经典《尚书·周书·无逸》和《礼记·丧服四制》中"高宗谅阴，三年不言"的典故，于是就确定了由秦桧等宰执代表皇帝，向金使下跪的圆通方案。宋高宗为此召见秦桧，命他向张通古疏通。张通古终于同意此议，但在其他方面的礼仪仍坚持苛刻的规定。

十二月末，秦桧等宰执大臣到金人使馆，代表皇帝跪受金熙宗诏书后，宋朝须备玉辂，将此诏书安放其中，送往朝廷，而文武百官又须穿朝服在前引导和扈从。由于很多官员拒绝此行，秦桧特命三省吏胥穿绯色或绿色朝服，穿绯色朝服者腰佩银鱼，枢密院吏胥穿紫色朝服，腰佩金鱼。①他们假扮百官。他又命在殿庭之内，铺满紫幕。张通古驰马直入殿门，"宣诏，其词不逊"，无非是直呼赵构之名，肯定宋金之间的君臣关系。宋高宗"皆容忍之，锡赉通古等极厚"。②

屈膝称臣的丑剧闭幕后，宋高宗给岳飞等大将下手诏说：

"今月二十七日，③已得大金国书，朕在谅阴中，难行吉礼，止是宰执代受。书中无一须索，止是割还河南诸路州城。此皆卿等扶危持颠之效，功有所归，朕其可忘。尚期饬备，以保全勋。"④

尽管和议成功，宋高宗仍懂得将士"饬备"的重要，须抚慰军心，以便自己稳坐半壁残山剩水，并特别在此手诏中作了自我解嘲。

绍兴九年（公元1139年）正月，张通古、萧哲等完成使命北归。按

---

① 《宋史》卷153《舆服志》，"中兴，仍元丰之制，四品以上紫，六品以上绯，九品以上绿。服绯、紫者必佩鱼，谓之章服"。"内外升朝文武官皆佩鱼"，"系于带而垂于后"。"凡服紫者，饰以金；服绯者，饰以银"。
② 《会编》卷189，《要录》卷124绍兴八年十二月庚辰，《四朝闻见录》丙集《秦桧待金使》，《贵耳集》卷中。据《要录》卷124绍兴八年十二月戊午，戊辰载，宋高宗君臣对话，强调"不受封册"，疑出自秦熺《高宗日历》之杜撰与曲笔。
③ 《要录》卷124绍兴八年十二月庚辰据勾龙如渊《退朝录》，将宋方受金国书仪式系于二十八日庚辰，与此手诏差一日。
④ 《鄂国金佗稡编》卷2。《金史》卷83《张通古传》说，宋高宗"命设东、西位，使者东面，宋主西面，受诏拜起皆如仪"，应以宋高宗手诏为准。又《宋史》卷473《秦桧传》载事后"降御札赐三大将"，应即是此份手诏。

双方协议，宋方"许岁贡银、绢共五十万匹、两"，金方同意"归河南诸路"和宋徽宗、郑后"梓宫"，宋钦宗以及宋高宗生母韦氏。① 宋廷发表韩肖胄为大金奉表报谢使，钱愐为副使，王伦为迎护梓宫、奉还两宫、交割地界使，蓝公佐为副使。②

韩肖胄和钱愐伴送张通古、萧哲等北上。韩世忠对此次和议极为气愤，他伏兵于楚州淮阴县（今江苏清江西南）洪泽镇，③ 命令他们假扮红巾军，准备袭击金使，破坏和议。不料其部将郝卞向淮东转运副使胡纺告密。胡纺告诉韩肖胄后，韩肖胄遂上奏，改道淮西北上。④ 淮西属张俊军防区。张俊保护宋金使节北上，"极宣力"，赢得了皇帝的进一步好感。⑤

在宋高宗办完称臣手续的同时，金熙宗也发布诏书，向宋归还河南之地，诏书说：

"顷立齐豫，以守南夏，累年于兹。天其意者，不忍遽泯宋氏社稷，犹留康邸在江之南，以安吾南北之赤子也。倘能偃兵息民，我国家岂贪尺寸之地，而不为惠安元元之计乎？

所以去冬特废刘豫，今自河之南，复以赐宋氏。尔等处尔旧土，还尔世主，我国家之恩，亦已洪矣。尔能各安其心，无忘我上国之大惠，虽有巨河之隔，犹吾民也。其官吏等已有誓约，不许辄行废置，各守厥官，以事尔主，无贻悔客。"

此诏完全是一种居高临下的口吻，称宋高宗为"康邸"，归还河南之地则用"赐"字。在"赐"地之前，金朝又"先次计置般运帑藏，尽数过河"。⑥ 至于金朝在河南之地所置官吏，"不许"宋朝"辄行废置"，自然是包藏祸心的。

---

① 《会编》卷200，《要录》卷125绍兴九年正月丙戌，卷135绍兴十年五月戊戌，《鄂国金佗续编》卷4《金人叛盟兀术再犯河南令诸路进讨诏》。
② 《会编》卷191，《要录》卷124绍兴八年十二月乙亥，卷125绍兴九年正月丙戌，《宋会要》职官51之13，《宋史》卷29《高宗纪》，371《王伦传》，卷379《韩肖胄传》，《攻愧集》卷95王伦神道碑。关于王伦等使名，诸书记载有异。
③ 洪泽镇位置据《元丰九域志》卷5。
④ 《会编》卷191，《要录》卷125绍兴九年正月己丑。
⑤ 《要录》卷167绍兴二十四年七月癸丑。
⑥ 《要录》卷125绍兴九年正月丙申。

在"偃武休兵"的气氛下，似乎"两宫天眷不日可还"。① 宋高宗于绍兴九年正月，"诏建皇太后宫室于大内"，又"诏渊圣皇帝宫殿令临安府计度修建"。② 宋高宗对金的屈膝和议，既以母兄回归作为一条正当理由，他就必须准备宋钦宗归来后的安置问题。尽管宋高宗自称"本无黄屋心"，但难兄一旦回国，他仍不能同意宋钦宗复辟，只准备安排他养闲。

第九节 大赦馀波

绍兴九年初春，宋高宗为粉饰自己的屈节行为，发布了一系列诏令。正月初一日诏说：

"大金已遣使通和，割还故地。应官司行移文字，务存两国大体，不得辄加诋斥。布告中外，各令知悉。"③

接着，又宣布大赦天下，楼炤所写的赦文称：

"上穹开悔祸之期，大金许报和之约。割河南之境土，归我舆图；戢宇内之干戈，用全民命。自兹爱养士卒，免罹转战之伤；蠲减赋征，渐息编氓之力。俾南北悉臻于绥靖，而国家遂致于乂宁。嘉与群生，格于康乂。肆颁旷荡之恩，用慰遐迩之俗。於戏！睦邻修好，既通两国之欢；和众安民，以图万世之利。"④

尽管此赦对金朝曲尽谀词，当王伦奉使北上，在开封府见到金朝右副元帅完颜兀术（宗弼）时，仍受到严厉的责备，认为"赦文载割河南事，不归德于金"。王伦不得不当场"改定，谓元降赦文非真"，得以暂时敷衍

---

① 《鄂国金佗稡编》卷15《乞解军务第二札子》。
② 《要录》卷125绍兴九年正月癸巳、丁酉。
③ 《要录》卷125绍兴九年正月壬午朔。
④ 《会编》卷191，《要录》卷125绍兴九年正月丙戌。

搪塞了事。①

为巩固和议，宋高宗所忧心的事情之一，是沿边武帅继续与金敌对，他特别下手诏告诫岳飞说：

"朕委任卿严饬边备。唯是过界招纳，得少失多，已累行约束，丁宁详尽。今后虽有三省、密院文字，亦须缴奏，不得遣发。付此亲札，想宜体悉。"②

宋高宗明知自己的所作所为不免于清议，故只能"肆因庆泽，式表高勋"，不惜用高官厚禄之滥恩，以图平息军愤，收买将心，并且还声称"属邻邦讲好之初，念将阃宣劳之久"，③"爰颁涣宠"，"蔽自朕心，非云滥典"。④ 他下令将已退闲的大将刘光世赐号和众辅国功臣，进封雍国公；镇守淮东的韩世忠原已有扬武翊运功臣号，不再另赐，迁少师；镇守淮西的张俊赐号安民靖难功臣，迁少傅。⑤ 镇守中部和西部战区，官位稍低的岳飞和吴玠则进官开府仪同三司，吴玠由川、陕宣抚副使升四川宣抚使。殿前都虞候、主管殿前司公事杨沂中升太尉、殿前副都指挥使、主管殿前都指挥使公事。⑥ 韩世忠的行营前护军、张俊的行营中护军、岳飞的行营后护军和吴玠的行营右护军四支屯驻大军，还有杨沂中殿前司军的统制、统领、正将、副将和准备将"各进秩一等"。⑦

但是，如岳飞那样有骨气的臣僚，却并非是贪图高官和醲赏之辈。当旨在遮羞和掩丑的敕书递发到鄂州后，岳飞命幕僚张节夫起草谢表说：

"窃以娄敬⑧献言于汉帝，魏绛发策于晋公，皆盟墨未乾，顾

---

① 《要录》卷127绍兴九年三月丙申。
② 《鄂国金佗稡编》卷2。
③ 《鄂国金佗续编》卷2《开府仪同三司加食邑制》。
④ 《鄂国金佗续编》卷4《辞免开府仪同三司加食邑五百户食实封叁伯户不允诏》。
⑤ 《会编》卷192，《要录》卷125绍兴九年正月庚寅，《宋史》卷364《韩世忠传》，卷369《张俊传》，《刘光世传》。
⑥ 《会编》卷192，卷196《吴武安公功绩记》，《要录》卷125绍兴九年正月壬辰，《宋史》卷366《吴玠传》，卷367《杨存中传》。
⑦ 《要录》卷126绍兴九年二月己巳，卷127绍兴九年三月辛丑。
⑧ 娄敬，原作娄钦，盖宋时避宋太祖祖父赵敬名讳，改娄敬为娄钦，今复原名。

口血犹在，俄驱南牧之马，旋兴北伐之师。盖夷虏不情，而犬羊无信，莫守金石之约，难充溪壑之求。图苟安而解倒垂，犹之可也；欲长虑而尊中国，岂其然乎！"

"臣幸遇明时，获观盛事。身居将闑，功无补于涓埃；口诵诏书，面有惭于军旅。尚作聪明而过虑，徒怀犹豫以致疑：与无事而请和者谋，恐卑辞而益币者进。愿定谋于全胜，期收地于两河。唾手燕云，终欲复雠而报国；誓心天地，当令稽首以称藩！"①

接着，岳飞又接到进秩为开府仪同三司的制词，不允辞免的诏书也纷至沓来。宋高宗诏书中的理由是"军声既张，国势益振，致邻邦之讲好，归故地以效诚"，"高秩厚礼，允答于元功"。②这对于报国心切的岳飞，自然是莫大的难堪。他接二连三地上奏力辞，在一份上奏的贴黄中说：

"臣待罪二府，③理有当言，不敢缄默。夫虏情奸诈，臣于面对，已尝奏陈。切惟今日之事，可危而不可安，可忧而不可贺。可以训兵饬士，谨备不虞；而不可以行赏论功，取笑夷狄。事关国政，不容不陈，初非立异于众人，实欲尽忠于王室。欲望速行追寝，示四夷以不可测之意。万一臣冒昧而受，将来虏寇叛盟，则似伤朝廷之体。"④

在爱国正气横遭摧残之际，岳飞身为一支雄师的统帅，以铿锵有力的言词，重申了他收地两河、唾手燕云、复仇报国的宏誓大愿，自然引起酌酒相贺的宋高宗、秦桧等人的恼怒和仇恨。

当时对屈辱媾和继续进行抗争者，亦非限于岳飞一人。以待罪之身栖息永州的张浚，接到和议诏书后，"再三熟读，通夕不寐"。他此时已深知

---

① 《鄂国金佗稡编》卷10《谢讲和赦表》，以《鄂国金佗稡编》卷7《鄂王行实编年》，《会编》卷192，《藏一话腴》内编卷下参校。
② 《鄂国金佗续编》卷4《第三辞免同前不允诏》，《第四辞免同前不允诏》。
③ 据《宋史》卷162《职官志》，中书与枢密院合称"二府"。时岳飞并未在"二府"任职，然而据《会编》卷17，卷205《淮西从军记》，《朝野类要》卷2《两府》，《云麓漫钞》卷4，凡官至太尉，亦可称"二府"。
④ 《鄂国金佗稡编》卷14《辞开府札子》。

秦桧之为人，故先后致书参知政事孙近和李光，申述已见，又接连上奏说："虏若尚强，和安可信；其势遂衰，和为可惜"。"窃惟今日事势，处古今之至难，一言以断之，在陛下勉强图事而已。陛下进而有为，则其权在我，且顺天下之心，间虽龃龉，终有莫大之福；陛下退而不为，则其权在敌，且咈天下之心，今虽幸安，后将有莫大之忧"。"臣罪戾之馀，一意养亲，深不欲论天下事。顾惟利害至大至重，不忍缄默，以负陛下之知"。①

秘书省正字汪应辰上书说，"臣私忧过计，窃谓和议不谐非所患，和议既谐矣，而因循无备之可畏；异议不息非所患，异议既息矣，而上下相蒙之可忧。此孟轲所谓入则无法家拂士，出则无敌国外患之时也"。"今方且肆赦中外，厚赉士卒，褒宠诸帅，〔动色相贺〕，以为休兵息民，自此始矣。纵一朝之安，遂忘积年之耻，独不思异时意外之患乎"？"方朝廷力排群议之初，大则窜逐，小则罢黜，虽举国非之而不顾。至有一言迎合，则不次擢用。是以小人窥见间隙，躁进者阿谀以希宠，畏懦者循默以备位，浅谋者遂谓无事，而忠臣正士乃耻自立于群小之间"，"此臣所以言上下相蒙之可畏也"。他不仅批评和议，还指责宋高宗和秦桧进用"群小"，恳切希望"陛下卧薪尝胆，以图中兴，勿谓和好之可以无虞，〔而思患预防，常若敌人之至〕"。结果，汪应辰、丁则和赵雍三名官员都发表外任，而逐出朝廷。②

另一秘书省正字樊光远上书说：

"臣愿陛下勿以得地为喜，而常以为耻；勿以甘言为悦，而常以为忧；勿罪忠义，以养敢言之气；勿喜迎合，以开滥进之门；勿尽民力，宜爱惜之，以固根本；勿沮士气，宜耸动之，以备缓急，庶几其可也。"③

---

① 《要录》卷125绍兴九年正月丙戌，庚寅，卷126绍兴九年二月己未，《历代名臣奏议》卷334张浚奏，《朱文公文集》卷95张浚行状。

② 《会编》卷192，卷225《绍兴正论》，《要录》卷125绍兴九年正月己亥，卷128绍兴九年五月甲午，《宋史》卷387《汪应辰传》，《历代名臣奏议》卷91汪应辰奏。《文定集》卷1《轮对论和议异议疏》作上奏时间为绍兴八年五月，按奏中有"肆赦中外"等句，应上于绍兴九年。

③ 《会编》卷192，《要录》卷127绍兴九年三月己亥，《文定集》卷22《吏部郎樊茂实墓志铭》。

前任执政徐俯当时为宫观闲官，他上表说：

"祸福倚伏，情伪多端，恐未尽于事机，当复劳于圣虑。"①

广州知州连南夫上表，他引用战国时代秦楚关系的故事，以讽谕时政说：

"虽虞舜之十二州，昔皆吾有；然商於之六百里，当念尔欺。"

他另外又上奏说："陛下于太上有终天之恨，于大金有不共天之雠，方且许还梓宫，许还渊圣、六宫，彼其计实老子所谓将欲取之，必固与之，兵法所谓不战而屈人兵之术也。"他还引用韩愈之说："叛父母，从仇雠，非人之情。"秦桧读连南夫之表，大怒，命令言官弹劾，连南夫遂落职放罢。②

严州桐庐县主簿贾廷佐上书说，"偷为目前之安"，"太祖、太宗基业之盛，堕于陛下之手，无复中兴之望，复何面目戴黄屋，主天下哉"！③ 其措词之尖锐，已有些脱离臣规。胡寅因其父胡安国死，居家丁忧，他写信给张浚说：

"十馀年间，凡有诏令，必以恢复中原为言，所以系百姓心也。今乃于临安增修母后、渊圣宫殿，是不为北迁之计也。然则居杭者乃实情，而恢复者乃空言耳。"④

在和议成功的前后，很多即使是稍有爱国心的臣僚，无不比肩继踵，剀切陈词，对和议的利害得失，剖析得十分详尽而透彻。但任凭臣僚千言

---

① 《要录》卷125绍兴九年正月丙戌。
② 《会编》卷192，卷225《绍兴正论》，《要录》卷125绍兴九年正月戊子，《南涧甲乙稿》卷19《连公墓碑》。
③ 《南宋文范》外编卷1《上高宗皇帝论遣使第二书》，《敬乡录》卷5《上高宗皇帝第二书》，《吴礼部文集》卷11《贾删定画像赞》。
④ 《要录》卷125绍兴九年正月丁酉，《斐然集》卷18《寄张相》。

— 187 —

万语，宋高宗却充耳不闻。他明知理屈，却仍甘心于嫚书之耻、称臣之辱，既不畏一时公论之尖刻讥刺，更不怕后世史策之激烈抨击，全凭君主的淫威和独断，以一人意志强加于全国臣民，成此和局。独夫之志逆万众之心而行，最后居然又是独夫之志战胜了万众之心，这在中国专制政治史上，既前有古人，又后有来者。

在中国古代专制政治史上，皇帝亲小人或君子，是个经常性的议政命题。绍兴八年、九年之间的很多诤言，都涉及了这个命题。事实上，皇帝亲小人是正常状态，而亲君子却是非常状态。中国传统儒家思想十分强调士大夫的名节，然而在专制政治下，士大夫失节是正常状态，而守节却是非常状态。亲小人，用各种手段威逼和利诱士大夫失节，乃是专制腐败政治的必然需求。围绕着对金屈膝求和问题，不少士大夫挺身而出，面折廷争，他们履践了儒家富贵不能淫、贫贱不能移、威武不能屈的古训，表现了自己的风范和气节，这不能不在中国古代专制政治史上占有辉煌的篇页。但是，宋高宗正是为一己的政治需求，按照士大夫们对金战与和的态度，以作进用和废退的标尺。汪应辰指出，"忠臣正士乃耻自立于群小之间"，"躁进者阿谀以希宠，畏懦者循默以备位"，是势不可免的。

宋高宗的主观意图，自然是要使朝臣们唯唯诺诺，听命于一己。但进用佞臣，排斥直臣的后果，却使秦桧的羽翼丰满起来，这又为他始料所不及。

第十节　八陵之痛

按儒家的伦理规范，宋高宗向不共戴天的杀父仇人屈膝，自然是典型的不孝行为；然而宋高宗为自己辩解的口实，却也是儒家倡导的孝道。但假戏真唱，就不免要露出破绽。宋朝既然接收了河南之地，则朝拜赵氏祖坟，即西京河南府永安县（治今河南巩县南）的八陵，自然是头等要事，可是以孝道自我标榜的宋高宗，居然根本未念及此。八陵包括宋太祖和宋太宗之父，号称宣祖的赵弘殷所葬之永安陵，宋太祖之永昌陵，宋太宗之永熙陵，宋真宗之永定陵，宋仁宗之永昭陵，宋英宗之永厚陵，宋神宗之永裕陵和宋哲宗之永泰陵。① 绍兴九年正月，范如圭对宋高宗说："两京之版图既入，则九庙、八陵瞻望咫尺。今朝修之使未遣，何以仰慰神灵，下萃民志。"范如圭的提醒，方激发起宋高宗的孝思，他流泪说："非卿不闻此言。"宋高宗当即命宗室皇叔、同判大宗正事赵士㒟②和兵部侍郎张焘任祗谒陵寝使，前去朝拜八陵。由于范如圭事先并未向秦桧报告，而直接奏禀皇帝，益发引起秦桧的憎恨。③

宋朝将河南之地分为三路，"京畿路治东京，河南府路治西京，应天府路治南京"。④ 为对金议和与接收河南之地，宋高宗前后七次派使，除韩肖胄、王伦和赵士㒟、张焘三批外，"又遣方〔庭〕实宣谕三京、河南，命郭仲荀留守东都，遣周聿、郭浩宣谕陕西"，"又命楼炤至永兴等路宣布德意"，"一使之出"，要耗费数十百万贯钱财，造成了很大的浪费。⑤

赵士㒟和张焘一行北上，取道鄂州，这正是岳家军大本营所在地。宋廷规定，由岳飞"应副人工修奉"，"其费用""于大军钱内支"。岳飞上奏说：

"自刘豫盗据以来，祖宗陵寝久〔废〕严奉。臣不胜臣子区区之情，欲乞量带官兵，躬诣洒扫。"

此奏得到皇帝批准，命他"量带亲兵，同共前去祗谒"。⑥ 岳飞此行的目的，其实是乘机侦察敌情，他为此上奏说：

"北虏自靖康以来，以和款我者十馀年矣，不悟其奸，受祸至此。今复无事请和，此殆必有肘腋之虞，未能攻犯边境。又刘

---

① 《宋史》卷122《礼志》，卷382《张焘传》。
② 赵士㒟的差遣，《要录》卷125绍兴九年正月戊子，《宋史》卷247《赵士㒟传》作"判大宗正事"，今据《鄂国金佗续编》卷9《同判宗士㒟等前去祗谒陵寝省札》。
③ 《要录》卷125绍兴九年正月戊子，《宋史》卷381《范如圭传》，《朱文公文集》卷89范如圭神道碑，《密斋笔记》卷1。
④ 《要录》卷127绍兴九年三月己亥。
⑤ 《要录》卷128绍兴九年五月庚辰朔，《宋会要》职官41之6—10。
⑥ 《鄂国金佗续编》卷9《同判宗士㒟等前去祗谒陵寝省札》，《合用修工费用令王良存于大军钱内支省札》。

豫初废，藩篱空虚，故诡为此耳。名以地归我，然实寄之也。臣请量带轻骑，随二使祗谒陵寝，因以往观敌衅。"①

宋高宗和秦桧接到此奏，又急忙下诏和省札制止岳飞亲行，说"卿慨然陈情，请为朕往，虽王事固先于尽瘁，然将阃不可以久虚"，命他"止选差将官壹、两员"，带工匠和军人一千人前往，"卿不须亲往"。宋廷怕下发的诏札"在路遗滞"，还特别加发两份省札，只为制止岳飞北上。②按当时的军队编制，岳飞之下，有各军统制、统领等，军下设将，统兵官有正将、副将和准备将，统称"将官"。③宋廷甚至不准岳飞麾下的统制等统军北上，只准由将一级的统兵官率领队伍，可谓用心良苦，无非是害怕岳飞给宋金和议带来新的麻烦。

赵士㒟和张焘一行抵达鄂州后，岳飞与他们一见如故，促膝恳谈。他提醒二使，金人"无信"，"实无意敛兵"，"二公此行关国体"。他还是命自己的第二副手、同提举一行事务、前军统制张宪统兵护送二使。短暂的会面，使赵士㒟对岳飞的耿耿丹心，留下了不可磨灭的印象。④

五月，赵士㒟和张焘一行来到西京河南府，受到当地百姓的夹道欢迎，"皆言久隔王化，不图今日复得为宋民，有感泣者"。但据赵士㒟和张焘所见，复归"王化"的大宋百姓，其水深火热的处境却不见得有何改善，"新复州县官吏差遣，皆以贿得，公肆侵渔，取偿百姓"。⑤京畿路提点刑狱辛永宗到任后，"唯寻访古器及宣（和）、政（和）间宫禁旧物，求觅美女而已"，"巡历州县"，"专务苛扰"。⑥楼炤宣谕陕西，"贪财贿，所至苦厌之"。⑦

自靖康之变后十馀年间，按古时的迷信习俗，挖掘祖坟，破坏风水，

---

① 《鄂国金佗稡编》卷12《论虏情奏略》。
② 《鄂国金佗续编》卷4《乞同齐安郡王士㒟等祗谒陵寝因以往观敌衅诏以将阃不可久虚不须亲往诏》，卷9《免亲往祗谒陵寝省札》，《照会免去祗谒陵寝省札》，《同前第二札》。
③ 《要录》卷126绍兴九年二月己巳。
④ 《山房集》卷5《跋巩洛行记后》。
⑤ 《会编》卷195，卷248张焘行状，《要录》卷128绍兴九年五月戊子，《宋史》卷382《张焘传》。
⑥ 《会编》卷197，《要录》卷132绍兴九年十月辛未。
⑦ 《会编》卷197，《要录》卷131绍兴九年八月己酉，《宋史》卷380《楼炤传》。

也成为政治斗争的一种手段。西京八陵在金人和刘豫肆虐之馀，已遍地荆棘，满目荒凉，"室屋皆为伪守窦玠所毁，宫墙内草深，不见遗址"。赵士㒟和张焘不得不指挥所率的岳家军官兵，"披荆履蘖，随宜葺治"。① 除赵士㒟、张焘一行外，三京、淮北宣谕方庭实，签书枢密院事楼炤等也专程前往八陵朝拜。方庭实见到"诸陵皆遭发，哲宗皇帝至暴骨"，不得不"解衣裹之"。②

王伦和楼炤视察北宋旧都开封，也是一片故宫黍离的景象。由于开封一度成为伪齐国都，宫城尚大致完好，但仍"毁天章阁，迁御容于启圣院"，移入佛寺之中。"京城外不复有民舍，自保康门（宫城南偏东门）至太学，道才数家，太学廊庑皆败，屋中惟敦化堂榜尚在，军人杂处其上，而牧羲于堂下"。城西的琼林苑"尝以为营，至今作小城围之。金明池断栋颓壁，望之萧然"。③

赵士㒟和张焘此行，精神上当然受了极大刺激。六月，他们返回临安后，张焘便上奏说：

"臣窃惟国家遭百六之灾，致夷虏肆蛇豕之毒，祸流海宇，上及山陵。臣猥被使令，恭修祗谒之事，至于柏城恸哭。深惟虏罪，义难戴天，虽穷诛极讨，殄灭之，未足以雪此耻，而复此雠也。

恭惟陛下圣孝天性，岂胜痛愤之情，顾以梓宫、两宫之故，方且与和，未可遽言兵也。然祖宗在天之灵，震怒既久，岂容但已。异时躬行天讨，得无望于陛下乎？窃惟自古戡定祸乱，非武不可，狼子野心，不可保恃久矣。伏望睿慈仰思历圣责望之重，俯念亿兆祈向之切，益励将士，益修武备，夙兴夜寐，念兹在兹，以俟衅隙，起而应之，电扫风驱，云撤席卷，尽俘丑类，告功诸陵，使天下诵之，万世美之，如是然后尽天子之孝，而为子孙之责塞矣！"

张焘陈词之痛切，确是已至无以复加的地步。如今看来，宋朝列祖列

---

① 《会编》卷195，《要录》卷128绍兴九年五月戊子，卷129绍兴九年六月丙辰。
② 《胡澹庵先生文集》卷16《送范至能使金序》，《涧泉日记》卷上。
③ 《要录》卷128绍兴九年五月庚寅，卷129绍兴九年六月己酉朔。

宗耗费民脂民膏的厚葬，本是无可称颂者。但在宋金敌对的场合，八陵的劫难，又标志着一种民族和国家的奇耻大辱。觍颜人世的宋高宗一时也十分难堪，他又不得不发问说："诸陵寝如何？"张焘不再正面回覆，只是说："万世不可忘此贼！"宋高宗无言以对，只能报之以十分窘迫的沉默。他的内心也十分清楚，自己的孝字号遮羞布已被无情的事实撕得粉碎。

张焘针对自己此行所探到的金方动静，提出了一系列应变和备御之方，"切中时务"，史称"秦桧方主和议，惟恐少忤虏情，故事皆不行"。此说其实也无非是为宋高宗避讳的开脱之词，难道皇帝就不"惟恐少忤虏情"。张焘唯一的一件被宋高宗所采纳的建议，是将来埋殡宋徽宗梓宫时，不再用金玉珍宝。宋高宗得知自己祖坟被挖掘得如此之惨，不能不动心，他对秦桧说："前世厚葬之祸，如循一轨。朕断不用金玉，庶先帝神灵有万世之安。"①

向宋高宗报告山陵惨祸者，自然不止是赵士㒟和张焘，三京、淮北宣谕方庭实归朝上奏后，宋高宗也"涕下沾襟，悲动左右"。方庭实又乘机上书，请求免除对胡铨的处罚。秦桧大怒，又劾他"奉使无状，请窜斥"。② 按人之常情，宋高宗得知八陵之祸，是决不可能感情麻木，而无动于衷的。但是，他也绝不会因此而改变其对金政策。

第十一节　秦桧扩张相权

秦桧再相，特别是独相以后，他朝夕思虑者，不外有两件大事：一是完成对金媾和，二是巩固、强化和扩张自己的相权。然而这两件事又都无法急就和速成，其间有层出不穷的阻节。即以后者而言，且不论他本人的拜罢之权，仍操纵在宋高宗之手，宰相又不能直接任命高级官员，欲结党

---

① 《会编》卷195，《要录》卷129绍兴九年六月己巳，《宋史》卷382《张焘传》，《罗氏识遗》卷2《历代帝陵》。

② 《历代名臣奏议》卷349胡铨奏，《胡澹庵先生文集》卷16《送范至能使金序》，《铁庵方公文集》卷20《书·曾剑守》，《涧泉日记》卷上，《挥麈后录》卷11。按《要录》卷127绍兴九年四月癸酉，卷129绍兴九年六月壬申，《宋会要》职官41之9载方庭实出使后，附会和议。

营私，贬逐君子，进用小人，也必须一一通过皇帝首肯。

自勾龙如渊向秦桧献计后，秦桧非常注意对台谏部门的控制，并倚重勾龙如渊为心腹。不料在身为御史中丞的勾龙如渊与身为起居郎的施廷臣之间，却"因私忿交争"，宋高宗遂生厌恶之心，下诏说施廷臣"语言狂率"，勾龙如渊"失风宪体"，将这两个附会和议的秦桧党羽同时罢黜。罢勾龙如渊，等于断秦桧之臂。秦桧为之痛心不已，又不敢违忤圣旨，只能设法为勾龙如渊保留朝臣的差遣，主张"俟其待罪求去，然后补外"。此计不成，又设法授予勾龙如渊外任知府的差遣。但宋高宗却认为勾龙如渊"用心不端"，最后命他以宫观官赋闲。①

接任御史中丞的是廖刚。廖刚虽由秦桧所荐，事实上却根本无意于充当秦桧的鹰犬。他"每因奏事，论君子、小人朋党之辨，反复切至。又论人君之患，莫大于好人从己，若大臣惟一人之从，群臣惟大臣之从，则天下事可忧"。他屡次弹击秦桧的亲戚，曾在伪齐任官的郑亿年，"又请起旧相有人望者，处之近藩重镇"。这件事使秦桧尤为寒心和憎恨，他说："是欲置我何地邪！"由于廖刚一时尚无可资贬黜的口实，秦桧便设法将他改任工部尚书，时为绍兴十年（公元1140年）二月。②

接替廖刚任御史中丞的是王次翁，此人"尤为柔媚"，受秦桧"风旨治善类"，对秦桧"始终不二"。③ 王次翁的上任，标志着秦桧完全控制了台谏部门，他对秦桧相权的巩固、强化和扩张，起了十分重要的作用。

宋高宗对秦桧控制台谏部门，至少在最初是采取鼓励和支持的态度，他所企求的，其实就是廖刚所反复告诫的"大臣惟一人之从，群臣惟大臣之从"的局面。绍兴九年二月，宋高宗发表太常少卿谢祖信复任殿中侍御史时，对秦桧说："朕欲用祖信为台官，恐祖信不知朝廷今日事机。卿等可召赴都堂，与之议论。"所谓"朝廷今日事机"，无非是指降金乞和这件头等要务，秦桧表面上仍不得不维持宋朝祖宗之制，他说："台谏乃天子耳目，朝政阙失，所当论列。恐呼召至朝堂，然后除授，不能无嫌。"宋高宗却说："大臣朕股肱，台谏朕耳目，本是一体。若使台谏讥察大臣，

---

① 《要录》卷126绍兴九年二月癸亥，《宋史》卷380《勾龙如渊传》。
② 《要录》卷127绍兴九年三月丙戌，卷134绍兴十年二月庚申，《宋史》卷374《廖刚传》，《高峰文集》卷2《论图治札子》，《论朋党札子》。
③ 《要录》卷134绍兴十年二月庚申，《宋史》卷380《王次翁传》及《论》，《朱子语类》131。

岂朕责任之意耶!"① 事实上，台谏负有"讥察大臣"之责。宋高宗此说固然也有显示帝王恢宏胸襟的虚假成分，但是，他既以"知朝廷今日事机"，作为进用台谏官的政治标准，就不可避免地使阿谀奉承、投机钻营之辈上任。其结果是顾此失彼，扩大了秦桧的权势，反而使自己大权旁落。

秦桧既憎恨张浚，也憎恨赵鼎，但他打击的重点则是赵鼎。因为张浚覆餗之馀，并无复相的可能，而赵鼎却有此可能。赵鼎以检校少傅、奉国军节度使、醴泉观使的闲官"寓居会稽"（今浙江绍兴市），秦桧"犹忌其逼，乃以远郡处之"，设法通过宋高宗，发表赵鼎任泉州知州。②

接着，秦桧又唆使新任右谏议大夫曾统和殿中侍御史谢祖信弹劾赵鼎，连上五章，说他"既专大政，威福在己。内则潜与姻家，阴结密援，以谋固其根株；外则力引死党，分布要地，以共成其羽翼；下则厚饵游士，谈说游扬，以助发其气焰。窃陛下之名器，以为己用；擅国家之财利，以市私恩。使天下之人，惟知有鼎，不知有陛下"。此类诬罔不实之词，自然最容易引起宋高宗的疑忌。他们还特别攻击赵鼎对和议的态度，说：

"前日王伦再行，鼎实与遣，讲和之议，不闻其辄异也。及金使再至，鼎适去国，又以不主和议，鼓惑众论。夫和、战二者，国之大议，鼎为元辅，实任其责。当战则战，岂容中止；可和即和，贵在合宜。而阴拱默睨，每持两端，殊无殉国之忠，动作谋身之计。"

于是宋高宗下诏赵鼎"落节钺"，即削去奉国军节度使之虚衔，降检校少傅为特进。③绍兴十年，御史中丞王次翁论奏赵鼎"不法"，"治郡废弛"，宋高宗又改命赵鼎任提举临安府洞霄宫之闲职。④在秦桧心目中，唯

---

① 《要录》卷126绍兴九年二月戊午，《宋会要》职官55之20。
② 《会编》卷193，《要录》卷126绍兴九年二月壬申，《宋史》卷360《赵鼎传》。
③ 《要录》卷127绍兴九年四月癸丑，《宋史》卷360《赵鼎传》，《宋会要》职官70之21，《宋宰辅编年录校补》卷15。
④ 《要录》卷135绍兴十年四月壬戌，《宋史》卷360《赵鼎传》，《宋宰辅编年录校补》卷15。

有对这个头号政敌施行不间断的打击，方能截断赵鼎复相之路。不仅对赵鼎本人，连被认为是赵鼎一党的官员，也纷纷予以贬斥或外任。①

秦桧独相后约一年半时间内，其权势在逐步扩张，而其扩张权势的每一步骤，都得到了宋高宗的支持。当然，此时秦桧的权势尚未达到极盛期，在很多场合，也不得不克制自己暴戾恣睢的禀性，尚不敢肆意胡为。

第十二节　荣枯有别

在宋金对立的特殊历史机缘中，一个有为的中兴之主，是懂得如何倡导名节，激励民气，以为抗金之用。宋高宗既然本人失节事仇，加之秦桧的顽钝无耻，他们的所作所为，也只能以摧残名节，压制正气为快。

宋高宗和秦桧对郑亿年问题的处置，就集中地反映了他们对名节的摧残。郑亿年是北宋宰相郑居中之子，曾在伪齐任尚书右丞的执政高官。但他与秦桧却有几重的亲戚关系，他的母亲是秦桧妻王氏的姑母，秦桧妻舅王晙娶郑亿年之姐妹，秦桧养子秦熺又娶郑亿年之侄女。② 郑亿年于绍兴九年归宋后，"上表待罪"。③ 他以"祖宗、诸后御容五十馀轴"进献。秦桧立即通过宋高宗，赐郑亿年以显谟阁直学士、提举醴泉观、奉朝请的官衔。他还企图恢复郑亿年在伪齐任资政殿学士的高官，参知政事李光在皇帝面前力排此议。绍兴十年，宋高宗居然在内殿亲自召见郑亿年，随即复伪齐资政殿学士之高官。郑亿年的复官制词说：

"还秘殿之隆名，赋殊庭（伪齐）之厚禄，非为尔宠，盖所

---

① 《要录》卷127绍兴九年三月己丑，四月丙寅，《宋会要》职官70之21载胡理和吕用中外任，折彦质落职，都是作为"赵鼎之党"。
② 《会编》卷220《秀水闲居录》，《要录》卷46绍兴元年八月戊辰注，《琬琰集删存》卷1《王太师珪神道碑》，《鸡肋编》卷中，《玉照新志》卷4。又据《要录》卷150绍兴十三年十月戊子，卷153绍兴十五年六月丁丑，秦熺妻为曹氏，疑曹氏为后妻。
③ 《要录》卷127绍兴九年三月甲辰。《攻媿集》卷69《恭题高宗赐胡直孺御札》说郑亿年在伪齐其实与南宋暗通情报，此说不可信。若郑亿年果真成了宋方间谍，就无须"上表待罪"。

以昭大信于四方。"

如此荒唐的理由，其实无非是为服从于对金和议的政治需求，不仅是秦桧的有力援引，宋高宗本人也需要郑亿年备顾问，向北方的金朝"昭大信"。于是，御史中丞廖刚上奏抨击说：

> "亿年身为从官，委质叛臣，今而归国，赦其戮，幸矣！乃宠以秘殿雄职，授以在京观使。臣恐此命一行，节夫义士莫不解体，非所以训。"①

右正言陈渊也说，"今者忘万世之公，而任一时之权，用贼豫之所以悦亿年者，以宠亿年，将使为善者不劝，而为恶者不惧，无益于纲纪，而有害于中兴之政"。郑亿年"虽尝为从官，无他技能，而有从贼之丑"，"从之而得美官，必有取非其道者"。"且资政隆名，贼豫之所窃而与之者也，固不可以言复矣"。

面对理正气直的奏章，宋高宗根本无意于收回成命。秦桧怀恨在心，后通过右谏议大夫何铸论列陈渊，说他"备位谏员，但知朋附，数对士大夫非毁臣僚，其语尤为不逊"。②

与郑亿年形成鲜明对照的，是两名主动投宋的伪齐官员的遭遇。寿州（治今安徽凤台）知州王威和宿州知州赵荣"以身归顺，父、母、妻、子悉遭屠灭"。金朝向宋朝索取王威和赵荣，宋高宗即命将两人交还。韩世忠愤愤不平，他致书秦桧说："相公尚忍遣之，无复中原望耶！"秦桧为此被迫奏禀宋高宗，说"外间颇有异论"。于是君臣两人想出了一个似乎是圆通的办法，由宋高宗下诏"榜谕中外"，历数王威和赵荣"屡抗官军及驱掠两州之罪"，以作自我解嘲。③

---

① 《会编》卷220《秀水闲居录》，《要录》卷132绍兴九年九月壬午，卷134绍兴十年正月甲辰，《宋史》卷374《廖刚传》。

② 《要录》卷134绍兴十年正月甲辰，卷135绍兴十年四月乙丑，《宋史》卷376《陈渊传》，《历代名臣奏议》卷188陈渊奏，《默堂集》卷12《论郑亿年除资政奏状》。关于郑亿年的复官，参见已故刘子健先生《秦桧的亲友》，载《两宋史研究汇编》第156页，台北联经出版事业公司，1987年。

③ 《会编》卷191，卷197，《要录》卷125绍兴九年正月甲午，卷127绍兴九年三月丙申，卷131绍兴九年八月乙亥，《琬琰集删存》卷1韩世忠神道碑。

臭名昭著的前任宰相黄潜善死于流放地梅州（今属广东）。宋高宗仍不念旧恶，后"特复元官"，制词说他"事君有不移之忠，原情以观，于法当叙"，荫补其一子为官。①

至于汪伯彦，由于同秦桧有师生之谊，早在秦桧初相时，已大力汲引。绍兴七年，宋高宗对当时的宰辅张浚、秦桧等说："元帅旧僚，往往沦谢，惟汪伯彦实同艰难。朕之故人，所存无几，伯彦宜与牵叙。"

绍兴九年二月，宋廷发表汪伯彦任宣州知州。六月，又为汪伯彦加官检校少傅、保信军节度使，"特依见任执政给俸"。宋高宗说："伯彦潜藩旧僚，去国十年。汉高、光未忘丰沛、南阳故旧，皆人情之常。"汪伯彦到临安行朝"留旬日"，朝见时"命坐甚宠"，"燕见者三，锡赉无虚日，加赐宝鞍、名马、笏、带、茶、药等甚厚"。因给事中刘一止论奏，方罢执政官俸。

绍兴十一年（公元1141年）五月，汪伯彦病死，时年七十三岁。宋高宗"悼之"，"降制除开府仪同三司致仕"，"赠少师，赐其家田十顷，银、帛千匹、两，官给葬事"，又荫补亲属两人为官，定谥为"忠定"。②

与黄潜善、汪伯彦形成鲜明对比的，则是前任宰相吕颐浩，特别是李纲。

吕颐浩是建炎复辟的元勋，他年老多病，已不可能东山再起。但秦桧对当年的仇隙耿耿在怀，伺机报复。金朝归还河南、陕西之地后，宋高宗"欲得元臣，调护陕西诸将"，秦桧乘机提名吕颐浩，实际上要将他"置之危地"。宋高宗为此特派宦官带领医生，"宣押"吕颐浩到行朝。吕颐浩受此刺激，病情加剧，到行朝七日，无法朝见，只能"以老病辞，且条陕西利害"，说"金人残破中原，肆为荼毒，交兵累年，未见宁息。今者无故割新黄河河南之地与我，岂无意哉"？宋高宗同意吕颐浩回台州养病。绍兴九年四月，吕颐浩病死，时年六十九岁。秦桧"怀憾不已"，"后命台州

---

① 《要录》卷177绍兴二十七年六月庚戌，《宋史》卷473《黄潜善传》，《宋宰辅编年录校补》卷14。

② 《要录》卷113绍兴七年八月癸巳，卷126绍兴九年二月己未，卷129绍兴九年六月壬戌，卷140绍兴十一年五月丙辰，《宋史》卷378《刘一止传》，卷473《汪伯彦传》。

发其家私暗事，尽贬其诸子"。①

李纲本有重望，宋高宗一直对他取排斥态度，或命他闲废，或命他外任。他自绍兴八年表明反对屈膝求和的态度后，一直任宫观闲官。李纲在一首诗中抒发自己的怀抱说：

"回头睇中原，郡国半沙漠。
犬羊污宫殿，蛇豕穴城郭。
畴能挽天河，一洗氛祲恶。"②

在有志不得伸、国事无可为的沉闷心境之中，李纲的身体自然每况愈下。绍兴十年正月，李纲哀痛三弟李经早世，仓卒感疾，在福州与世长辞，时年五十八岁。③ 李纲"深以议和退避为非策，恳扣反复，以终其身"。④ 他的辞世，当然引起人们广泛的哀恸，许多士大夫纷纷敬献挽诗和祭文。张浚的诗文尤多，不仅表示了对李纲的由衷敬仰，实际上也是追悔自己当年对李纲的弹劾。曾任岳飞参谋官的薛弼，沉痛地敬献祭文说：

"志大则难行，才大则难用，谋大则难合，功大则难成。自古在昔，以是为喟，公亦如尔，非天尔耶！"⑤

宋高宗对李纲和汪伯彦赐赠的差异，厚薄分明。汪伯彦当宋高宗在位时，已得"忠定"的美谥，而李纲却未得谥号。直到李纲身后五十年，即宋高宗死后，宋孝宗退位前，才得"忠定"谥号，"虑国忘家曰忠，安民大虑曰定"。按中国古代的儒家伦理，"谥以节惠"，"百世不能易"。然而看来似乎是至神至圣的荣誉，经过专制权力的魔法变幻，也可贬为一文不值的赝品。汪伯彦之得谥和李纲之不得谥，也不过是宋高宗在位时的小小

---

① 《会编》卷193，卷194，卷220《中兴姓氏录》，《要录》卷126绍兴九年二月癸丑，卷127绍兴九年三月乙未，四月庚戌朔，《宋史》卷362《吕颐浩传》，《宋宰辅编年录校补》卷15，《景定建康志》卷48吕颐浩传。

② 《梁溪全集》卷32《冬日来观鼓山新阁偶成古风三十韵》。

③ 《会编》卷199，《要录》卷134绍兴十年正月辛卯，《宋史》卷359《李纲传》，《梁溪全集》附录《行状》下。

④ 《朱文公文集》卷76《丞相李公奏议后序》。

⑤ 《梁溪全集》附录。

"德政"而已。宋人也注意到了李纲居然最后与汪伯彦得到同一谥号的事实。为李纲定谥的叶適十分感慨地说:"夫是非毁誉之相蒙布,必至于久而后论定,是从古以然者也。"①

忠良与奸佞的是非毁誉之颠倒,荣枯迥异,归根结底,无非来自专制君主宋高宗之一心,源于宋高宗一力主持的对金政策。

第十三节 李光罢政

参知政事李光到政府前,认为秦桧"临难尝有不夺之节",故"欣然肯来"。秦桧也竭尽利诱之能事,当李光初到行朝,即为他举办酒筵,并且进行封官许愿,说"满斟参政酒",然后再"与论和议如何"。次日,李光朝见,"对陈和议之是","遂参政"。②

李光出任参知政事,正值胡铨刚被贬责后,他自称"欲不沮海内忠臣义士之气",实际上处于尴尬的地位。宰执与台谏官讨论如何接受金熙宗诏书的问题。勾龙如渊说:"请相公、参政亲见使人,与议,庶国事早济。"李光说:"此固不可惮,第一至馆中,遂有如许礼数。"勾龙如渊说:"事固如此,然视人主之屈,则有间矣。"李光只能"默然"接受。③他和秦桧、孙近共同到金人使馆,行跪拜之礼。但是,李光虽赞成和议,却不可能接受宋高宗和秦桧的全部主张。他决不像孙近那么柔媚卑顺,日久天长,一股刚烈之气终究要表现出来。李光附会和议的行为,遭到了一些士大夫的指责。当李光自洪州召到朝廷时,沈长卿给他写启说:

"缙绅竞守和亲,甘出娄敬之下策;夷狄难以信结,孰虞吐蕃之劫盟。与其竭四海以奉豺狼之欢,何至屈万乘而下穹庐之拜。"

----

① 《宋史》卷35《孝宗纪》,《水心文集》卷26《李丞相纲谥忠定议》,《挥麈后录》卷5。《会编》卷200载宋高宗当即为李纲定谥,系误。
② 《历代名臣奏议》卷286陈渊奏,《默堂集》卷12《论宰执不和奏状》,《朱子语类》卷131。
③ 《要录》卷124绍兴八年十二月丁丑,《庄简集》卷12《辞免参知政事札子》。

李光在江南西路任官时的幕僚吕广问也作贺执政启说，"屈己以讲和，而和未决；倾国以养兵，而兵愈骄"。"四方属意，固异于前后碌碌无闻之人；百辟承风，尤在于朝夕赫赫有为之际"。①

绍兴九年初，右迪功郎、监明州比较务杨炜写一封长信，批评李光说，自己素来"钦慕阁下，信刚决君子人也"，"登门获侍巾履"。"及按其实迹，以较阁下之晚节，觉似从前挺特不群之风少衰"。"属者黠虏遽求讲和"，"阁下既至，遽复合为一党，寂然无声。有识者谓阁下非不知利害之晓然，所以然者，卖谄取执政尔，已而果然。呜呼！利禄之移人，一至是耶"！"今朝廷岂少阁下哉！阁下若以死争之，不得其职而去，是亦以道事君之大效也。某闻忠孝从义，而不从君、父。阁下岂不知帝王之孝，与臣民不同"。"顾此贼计之见啗，亦晓然矣。不知阁下明智，独步当世，何为独不悟此？奈何今之市井愚夫愚妇皆能知此虏之计，倘阁下果独不知之，是不智也。倘阁下知其不可和，徒媚宰相，取尊官，遂嘿默而不以告吾君，是不忠也。为大臣而不智不忠，果可以安国家，利社稷乎？""今天下之人，已极口讪笑阁下平生之伪矣"，"倘阁下不此之恤，将使后世书之史册曰：此卖谄宰相，以取执政者。阁下能堪之乎？疾风知劲草，板荡识忠臣，阁下自为谋可也"。"区区之心，犹冀阁下尚能改悟，力解社稷之祸，挈而置之安存。不然，不得其职，自可引身而去矣。岂可与卖国之奸谀，甘心低头，共槽枥而食耶"？"丞相秦公，方且含垢忍耻，不避天下之讥骂，力专误国之谋，倾心黠虏"。"参政孙公，某之舅子，平生龌龊谨畏，天下初不以此责之。今日可任《春秋》之责，唯阁下耳"！杨炜官居末品，即从九品的右迪功郎，"右"字表明其非科举出身。他在信中又自称"得与"李光"诸郎游"。作为一个下僚和晚辈，居然能对贵至执政的李光，进行如此尖锐而丝毫不留情面的抨击，而李光也居然能为之优容。②这表明在宋高宗和秦桧摧折之馀，正派的政风和士风犹存。时至今日，仍不能不感到此种政风和士风之难能可贵，而有发扬踔厉的必要。

李光和秦桧的矛盾不断地积累和激化。秦桧眼看和议成功，就计划乘

---

① 《会编》卷225《绍兴正论》，《舆地纪胜》卷116《化州》，《密斋笔记》卷1，《鸡肋编》卷下。

② 《会编》卷191，《要录》卷125绍兴九年正月乙未，卷163绍兴二十二年十月庚辰。

机"撤武备，尽夺诸将兵权"。李光表示坚决反对，说："戎狄狼子野心，和不可恃，备不可撤。"他制止了秦桧的图谋，也开始引起秦桧的嫌恨。

在为郑亿年复资政殿学士的问题上，李光又再次与秦桧发生争执。宋高宗诏令侍从官荐举西北流寓东南的士人，被荐举者甚众，而秦桧"皆置不问"。李光当着皇帝的面诘问秦桧，说："观桧之意，是欲蒙蔽陛下耳目，盗弄国权。此怀奸误国之大者，不可不察。"秦桧"大发怒"，[1] 但表面上又无以批驳。

李光举荐给他写启进言的吕广问，秦桧看到这份贺执政启，"意愈怒，讫不与之"，最后两人竟在宋高宗面前"争辩"，李光劾奏秦桧说："桧所用皆亲党，略无公道，它日必误朝廷。"秦桧一心一意地结党营私，被李光一语道破。但宋高宗却专注于对金媾和的成败，即使对秦桧相权的扩张，李光有利于自己皇权的忠告，也置若罔闻。由于廖刚也举荐吕广问，秦桧更是疑神疑鬼，认为李光已与廖刚等人结党，专与自己作对。[2]

秦桧与李光在政府中已至势不两立的地步。秦桧秉性阴险，他明知自己在道理上不可能折服李光，就采取另一种手法。每当在皇帝面前纷争时，李光性刚，只是以激烈的言词斥责秦桧，秦桧却并不反唇相讥。待到李光言毕，秦桧只是慢条斯理地回敬一句话："李光无人臣之礼！"结果反而使宋高宗对李光产生恶感。[3]

秦桧又唆使殿中侍御史何铸弹奏李光"狂悖失礼"，李光只能"引疾求去"，宋高宗表面上说了些挽留之辞，却很快发表李光提举临安府洞霄宫的闲职。[4] 宋高宗将李光罢政的根本原因，据他后来所说："光初进用时，以和议为是，朕意其气直，甚喜之。及得执政，遂以和议为非。朕面质其反覆，固知光倾险小人，平生踪迹，于此扫地矣！"[5]

李光罢官后，曾问"通家子弟"，北宋末死难的傅察之子傅自得说："子以老夫今日之罢为何如？"傅自得回答："得失相半。"李兴不由愕然，忙问其故，傅自得便向这位长辈开诚布公地说："公初附和议，而终以弗

---

[1] 《宋宰辅编年录校补》卷15，《宋史》卷363《李光传》，《庄简集》卷17《书李林甫传后》。
[2] 《宋宰辅编年录校补》卷15，《鸡肋编》卷下。
[3] 《宋史》卷473《秦桧传》，《朱子语类》卷131。
[4] 《要录》卷133绍兴九年十二月辛酉，《宋史》卷363《李光传》，《宋宰辅编年录校补》卷15。
[5] 《要录》卷161绍兴二十年正月丙午。

合去,岂非得失相半乎?"李光身不由己地站立起来,握着傅自得的手说:"公晦(傅察字)为不亡矣!"①

李光"奉祠还里",与士大夫辈论及国事,则"愤切慨慷,形于色辞","每言秦氏,必曰'咸阳'",他曾对陆游之父陆宰说:"某行且远谪矣,咸阳尤忌者,某与赵元镇(鼎)耳。赵既过峤,某何可免。闻赵相过岭,悲忧出涕。仆不然,谪命下,青鞋布袜行矣,岂能作儿女态耶!"他"方言此时,目如炬,声如钟,其英伟刚毅之气",给爱国大诗人陆游以很深的影响。②

李光有接受下僚和后辈诤言的雅量,不吝改过,不失为一个烈丈夫。宋高宗嫌恶李光,说:"李光凶悖,蔑视朝廷,专欲沮坏大计。"③ 在他看来,逐走李光,为成就"和议""大计"之必需。其实,即使从维护皇权的一己私利出发,这不能不是一个大的失算。宋高宗以往将秦桧罢相时,也曾厌恶和嫌忌他结党营私,担心臣僚对秦桧的朋比阿附,浸成君主孤立之势。然而随着时光的流转,因降金的需求,宋高宗对秦桧这个早已觉察的问题,却疏于戒备。李光至少不失为一个能与秦桧相抗,并限制其相权的人物。自李光被逐后,官员刘一止、周葵等被指为同党,相继罢官。由秦桧援引的一个又一个文臣执政官,大抵是奴颜媚骨之辈,秦桧得以"益无所忌,专以刑戮窜谪,钳制士大夫矣"。④

李光在罢政的"陛辞之日",曾向宋高宗"论说",认为"今日大臣可属任大事者",莫过于张浚,这是他为挽回局势所作的最后努力。宋高宗虚与委蛇,说:"天生此人,为朕中兴辅佐。"⑤ 事实上,李光的一步残棋也只能以失败告终。

自绍兴七年冬到绍兴十年春,宋高宗向着自己梦寐以求的屈辱苟安的目标,迈出了关键性的一步;与此同时,在宋高宗的卵翼和纵容下,秦桧也朝着专断朝政的目标,迈出了关键性的一步。但往后的史实也将证明,一君一臣,同床异梦,在实现各自的最终目标方面,也尚须有一段最后的冲刺。

---

① 《朱文公文集》卷98 傅自得行状。
② 《渭南文集》卷27《跋李庄简公家书》,《老学庵笔记》卷1。
③ 《要录》卷169 绍兴二十五年八月甲申。
④ 《要录》卷133 绍兴九年十二月己巳,《宋史》卷376《陈渊传》,卷378《刘一止传》,卷385《周葵传》,《宋宰辅编年录校补》卷15。
⑤ 《庄简集》卷14《与张德远书》。

拾壹

迫令班师

宋《瑞应图》局部韦贤妃和赵构等人

第一节 金朝毁约南侵

绍兴九年，即金天眷二年，金朝发生了铲除主和派的政变。

宋朝抗战派反对和议的重要理由，是认为金朝无故归还河南之地，是包藏祸心的。完颜挞懒（昌）、完颜蒲鲁虎（宗磐）、完颜讹鲁观（宗隽）等是单纯主和，还是对宋另有图谋，今已欠缺准确的历史记录。但有一种说法，由于金军屡挫于大江天堑，企图将以步兵为主的宋军，诱至广阔的河南平原，以便女真骑兵进行聚歼。[①] 此说不无道理，如前述金朝归还河南之地的诏书中，强调金方所置官吏"不许辄行废置，各守厥官"。[②] 金朝还将"黄河船尽拘北岸，悉为所用，往来自若"。[③] 事实上，金朝此次割让河南之地，与北宋末金朝割让燕云地区颇为相似，正如岳飞所说："名以地归我，然实寄之也。"[④]

在当年七月到八月间，金熙宗的继父、领三省事完颜斡本（宗幹）得到右副元帅完颜兀术（宗弼）等支持，发动政变，先后杀领三省事完颜蒲鲁虎（宗磐）、完颜讹鲁观（宗隽）、左副元帅完颜挞懒（昌）等人。完颜兀术（宗弼）升都元帅、领行台尚书省，执掌军政大权。他上奏侄子金熙宗说："挞懒、宗磐阴与宋人交通，遂以河南、陕西地与宋人。"这自然是胜利者强加于失败者的诬罔不实之词，完颜挞懒（昌）等寄地与宋的原始图谋很可能被胜利者埋没了。但是，完颜兀术（宗弼）既然将"诛挞

[①] 《南迁录》，《藏一话腴》内编卷下亦转述《南迁录》有此密议。按《南迁录》系伪书，邓广铭师有《〈大金国志〉与〈金人南迁录〉的真伪问题两论》一文，见《邓广铭全集》第9卷，河北教育出版社，2005年。故此说不能作为信史。但是，金朝主和派看来未必是单纯割地议和，由于他们在派系斗争中失败，他们一些对宋的图谋，也必然被主战派所埋没，因而在《金史》中得不到反映。

[②] 《要录》卷125绍兴九年正月丙申。

[③] 《会编》卷195，《要录》卷129绍兴九年六月己巳，《宋史》卷382《张焘传》。

[④] 《鄂国金佗稡编》卷12《论房情奏略》。

懒"和"复旧疆"联成一体,这就意味着宋金和议的撕毁,已指日可待。①

实际上,早在当年三月,当宋使王伦到达开封,与完颜兀术(宗弼)办理移交河南之地的手续时,② 完颜兀术(宗弼)手下有个王伦的故吏,他秘密向王伦透露,完颜兀术(宗弼)图谋发动政变,杀完颜挞懒(昌)等人。王伦得知此事,急忙向朝廷发一密奏,报告形势波诡云谲,"乞令张俊守东京,韩世忠守南京,岳飞守西京,吴玠守长安,张浚建督府,尽护诸将,以备不虞"。宋高宗同秦桧商量后,根本不予采纳,反而严令督促王伦继续北上。

六月,王伦渡河,刚到中山府,即被金人扣押。王伦等被押往金朝上京会宁府,金熙宗命人问王伦,可知完颜挞懒(昌)等人之罪,并责问说:"无一言及岁币,却要割地,但知有元帅,岂知有上国邪!"金朝将王伦扣留,发付副使蓝公佐归宋,向宋朝提出"岁贡、誓表、正朔、册命等事,且索河东、北士民之在南者"。③

揆情度理,既然金朝归还河南之地,则理应命各支屯驻大兵,特别是距离最近的岳家军向北推进,接管防务。但宋高宗却说:"不可移东南之财力,虚内以事外也。"他只命京城副留守郭仲荀率领张俊淮西宣抚司的一千兵力,前往接管开封。宋高宗说:"朕今日和议,盖欲消兵,使百姓安业。留司岂用多兵,但得二、三千人弹压内寇,足矣。至如钱粮,亦只据所入课利,养赡官兵。他日置榷场,不患无钱。岂可虚内而事外邪!朕见前朝开边,如陕西、燕山,曾不得尺帛斗粟,而府藏已耗竭矣,此可为戒。"④

当时河南之地迭遭兵祸,要供应大军钱粮,也确有困难。但是,宋高宗和秦桧的真正意图是决不允许岳飞派兵,哪怕只是少量兵力,前去驻防,以免惹是生非。结果是岳家军原地驻守,而新复地区却处于不设防的

---

① 《金史》卷4《熙宗纪》,卷69《宗隽传》,卷73《希尹传》,卷76《宗磐传》,卷77《宗弼传》,《挞懒传》,卷79《王伦传》,《会编》卷197,《要录》卷130绍兴九年七月己卯朔,卷131绍兴九年八月戊午。

② 《要录》卷127绍兴九年三月丙申。

③ 《会编》卷197,《要录》卷129绍兴九年六月乙亥,卷130绍兴九年七月庚子,卷132绍兴九年十月辛亥,十月末,卷134绍兴十年正月辛巳,《宋史》卷371《王伦传》,《攻媿集》卷95王伦神道碑。

④ 《要录》卷125绍兴九年正月己亥,卷126绍兴九年二月癸丑。

状态。

尽管王伦已上密奏，宋廷依然毫无措置。最后，形势已逐渐发展到剑拔弩张的地步。迟至绍兴十年二月，宋高宗方任命刘锜为东京副留守，率领一支近二万人的重兵自临安前往，而启程与行军又相当迟缓。① 宋高宗和秦桧舍近求远，宁派刘锜，而不遣岳飞，与其说是军事性的调防，倒不如说是政治性的调防。在宋高宗和秦桧看来，刘锜官位较低，不会违抗朝廷，滋生事端。

面对金朝发生的变故，韩世忠于绍兴九年上奏说，"金人诛戮大臣，其国内扰，淮〔阳〕戍卒及屯田兵尽勾回"，主张"乘虚掩袭"。宋高宗却说："世忠武人，不识大体，金人方通盟好，若乘乱幸灾，异时何以使夷狄守信义。"② 他亲下手诏戒约韩世忠说：

> "今疆埸之事，以安静为先，变故在彼，不必干预，当敦信约。卿其明远斥堠，谨固封疆，以备不虞，称朕意焉。"③

尽管宋廷对早已得到的王伦密奏，秘而不宣，一些文臣仍不时对皇帝敲响警钟。刑部侍郎陈橐上奏说，"割地通和，则彼此各守封疆可也，而同州（治今陕西大荔）之桥，至今存焉"。他指出陕西同州与金朝占领的河中府（治今山西永济市西）之间的黄河桥的保存，也是为便于金人卷土重来。"恐其假和好之说，骋谬悠之辞，包藏祸心，变出不测"。建议"严战守之备，使人人激励，常若寇至"。秦桧"撼之"，便通过皇帝发表陈橐外任。④

澧州（治今湖南澧县）军事推官韩紃"上书论议和非计"，"坐倾险怀奸，动摇国计"，被"除名，勒停，送循州（治今广东龙川西）编管"。临安府司户参军毛叔度上奏说，"臣窃见乃者蓝公佐还自敌中，王伦独留，

---

① 《要录》卷134绍兴十年二月辛亥，卷135绍兴十年四月壬戌，《宋朝南渡十将传》卷1《刘锜传》。
② 《要录》卷131绍兴九年八月丙寅，《中兴小纪》卷27，《皇朝中兴纪事本末》卷49。
③ 《会编》卷217，《琬琰集删存》卷1韩世忠神道碑。神道碑将宋高宗手诏系于绍兴七年刘豫被废后，按手诏中既有"变故在彼，不必干预，当敦信约"之语，而绍兴七年尚无"信约"，则应为对韩世忠绍兴九年奏之回诏。
④ 《宋史》卷388《陈橐传》，《历代名臣奏议》卷91陈橐奏。

远近之情，无不疑惧"。"万一岁时之间，国用既虚，边备不戒，敌人出吾之不意，以犯江、淮之边，未知仓卒何以待之？伏望陛下追监既远，思患预防，慨然发愤，明出宸断，修兵备以杜其窥窬之渐，谨财用以待吾军旅之费，无或赠送，以伐其贪婪之谋"。结果毛叔度也被秦桧设法革职。①

右正言陈渊接连上奏说，"彼之意常欲战，不得已而后和；我之意常欲和，不得已而后战"。"闻金人尽诛往日主议之人，且悔前约，以此重有要索。臣谓和、战二策，不可偏执"。秦桧对他早就怀恨在心，通过右谏议大夫何铸，将陈渊和另一主张抗金的官员刘昉，一并弹劾论罢。②

反对和议的吏部员外郎许忻，被秦桧设法外任，他在离开行朝之前，又再次上奏说：

"今王伦既已拘留，且重有邀索，外议藉藉，谓敌情反复如此，咸以为忧。望陛下采中外之公言，定国家之大计，深察敌人变诈之状，亟安天下忧虞之心。继自今时，严为守备，激将士捐躯效死之气，雪陛下不共戴天之雠，上以慰祖宗在天之灵，下以解黎元倒垂之命，庶几中兴之效，足以垂光于万世。"③

此外，又有官员张汇隐居北方，"甘处贫贱十五年"，他从金朝都元帅府主管汉儿文字蔡松年处打听到确切讯息，夜渡黄河，赶到临安，上疏说，金朝"主懦将骄，兵寡而怯，又且离心，民怨而困，咸有异意，邻国延颈以窥隙，臣下侧目以观变，亲戚内乱，寇盗外起"。"但能先渡河者，则得天下之势，诚当日胜负之机，在于渡河之先后尔。而兀术已有先侵之意，臣恐朝廷或失此时，反被敌乘而先之"。他主张"王师先渡河"，主动攻击，"则弊归河北，而不在中原"。④ 出使金朝被拘的宋汝为，"间行投岳飞军中，飞遣赴行在"。他"作《恢复方略》献于朝"，强调"今和好

---

① 《要录》卷129绍兴九年六月癸酉，卷133绍兴九年十二月丙辰。
② 《要录》卷134绍兴十年正月辛巳，己亥，卷135绍兴十年四月乙丑，《宋史》卷376《陈渊传》，《默堂集》卷13《绍兴十年正月上殿札子》，《正月十七日上殿札子》，《正月二十三日上殿札子》。
③ 《要录》卷134绍兴十年正月辛巳。
④ 《要录》卷134绍兴十年正月丙戌。

虽定，计必背盟，不可遽弛武备"。①

不论一些文官武将的陈词如何反复剀切，宋高宗和秦桧的方针是"忍耻恃和"，②和议未至最后关头，绝不放弃和议。至于应付金军随时可能的突然袭击，宋廷除了调动刘锜一军外，也根本未作在河南之地与来犯之敌一决雌雄的任何部署。宋高宗给岳飞下手诏说：

"昨因房使至，虑传播不审，妄谓朝廷专意议和，是用累降旨，严饬边备。近据诸路探报，虏人举措，似欲侵犯。卿智谋精审，不在多训，更须曲尽关防，为不可胜之计，斯乃万全。"③

他所强调的只是要求岳飞在本军区"曲尽关防"，而根本不准岳飞发兵进驻河南之地，以便在前沿迎战来犯之敌。

与宋廷荒谬的、拖拉的部署相反，金朝都元帅完颜兀术（宗弼）却是雷厉风行。他很快集结了重兵，在"盟墨未乾"、"口血犹在"的情况下，大驱"南牧之马"。他一改以往秋冬出师的常规，改为盛夏用兵。绍兴十年五月，金朝分兵四路进攻，元帅右监军完颜撒离喝（杲）军攻陕西，李成军占西京河南府，完颜兀术（宗弼）亲率主力下开封府，聂黎孛堇军出京东。④金兵势如疾风骤雨，很快占领了不设防的河南州县。

第二节　秦桧恃宠固位

金朝毁约南侵的消息传来，成为宋高宗主和之报，对他不可谓不是个重大打击。但按古代皇帝专政的体例，皇帝总是横竖有理、一贯正确的。

---

① 《要录》卷139绍兴十一年三月丁卯，《宋史》卷399《宋汝为传》。《宋史》本传将他"亡归"系于"绍兴十三年"，系误。宋汝为"投岳飞军中"，并"遣赴行在"，应为绍兴九年事。
② 《历代名臣奏议》卷339吴昌裔奏。
③ 《鄂国金佗稡编》卷2。
④ 《会编》卷202汪若海札子，《要录》卷135绍兴十年五月丙戌，《永乐大典》卷3586《毘陵集·乞屯兵江州札子》，《金史》卷77《宗弼传》，卷84《杲传》。

宋高宗说："夷狄禽兽，不知信义，无足怪者。但士大夫不能守节，至于投拜，风俗如此，极为可忧。"① 他轻描淡写一句话，便将自己力排众议而求和的失策完全掩盖过去，而将弃地之责诿诸"不能守节"的士大夫辈。当然，也决不会有臣僚追咎他的过错。

秦桧的处境自然与皇帝全异，一时极为狼狈。"使旆方北，敌骑已南"，便是秦桧的"主和之验"。② 按照宋朝惯例，他只能有一条出路——引咎辞职。

人们不难看到一个明显的事实，至绍兴九年与十年间，朝廷的正论不断趋向消沉，这正是宋高宗和秦桧不遗余力地在朝中清除抗战派的结果。其实，在宋代君主专制的体制下，正论对皇权的加强和削弱没有影响，但对相权的加强和削弱却影响极大。宋高宗憎恶和排除正论的结果，秦桧成为真正的得利者。秦桧党羽此时已密布朝廷，特别是右正言陈渊的罢免，使秦桧完全地、彻底地控制了台谏部门。他至此已根本不担心会有片言只语的弹劾。总之，朝中的政治气候与绍兴八年冬已不可同日而语了。

尽管如此，秦桧的内心依然忐忑不安，似乎第二次罢相的阴影，已笼罩在他的头上，回首初次罢相时的羞辱，真有不寒而栗之感。秦桧的忧心，主要是宋高宗的态度，君恩不可久恃，皇帝喜怒叵测。他与党羽经密谋策划，便由御史中丞王次翁为之缓颊，向皇帝进言："陛下既以和议为主，而诸将备御益严，士卒勇锐，虏虽败盟，曲不在我，无能为也。前日国是，初无主议。事有小变，则更用他相，盖后来者未必贤于前人，而排黜异党，收召亲故，纷纷非累月不能定，于国事初无补也。愿陛下以为至戒，无使小人异议乘间而入。"宋高宗对此说深以为然。③

秦桧得到王次翁转告的消息，却仍不放心，他找到四川人给事中、兼侍讲冯檝说："金人背盟，我之去就未可卜。如前此元老大臣，皆不足虑，独君乡衮（按：指同乡张浚），未测渊衷如何，公其为我探之。"冯檝于次日觐见宋高宗，说："金寇长驱犯淮，势须兴师，如张浚者，当且以戎机付之。"宋高宗当即严词回绝，说："宁至覆国，不用此人！"冯檝退朝后，急忙前去禀告秦桧。秦桧至此方得以高枕无忧，但冯檝却也提出自己的要

---

① 《要录》卷135绍兴十年五月戊戌。
② 《要录》卷135绍兴十年五月辛丑附《中兴龟鉴》。
③ 《要录》卷135绍兴十年五月戊戌，《宋史》卷380《王次翁传》，卷473《秦桧传》。

求：" 适观天意，槪必被逐。愿乞泸川，以为昼绣。"秦桧应允。宋高宗发表冯檝任宫观闲官后，秦桧又设法安排冯檝去四川任知州。①

其实，即使没有王次翁充当说客，宋高宗也无将秦桧罢相之意。因大政方针之契合，两人即使异梦，亦须同床。在政策破产之馀，宰相不遭弹劾，不引咎下台，这在宋代政治史上确是开创了先例。这个先例自然是赵官家对宰相曲赐保全所致。

秦桧虽无罢相之忧，然而他以往不遗馀力地主持和议，面对金人南侵的现实，一时居然找不到转圜和文过饰非的口实。司勋员外郎、兼实录院检讨官张嵲②在众官参见时，为他背诵了《尚书·商书·咸有一德》中"德无常师，主善为师；善无常主，协于克一"一句。秦桧似有所悟，便将张嵲留下，单独询问。张嵲解释说："天下之事，各随时节，不可拘泥。曩者相公与虏人讲和者，时当讲和也。今虏人既败盟，则曲在彼，我不得不应，亦时当如此耳。"

秦桧大喜，即命张嵲为自己起草奏稿③说，"臣前赞议和，今请伐虏，是皆主善为师"。"愿先至江上，谕诸路帅同力诏讨。陛下相次劳军，如汉高祖以马上治天下，不宁厥居，为社稷宗庙决策于今日。如臣言不可行，即乞罢免，以明孔圣'陈力就列，不能者止'之义"。

此奏虽大言不惭，然而因仓猝之际，"急书进呈"，却在援引儒家经典时犯了两条张冠李戴的错误。一是"德无常师"一句，本为伊尹告太甲之说，奏中却成了"此伊尹相汤《咸有一德》之言"。二是《论语·季氏》中"陈力就列"一句，本是周任之说，奏中却成了"孔圣"之教。当时的秘书省暂时寓居法慧寺，有无名氏在寺门写对联嘲讽说："周任为孔圣，太甲作成汤。"秦桧得知后，恼羞成怒，认为乃秘书省官员所作，将他们"相继斥去"。但这个政治笑话却不胫而走，流传四方，"闻者莫不窃笑而深忧之"。④

宋高宗将秦桧此奏转发岳飞等大将，岳飞读到"德无常师"之说，

---

① 《会编》卷200，《要录》卷136绍兴十年六月丙午，《挥麈后录》卷11。
② 《宋史》卷445《张嵲传》。
③ 《朱子语类》卷131。
④ 《会编》卷217，《要录》卷136绍兴十年六月甲辰朔，《朱子语类》卷131，《宾退录》卷4，《周益国文忠公集·平园续稿》卷30朱松神道碑，《周益国文忠公集·杂著述》卷16《二老堂诗话》下《记法慧寺门诗》，《朱文公文集》卷97朱松行状，《琬琰集删存》卷1韩世忠神道碑。

"恶其言饰奸罔上",愤怒地说:"君臣大伦,比之天性,大臣秉国政,忍面谩其主耶!"①

其实,秦桧此奏对宋高宗并无"罔上"和"面谩"的作用,因为皇帝也需要同样的"饰奸"口实。在枢密院发布的檄书中,也为宋高宗设计了同一种腔调和模式:

"皇帝深念一纪之间,兵挐怨结,祸极凶悍,南北生灵,肝脑涂地,许其修睦,因以罢兵,庶几休养生息,各正性命,仰合于天心。既遣行人,往议事因,使方入境,兵已济舟,托为捕贼之名,绐我守疆之吏,掩其不备,袭取旧都。信义俱亡,计同寇贼。"

"皇帝若曰:朕为人父母,代天君师,兼爱生灵,不分彼此,坐视焚溺,痛切在躬。况彼出师无名,神人共怒,而我师直为壮,将士一心,所向无前,何往不克。本欲为民而吊伐,岂忍多杀而示威。誓与中外蠲除首恶,期使南北共享太平。"②

这篇冠冕堂皇的文词,也无非是"德无常师"之奏的翻版。宋廷在声讨诏和檄书中,又以节度使的高官、银五万两、绢五万匹、良田一百宋顷和第宅一区,以作擒杀完颜兀术(宗弼)的悬赏。此外,宋廷又发表韩世忠、张俊和岳飞三大将兼河南、北诸路招讨使,以示决心收复失地。③ 在表面上真有一番热闹。

然而在对金表面上取强硬姿态的同时,宋高宗仍支持和纵容秦桧在朝中继续贬斥正直的士大夫。秦桧的亲戚,曾任伪齐高官的郑亿年早先曾当众扬言:"和好可久,愿以百口保之!"工部尚书廖刚得知金人败盟,就前往都堂,在秦桧面前斥责郑亿年说:"公以百口保金人讲和,今已背盟,有何面目尚在朝廷?"郑亿年一时张口结舌,无言以对,十分狼狈。秦桧

---

① 《鄂国金佗稡编》卷8《鄂王行实编年》。
② 《要录》卷136绍兴十年六月甲辰朔,据注:"此檄日历、会要皆无之,今以四川宣抚司案牍修入。"说明在绍兴和议后,官史中力图掩饰宋高宗君臣对金宣战的事实。
③ 《会编》卷200,《要录》卷136绍兴十年六月甲辰朔,《宋会要》职官42之64,《鄂国金佗续编》卷2《少保兼河南府路陕西河东河北路招讨使加食邑制》,卷12《将帅军民如能擒杀兀术者除官并赐银绢田宅省札》。

认为，廖刚一语双关，意在"讥己"，"颇衔之"。廖刚又给秦桧写信说，既然秦桧"犹不以和议为未是，此人情所以汹汹也。要须痛自引咎，谓我所见不明，犹不悟敌国之言不可信，至于咈亿兆愤怒之心，抑貔虎踊跃之气"，"自今一意治兵，更无他议"。秦桧再也无法容忍，就唆使王次翁等弹劾廖刚，通过宋高宗将廖刚罢官赋闲。① 枢密院检详诸房文字陈正同和主管官告院陈正表"坐与廖刚朋比，变乱是非"，也接着罢官。② 权监都进奏院陈鼎上书说：

"虏于今日败盟，乃朝廷之福，未败，则他日之祸有不可支持。愿乘此早为自治之策。"

秦桧大怒，台谏官又起而劾奏，说陈鼎"藉廖刚为地"，也发表他外任。③

一方面是秦桧"傲然不肯退"，另一方面则是宋高宗"眷之不衰"，秦桧独相的局面从此就得以完全稳固下来。④ 宋廷对金政策只是发生了表面的、暂时的改变，阳宣者为战，阴伏者仍是和，并且在朝中进一步清除抗战派官员。

第三节 十年之力 废于一旦

秦桧在奏中铺陈若干豪言，实则空话，他自己固然根本不想去前沿"江上"督战，宋高宗宴安和嬉戏于临安宫中，又何尝乐意于"马上治天下"。但是，按照赵宋的家规，宋军的全部战略指挥却又牢牢地掌握在他们两人的手中。在南宋初期的专制政治中，具有最高权威的命令，是宋高宗的亲笔手诏，而皇帝手诏一般是由宰执草拟，再交皇帝修改或誊录。如

---

① 《会编》卷200，《要录》卷135绍兴十年五月辛丑，卷136绍兴十年六月庚戌，《宋史》卷374《廖刚传》，《高峰文集》卷9《与秦相公》。
② 《要录》卷136绍兴十年六月丙辰。
③ 《要录》卷136绍兴十年六月戊午。
④ 《会编》卷220《中兴姓氏录》。

张浚任宰相兼都督时，宋高宗"赐诸将诏旨"，经常命张浚"拟进，未尝易一字"。① 如今秦桧任相，此类手诏也同样由他"所拟"。② 故宋高宗手诏所反映的，往往是皇帝和宰相的共同意图。

在军情紧急的情况下，皇帝手诏是用按规定须"日行五百里"的金字牌传递。金字牌"牌长尺馀"，"朱漆黄金字，光明眩目"，上写"御前文字，不得入铺"，以马匹接力传递，不得入递铺。③ 然而在宋时落后的交通条件下，御前文字即使以金字牌递发，也常达不到规定的速度。前方的军情瞬息万变，揆情度理，"将从中御"，是犯兵家所忌。④ 宋高宗给岳飞的手诏中，有时也说"兵难遥度，卿可从宜措置"，"其施设之方，则委任卿，朕不可以遥度"之类言词。⑤ 但在事实上，为贯彻自己的战略意图，又非"遥度"不可。

宋高宗和秦桧的目标，其实决无乘机大举进击之意，他们给岳飞等以河南、北诸路招讨使的差遣完全是为虚张声势，以杜清议，且不论河北诸路，即使是河南之地，也准备听凭金军占领。宋廷派岳飞的前参议官、司农少卿李若虚出使岳家军，宋高宗在手诏中说，"今遣李若虚前去，就卿商量"，"据事势，莫须重兵持守，轻兵择利"。⑥ 其侧重点是在"持守"两字，岳飞其实只消以"轻兵"出战，稍占些便宜，即可向皇帝交差。李若虚在六月赶到德安府（治今湖北安陆市），向正在行军北上的岳飞传达"面得上旨"说："兵不可轻动，宜且班师！"最后还是岳飞说服了李若虚，李若虚激于大义，自愿承担"矫诏之罪"，岳飞便违旨进兵。⑦

在未能制止岳飞大举北伐的情势下，宋高宗在给岳飞的手诏中又作了新的规定：

"已令张俊措置亳州，韩世忠措置宿州、淮阳军，卿可乘机进取陈、蔡，就闰六月终，一切了毕。候措置就绪，卿可轻骑一

---

① 《朱文公文集》卷95张浚行状。
② 《要录》卷136绍兴十年六月乙卯。
③ 《宋会要》方域10之25，11之17，《梦溪笔谈》卷11。
④ 《续资治通鉴长编》卷30端拱二年正月。
⑤ 《鄂国金佗稡编》卷2。
⑥ 《鄂国金佗稡编》卷2。
⑦ 《会编》卷202，《要录》卷136绍兴十年六月乙丑。

来相见也。"①

这表明宋高宗的最高军事目标,是占据淮阳军、宿州、亳州(今属安徽)、淮宁府和蔡州五郡,聊以为屈膝求和政策的破产遮羞而已。军事行动的时间也限定在闰六月终,理由是"若稍后时,弓劲马肥,非我军之便"。"盛夏我兵所宜,至秋则彼必猖獗"。②

绍兴十年的宋金战争,是自双方开战以来最大规模的决战,事实上划分为西部、中部和东部三个战场。由于吴玠于去年逝世,宋方在西部战场有吴璘、杨政和郭浩三员都统制统兵,与金朝元帅右监军完颜撒离喝(杲)军相持,金军夺据陕西大部,但双方处于胶着状态,互有胜负,彼此都未能给予对方以重大打击。在东部战场,宋朝京东、淮东宣抚处置使韩世忠率兵攻占海州,并取得一些小胜,却顿兵于淮阳军城之下,久攻不克。东部和西部战场的战争不起决定作用,作为双方主战场的则是中部战场,宋方有京西、湖北宣抚使岳飞,东京副留守刘锜和淮西宣抚使张俊三军,而金方则有都元帅完颜兀术(宗弼)亲率的主力。

东京副留守刘锜率领近二万兵力北上,原拟接收开封城的防务,不料抵达顺昌府(治今安徽阜阳市)时,便接到金军南侵的急报,只能固守顺昌城。宋高宗和秦桧发手诏,命令刘锜"择利班师"。③ 事实上,这支以步兵为主体的队伍,如若在广阔的平原后撤,就必然被数量上占优势的金朝骑兵所追歼。刘锜军在置之死地而求生的情况下,以逸待劳,以少击众,于六月大败完颜兀术(宗弼)亲率的精锐主力,使宋军继和尚原与仙人关两战后,又一次在平原地区赢得大捷。

圆滑的张俊有八万兵马,装备也相当精良。此军在近乎兵不血刃的情况下,占领了宿州和亳州,旋即撤军。宋高宗和秦桧的军事部署正好符合张俊拥兵自重、畏敌怯战的心理;张俊也以进退禀命于朝廷的实际行动,迎合皇帝和宰相。

岳家军在鄂州蓄锐数年,以光复故土为己任,北向大举进击。自六月、闰六月至七月,岳飞麾兵据蔡州,克颍昌府(治今河南许昌市),复淮宁府,取郑州(今属河南),占西京河南府,从西面和南面两个方向,

---

① 《鄂国金佗稡编》卷2。
② 《鄂国金佗稡编》卷2。
③ 《会编》卷201《顺昌战胜破贼录》,《要录》卷136绍兴十年六月乙卯。

扫清了完颜兀术（宗弼）以重兵据守的开封府外围。但是，岳家军因占领京西广大地域，兵力分散，而张俊与刘锜两部却未能北上，与岳家军协同作战，故又形成了孤军深入的形势。开封的金军主力自顺昌之败后，得到了补充和增援。完颜兀术（宗弼）看准时机，便率领大军，向岳家军反扑。英勇的岳家军先后在郾城县（今属河南）和颍昌府两次关键性的硬仗和恶战中，大败金军。在当时，宋高宗也不得不下诏给予绝高的评价说：

"自羯胡入寇，今十五年，我师临阵，何啻百战。曾未闻远以孤军，当兹巨孽，抗犬羊并集之众，于平原旷野之中，如今日之用命者也。"①

岳飞乘胜进军朱仙镇，再次击破金军，距开封城仅有四十五宋里。河东、河北、陕西、京东等路的民众抗金义军一时也风起云涌，他们配合岳飞派遣的梁兴等游击军，到处袭击金军，占城夺地。梁兴的捷书发到岳飞军中，说：

"河北忠义四十馀万，皆以岳字号旗帜，愿公早渡河。"②

金朝一时处境危困，"自燕以南，号令不复行"，金酋也承认，自"起北方以来，未有如今日屡见挫衄"。③ 被金朝扣押的宋使洪皓在家书中也说："顺昌之败，岳帅之来，此间震恐。"④ 岳飞也为胜利的形势所鼓舞，他对部属说："今次杀金人，直到黄龙府，当与诸君痛饮！"⑤ 李若虚自岳飞军中返临安，于七月初朝见，他在朝廷中再三申说："敌人不日授首矣，而所忧者他将不相为援。"⑥

岳飞的胜利实际上反而使宋高宗和秦桧惶恐不安，但他们一时也不便贸然处分李若虚。宋高宗担心岳飞成就北伐之伟业，立不世之功，挟震主

---

① 《鄂国金佗续编》卷4《郾城斩贼将阿李朵孛堇大获胜捷赐诏奖谕仍降关子钱犒赏战士》。
② 《鄂国金佗续编》卷14《忠愍谥议》。
③ 《鄂国金佗稡编》卷8《鄂王行实编年》，《鄂国金佗续编》卷14《忠愍谥议》。
④ 《鄱阳集》拾遗《使金上母书》。
⑤ 《鄂国金佗续编》卷14《忠愍谥议》。
⑥ 《要录》卷137绍兴十年七月丁未，卷144绍兴十二年正月戊申。

之威，也害怕岳飞在军事上的失败，使自己欲偏安半壁残山剩水而不可得。秦桧当然更不愿意岳飞成就北伐之功，使自己身败名裂。到七月上旬，宋高宗和秦桧对前方的战事已有一个基本的了解，对金战局实系于岳家军之进退。秦桧透彻地了解宋高宗的心态，故迫不及待地向宋高宗提出班师的建议，鉴于张俊业已撤军，刘锜停留在顺昌府，也准备退兵，中部战场的岳飞"孤军不可留"。① 他又唆使殿中侍御史罗汝楫上奏说：

"兵微将少，民困国乏，岳飞若深入，岂不危也！愿陛下降诏，且令班师。"②

班师之说自然正中宋高宗下怀，宋高宗便下了一道又一道班师诏，用金字牌递发前方。

岳飞经历郾城和颍昌两次激烈的鏖战后，已发兵北上，却于七月十八日接到第一份班师诏。他不忍舍弃行将到手的战果，立即上了一封"言词激切"，反对"措置班师"的奏疏，③ 他说：

"契勘金虏重兵尽聚东京，屡经败衄，锐气沮丧，内外震骇。闻之谍者，虏欲弃其辎重，疾走渡河。况今豪杰向风，士卒用命，天时人事，强弱已见，功及垂成，时不再来，机难轻失。臣日夜料之熟矣，惟陛下图之。"④

但此奏发出后才两三天，岳飞却在一日之内接连收到宋高宗的十二道班师诏，全是些措辞严峻、不容改变的急令：大军班师回鄂州，岳飞本人往临安朝见。岳飞悲愤交加，他啜泣着说："臣十年之力，废于一旦！非臣不称职，权臣秦桧实误陛下也。"⑤

他只能作出最痛心的决定，下令班师。岳飞在往临安道中上奏说：

---

① 《鄂国金佗稡编》卷8《鄂王行实编年》。
② 《会编》卷207《岳侯传》，《要录》卷137绍兴十年七月壬戌。
③ 《鄂国金佗稡编》卷3。
④ 《鄂国金佗稡编》卷12《乞止班师诏奏略》。
⑤ 《鄂国金佗稡编》卷8《鄂王行实编年》。

"臣于七月二十七日取顺昌府，由淮南路，恭依累降御笔处分，前赴行在奏事"。①

岳家军的班师，使整个战局完全逆转了。金朝都元帅完颜兀术（宗弼）本已放弃开封城，准备退遁黄河以北，他在撤兵途中遇到一个汉奸书生，叩马进谏说："自古未有权臣在内，而大将能立功于外者。以愚观之，岳少保祸且不免，况欲成功乎！"②

完颜兀术（宗弼）经他提醒，决定暂不渡黄河。接着又得到岳飞撤兵的消息，一时喜出望外，便命令汉奸孔彦舟率领前锋部队，重占开封，③并进而夺据河南之地。韩世忠军被迫自淮阳军城下撤退。杨沂中军更在宿州临涣县柳子镇（今安徽濉溪西南），④遭到金军伏击，溃不成军。北方蓬勃发展的民众抗金武装，因得不到正规军的支援，也被金兵先后镇压。岳飞不断接到此类意料中的恶耗，不由不极端愤慨地高呼："所得诸郡，一旦都休！社稷江山，难以中兴！乾坤世界，无由再复！"⑤

他八月抵达临安后，不愿再与皇帝多费唇舌，只是一心一意力请解除兵柄。他还恳辞新加的少保虚衔，上章说：

"比者羯胡败盟，再犯河南之地，肆为残忍，人神共愤。臣方将策驽励钝，冀效尺寸，以报陛下天地生成之德。今则虏骑寇边，未见殄灭，区区之志，未效一、二。臣复以身为谋，惟贪爵禄，则诚恐不足为将士之劝，而报恩无所，万诛何赎！"⑥

其沉痛的、恳切的言词，实际上也反映了岳飞对抗金前途的绝望，以及难以言喻的愤怒。身为臣子，对君父只图苟安的卑怯心态看得十分透

---

① 《鄂国金佗稡编》卷12《赴行在札子》。据《铁网珊瑚》书品卷2《宋两朝御札墨本》引宋高宗赐杨沂中手诏："得岳飞奏，措置班师。"可知岳飞"措置班师"原奏今已佚失。
② 《鄂国金佗稡编》卷8《鄂王行实编年》。
③ 金军初占开封为五月，《金史》卷77《宗弼传》载岳飞"出兵"后，孔彦舟占开封，应为完颜兀术大军撤出开封后之重占。
④ 据《元丰九域志》卷5，柳子镇属临涣县。
⑤ 《会编》卷207《岳侯传》。
⑥ 《鄂国金佗稡编》卷15《辞少保第五札子》。

彻，却又不便明言。宋高宗对这个最英勇善战的将领，虽猜忌已甚，却又不敢顺水推舟，乘机解除其军务。他通过词臣写不允诏说：

"卿勇略冠时，威名服众。分镇一道，使敌人无侵侮之虞；尽节本朝，致将士有忠诚之效。方资长算，助予远图，未有息戈之期，而有告老之请。虽卿所志，固尝在于山林；而臣事君，可遽忘于王室？所请宜不允。"①

问题的关键在于宋高宗尚不能逆料何时为"息戈之期"。既然战争尚须延续下去，他对岳飞就只能且疑且用，而不敢贸然剥夺兵权。岳飞无可奈何，最后只能重返鄂州。

岳飞北伐的夭折，河南之地的复失，就宋高宗个人心境而论，无疑是毫不惋惜的，因为这种结局正是其对金宣战时秘而不宣的初衷。只要宋军军力没有太大损折，金军对他在东南半壁的称孤道寡并未构成真正的威胁，宋高宗就感到称心满意。他在当年冬对臣僚的谈话中说，"朕若亲提一军，明赏罚以励士卒，必可擒取兀术"。"自古为天下者，必先得人心，未有专事杀伐残忍而可为者。兀术虽强，专以杀伐残忍为事，不顾人心之失，朕知其无能为也"。② 在此类空话和大言的背后，倒是真实地反映了宋高宗心理状态的轻松。当然，在这个孤家寡人的内心世界中，尚有两件大愿未了，一是如何重新对金言和，即所谓终止"杀伐残忍"之事，二是如何削夺武帅的兵柄。宋高宗仍在等待时机。

---

① 《鄂国金佗续编》卷4《颍昌捷后俄诏班师上章力请解兵柄致仕不允诏》。
② 《要录》卷138绍兴十年十月壬辰，十一月己酉。

拾贰

"莫须有"狱与绍兴和议

岳飞遇害（杭州岳王庙壁画）

第一节　金人双管齐下

转眼已至绍兴十一年正月，金军开始进攻淮西，宋朝也调遣军马，准备迎战。然而礼部尚书苏符却在奏对时说："今狂虏败盟，朝廷用兵，虽议和之使不复再遣。然诚心出于天合，不问远近，则太后终必还享慈宁之养。"宋高宗听后，大为赞许，后对秦桧等宰执大臣说："符颇明经旨，自世俗观之，此论似迂阔，而理有必然者。"① 尽管宋金双方以兵戎相见，而宋高宗不仅未断绝和谈之念，并且对此种前途持乐观估计，看来是不无由来的。

金朝的军事实力在绍兴十年的大战中，蒙受了相当大的损折。完颜兀术（宗弼）素来是强硬的主战派，至此却不得不开始由主战向主和的转变。在绍兴十年颍昌大战后不久，完颜兀术（宗弼）给秦桧写信说：

"尔朝夕以和请，而岳飞方为河北图，且杀吾婿，不可以不报。必杀岳飞，而后和可成也。"②

这表明自双方宣战后，尽管在公开的文件中互相诋毁和辱骂，但宋廷在私下仍向金朝都元帅频送秋波。宋高宗所以对议和前途持乐观估计，既出于对金朝军事实力有较清楚的了解，也基于彼此暗中交往，对金朝的和战态度有所知悉。

当然，宋高宗也希望能在军事上继续打击金人，更有利于以战求和。完颜兀术（宗弼）的方针也同样是双管齐下，以战迫和，希望在战场上得到更多的胜利。

此次金军攻入淮西的兵力，计有十三个万夫长的编额，实际只有九万馀人，③ 其兵势非复绍兴十年之盛。宋方参战兵力有淮西宣抚使张俊、淮

---

① 《要录》卷139绍兴十一年正月甲子。
② 《鄂国金佗稡编》卷20《吁天辨诬通叙》。
③ 《鄂国金佗续编》卷11《照会四太子勾诸处军马攻打楚州省札》。

北宣抚副使杨沂中和淮北宣抚判官刘锜三军,总计十三万人,① 其总兵力超过其他各战区,要抵御金军,照理是不成问题的。然而每逢军情紧急之际,宋高宗最急需的将帅自然是岳飞。从正月末开始,一道又一道金字牌递发的御前急件,直抵鄂州的京西、湖北宣抚司。宋高宗手诏命令岳飞"星夜倍道来江州,或从蕲、黄绕出其后,腹背击贼。机会在此,朝夕须报"。② 在鄂州方面,岳飞也于同时上奏朝廷说:

"契勘虏既举国来寇,巢穴必虚,若长驱京、洛,虏必奔命,可以坐制其弊。"③

岳飞此议实际上就是古代早有的围魏救赵之计,无疑是上策。但是,在军事上没有任何进取心的宋高宗却在手诏中立即回绝,他说:

"览二月四日奏,备悉卿意,然事有轻重,今江、浙驻跸,贼马近在淮西,势所当先。"

皇帝的否决也是在岳飞意料之中的。事实上,他在二月九日接到宋高宗所发的第一份手诏,便不顾自己"见苦寒嗽","择定十一日起发,往蕲、黄、舒州界"。④ 岳飞本人亲率最精锐的八千馀背嵬军骑兵,充当前锋。⑤

岳家军尚未赶到战场,淮西宋将杨沂中、刘锜、王德等军在无为军巢县柘皋镇(今安徽巢县西北),⑥ 击败了金将五太子、邢王完颜阿鲁补(宗敏),韩常等军,金军撤出庐州。淮西主将张俊虽未亲临柘皋,却因胜

---

① 据《会编》卷219《林泉野记》,《中兴小纪》卷29,《皇朝中兴纪事本末》卷55,《鄂国金佗稡编》卷8《鄂王行实编年》,张俊部有八万人。据《会编》卷205,《要录》卷139绍兴十一年正月己巳,《宋史》卷367《杨存中传》,杨沂中部有三万人。据《会编》卷205《淮西从军记》,《要录》卷139绍兴十一年正月己未,刘锜部有二万人。
② 《鄂国金佗稡编》卷3。
③ 《鄂国金佗稡编》卷12《乞出京洛奏略》。
④ 《鄂国金佗稡编》卷3。
⑤ 《鄂国金佗稡编》卷22《淮西辨》。
⑥ 据《元丰九域志》卷5,柘皋镇属巢县。

捷而捞取一笔政治资本，他按照养敌玩寇的惯例，准备得胜回朝。不料完颜兀术（宗弼）用降将郦琼之计，又出兵转攻濠州（治今安徽凤阳）。①张俊、韩世忠等军先后赶来增援，都被金军杀败。岳家军因张俊下逐客令，只能退兵舒州（治今安徽潜山）待命。岳飞闻讯率军赶到战场，金军已闻风渡淮而去。

岳飞悲愤已极，再也无法克制自己，喟然长叹，指责韩世忠和张俊两支人马不中用，并说："国家了不得也，官家又不修德！"在君主专制时代，岳飞此语迹近于"指斥乘舆"，乘舆本是皇帝坐车，此处是指说皇帝坏话，当然有可能成为臣子的一项罪名。②

在某种程度上如同儿戏般的淮西战事暂告休止。宋军先胜后败，张俊负有无可推诿的责任。但他回朝后，却反诬刘锜作战不力，岳飞逗遛不赴援。秦桧及其党羽也乘机毁谤岳飞，飞短流长。

宋高宗对岳飞的态度，从援淮西的十五份手诏中看，仍是充满了甜言蜜语，说"卿忠智冠世"，"朕素以社稷之计，倚重于卿"，"度破敌成功，非卿不可"，"以卿天资忠义，乃心王室"，"闻卿见苦寒嗽，乃能勉为朕行，国尔忘身，谁如卿者"！"遵陆勤劳，转饷艰阻，卿不复顾问，必遄其行。非一意许国，谁肯如此"。③ 但是，口有蜜，腹有剑，在此类表面酬酢文字的背后，这个独夫民贼已决定接受金朝的议和条件，对岳飞下毒手。④

---

① 《鄂国金佗稡编》卷3。
② 《鄂国金佗稡编》卷24《张宪辨》，《建炎以来朝野杂记》乙集卷12《岳少保诬证断案》。
③ 《鄂国金佗稡编》卷3。
④ 《鄂国金佗稡编》卷22《淮西辨》和《要录》卷140绍兴十一年四月乙未注引《王次翁叙记》，其说为岳飞援淮西"偃蹇"，"不肯动"，"上始有诛飞意"。此显属诬蔑不实之词。第一，正文中所引皇帝手诏，表明宋高宗明知岳飞并无逗遛之行为。第二，宋廷对真正养敌玩寇的大将也往往姑息纵容，即使岳飞真有此种行为，也不会启动皇帝的杀机。《王次翁叙纪》在造谣和颠倒是非之馀，却提供了宋高宗决定杀岳飞的大致时间。

第二节　宋朝第二次释兵权

历史事件是可能重演的，但重演只能是近似的，而从未出现过一模一样的重演。宋朝历史上有两次释兵权，恰好发生在北宋初和南宋初，但两者的历史条件与后果则完全相反。事实上，宋人也已注意到两个事件的相似，并称北宋初为"忠谋"，南宋初为"奸谋"。[①] 北宋初著名的"杯酒释兵权"，[②] 是促进了中原的统一和稳定；而南宋初罢三大将兵柄，却是对金屈膝求和，实现南北分裂永久化的一个重大步骤。

宋廷图谋削诸大将军权，已酝酿积年。秦桧再相后，即密奏宋高宗，"以为诸军但知有将军，不知有天子，跋扈有萌，不可不虑"，宋高宗为此"决意和戎"。[③] 但此事真正付之实施，尚是在淮西战事暂告休止之后，提出具体建议者，正是在绍兴八年奴颜婢膝，接待金使的给事中、直学士院范同。他献计秦桧，主张将韩世忠、张俊和岳飞三大将"皆除枢府，而罢其兵权"。秦桧奏禀宋高宗，皇帝当即首肯。[④]

驻军淮南的韩世忠、张俊和岳飞三大将都接到朝命，令他们前往临安入觐。三月二十一日，大致相当于宋廷得知金兵退出淮西的消息后，"三省、枢密院同奉圣旨，令岳飞先次遣发军马回归"鄂州，本人"量带亲兵，于舒州权暂驻扎，听候指挥，起发前来奏事"。此后又正式发出入觐

[①]《罗氏识遗》卷2《三大处置》。
[②]《文史》第14辑前辈徐规和方建新先生《"杯酒释兵权"说献疑》所提若干质疑理由，其最有力者，只怕是杜太后去世不久，国丧期间，不能宴饮。据《宋史》卷123《礼志》，杜太后死后，行"以日易月之制"，二十七日后"服吉"，而宋太祖杯酒释石守信等兵权是在"服吉"之后。关于北宋"杯酒释兵权"一事，可参考已故聂崇岐先生《论宋太祖收兵权》，载《宋史丛考》，中华书局，1980年；柳立言先生《"杯酒释兵权"新说质疑》，载《宋史研究集》第22辑。
[③]《鹤林玉露》甲编卷5《格天阁》。
[④]《要录》卷140绍兴十一年四月辛卯，《宋史》卷380《范同传》，卷473《秦桧传》。

之令。① 仅从时间上看，也足见宋高宗和秦桧迫不及待的心情。

一方面是精心预设的计谋，另一方面却视为例行的朝见。韩世忠和张俊先到行在，而岳飞行程较迟。宋高宗、秦桧及其心腹，由御史中丞升任参知政事的王次翁却心怀鬼胎，焦急不安，只是整天用美酒佳肴，盛筵招待韩世忠和张俊，延捱时日。六、七日后，胸怀坦荡的岳飞也终于抵达。宋廷一面在西湖设丰盛的筵席招待，一面起草制词，连夜发表韩世忠和张俊任枢密使，岳飞任枢密副使，留朝供职。宋朝历史上第二次杯酒释兵权终于实现了。

在发表岳飞新命的前两日，宋高宗命岳飞的京西、湖北宣抚司参谋官朱芾外任镇江知府，前参议官、司农卿李若虚外任宣州（今属安徽）知州，旨在不让他们与岳飞朝夕相处，出谋划策。三大将新命发表后，淮东、淮西与京西、湖北原三大将的宣抚司也随之撤销，他们所统的行营前护军、中护军和后护军的军号也一并改为御前诸军，以示直属皇帝。其中岳飞的副手王贵与张宪分别出任鄂州驻扎御前诸军都统制和副都统制。宋廷对这两人很不放心，另外任命秦桧党羽林大声往鄂州，任湖广总领，管理钱粮，负责报发与朝廷往来文字，实有监军的作用。②

庸将张俊在政治上最为善观风向，他率先表示拥护皇帝的英明举措，交出所管军马，"拨属御前使唤"。其实，他私下早与秦桧达成默契，"约尽罢诸将，独以兵权归俊"，才能虽小，野心颇大。他也因此更得宋高宗的青睐，皇帝下诏奖谕，列述唐朝名将李光弼和郭子仪的不同遭遇，说"是则功臣去就趋舍之际，是非利害之端，岂不较然著明"。③

岳飞本已心灰意冷，既不能施展光复故土的抱负，则宁愿致仕退隐，对兵柄也毫不留恋。他请求朝廷将自己亲兵发遣回鄂州，只留少量"当直

---

① 《鄂国金佗续编》卷 12《令权暂驻扎舒州听候指挥前来奏事省札》，后正式命令入觐的省札今已佚亡。

② 《会编》卷 206，《要录》卷 140 绍兴十一年四月庚寅，辛卯，壬辰，癸巳，乙未，五月辛丑，六月壬申，卷 141 绍兴十一年九月癸卯，《宋会要》职官 41 之 34，《宋宰辅编年录校补》卷 16，《鄂国金佗续编》卷 12《改所管制领将副军兵充御前省札》，《罢逐路宣司省札》。关于总领的职责，《要录》作"诸军并听节制"，而《宋会要》职官 41 之 46，《文献通考》卷 62，《山堂群书考索》后集卷 13，《玉海》卷 132，《景定建康志》卷 26 作"诸军不听节制"，疑以后者为准。

③ 《会编》卷 219《林泉野记》，《要录》卷 140 绍兴十一年四月乙未，卷 147 绍兴十二年十一月癸巳，卷 169 绍兴二十五年十月丙申。

人从"。① 他到都堂治事，喜欢仿效文士，"披襟作雍容之状"，居然也使秦桧"忌之"。韩世忠"乃制一字巾，入都堂则裹之，出则以亲兵自卫"，不仅秦桧"颇不喜"，宋高宗另外专下御批说：

"韩世忠下亲随人，有三十馀人未曾发遣前去，并王权见在此。可令王权管押，速起发前去楚州，此三十馀人不系合留人。"②

韩世忠不过多占了三十馀名卫兵，居然有劳皇帝亲书御批，下令将他们发回楚州，也足见宋高宗对这位当年苗刘之变救命功臣的猜忌。宋高宗另将刘锜罢兵权，外任荆南府（治今湖北荆沙市）知府，但规定他"或遇缓急，旁郡之兵许之调发"，实际上又有监视和牵制鄂州御前诸军都统制王贵与副都统制张宪之意。③

宋高宗在给岳飞的制诏中，自称"朕以虓寇未平，中原未复，更定大计，登用枢臣"，"庶极用人之效，亟成戡乱之图"。他亲自召见三大将说："朕昔付卿等以一路宣抚之权尚小，今付卿等以枢府本兵之权甚大。卿等宜共为一心，勿分彼此，则兵力全而莫之能御，顾如兀术，何足扫除乎！"④

皇帝金口吐出的言词，是够冠冕堂皇的，其实却是口是心非，罢三大将的兵权，决非是为对金作战，而恰好是为了媾和。倒是秦桧的养子秦熺后来在官史中供认不讳，"主上圣明，察见兵柄之分，无所统一"，"乃密与桧谋，削尾大之势，以革积岁倒持之患"。"有识之士方惧金人之平，四方底定，而此辈跋扈自肆，意外事有叵测者。今一旦悉屏听命，如玩婴儿于股掌之上，销祸于未然"。⑤

宋朝文士尽管有传统的鄙视和猜忌武人心理，但不少文士仍公开地表

---

① 《鄂国金佗稡编》卷12《乞发回亲兵札子》，《鄂国金佗续编》卷12《照会发回所带人马归本处防拓把截依奏省札》。
② 《会编》卷206，《要录》卷140绍兴十一年四月壬辰，《宝真斋法书赞》卷2《高宗皇帝亲随手札御书》。
③ 《要录》卷141绍兴十一年七月甲寅。
④ 《鄂国金佗续编》卷2《枢密副使加食邑制》，卷4《辞免枢密副使不允诏》，《要录》卷140绍兴十一年四月乙未，《宋宰辅编年录校补》卷16。
⑤ 《要录》卷146绍兴十二年八月己丑附录。

示了激烈的反对意见。前鄂州知州刘洪道与岳飞有交往，对他深为敬佩。岳飞罢宣抚使的消息传来，刘洪道"闻之失色，顿足抵掌"，表示惋惜，感叹国事日非。① 因反对议和，由户部侍郎外任明州知州的梁汝嘉上奏说：

"用张俊、韩世忠、岳飞于西府，刘锜守荆南，皆夺其兵，无复进取之计。"②

另一曾任侍御史的石公揆上奏抨击秦桧说：

"近日罢宣府三司，罢诸路援兵，顿弛武备，罔意边防，乌乎其为国！"③

秦熺与梁汝嘉、石公揆等虽立场不同，却都戳穿了宋高宗精心编造的谎言，"顿弛武备"，"无复进取之计"，这才是罢兵柄的真意。

但是，就宋高宗而论，问题的关键不在于是否要罢兵权，而在于时机的选择，为何不早不晚，在淮西战事暂告休止之际，就迫不及待地付诸实施。这是个历史的疑案和谜团。因为从今存史籍所记录的表面现象看，一是宋金双方自开战以来，并无明使往还，二是淮西战争仅是暂时休止，却根本看不出整个战争行将结束的任何迹象。且不论宋金两军在西部战场仍进行激烈的争夺，即使就中部战场和东部战场而论，金军不但进行小规模的骚扰，④ 数月之后，完颜兀术（宗弼）又再次大举进攻淮南。在军事史上，既然存在交战状态，交战的一方居然自行采取，并还将继续采取一系列措施，"顿弛武备，罔意边防"，这完全是违背常理的，岂非是咄咄怪事。

大约半年前，岳飞主动请求辞职而不予允准，宋高宗如今却主动地、匆忙地解除三大将的兵权，这自然是一百八十度的大转变。其转变的关键仍在半年前岳飞辞职不允诏中的一句话：

---

① 《要录》卷143 绍兴十一年十二月丁卯。
② 《周益国文忠公集·平园续稿》卷29 梁汝嘉神道碑。
③ 《南宋文范》卷15 石公揆《弹秦桧第二章》。
④ 《鄂国金佗续编》卷12《令体探贼马侵犯光州速差兵应援省札》，《令措置应援光州省札》。

"未有息戈之期，而有告老之请。"①

宋高宗半年后的行动表明，他敢于为此，正在于对"息戈之期"已有了十足的，至少也是相当大的把握。把握从何而来？宋代史书上提到了"以柘皋之捷"，"论功行赏"。② 其实，这只是三大将罢兵权的又一借口，因为柘皋捷后接着又是濠州之败。柘皋之捷不可能成为宋高宗预知"息戈之期"的十足理由。但是，如果从前述完颜兀术（宗弼）给秦桧的书信，皇帝同苏符谈话等蛛丝马迹看来，宋高宗确已通过双方暗中的磋商，对"息戈之期"胸中有数，方得以大胆地采取一系列令人瞠目结舌的"弛武备"措施。③

第三节 韩岳虚位和罢官

宋廷发表三大将任枢密院长、贰，撤销三宣抚司等，时为四月二十四日和稍后，纷纷扰扰，部署方定。到五月上旬，宋高宗又"诏韩世忠听候御前委使，张俊、岳飞带本职前去按阅御前军马，专一措置战守"。④ 词臣为皇帝起草诏书，对此举的理由也写得堂堂正正：

"比从人望，入赞枢庭。方国步之多艰，念寇雠之尚肆，未反采薇之戍，将亲细柳之军。谅匪忠贤，孰膺寄委。当令行阵之习有素，战守之策无遗，伐彼奸谋，成兹善计。"⑤

---

① 《鄂国金佗续编》卷4《颍昌捷后乞诏班师上章力请解兵柄致仕不允诏》。
② 《要录》卷140绍兴十一年四月辛卯。
③ 《会编》卷217，《琬琰集删存》卷1韩世忠神道碑载，韩世忠在拜枢密使前，"和议复成"，他"危言苦谏"，"又乞与北使面议，优诏不许"。《要录》卷142绍兴十一年十月癸巳注说，"自敌渝盟之后，未尝有使到"，神道碑记述此事"在除枢密使之前，误也"。按韩世忠神道碑所述未必有误，可能即是反映宋金双方暗中磋商的史实。
④ 《要录》卷140绍兴十一年五月丁未。
⑤ 《鄂国金佗续编》卷4《带枢密本职前去按阅御前军马措置战守诏》。

然而在此诏背后的实际措置，一是宋廷决定将韩家军的大本营自江北楚州，撤往江南镇江府；二是决定肢解韩家军，将韩世忠麾下最精锐的背嵬军单独调驻临安府。这就是宋廷委派张俊和岳飞所办的两件实事，当然与诏旨的诡说完全是南其辕而北其辙，实际上还是作为向金人求和的又一重要步骤，因为金方向来反对宋方在淮南屯驻重兵。宋高宗和秦桧耍弄机谋权术的另一方面，是所谓"韩世忠听候御前委使"，留韩世忠在临安供职，事实上便成为虚有其名的枢密使。张俊在前沿，"以枢密职事前去，与宣抚使事体不同，令随宜措置，专一任责，节次具已措置事目闻奏"，[①]实际上就是完全撇开韩世忠，包揽前沿军务，直接对皇帝以及宰相负责。

以上的安排算是宋高宗和秦桧的共同决策，而秦桧又乘机夹带了本人的私货。原来他早已在韩家军中物色到一名代理人、淮东总领胡纺。胡纺曾经奉承韩世忠，"奴事"韩世忠"亲校"耿著，而步步高升。但他后来又很快趋附秦桧，绍兴八年至九年破坏韩世忠袭杀金使计划，即有胡纺的一份功劳。秦桧对此事一直怀恨在心，欲将韩世忠置之死地而后快。他指使胡纺出面，诬告耿著，说耿著自临安回楚州后，散布流言，"以撼军心，图叛逆，且谋还世忠掌兵柄，将遂以左证上逮世忠"。[②]秦桧深知，兵柄已成当时最敏感的内政问题，最易于触发宋高宗的深忌。

秦桧施用借刀杀人之计，企图利用张俊和岳飞，合伙陷害韩世忠。尽管张俊和韩世忠昔日是王渊手下的同僚，后来又成双重的儿女亲家，[③]但张俊对韩世忠下手却并不心软。耿直的岳飞其实与韩世忠私人关系较疏，却依然从抗金大局出发，秉公行事。他离开朝廷前，秦桧曾面授机宜，别有用心地暗示说："且备反侧！"岳飞随即严词回绝说，"世忠归朝，则楚州之军，即朝廷之军也"。"公相命飞以自卫，果何为者？若使飞摭同列之私，尤非所望于公相者"。秦桧受到责备，气得脸上变色。[④]

岳飞出使后，方才得知耿著的冤狱，连忙修书，向韩世忠通风报信。韩世忠急忙求见宋高宗，"号泣，以诉于上"。宋高宗有意于削除韩世忠兵

[①]《鄂国金佗续编》卷12《令前去按阅专一任责省札》。

[②]《要录》卷140绍兴十一年五月辛丑、庚申，卷141绍兴十一年七月壬寅，卷147绍兴十二年十二月己未朔，《宝真斋法书赞》卷2《高宗皇帝亲随手札御书》。

[③] 据《要录》卷167绍兴二十四年七月戊寅，《琬琰集删存》卷1韩世忠神道碑，《海陵集》卷23《张循王神道碑》，韩世忠第二子韩彦朴为张俊二女婿，张俊最幼第五子张子仁又是韩世忠小女婿。

[④]《鄂国金佗稡编》卷20《吁天辨诬通叙》，《鄂国金佗续编》卷21《鄂王传》。

柄和军中的潜在势力，却无意于杀这个救驾功臣。皇帝召见秦桧，示意住手。秦桧无可奈何，只能匆匆结束耿著冤狱，将他"杖脊"和"刺配"了事，而免于株连韩世忠及其旧部。①

岳飞虽营救了韩世忠，但他出使楚州，身为"同按阅御前军马，专一同措置战守"，②加两个"同"字，作为副职，虽经力争，却不能制止身为正职的张俊贯彻朝廷旨意，将韩家军肢解，并将其本部迁往镇江府。张俊又下令拆毁海州城，强迫迁徙当地居民，实际上准备将淮水以北的海州割让金朝。③ 韩世忠背嵬亲军抽调往临安屯驻时，宋高宗甚至亲下手诏，将其部属"成闵所管""百来人"，"拨入背嵬军，付（张）俊"，"恐走逸了"。④ 一件小事，不惮烦劳，亲自过问，足见他对韩世忠的深忌，对罢兵权的关注。

岳飞因不能制止张俊的倒行逆施，当他七月初返回临安后，便愤慨地提出辞呈。宋高宗通过词臣下不允诏说：

"朕以前日兵力分，不足以御敌，故命合而为一，悉听于卿。朕以二、三大帅各当一隅，不足以展其才，故命登于枢机之府，以极吾委任之意。凡为此者，而岂徒哉。战守之事，固将付之卿也。今卿授任甫及旬浃，乃求去位，行府之命，措置之责，乃辞不能。举措如此，朕所未喻。夫有其时，有其位，有其权，而谓不可以有为，人固弗之信也。毋烦费辞，稽我成命。所请宜不允。"⑤

词意如此剀切，似备见皇帝"委任之意"，但在实际上，不过是一纸侮弄一位忠肝义胆的臣僚的文字游戏而已。

在宋高宗下不允诏后，张俊又很快再次去镇江府，另设枢密行府，直接控制原韩家军，包揽一应前沿军务。岳飞却留在朝廷，任有虚位而无实

---

① 《鄂国金佗稡编》卷8《鄂王行实编年》，《宝真斋法书赞》卷2《高宗皇帝亲随手札御书》，《要录》卷141绍兴十一年七月壬寅。
② 《鄂国金佗续编》卷12《令前去按阅专一任责省札》。
③ 《会编》卷206，《要录》卷140绍兴十一年六月癸未。
④ 《道园学古录》卷11《高宗御书》，《跋高宗御书》。但虞允文五世孙虞集之跋，将韩世忠的背嵬军，误作岳飞的背嵬军。
⑤ 《鄂国金佗续编》卷4《乞罢枢密副使仍别选异能同张俊措置战守不允诏》。

职的枢密副使。至此，张俊已达到独揽军权的目标。①

当年秋季，金朝又大举用兵。在西部川陕战场，宋军连战皆捷，特别是吴璘军赢得了著名的剡湾之胜。在东部战场，金朝都元帅完颜兀术（宗弼）再次统兵渡淮，时宋朝已"无一人一骑为备"。金兵破泗州（治今江苏盱眙）、楚州等，"东过淮阴（今属江苏），南至六合（今属江苏），西临招信（今安徽七里湖西）"，"淮南大震"。但身膺重寄的张俊按照朝廷旨意，仅遣其侄张子盖"以轻兵于维扬、盱眙之间，伺敌进止"，不与交锋，而张俊本人率建康府和镇江府两支御前诸军的重兵，龟缩于大江之南。他对人道破真情："南北将和，虏谓吾怠，欲抒柘皋之愤耳，勿与交锋，则虏当自退。"完颜兀术（宗弼）一面发动讹诈式的攻势，一面又将宋使工部侍郎莫将、知阁门事韩恕放归宋朝。宋廷立即命刘光远等再次出使完颜兀术（宗弼）军前，新一轮的正式和谈便至此揭幕。②

历观宋高宗和秦桧自罢三大将兵柄开始的一系列自毁长城的步骤，无一不是在加强"战守之策"的烟幕下进行的，直到明使往返正式公开，图穷匕见，方才自我撕破了"折冲消难"，"摧陷廓清"，"所愿训武厉兵，一洒雠耻"③的一套伪装，赤裸裸地亮出了"和"字旗号。这也不难证明，宋高宗经常自诩所谓"朕只是一个至诚"，④究竟是什么货色。

岳飞任枢密副使后的特立清操，使投降派们加倍憎恨，为了对金和议的政治需要，他们加速了陷害的步伐。首先，还是由右谏议大夫万俟卨和御史中丞何铸、殿中侍御史罗汝楫三人出面，弹劾岳飞。但是，像岳飞那样尽忠竭智、以身许国的端人正士，其实也并无什么把柄可资纠劾。在那些恣意诬陷的奏章中，主要罗列了三项罪名：一是"自登枢筦，郁郁不乐，日谋引去，以就安闲"；二是淮西之战，"坚拒明诏，不肯出师"；三是"宣言于众，以楚为不可守"。后两条是摭拾张俊的诬陷之词。岳飞反对韩家军撤至江南的镇江府，却被反咬一口；而真正放弃楚州守卫，以恣金军践躏者，正是造谣者张俊本人。宋高宗至此也把握时机，亲自出面配

---

① 《会编》卷206，《要录》卷141绍兴十一年七月，八月甲戌注。
② 《会编》卷206，卷215《征蒙记》，《要录》卷141绍兴十一年九月戊申，乙卯，卷142绍兴十一年十月乙亥，《宋史》卷29《高宗纪》，《金史》卷4《熙宗纪》，各书记载金军突入淮南的时间稍异。
③ 《鄂国金佗续编》卷2《枢密副使加食邑制》，卷4《再辞免同前不允诏》。
④ 《朱子语类》卷127。

合，他说："比遣张俊、岳飞往彼措置战守，二人登城行视，飞于众中倡言：'楚不可守，城安用修。'盖将士戍山阳厌久，欲弃而之他，飞意在附下以要誉，故其言如此，朕何赖焉！"秦桧从旁帮腔说："飞对人之言乃至是，中外或未知也。"①

岳飞被平白无故地滥加罪状，他心中也很明白朝廷的用意。同时，韩世忠险遭不测的事实，似乎已经预兆着自己可能被祸的命运。他接连上奏，恳请辞职。值得注意者，岳飞在辞职奏中打破常规，在这个优礼臣僚，即使犯了弥天大罪，也往往以贬黜流放了结的朝代，居然提出"冀保全于终始"的问题，表示自己愿"远引于山林"的诚意。② 这表明岳飞已经明了，对自己的陷害似非罢官即能了结，但他也期望宋高宗能像对待韩世忠那样，对待自己。八月，宋高宗趁着台谏官攻讦热度达到相当火候，下诏罢岳飞枢密副使，充万寿观使之闲职。耐人寻味的，是在岳飞罢官制词中，宋高宗通过词臣之笔说：

"歘烦言之荐至，摘深衅以交攻，有骇予闻，良乖众望。朕方记功掩过，事将抑而不扬；尔乃引咎自言，章既却而复上。"

肯定岳飞有"深衅"，而皇帝则宽大为怀，"记功掩过"。制词宣布罢官后，又接着说：

"留以自近，示不遐遗，以全终始之宜，以尽君臣之契。於戏！宠以宽科全禄，光武所以保功臣之终；曾无贰色猜情，邓公所以得君子之致。朕方监此以御下，尔尚念兹而事君。"③

此段文字就是对岳飞"冀保全于终始"的回答，援引了汉光武帝和邓禹的故事，实际上又在"贰色猜情"一句中，埋伏了杀机。岳飞罢官后，其实已对皇权不可能构成任何威胁。宋高宗若果真要"尽君臣之契"，完

---

① 《要录》卷141绍兴十一年七月壬子，癸丑，八月甲戌，《鄂国金佗稡编》卷21《建储辨》，卷22《淮西辨》，卷23《山阳辨》。
② 《鄂国金佗稡编》卷15《乞解枢柄第三札子》。
③ 《要录》卷141绍兴十一年八月甲戌，《宋宰辅编年录校补》卷16，《鄂国金佗续编》卷2《武胜定国军节度使万寿观使奉朝请制》。

全可以至此为止，然而此后的事态却是向着一个可悲的方向演变着。

第四节　绍兴和议告成

　　金朝都元帅完颜兀术（宗弼）纵宋使莫将和韩恕归朝，是在当年九月。然而早在六月，即命张俊和岳飞出使楚州的下一个月，宋高宗已迫不及待地放出和议空气，对秦桧等人谕旨说："夷狄不可责以中国之礼，朕观三代以后，惟汉文帝待匈奴最为得体。彼书辞倨傲，则受而勿较；彼军旅侵犯，则御而勿逐。谨守吾中国之礼，而不以责夷狄，此最为得体也。"①

　　当莫将和韩恕回归消息由泗州传来，宋高宗顿时兴奋异常，说"此殆上天悔祸，虏有休兵之意尔"。"朕每欲与讲和，非惮之也。重念祖宗有天下二百年，爱养生灵，惟恐伤之，而日寻干戈，使南北之民肝脑涂地。所愿天心矜恻，消弭用兵之祸耳"。②莫将等带回了完颜兀术（宗弼）的书信，其中说：

　　"背我大施，寻奉圣训，尽复赐土。谓宜自省，即有悛心。乃敢不量己力，复逞蜂虿之毒，摇荡边鄙，肆意陆梁，致稽来使，久之未发。"

　　"今兹荐降天威，问罪江表，已会诸道大军，水陆并进。师行之期，近在朝夕，义当先事以告，因遣莫将等回，惟阁下熟虑而善图之。"③

　　从字面上看，此信旨在宣告兴问罪之师，并无半点欲讲和之意。揆情度理，宋高宗决不可能单凭莫将和韩恕回归的事实，单凭这封嫚书，就能断然确定金方有"休兵之意"。实际上，金朝都元帅的书信不过是公开的、维持上国体面的文字游戏而已，真正的秘密交易应是在此前进行的。莫将

---

① 《要录》卷140绍兴十一年六月辛未。
② 《要录》卷141绍兴十一年九月戊申。
③ 《会编》卷206，《要录》卷141绍兴十一年九月乙卯注。

等携嫚书回朝，只是标志着双方早先的秘密谈判已有眉目。宋廷立即当月发遣刘光远和曹勋使金，携有宋高宗本人的书信，其中说：

"某昨蒙上国皇帝推不世之恩，日夜思念，不知所以图报，故遣使奉表，以修事大之礼。"

"今闻兴问罪之师，先事以告，仰见爱念至厚，未忍弃绝。下国君臣既畏且感，专遣光州观察使、武功县开国子、食邑五百户刘光远，成州团练使、武功县开国子曹勋往布情恳。望太保、左丞相、侍中、都元帅、领省、国〔王〕① 特为敷奏，曲加宽宥，许遣使人，请命阙下。生灵之幸，下国之愿，非所敢望也。"②

尽管宋廷和张俊采取不抵抗政策，听任金兵蹂践淮南，而胜利者却陷入绝粮的困境，只能宰杀骡马和奴婢作食，最后到了"骡马依稀四分，奴婢十中无六、七"的地步。龙虎大王完颜突合速和五太子、邢王完颜阿鲁补（宗敏）对完颜兀术（宗弼）说："若南宋受檄，犹得半军回；若宋军渡江，不击自溃。"

完颜兀术（宗弼）盼望宋朝的和议回音，简直是望眼欲穿。③ 幸亏刘光远等人的到来，使完颜兀术（宗弼）在维持体面的前提下摆脱了困境。完颜兀术（宗弼）发付刘光远等归宋，并回书说，"今日鸣钟伐鼓，问罪江、淮之上"，"虽行人对面之语，深切勤至"，"如果能知前日之非而自讼，则当遣尊官右职、名望夙著者持节而来"。④

宋廷于十月接到刘光远等带来的回信，又当即命吏部侍郎魏良臣充大金军前通问使，王公亮任副使，并捎带宋高宗回书说：

"窃自念昨蒙上国皇帝割赐河南之地，德厚恩深，莫可伦拟，而愚识浅虑，处事乖错，自贻罪戾，虽悔何及。"

---

① 此处完颜兀术（宗弼）的头衔，大抵与《金史》相合，唯有"国〔王〕"，原作"国公"，《会编》所载书信或称"魏国公"。据《金史》卷4《熙宗纪》，他自天眷二年到皇统八年死，都是封"越国王"。《要录》卷141绍兴十一年九月戊申亦作"越国王"，今据以改。
② 《会编》卷206，《要录》卷141绍兴十一年九月戊午注。
③ 《会编》卷215《征蒙记》，《要录》卷142绍兴十一年十一月辛丑注。
④ 《会编》卷206，《要录》卷142绍兴十一年十月乙亥注。

> "惟上令下从，乃分之常，岂敢辄有指述，重蹈僭越之罪。专令良臣等听取钧诲，顾力可遵禀者，敢不罄竭，以答再造。仰祈钧慈特赐敷奏，乞先敛兵，许敝邑遣使，拜表阙下，恭听圣训。"

回书词意的卑辱，自不待论，甚至小到礼品的等级，宋高宗也想得十分周全。他认为礼品不必用上等，不能用上等礼品奉献完颜兀术（宗弼），用中下等奉献金熙宗。他说："恐左藏库无佳帛，朕处有之。向张浚在川、陕，每岁进奉樗蒲、绫帛等皆在，朕未尝用一匹。"仅此一端，也足见这个孤家寡人侍奉杀父之仇的虔诚。秦桧马上接口说："陛下恭俭如此，中兴可必也！"①

魏良臣与金人谈判时，金方"欲斥地尽江"，经过讨价还价，完颜兀术（宗弼）"阳诺"，又在书信中说："使者许我江北矣。"魏良臣私下拆信，又重新交涉。十一月，完颜兀术（宗弼）命行台户部兼工部侍郎萧毅，翰林待制、同知制诰邢具瞻"奉使江南，审定可否"。金使南下临安，有意在船上树立"江南抚谕"四字旗，镇江知府刘子羽一度换旗，使魏良臣"大惧"，但金使却并不计较，也反映他们急于和议之速就。金方回信中说：

> "本拟上自襄江，下至于海以为界，重念江南凋弊日久，如不得淮南相为表里之资，恐不能国。兼来使再三叩头，哀求甚切，于情可怜，遂以淮水为界。西有唐、邓二州，以地势观之，亦是淮水北，在所割之数。来使云，岁贡银、绢二十五万两、匹，既能尽以小事大之礼，货利又何足道，止以所乞为定。"②

宋金双方很快拍板成交，在和议条款之外，又另有两项重要协议。一

---

① 《会编》卷 206，《要录》卷 142 绍兴十一年十月壬午。
② 《会编》卷 206，《要录》卷 142 绍兴十一年十一月辛丑，乙巳，壬子，《周益国文忠公集·杂著述》卷 1《亲征录》，《朱文公文集》卷 88 刘子羽神道碑，《南轩先生文集》卷 37 刘子羽墓志铭。

是金方规定，宋高宗"不许以无罪去首相"，① 这就大大巩固了秦桧的相位，事实上左右了此后十馀年的南宋政局。揆情度理，这可能是出于秦桧向金方的私下乞求，用以巩固自己的权位，而免于和议成功后之罢相命运。二是金方同意归还宋徽宗的"梓宫"和宋高宗生母韦氏。按照协议及后来的交涉，金朝得到了大片在战场上并未得到的土地，包括岳家军收复的唐、邓、商（今属陕西商洛市）、虢（治今河南卢氏）等州，吴璘等军收复的陕西州县，吴玠军坚守的和尚原要塞等，这就是后来史家通称的"绍兴和议"。正如宋人吕中评论说：

> "向者战败而求和，今则战胜而求和矣；向者战败而弃地，今则战胜而弃地矣。"②

宋高宗以"臣构"的名义，向金熙宗进献誓表说：

> "既蒙恩造，许备藩方，世世子孙，谨守臣节。每年皇帝生辰并正旦，遣使称贺不绝。岁贡银、绢二十五万两、匹，自壬戌年为首，每春季差人般送至泗州交纳。有渝此盟，明神是殛，坠命亡氏，踣其国家。臣今既进誓表，伏望上国蚤降誓诏，庶使弊邑永有凭焉。"

宋高宗命何铸充大金报谢使，曹勋充副使，远至东北金廷，敬献此表，表中还包括"沿边州城""不得屯军戍守"，发落北方人归金，不得接纳金方叛亡者，而宋方叛亡者入金境，只能"移文收捕"等内容。绍兴十二年，即金皇统二年（公元 1142 年），金朝命左宣徽使刘筈为江南封册使，"册康王为宋帝"，其册文说：

> "皇帝若曰：咨尔宋康王赵构，不吊，天降丧于尔邦，亟渎齐盟，自贻颠覆，俾尔越在江表。用勤我师旅，盖十有八年于兹。朕用震悼，斯民其何罪。今天其悔祸，诞诱尔衷，封奏狎

---

① 《四朝闻见录》乙集《吴雲壑》，《鹤林玉露》甲编卷 5《格天阁》，《朱文公文集》卷 95 张浚行状，《鄂国金佗稡编》卷 20《吁天辨诬通叙》。
② 《要录》卷 146 绍兴十二年八月己丑附录。

至，愿身列于藩辅。今遣光禄大夫、左宣徽使刘筈等持节，册命尔为帝，国号宋，世服臣职，永为屏翰。呜呼钦哉！其恭听朕命！"①

当然，在万般羞辱之馀，唯一一件可充遮羞之用的物品，就是宋高宗生母韦氏。宋高宗对大金报谢副使曹勋说："朕北望庭闱，逾十五年，几于无泪可挥，无肠可断，所以频遣使指，又屈己奉币者，皆以此也。"话音方落，这位天才的表演家一时声泪俱下，左右也奉陪这个大金的"臣构"皇帝擦眼抹泪。宋高宗又继续说："汝见虏主，当以朕意与之言曰：惟亲若族，久赖安存，朕知之矣。然阅岁滋久，为人之子，深不自安。况亡者未葬，存者亦老，兄弟族属，见馀无几。每岁时节物，未尝不北首流涕。若大国念之，使父兄子母如初，则此恩当子孙千万年不忘也。且慈亲之在上国，一寻常老人尔，在本国则所系甚重。往用此意，以天性至诚说之，彼亦当感动也。"

宋高宗虽也提及"父兄子母"，但重点是在自己的"慈亲"，而不在受难的兄长宋钦宗。他对金使谈话，更是只强调"太后果还"的问题。② 事实上，金朝也决计将宋钦宗扣押，作为讹诈的资本，这是绍兴十一年和绍兴八年和议的重要区别。在宋绍兴十一年，即金皇统元年二月，金熙宗下诏，复封"昏德公赵佶为天水郡王，重昏侯赵桓为天水郡公"。完颜兀术（宗弼）后在临终前的遗嘱中说，"宋若败盟"，"若制御所不能"，"遣天水郡公桓安坐汴京，其礼无有弟与兄争"。③

第五节 "莫须有"深冤大狱

绍兴和议与举办岳飞诏狱，是双管齐下，而又相辅相成的。

在罢兵权的总前提下，宋高宗对诸大将采取不同的方针。早已闲废的

---

① 《金史》卷77《宗弼传》，卷78《刘筈传》，《靖康稗史笺证·呻吟语》，《要录》卷142绍兴十一年十一月庚申注。
② 《要录》卷142绍兴十一年十一月乙卯，丁巳，戊午。
③ 《会编》卷215《征蒙记》，《金史》卷4《熙宗纪》，《靖康稗史笺证·呻吟语》。

刘光世在绍兴十年宋金开战时，又起用为三京等路招抚处置使，他曾申请"以舒、蕲等五州为一司，选置将吏，宿兵其中，为藩篱之卫"。秦桧党羽万俟卨论奏说，刘光世"欲以五州为根本，将斥旁近地自广，以袭唐李藩镇之迹，不可许也"。三大将罢兵柄后，刘光世也"引疾丐祠"，宋高宗发表他任万寿观使的闲职，他说："光世勋臣，朕未尝忘。闻其疾中无聊，昨日以玩好物数种赐之。光世大喜，秉烛夜观，几至四更。"① 一个大将玩物丧志，使皇帝十分放心，更加以鼓励。

枢密使韩世忠在罢兵权前后，忍不住屡次向宋高宗进谏，"以谓中原士民，迫不得已沦之腥膻。其间豪杰莫不延颈，以俟吊伐。若自此与和，日月侵寻，人情削弱，国势委靡，谁复振之"？"再上章，力陈秦桧误国，词意剀切"。在言官论奏后，宋高宗于十月将韩世忠罢枢密使，充醴泉观使闲职。②

馀下一个岳飞，无论是对金和议的需要，还是自认为巩固皇权的需要，无论是对宋高宗，还是对秦桧，都是必杀而无疑，剩下的问题只是如何罗织罪名而已。

事实上，从岳飞正式罢官之日起，对岳飞的陷害一直是在紧锣密鼓、马不停蹄地进行着。要了解整个阴谋实施的紧张程度，必须注意一个问题，这就是在宋代交通条件下，通信十分迟缓。例如李若虚在绍兴十年六月下旬，于德安府会见岳飞后，经闰六月一个整月，晓行夜宿，至七月上旬方返回临安，行程近一个半月。即使用金字牌递送最紧急的御前文字，马不停蹄，昼夜兼程，到达鄂州岳飞军中，约需十日，而从军中以急递发回文到临安，亦需约十日。一个往返计二十日。③

岳飞于八月九日正式罢官，而在罢官前，鄂州驻扎御前诸军都统制王贵按照各统制官"各以职次高下，轮替入见"的规定，④ 已到镇江府的枢密行府参见张俊。张俊对王贵进行威胁利诱，他打听到王贵曾两次受到岳飞的重罚，一定怀恨在心。但王贵毕竟是岳飞的爱将，他回答说："相公

---

① 《要录》卷140绍兴十一年六月壬辰。
② 《会编》卷206，卷217，《琬琰集删存》卷1韩世忠神道碑，《要录》卷142绍兴十一年十月癸巳。
③ 参见《鄂国金佗稡编校注》卷8第517页，第529页，第533页，第543页，第604页，第605页，第607页。
④ 《要录》卷140绍兴十一年四月乙未，《宋会要》职官41之34，《鄂国金佗续编》卷12《改所管制领将副军兵充御前省札》。

为大将，宁免以赏罚用人，苟以为怨，将不胜其怨矣！"张俊又以王贵家中的隐私，进行逼胁。王贵为保全自己，被迫屈从了。① 王贵是在八月二十三日稍后，即回到鄂州。按路上行程所需时日估算，则王贵受到逼胁，并且屈从，应发生在七月，即是岳飞留朝，张俊前往镇江府，设枢密行府之初所办的第一件大事。

王贵回鄂州后，鄂州驻扎御前诸军副都统制张宪旋即于九月一日启程，前往镇江府。② 八日，鄂州御前前军副统制，即张宪的副手王俊出面，向王贵投呈状词，进行告发，说张宪得知岳飞罢枢密副使后，阴谋裹胁鄂州大军前去襄阳府，用以威逼朝廷将军权交还岳飞。

王俊的诬告大约是受秦桧党羽、湖广总领林大声的唆使。其诬告时间无疑是经过精心选择，即在张宪已经离开鄂州，前往镇江府的途中。但是，王俊诬告状的内容却并非是刀笔讼棍的高明手笔，而是一派拙劣的谎言。张宪和王俊平日私人关系甚坏，"同军而处，反目如仇"，王俊的奸贪屡次受到张宪制裁。张宪居然在王俊"反覆不从"的情况下，毫无顾忌地向他倾吐自己的全部阴谋计划。任何稍有头脑的人，不难看出此份状词作伪的破绽。③

状词中涉及岳飞的情节，是在八月二十二日夜，张宪将王俊召到家中，告诉他"自家相公"罢官，"得衢、婺州"，"我相公处有人来，教我救他"。但王俊做贼心虚，他在状词后又另加小贴子说：

"契勘张太尉说岳相公处人来，教救他，俊即不曾见有人来，亦不曾见张太尉使人去相公处。张太尉发此言，故要激怒众人背叛朝廷。"④

其实，岳飞在八月九日罢官，如派人驰马送信，也须昼行夜宿，八月二十二日也肯定不可能抵达鄂州。

王贵接到王俊的状词，明知全属诬告，也只得将此状转交"专一报发

---

① 《鄂国金佗稡编》卷8《鄂王行实编年》。
② 王贵和张宪的往返时日，见《要录》卷141绍兴十一年九月癸卯注，《挥麈录馀话》卷2。
③ 《鄂国金佗稡编》卷24《张宪辨》，《挥麈录馀话》卷2。
④ 《鄂国金佗稡编》卷24《张宪辨》，《挥麈录馀话》卷2。

御前军马文字"①的湖广总领林大声，林大声又以急递发往镇江府的枢密行府。比王俊诬告早七日起发的张宪，完全被蒙在鼓里，待他到得镇江府，恰好是自投以阴谋编织的罗网之中。

张俊根本不管枢密院不得私设刑堂的祖宗家法，将张宪严刑拷打，遍体鳞伤。张宪仍不肯招承，张俊却以"张宪供通，为收岳飞处文字后谋反"，上报朝廷。②秦桧上奏皇帝，宋高宗下令举办诏狱，审讯岳飞。诏狱作为皇帝亲自决定的特设大狱，由高级官员"承诏置推"，名制勘院。③

岳飞罢官后，告假回江州，但很快又接到宋廷命令，召他回临安府。有好心的部将蒋世雄，乘着改授福州专管巡捉私盐的机会，途经江州，向岳飞报告了王俊出首诬陷张宪的情况。岳飞至此方才明白，秦桧等人陷害韩世忠的故伎，终于在自己身上重演了。他明知返回临安凶多吉少，仍毅然就道。岳飞回到临安后，鄂州的进奏官王处仁也冒着风险，再次就王俊的诬告向他通风报信，并恳切地希望岳飞上奏自辩。倔强的岳飞谢绝王处仁的建议，感慨地说："使天有目，必不使忠臣陷不义；万一不幸，亦何所逃！"④

他对宋高宗的脏腑已了如指掌。皇帝并不糊涂，而是相当聪明，对自己的冤屈完全有分辨能力。剩下的问题只是皇帝对自己如何操生杀之权而已，上奏自辩与否，其后果是相同的。

十月十三日，宋廷将岳飞投入大理寺狱，其长子岳雲已在此前入狱。⑤时距岳飞罢官仅两个月。考虑到当时鄂州、镇江府和临安府之间公文的传递速度，以及张宪九月一日从鄂州往镇江府行程所需时日，整个陷害步骤无疑是环环紧扣，间不容髮。到岳飞入狱为止，整个阴谋基本上已大功告

---

① 《要录》卷140绍兴十一年五月辛丑，《宋会要》职官41之45—46。
② 《会编》卷206，《要录》卷141绍兴十一年九月癸卯，卷142绍兴十一年十月戊寅，《建炎以来朝野杂记》乙集卷12《岳少保诬证断案》，《鄂国金佗稡编》卷8《鄂王行实编年》，卷24《张宪辨》。
③ 《宋史》卷200《刑法志》，此志称"飞与（胡）舜陟死，（秦）桧权愈炽，屡兴大狱，以中异己者，名曰诏狱，实非诏旨也"。此说有为宋高宗讳恶的成分。岳飞之诏狱完全是按宋高宗之命而设，参见《鄂国金佗续编》卷30范澄之《南剑州布衣上皇帝书》。
④ 《鄂国金佗稡编》卷8《鄂王行实编年》，《鄂国金佗续编》卷28《鄂武穆王岳公真赞》，《建炎以来朝野杂记》乙集卷12《岳少保诬证断案》。
⑤ 《会编》卷206，卷207《岳侯传》，《要录》卷142绍兴十一年十月戊寅，《鄂国金佗稡编》卷8《鄂王行实编年》。

成，剩下的次要问题是如何为惨毒的屠戮进一步编造借口而已。

欲加之罪，何患无辞，但是，为了给岳飞这个执政级高官罗织足以处死的罪名，却又费尽周折。最初，负责审讯的制勘院主审官是御史中丞何铸，副主审官是大理卿周三畏。何铸算是秦桧心腹，他过去不仅参与弹劾岳飞，而且为秦桧在朝廷排除异己立下大功，故特委此重任。在审讯过程中，岳飞尽管悲愤填膺，怒不可遏，终于尽了最大努力，克制自己，沉静地辩白冤屈，最后又解开衣服，背上露出了深嵌肌肤的四个大字——"尽忠报国"。何铸终于天良发现，他再不忍心为此丧天害理的勾当，便去找秦桧，力辩岳飞无辜。秦桧理屈词穷之馀，只能抬出宋高宗的旨意，进行压服，说："此上意也！"何铸并不退让，说："铸岂区区为一岳飞者，强敌未灭，无故戮一大将，失士卒心，非社稷之长计。"①

秦桧当即奏请宋高宗，于十一月改命万俟卨为御史中丞、兼制勘院主审官。万俟卨心狠手辣，过去他任荆湖北路转运判官和提点刑狱，岳飞鄙视他的为人。万俟卨正好挟私报复。② 万俟卨对岳飞竭尽酷刑逼供之能事，岳飞却绝不自诬，只是在狱案上写了八个大字：

"天日昭昭！天日昭昭！"③

岳飞不进饮食，唯求速死。秦桧和万俟卨又将与狱案毫无牵连的岳飞次子岳雷，以"入侍看觑"为名，投入囹圄。④

一代忠勇名将入狱后，引起朝野极大的震动。文士智浃、布衣刘允升、范澄之分别上书言事，企图营救岳飞。范澄之在上书中尖锐地指出，"宰辅之臣媚虏急和，又决不为陛下言"。"况胡虏未灭，飞之力尚能戡定，陛下方锐意于恢复祖宗之业，是岂可令将帅相屠，自为逆贼报仇哉"！他还引用南北朝时宋文帝杀名将檀道济，自毁长城的鉴戒，恳切期望宋高宗

---

① 《宋史》卷380《何铸传》。
② 《要录》卷142绍兴十一年十一月乙卯，《宋史》卷474《万俟卨传》。
③ 《会编》卷207《岳侯传》，《说郛》卷19《因话录》。
④ 《要录》卷143绍兴十一年十二月癸巳，《建炎以来朝野杂记》乙集卷12《岳少保诬证断案》。

回心转意。①

韩世忠自罢枢密使后,也畏惧秦桧的"阴谋",故"杜门谢客,绝口不言兵","平时将佐罕得见其面"。但是,面对岳飞的深冤,韩世忠却不愿噤默,他不计祸福,前去诘问秦桧。秦桧只是冷冰冰地回答:"飞子云与张宪书虽不明,其事体莫须有。""莫须有"意即"岂不须有"。② 韩世忠"艴然变色",愤怒地说:"相公!'莫须有'三字,何以服天下!"③

论辈分为皇叔的齐安郡王赵士㒟也挺身而出,为岳飞力辩,他对宋高宗说:"中原未靖,祸及忠义,是忘二圣,不欲复中原也。臣以百口保飞无他。"④ 宋高宗自然是拒谏饰非,反而迁怒于族叔。

大理卿周三畏是个畏首畏尾,在权势面前唯唯诺诺的人。⑤ 但参加审讯或断案的其他大理寺官员,如大理寺左断刑少卿薛仁辅、⑥ 大理寺丞何彦猷和李若朴(李若虚弟)却"喧然力争,以众议为非"。何彦猷还在都堂向秦桧申述岳飞"非辜",秦桧为之"错愕"。⑦ 敢于出头反对冤狱的官员,尚有蒋灿、许旸、吴姓寺丞等。⑧

既然宋高宗和秦桧已经下了决心和狠心,必杀岳飞而后快,则无论是宋太祖传下的不杀大臣的誓约,也无论是岳飞的罪状,虽经万俟卨煞费苦心,深文周纳而得,而实属子虚乌有,都不可能成为他们下毒手的障碍。

---

① 《会编》卷208,《要录》卷144绍兴十二年正月戊申,《鄂国金佗稡编》卷8《鄂王行实编年》,卷20《吁天辨诬通叙》,《鄂国金佗续编》卷30范澄之《南剑州布衣上皇帝书》。

② 《永乐大典》卷19735《曾公遗录》记载宋哲宗主张恢复保甲军训,说:"府界莫可先行?"《宋史》卷192《兵志》载同一语,作"府界岂不可先行"。宋时"莫须"两字常连用。

③ 《琬琰集删存》卷1韩世忠神道碑,《宋史》卷364《韩世忠传》,《要录》卷142绍兴十一年十月癸巳,卷143绍兴十一年十二月癸巳,《中兴小纪》卷29引《野史》,《鄂国金佗稡编》卷24《张宪辨》。又《皇朝中兴纪事本末》卷58,《宋宰辅编年录校补》卷16载此语为"必须有"。

④ 《会编》卷206,《要录》卷142绍兴十一年十一月丁未,《宋史》卷247《赵士㒟传》,《山房集》卷8《杂记》,《齐东野语》卷13《岳武穆逸事》。

⑤ 《要录》卷170绍兴二十五年十一月乙丑载宋高宗称周三畏"廉谨守法"。

⑥ 《宋会要》职官63之14。

⑦ 《会编》卷207,《要录》卷144绍兴十二年正月乙巳、戊申,《宋会要》职官70之25,《鄂国金佗稡编》卷24《张宪辨》。

⑧ 《负暄野录》卷上《蒋宣卿书》,《京口耆旧传》卷2《许旸传》。《周益国文忠公集·杂著述》卷6《泛舟游山录》:"吴迪功渊相访,其父寺丞君不主岳飞狱者。"

一些忠臣义士为营救岳飞而做的努力，也只能是徒劳无功的。

岳飞入狱两个半月，由于搜剔罪状的困难，久拖不决，眼看将至岁末。"臣构"宋高宗和秦桧为了向"上国"金朝献媚，已迫不及待了。万俟卨等通过秦桧，匆匆上报奏状说：

"看详岳飞等所犯，内岳飞私罪斩，张宪私罪绞，并系情理〔深〕重。王处仁私罪流，岳雲私罪徒，并系情理重。蒋世雄、孙革、于鹏私罪徒，并系情理稍重。无一般例，今奉圣旨根勘，合取旨裁断。"

宋高宗随即下旨：

"岳飞特赐死。张宪、岳雲并依军法施行，令杨沂中监斩，仍多差兵将防护。馀并依断，于鹏、孙革、王处仁、蒋世雄除名，内于鹏、孙革永不收叙。于鹏送万安军（治今海南万宁），孙革送浔州（治今广西桂平市），王处仁送连州（今属广东），蒋世雄送梧州（今属广西），并编管。僧泽一决脊杖二十，刺面，配三千里外州军牢城小分收管。智浃决臀杖二十，送二千里外州军编管。"①

实际上是由秦桧和万俟卨所拟的刑罚，本已最大限度地拟定重刑，但宋高宗对万俟卨上奏的最大改动，就是将岳雲的徒刑超越流刑，改判死刑，另对于鹏等人，又逐一法外加刑。依照宋朝刑法，应"以官当徒"，②岳雲的徒刑只是"追一官"，即将其左武大夫、忠州防御使降一官，"罚铜二十斤入官，勒停"，③ 即革职，罚铜折合铜钱二贯四百文。④ 但保留岳雲的生命，尚根本不能使这个独夫民贼满意。在绍兴十一年的阴暗岁末，岳

---

① 《要录》卷143绍兴十一年十二月癸巳，《建炎以来朝野杂记》乙集卷12《岳少保诬证断案》。
② 《宋刑统》卷2。
③ 《要录》卷143绍兴十一年十二月癸巳，《建炎以来朝野杂记》乙集卷12《岳少保诬证断案》。
④ 《庆元条法事类》卷76《罚黩》。

飞、岳雲和张宪三位出入枪林箭雨、效命抗金疆场的猛士，竟不死于敌寇，而惨死于朝廷。

岳飞之死并不意味着冤狱的终结。宋高宗和秦桧最痛恨岳飞属下的文士幕僚。岳飞与诸大将不同之处，是他以文武全才律己，礼贤下士，而他崇高的人品又极富感召力，至有"一时名人皆萃于幕府"之称。① 于鹏和孙革两个幕僚，被诬以为岳飞写信给王贵和张宪，策动谋反，与冒险通风报信的王处仁和蒋世雄，同被流放荒凉远恶的岭南。此外，其他幕僚，如朱芾、李若虚、高颖、王良存、夏珙、党尚友、张节夫等，虽未直接卷入狱案，也都被贬黜流放。在朱芾的责词中，宋高宗怪罪他"诡随"和"阿谀"岳飞，"坐阅贯盈之恶"。在李若虚的责词中，更竭尽谩骂之能事，什么"以尔凡陋，本无他能，每恣轻儇，殊乏素行"，"甘奴隶之鄙态"，"卒陷鸣枭之恶"。高颖原是北宋末进士，"陷伪十年，固穷守节"。在岳飞绍兴十年北伐夭折后，为"裨赞岳飞十年连结河朔之谋"，高颖出任岳飞的参议官。不料爱国有罪，高颖和李若虚都在流放地饮恨而终。②

宋廷尽管胁迫王贵就范，但对这个前岳飞的爱将并不放心，因为王贵统率着一支远离朝廷，最有战斗力的雄师。事实上，秦桧和张俊合伙炮制的假案，已牵连到王贵，说岳飞父子策动谋反的书信，是给王贵和张宪两人的。③ 王贵明了自己的危难处境，只能主动辞职。张俊举荐其宠儿和驽将田师中取代王贵，任鄂州驻扎御前诸军都统制。④ 田师中上任后，拉拢一些将领，又打击和排斥一批将领。勇将牛皋因发表对宋金和议不满言论，后被田师中毒死。⑤ 另一些岳飞部将也受到株连，而被罢官以至流放。⑥

---

① 《鄂国金佗续编》卷14《忠愍谥议》。
② 《要录》卷142绍兴十一年十一月辛酉，卷144绍兴十二年正月戊申，二月乙丑朔，卷145绍兴十二年五月甲辰，《宋会要》职官70之25，76之71，《鄂国金佗续编》卷10《令措置河北河东京东三路忠义军马省札》，卷11《令遣发参议官高颖措置三路忠义军马省札》，《东窗集》卷12《朱芾落敷文阁待制知徽州制》，卷14《李若虚落秘阁修撰制》。
③ 《鄂国金佗稡编》卷24《张宪辨》。
④ 《会编》卷208，卷219《林泉野记》，《要录》卷144绍兴十二年三月丁未，《东窗集》卷14《王贵除侍卫亲军步军〔副都〕指挥使添差福建路副都总管制》。
⑤ 《会编》卷216，《要录》卷156绍兴十七年三月丁卯，《宋史》卷368《牛皋传》。
⑥ 《要录》卷148绍兴十三年正月丁未，卷152绍兴十四年九月甲子，卷167绍兴二十四年七月癸丑，《夷坚甲志》卷13《邢舜举》，《挥麈三录》卷3。

为岳飞鸣冤叫屈的一批士人和官员，如刘允升则惨遭杀害，① 范澄之被流放后，饮恨而终。② 智浃则直接卷入岳飞冤狱，被反诬受岳云贿赂，带信给张宪，他在流放地不堪凌虐而死。③ 甚至连皇叔、齐安郡王赵士㒟也遭万俟卨的弹劾，说他"身为近属"，"交结将帅"，宋高宗诏令赵士㒟罢判大宗正事，逐出临安府，"令建州居住"。④ 薛仁辅、李若朴和何彦猷都受罢官处分。⑤ 前鄂州知州刘洪道因发表对罢岳飞兵权的不满言论，也遭万俟卨弹劾，说他"簧鼓将士，几至变生"，责授濠州团练副使，"柳州（今属广西）安置"。⑥ 蒋灿和许旸也受到罢官处分。⑦ 何铸罢御史中丞、制勘院主审官后，一度任签书枢密院事。他也遭万俟卨、罗汝楫等交章弹奏，罪名之一是"日延过客，密议朝政，以欲缓岳飞之死"，"使亲旧腾播，以谓议狱不合"。宋高宗下令罢官，"徽州（治今安徽歙县）居住"。⑧

更荒谬者，是因为憎恨一个"岳"字，按岳飞前幕僚、无耻文士姚岳的建议，宋廷下令将岳州（治今湖南岳阳市）改名纯州，岳州的节镇军名岳阳军改名华容军。⑨

在秦桧第二次任相后，冤狱之多，不可胜计，而诛戮之惨，株连之广，却以此次"莫须有"狱为最。宋高宗在不少冤狱中，仍愿遵守宋太祖誓约，不开杀戒，乐意于扮演一个宽宏大量的角色；而在岳飞冤狱中却凶相毕露，残忍嗜杀，甘愿撕破一切"仁厚"的伪装，这不能不认为是一种

---

① 《鄂国金佗稡编》卷8《鄂王行实编年》。
② 《岳庙志略》卷1。
③ 《会编》卷208，《要录》卷143绍兴十一年十二月癸巳，卷144绍兴十二年正月戊申，《建炎以来朝野杂记》乙集卷12《岳少保诬证断案》。
④ 《会编》卷206，《要录》卷142绍兴十一年十一月丁未，卷144绍兴十二年三月辛亥，《宋史》卷247《赵士㒟传》。
⑤ 《会编》卷207，《要录》卷144绍兴十二年正月乙巳，戊申，《宋会要》职官70之25。
⑥ 《要录》卷143绍兴十一年十二月丁卯，《宋史》卷474《万俟卨传》，《宋会要》职官70之25，《周益国文忠公集·奏议》卷10《论刘洪道赠官》，《舆地纪胜》卷112《柳州》。
⑦ 《负暄野录》卷上《蒋宣卿书》，《京口耆旧传》卷2《许旸传》。
⑧ 《要录》卷146绍兴十二年八月丙寅，卷147绍兴十二年十月庚辰，《宋史》卷380《何铸传》。
⑨ 《会编》卷234《中兴遗史》，《要录》卷168绍兴二十五年六月癸卯，《宋会要》方域6之34—35，《铁庵方公文集》卷17《书·刘子栗（缜）》。

反常行为。宋高宗建炎时杀陈东和欧阳澈，事后不得不表示后悔之意；绍兴时杀岳飞，却终身未表示过后悔之意。为了自己的政治需要，宋高宗宁愿将坏事做绝，而不愿留任何挽回馀地。

办完了对"上国"金朝自称"臣构"的手续，并且杀戮岳飞之后，这个独夫民贼算是称心如意了。宋高宗对秦桧说："凡事必熟思而后行，朕今三十五岁，而髪大半白，盖劳心之所致也。"秦桧说："陛下圣明天纵，而又审思若此，必无过举矣。"①

办理上述两件大事，自然是宋高宗"熟思而后行"的结果。他绞尽脑汗，费尽心机，白了少年头，到头来只是为了向杀父之仇换得一个"臣构"的身份证。宋高宗满以为这是自己所作的最佳选择，但往后的事态将表明，他并不能自此就嬉戏于深宫，而高枕无忧。

---

① 《要录》卷 142 绍兴十一年十月庚寅。

拾叁

窒息式的苟安

吴皇后像

第一节　皇太后回銮　五国城饮恨

宋金绍兴和议后，尚有两个遗留问题，一是具体划界，二是金朝归还宋徽宗、郑后、宋高宗结发正妻邢秉懿等的棺材和宋高宗的生母韦氏。

和议条款只是规定了双方地界的大致走向，在涉及地界划分时，又横生不少枝节。金朝都元帅完颜兀术（宗弼）"复求和尚原、方山原地"，"令于大散关西正南立界首"，几经交涉，"臣构"对"上国"的邀索，最后只能有求必应。① 商州自岳家军收复后，由原民间抗金武装首领、商州知州邵隆"披荆棘，立官府，招徕离散"，成为前沿的强固堡垒。邵隆反对割地，出兵攻击金人，结果秦桧将他调任南方，随后毒死。② 这是岳飞遇难后的又一悲剧。

宋金时期中国全图

---

① 《会编》卷208，《要录》卷145绍兴十二年六月己巳，卷146绍兴十二年八月辛酉朔，月末。
② 《会编》卷208，卷214，《要录》卷146绍兴十二年八月，卷153绍兴十五年四月庚寅。

为了三口棺材和一个老妇，宋廷频遣使者。绍兴十二年（公元1142年）四月，宋高宗发表外戚、少保、判绍兴府、信安郡王孟忠厚为迎护梓宫礼仪使，参知政事王次翁为奉迎两宫礼仪使。① 由于秦桧不肯自己出使，这两个使者算是最高规格。

时年六十三岁的韦氏曾在洗衣院中受尽折磨和羞辱，后于绍兴五年遣送至宋宫俘虏的集中地——五国城。② 金廷此时命盖天大王、殿前左副都点检完颜赛里（宗贤），将韦氏先接到上京会宁府，③ 然后再发遣南下。

韦氏得以南归，一些宋宫被俘女子，包括金熙宗妃张氏等也从中帮忙。张氏乃是二太子完颜斡离不（宗望）与原韦氏侍女张氏所生，"赠韦后三千金"。④

韦氏行将离开五国城。平日与她最亲密的乔贵妃，时年五十七岁，她所生的七子中，三子夭亡，四子充当俘虏，其中三人居然又在荒凉的北地生儿育女，而幼子却"自戕"。⑤ 尽管乔贵妃的晚景如此凄凉，她仍然将自己积攒的五十两黄金，送给金使明威将军、少府少监高居安，说："薄物不足为礼，愿好护送姐还江南。"她又举杯对韦氏说："姐姐此归，见儿郎，为皇太后矣，宜善自保重。妹妹永无还期，当死于此！"面对这场"生死之别"，韦氏和乔贵妃都嚎啕痛哭，乔贵妃说："姐姐到快活处，莫忘了此中不快活。"韦氏说："不敢忘今日。"很多宋宫俘虏也在旁哭泣。⑥

宋钦宗挽住韦氏的车轮说："第与吾南归，但得为太乙宫主足矣，它无望于九哥也。"这是他对远在南天的九弟宋高宗的绝望呼号，韦氏一时无计可施，便发誓说："吾先归，苟不迎若，有瞽吾目！"宋钦宗的手松开了。五国城的一幕生离死别的悲剧毕竟还是散场了。⑦

金朝派完颜赛里（宗贤）和山东西路都转运使刘祹"送天水郡王丧

---

① 《要录》卷145绍兴十二年四月甲子朔。
② 《靖康稗史笺证》的《呻吟语》和《宋俘记》。
③ 《金史》卷70《宗贤传》，《靖康稗史笺证》的《青宫译语》、《呻吟语》和《宋俘记》。
④ 《靖康稗史笺证·呻吟语》。
⑤ 《宋会要》后妃3之9，《皇宋十朝纲要》卷15，《宋史》卷246宋徽宗诸子传，《靖康稗史笺证》的《呻吟语》和《宋俘记》。
⑥ 《会编》卷211，《要录》卷145绍兴十二年六月己卯，《宋史》卷243《乔贵妃传》。
⑦ 《说郛》卷29《朝野遗记》，《齐东野语》卷13《张才彦》所载稍异。

枢"，高居安护送韦氏南下，两种使名虽异，实则一路同行。①

韦氏是个颇工心计的女子，她害怕迟则生变，又在南归途中，向金使借贷黄金三千两，犒赏众人，以便速行，并约以加倍利息偿还。一行人从抵达淮河北岸后，金方遂要求宋方先支付韦氏的借款和利息，然后放韦氏渡淮。身为奉迎两宫礼仪使的王次翁，习惯于事事处处遵禀秦桧旨意而行，他"虽所赍甚厚"，害怕秦桧"疑其私相结纳，归欲攘其位"，"坚执不肯偿，相持界上者凡三日"。还是秦桧妻兄、任提举应办一行事务的王晚乖觉，他自作主张，将韦氏欠债如数偿付，韦氏方得渡淮。②

八月，一幕"皇太后回銮"的闹剧便在临安小朝廷演出了，主角自然是以孝字自我标榜的宋高宗。他将万俟卨升任参知政事，充大金报谢使，说："和议既定，内治可兴。"秦桧立即帮腔说，"以陛下圣德，汉文帝之治不难致。""汉文帝文不胜质，唐太宗质不胜文，陛下兼有之"。宋高宗说，"唐太宗不敢望汉文帝，其从谏多出矫伪"。"朕谓专以至诚为上，太宗英明有馀，诚有未至也"。③君臣两人，一唱一和，无耻地进行自我吹嘘。

宋高宗亲自到临平镇迎接韦氏，安排了隆重的皇家仪仗。史称他"初瞻慈容，喜深感极，泪湿龙绡，军卫欢〔呼〕，声动天地"。韦氏"见将相大臣班列于道"，却只问一人："孰是韩世忠？房中皆知其名。"招呼业已退闲的韩世忠到帷前"慰劳"，此后每月都给韩世忠赏赐。韦氏此举，也多少破坏了一些喜庆气氛，给宰相秦桧和执掌兵柄的枢密使张俊带来一些难堪。

早在绍兴九年，临安已建成慈宁宫。宋高宗当时特"召秦桧等入观"，群臣上表，赞颂皇帝"达孝通于神明，要道形于德教"，"方且致天下之养，用寅奉于母仪"。④韦氏到达临安后，宋高宗亲自"夜侍"慈宁宫，韦氏"遂示以倦意"，宋高宗"不得已，恭揖而退"。此后，每当韦氏"或一食稍减"，宋高宗"辄不胜忧惧"。他告诫宫人说："凡有阙，毋得

---

① 《要录》卷145绍兴十二年六月己卯，《宋史》卷30《高宗纪》，《金史》卷79《王伦传》。刘祹官名，《要录》作秘书监，今从《金史》。
② 《要录》卷145绍兴十二年四月甲子朔，卷146绍兴十二年八月丙寅，《宋史》卷243《韦贤妃传》，卷380《王次翁传》，《挥麈后录》卷11。
③ 《要录》卷146绍兴十二年八月甲戌，《宋宰辅编年录校补》卷16，《宋会要》职官51之15—16。
④ 《要录》卷132绍兴九年十月戊辰，《枫窗小牍》卷下。

白太后，第来白朕。盖太后年已六十，惟胸中无一事，动作如意，即寿考康宁无穷矣！"① 真可谓曲尽孝道。

对韦氏的安置，自然大可作装潢门面之用；但在另一方面，对几口棺材，主要是宋徽宗的"梓宫"的殡葬，宋廷却又颇费踌躇。早在绍兴八年和议后，杨炜上书当时的参知政事李光，说"倘或梓宫可还，真伪未辨"。王之道也建议"梓宫以下神椁，无虑十百"，应"取神椁之最下者，斲而视之，然后奉安"。事实上，此次归还棺材，金人也果然做了手脚。原来女真族实行火葬，"不尚棺椁"。宋徽宗等死后，"皆生绢裹葬"。身死多年，"起攒"之际，"惟裹泥土"，送到上京会宁府，方"制棺若柜"。另一说则棺材中根本没有宋徽宗尸身，只是代之以一段木头。埋殡自然是中国古代的一件大事，宋高宗君臣讨论再三。他们害怕开棺验尸，而影响对金关系，使自己公开再蒙受一重羞辱，决定"梓宫入境，即承之以椁"，并将衮冕、翚衣"纳之椁中，不复改敛"，葬于绍兴府的永祐陵，② 用以为"臣构"遮羞。

由于在梓宫问题上的含垢忍耻，就尤须以韦氏"回銮"而大肆吹擂。一时之间，百僚称贺，盛赞官家"圣孝，感通神明，敌国归仁"。③ 秦桧率百官上表说：

"万里回銮，庆母仪之正位；九重视膳，知子道之攸行。"

万俟卨上《皇太后回銮事实》，并作序说，"恭惟皇帝陛下法姚虞之尽善尽美，迈汤后之克宽克仁"。"大谋长算，时出宸虑，讲信修睦，断以不

---

① 《会编》卷211，卷212，卷223，《要录》卷146绍兴十二年八月辛巳，壬午，九月辛亥，《宋史》卷243《韦贤妃传》，卷364《韩世忠传》，《琬琰集删存》卷1韩世忠神道碑，《宋会要》后妃2之8。
② 《会编》卷191杨炜上李光书，《要录》卷128绍兴九年五月癸巳，卷146绍兴十二年八月己丑，九月癸巳，《宋史》卷122《礼志》，《靖康稗史笺证·呻吟语》引《燕人麈》，《癸辛杂识》后集《徽宗梓宫》，别集上《杨髡发陵》，《相山集》卷25《绍兴九年五月二十二日上谏议曾统书》。《要录》引宋高宗之说："今三梓宫之来，皇太后与渊圣呼当时躬葬事之役者，待其毕集，然后启瘗，其思虑深远如此。"此说可能供遮羞之用，未必可信。后元朝僧人杨琏真加发掘南宋皇陵，得知宋徽宗棺中并无尸身，唯有一段木头。
③ 《要录》卷146绍兴十二年八月癸未。

疑，不惮谦辞厚币之劳，以冀承颜问膳之乐"。"自我作古，贻之方来，甚盛德之举，不其伟欤"！① 秦熺则在官史中称颂皇帝"孝悌绝人，前古帝王所不能及"。② 宋高宗宣布大赦天下，赦文由秦熺和程克俊行词，说：

"上穹悔祸，副生灵愿治之心；大国行仁，遂子道事亲之孝。可谓非常之盛事，敢忘莫报之深恩。"

归根结底，仍须表明大金之深仁厚泽，是"臣构"没齿"莫报"的大恩大德。此赦文"邮传至四方，遗黎读之，有泣者"。四川士人刘望之写诗讽刺说：

"一纸盟书换战尘，万方呼舞却沾巾。
崇陵访沈空遗恨，郓国怜怀尚有人。
收拾金缯烦庙算，安排钟鼎诵宗臣。
小儒何敢知机事，终望君王赦奉春。"③

宋高宗又为一年前已升任左相的秦桧再次加官进爵，秦桧自冀国公改封魏国公，自少保超越少傅、少师、太保和太傅四阶，特拜太师，位极人臣之尊。秦桧假意辞谢，宋高宗说："梓宫归葬，慈宁就养，皆卿之功也。此未报百分之一，不必辞。"④

在小朝廷大肆铺张和渲染的喜庆气氛中，不料又出了一件大煞风景的事。金朝副使刘祹一天向馆伴官突然发问："岳飞以何罪而死？"馆伴官一时窘迫得难以措词，只能说："意欲谋叛，为部将所告，以此抵诛。"刘祹冷笑一声，毫不客气地奚落说："江南忠臣善用兵者，止有岳飞，所至纪律甚严，秋毫无所犯。所谓项羽有一范增而不能用，所以为我擒。如飞者，无亦江南之范增乎！"馆伴官噤若寒蝉，不敢回答只言片语。秦桧得

---

① 《会编》卷223。
② 《要录》卷146绍兴十二年八月己丑附录。
③ 《会编》卷212，《要录》卷146绍兴十二年九月壬寅，《桯史》卷5《刘观堂读赦诗》。
④ 《要录》卷146绍兴十二年九月乙巳，《宋史》卷473《秦桧传》，《宋宰辅编年录校补》卷16。

知此事后，下令不准奏禀宋高宗，又很快将此人贬黜。① 在完颜赛里（宗贤）等"朝辞"后，宋高宗特"诏参知政事万俟卨就驿伴宴"。②

尽管宋金之间确立君臣尊卑关系的大局已定，但一些稍有血性的宋朝官员仍表示不服。绍兴十五年（公元1145年），金使完颜宗永等贺宋高宗生辰，吏部侍郎陈康伯"接伴"，因在若干小礼节上不愿"辱命"，完颜宗永便屡次对宋廷扬言："接伴慢我！"小朝廷一时惊慌失措，侍御史汪勃上奏弹劾陈康伯，说他"酬对辱国，望罢之，以副惇信睦邻之意"。宋高宗便命陈康伯外任知州，副使钱恺也受降官处分。③

绍兴二十三年（公元1153年），金使纥石烈撒合辇（大雅、志宁）途经扬州，知州向子固"遇诸衢，不即引避"，纥石烈撒合辇（大雅、志宁）报告宋廷，向子固随即罢官。④ 由于此类事情不断发生，右正言郑仲熊专门为此上奏说：

"陛下偃革休兵，已见成效。至于岁时庆贺，驿骑交驰，盛典缛仪，所以燕遇接纳之勤，情文备至。惟是州县之吏，或不能上体圣意，间有灭裂。欲望申敕有司，凡迎劳馆饯之礼，务加严整。稍有慢戾，臣得按劾以闻。"

宋高宗随即批准此奏。⑤ 不料郑仲熊后升执政，又被弹劾罢官。侍御史董德元的弹章说：

"近日大金遣使庆贺生辰，南北敦好既久，陛下屡降诏旨，馆遇使客，务加周旋。仲熊既被旨押宴，对客寨傲，略无和颜，酒行匆遽，顷刻而罢。误国之深，莫甚于此。"⑥

为"偃革休兵"，宋高宗"屡降诏旨"，规定臣僚对待金使，"务加周

---

① 《说郛》卷18叶寘《坦斋笔衡》，《说郛》号47赵葵《行营杂录》。
② 《要录》卷146绍兴十二年九月丙申。
③ 《要录》卷153绍兴十五年五月丁卯，《宋史》卷384《陈康伯传》。
④ 《要录》卷164绍兴二十三年五月甲辰，《金史》卷60《交聘表》，又卷87《纥石烈志宁传》载纥石烈撒合辇汉名志宁，官左宣徽使。
⑤ 《要录》卷166绍兴二十四年五月辛酉。
⑥ 《要录》卷168绍兴二十五年六月庚辰。

旋"，"燕遇接纳之勤，情文备至"。若不能"上体圣意"，便成"误国"之罪，"莫甚于此"。仅此一端，也足见"臣构"用心之苦，卑顺之至。

宋高宗对难兄宋钦宗的南归，无疑是采取了十分冷漠的态度。冠盖相望的宋使们，也"上体圣意"，在谈判过程中，将韦氏与宋钦宗作了区别对待，在他们的渊圣皇帝南归问题上并不力争。但是，宋钦宗和其他兄弟不得南归，又无疑使皇帝背上了悌道有亏的恶名。偏巧韦氏得了目疾，大约是老年性白内障，双目失明，① 按古时的迷信习俗，正好成为韦氏对宋钦宗赌咒的报应。

金人接待宋使时，曾顺便询问，祈请韦氏南还的何铸"安在，曾用否"？于是使因反对岳飞冤狱而闲废的何铸身价倍增。在韦氏的催逼下，宋高宗不管秦桧是否乐意，将何铸恢复端明殿学士的虚衔，于绍兴十六年（公元1146年）九月，任大金祈请使，"以迎请天属"。宋高宗又担心何铸无功而返，使自己更加丢脸，故对其使命"秘而不传"。事实上，何铸也不过是徒劳往返而已。②

绍兴十九年（公元1149年），即金天德元年，金朝发生了金海陵王完颜迪古乃（亮）杀金熙宗，夺取帝位的政变。绍兴二十一年（公元1151年），宋高宗又命执政官、签书枢密院事巫伋充大金祈请使，"祈请山陵地"，并"请归皇族"。金海陵王通过译者传话，十分简单而干脆，说八陵"自有看坟人"，宋钦宗"不知归国甚处顿放"。只用三言两语，便将宋高宗君臣苦心策划的"祈请"使命勾销。③

绍兴二十六年（公元1156年），即金正隆元年六月，宋钦宗终于饱含对仇敌与九弟的遗恨，与世长辞，时年五十七岁。金人对此事一直秘而不宣，五年后方通知宋朝，但也未告知宋钦宗的确切死期。④ 他二十六岁登

---

① 《要录》卷162绍兴二十一年七月丁未，卷180绍兴二十八年，《宋会要》后妃2之10，《宋史》卷243《韦贤妃传》，卷462《皇甫坦传》，《说郛》卷29《朝野遗记》。

② 《要录》卷155绍兴十六年九月甲戌，《宋史》卷30《高宗纪》，卷380《何铸传》。

③ 《会编》卷219，《要录》卷162绍兴二十一年二月壬戌，癸亥，九月，《金史》卷60《交聘表》。

④ 《金史》卷5《海陵纪》作六月庚辰（十日），《靖康稗史笺证·呻吟语》引《燕人麈》作六月庚午，而六月无庚午日。故宋钦宗死期应以《金史》为准。《要录》卷187载宋钦宗死于绍兴三十年冬，乃金人有意不公布死期之误，不足为据。

— 254 —

基后，实际上只当了一年多皇帝，却度过了长达三十年的俘囚生活。

五国城残存宋俘的悲惨末日，是在五年后。残暴的金海陵王为发动侵宋战争，又将"亡辽豫王子嗣三十馀口，天水郡王嗣一百馀口，并以无罪，横遭杀戮"。[1]

在好几千宋宫俘虏中，唯有韦氏一人，托庇于"臣构"皇帝的福荫。她在南归后，得以享受十八年荣华富贵，她的目疾也被皇甫坦治愈。绍兴二十九年（公元1159年）九月，韦氏死于慈宁宫，享年八十岁。[2] 其死期正好与残存宋俘被斩尽杀绝之时相近。

对赵氏龙子凤孙而言，绍兴和议可归结为以出卖好几千名北地怨魂的代价，换得了一个南国老妇。尽管何铸和巫伋两次奉使，对"臣构"皇帝的悌道多少有所弥补，但在南宋官史中，一方面对皇太后回銮的盛事，不惜浪费笔墨和钱财，大肆吹嘘，另一方面对何铸和巫伋使命的失败，几千名皇族的归宿，却又深以为讳。这不难表明，从宋高宗本人到一批擅长曲笔的史官辈，对何者为荣，何者为辱，其内衷其实也并非不具备常人的见识。

第二节　"太平翁翁"的专横

皇太后回銮的闹剧曲终人散之后，宋高宗和秦桧的下一个"内治"目标，就是枢密使张俊。张俊排挤了韩世忠，又陷害了岳飞，自以为可以长久地独掌军权。其实，他不过是充当了皇帝和宰相手中的斧柄，执柯伐柯，一旦斫伐的任务完成，旧斧柄也就成为可厌的弃物。绍兴十二年冬，秦桧唆使殿中侍御史江邈弹奏张俊说：

"俊据清河坊以应谶兆，占承天寺以为宅基，大男杨存中（时杨沂中已赐名存中）握兵于行在，小男田师中拥兵于上流。

---

[1] 《会编》卷233《神麓记》，《金史》卷5《海陵纪》。《说郛》卷29《朝野遗记》载宋俘"七百馀人俱受害"，其人数应以《神麓记》所引金世宗即位赦文和《金史》为准。

[2] 《要录》卷183绍兴二十九年九月庚子，《宋史》卷243《韦贤妃传》。

他日变生，祸不可测。"

江邈并未在一些鸡毛蒜皮的琐事上做文章，而径自冠以谋反之嫌的可怕罪名，也足见其落笔之狠毒。宋高宗自然乐于充当好人，说："张俊有策立复辟之功，非有谋反之事，皆不可信。"话虽如此，张俊因弹劾而不得不上辞呈，宋高宗还是爽快地予以批准。于十一月发表他充醴泉观使的闲职，并进封清河郡王，以示格外恩宠。① 这一龃事先商量或未经商量的，由皇帝与宰相合演的双簧，无疑是十分成功的。张俊虽然对兵权恋恋不舍，也只得忍痛下台。

宋高宗罢免张俊，固然也源于宋朝猜忌武夫的祖宗家法，而张俊的去位，又造成了秦桧相权的进一步扩张。陆游诗说：

"太平翁翁十九年，父子气焰可熏天。"

他在诗中自注说：

"绍兴中，禁中谓秦太师为太平翁翁。"②

"翁翁"一词在宋代，有祖父或尊长之意。实际上，秦桧相权臻于极盛，尚是在绍兴十一年以后的事。第一，金朝剥夺了"臣构"皇帝对秦桧的罢免权，这是秦桧得以专横跋扈的关键；第二，岳飞的遇害，韩世忠和张俊的相继罢免，使朝廷之上，再无一个能与秦桧对峙的有力人物。

绍兴八年，秦桧迫于正论，曾引咎辞职，是宋高宗主动保护他度过危机。绍兴十年，金人败盟，又是宋高宗主动放弃了最后一次将秦桧罢相的机会。如今秦桧已稳当终身宰相，而宋高宗却是欲罢而不能。因为秦桧已成为宋金和议的象征，若罢免秦桧，就意味着"臣构"皇帝对和议的变卦，宋高宗是断乎不敢为此的。两人在表面上仍是维持君臣关系，实际上，臣子秦桧又是凭恃君父的杀父之仇去胁制君父。这种微妙的君臣关

---

① 《会编》卷 212，卷 219《林泉野记》，《要录》卷 147 绍兴十二年十一月癸巳，卷 169 绍兴二十五年十月丙申，《宋史》卷 369《张俊传》，《宋宰辅编年录校补》卷 16。
② 《剑南诗稿》卷 45《追感往事》。

系，在历史上是十分罕见的。

尽管如此，嗜权如命的秦桧仍千方百计，设法扩大自己的权力，独揽朝政，其办法主要有三条。

第一是任人唯亲，凡沾亲带故者，一律窃据要津。这种情况其实在绍兴元年至二年，秦桧初相之时，已露端倪。然而当时尚迫于舆论，碍手碍脚，如今却全无顾忌了。一个宰相，如此公开地、不避忌讳地、大规模地任用亲故，从中央政府到地方官府，编织成了一个庞大的亲故关系网，这在宋朝政治史上确是没有先例的。当然，任命亲故充要员，往往仍须由皇帝批准和发表，但宋高宗迫于形势，事实上也只能虚与委蛇，一般都按秦桧的意见批准和发表。正如后来朱熹评论说："高宗所恶之人，秦引而用之，高宗亦无如之何；高宗所欲用之人，秦皆摈而去之。举朝无非秦之人，高宗更动不得。"①

秦桧与其妻王氏本无子嗣。其妻兄王晚之妻为北宋宰相郑居中之女，"怙势而妒"，逐走一妾。王晚就将此妾所生孽子为被俘的秦桧立嗣。秦桧夫妻归宋后，十分高兴，"以己子视之"，取名熺，字伯阳。②绍兴十二年殿试，"有司定熺第一"，秦桧"引故事辞，乃降为第二人"，宋高宗下旨，"特迁左朝奉郎、通判临安府，赐五品服"。实际上，秦熺试卷作弊，是以"赋无天地，诗有龙蛇"八字作为"暗号"，而命考官凭暗号录取。③朝奉郎按官品为正七品，而上一次绍兴八年殿试第二名的陈俊卿，他出仕的初官仅为从八品左文林郎，竟差十一阶。④相形之下，自然显示了皇帝对秦桧的特恩和优宠。在此次科举考试中，秦桧侄子秦昌时和秦昌龄也榜上有名。"公议籍籍，而无敢辄语"，却有优伶在演出时作讽刺小品，说"主文柄"的考官是汉朝韩信，"若不是韩信，如何取得他三秦"？一时传为笑谈。⑤

秦熺凭借父势，宦运亨通，三、四年之间，官至翰林学士承旨、兼侍讲、提举秘书省。秦熺假惺惺地"乞避亲"。宋高宗"御笔除熺资政殿学

---

① 《朱子语类》卷131。
② 《会编》卷143，《要录》卷44绍兴元年五月丁巳，《宋史》卷473《秦桧传》，《挥麈录馀话》卷2。
③ 《要录》卷145绍兴十二年四月庚午，《宋史》卷473《秦桧传》，《密斋笔记》卷3。
④ 《宋史》卷168和卷169《职官志》，《朱文公文集》卷96陈俊卿行状。
⑤ 《夷坚支乙》卷4《优伶箴戏》。

士、提举万寿观、兼侍读，恩数视执政"，仍提举秘书省。宋高宗对秦桧说："熺出朕亲除，可谓士人之荣也。"① 绍兴十八年（公元1148年），秦熺又升任知枢密院事。秦桧问胡安国三子胡宁说："儿子近除，外议如何？"胡宁回答："外议以为公相必不袭蔡京之迹。"秦桧发怒，却无言以对。②

秦熺最后官至少傅、观文殿大学士、充万寿观使、兼侍讲、提举秘书省，"应干恩数、请给等，并依见任宰臣例"，立班在右相之下，③ 故其官位在其他执政之上。其超迁之速之高，在宋朝极为罕见，而秦熺却觍颜"处之不疑"。④ 岳飞艰难百战之馀，生前最高虚衔为少保，尚低少傅一阶，足见宋高宗对名器的滥授。天水一朝，父子同朝为宰执，仅有蔡京和秦桧两例。但蔡京和蔡攸"父子各立门户，遂为仇敌"。宋徽宗宠爱蔡攸，命他领枢密院事，又是在蔡京罢政之时。⑤ 秦熺立朝，位居秦桧一人之下，百僚之上。秦桧和秦熺父子虽也有不和，但在维护和扩张秦家权势方面，却并无二致。蔡京任相，说不上专横两字，秦桧已非简单地"袭蔡京之迹"，其权势大大超越蔡京，秦熺之"蹿进捷出"，也大大超越蔡攸。⑥ 确如前引陆游诗所说，"父子气焰可熏天"。

秦桧有孙三人，宋高宗于绍兴十五年（公元1145年），特命为正八品"直秘阁，赐三品服"。长孙秦埙，字伯和，当时年方九岁。⑦ 绍兴二十四年（公元1154年）科举，秦埙省试和殿试均为第一。其实，在最初绍兴二十三年（公元1153年）的两浙转运司的解试时，秦桧"亲党"就先"密告"考官候选人萧燧，命他作弊，却被萧燧拒绝，说："初仕敢欺心邪！"⑧ 于是，就改命陈之茂任考官，不料陈之茂又将南宋著名爱国诗人陆游名列第一，秦埙"适居其次"，秦桧"大怒"，"至罪主司"。陆游因

---

① 《要录》卷154绍兴十五年十月庚寅，乙未。
② 《要录》卷157绍兴十八年三月壬午，《宋史》卷435《胡宁传》，卷473《秦桧传》，《宋宰辅编年录校补》卷16。
③ 《要录》卷157绍兴十八年四月庚子，卷169绍兴二十五年十月丙申。
④ 《容斋三笔》卷7《赵丞相除拜》。
⑤ 《宋史》卷472《蔡攸传》，《宋宰辅编年录校补》卷12。
⑥ 《愧郯录》卷4《执政阶官封爵》。
⑦ 《要录》卷153绍兴十五年六月丁丑，卷154绍兴十五年十月乙亥附吕中《大事记》。秦埙字伯和，见《渭南文集》卷44《入蜀记》。
⑧ 《宋史》卷385《萧燧传》，《周益国文忠公集·平园续稿》卷27萧燧神道碑。

"喜论恢复",在此次殿试中又遭秦桧"显黜"。①

殿试的考试官有魏师逊、汤思退、郑仲熊、沈虚中、董德元和张士襄,全由秦桧提名奏请。他们得知秦埙参加科举,便由董德元"从誊录所取号而得之",高兴地说:"吾曹可以富贵矣!"宋时为防止科举作弊,有封弥、打号头、誊录等制度,使考官在阅卷时不知举人的姓名,也不能辨认笔迹,至此全部成为废文。由于考官在阅卷之时,不得与外人接触,沈虚中"遣吏逾墙,而白秦熺",通报已将秦埙"定为第一"。最后,宋高宗亲阅试卷,感到有必要抑制一下秦桧,便将秦埙改为第三名,录用张孝祥为头名状元。除秦埙外,很多秦桧的亲党子弟也都殿试中举,"天下为之切齿"。② 北宋奸相蔡京故吏高拣对人感慨地说:"看他秦太师,吾主人乃天下至缪汉也!"③

当时,甚至与秦熺关系深者,"能以不糊名",即可科举"上第"。④

秦桧次孙秦堪以"扶掖"秦桧入朝,"进职二等",自直显谟阁升直天章阁,"而以称呼不便为辞,乃升直龙图阁"。⑤ 宋朝此类作为虚衔的"职名,所以厉行义、文学之士","得之为荣,选择尤精",⑥ 而宋高宗居然以"扶掖"宰相为由,不吝于滥赐。秦堪娶妻赵氏,乃宋朝宗室,封令人,而秦埙妻高氏封和国夫人。⑦ 三孙秦坦几岁即为直秘阁,后又为秦桧"加恩","升直敷文阁"。⑧ 秦桧孙女封崇国夫人,仅为丢失心爱的狮猫,居然"立限令临安府访求","府为捕系邻居民家,且欲劾兵官",全城大扰而未得,最后"府尹因嬖人祈恳乃已"。⑨

秦桧有四兄弟,本人排行第三。他得势后,其兄秦梓官至直学士院、

---

① 《宋史》卷395《陆游传》,《剑南诗稿》卷40诗题,"陈阜卿先生为两浙转运司考试官,时秦丞相孙以右文殿修撰来就试,直欲首送。阜卿得予文卷,擢置第一。秦氏大怒","先生亦几蹈危机"云云,《四朝闻见录》乙集《陆放翁》。陈阜卿为陈之茂字,见《南宋馆阁录》卷7。
② 《要录》卷166绍兴二十四年三月辛酉,卷170绍兴二十五年十二月乙酉,《宋史》卷473《秦桧传》。
③ 《老学庵笔记》卷8。
④ 《止斋先生文集》卷49《承事郎潘公墓志铭》。
⑤ 《要录》卷162绍兴二十一年三月庚寅。
⑥ 《宋史》卷162《职官志》。
⑦ 《要录》卷165绍兴二十三年十二月庚午,卷167绍兴二十四年十一月丁巳。
⑧ 《要录》卷153绍兴十五年六月丁丑,卷157绍兴十八年六月戊戌。
⑨ 《老学庵笔记》卷3。

翰林学士等，秦桧还在宋高宗面前假意谦让，说"臣兄老于翰墨，自圣明所知，今兹除授，非臣敢预"，而"一门并授宠命，恐盈满延灾"。话虽如此，皇帝的恩命毕竟是不容推辞的。秦梓后外任知州，中途死于故乡建康府。宋高宗即命"除资政殿大学士致仕，恩数视参知政事"。①

绍兴十二年十二月，在秦桧生辰前夕，宋高宗将其弟、新任通判湖州秦棣超升为湖州知州。秦棣后死于宣州知州任上，是个"惨毒"的酷吏。②

秦桧妻王氏既为宰相孙女，故世代簪缨的妻党堪称车载斗量。秦桧岳父王仲㟧为王珪四子，后避宋钦宗赵桓名讳，改名仲山。他和三兄王仲嶷在建炎三年冬分别任抚州和袁州知州，西路渡江金军兵临城下时，两人分别"以城降拜"，一时备受士大夫的谴责和朝廷的处分。③秦桧重新参政，便谋划为王仲嶷和王仲山复官。绍兴八年初，左正言辛次膺弹劾"知抚州王晙违法佃官田，不输租"，"王仲嶷与王晙父尝投降虏人，仲嶷不当复官，晙不当作郡"。秦桧仍"营救不已"，辛次膺又一并弹劾秦桧。宋高宗却置之不理，④不久又将秦桧升任右相。绍兴和议后，王仲山已死，八十多岁的王仲嶷却不甘寂寞，"献《绍兴圣德颂》于朝"，并给侄女婿秦桧写启说：

"黄纸除书，久无心于梦寐；青毡旧物，尚有意于陶镕。"

在王仲嶷病故前后，秦桧"为开陈"，宋高宗特命"复显谟阁待制致仕"。王仲山也同样得到复官。⑤

秦桧妻王氏诸兄弟中，首推秦熺的生父王晙，此外还有王会、王著、王晓、王曆，从兄弟王曬、王晌、王晒等辈。王晙和秦梓在秦桧罢相后，曾"摈斥累年"，绍兴十年二月，御史中丞王次翁阿谀秦桧，建议不必

---

① 《要录》卷146 绍兴十二年九月戊申，卷148 绍兴十三年闰四月戊申，卷155 绍兴十六年二月辛酉。

② 《要录》卷147 绍兴十二年十二月庚辰，卷158 绍兴十八年十二月庚申。

③ 《会编》卷134，卷135，《要录》卷29 建炎三年十一月丁卯，《琬琰集删存》卷1《王太师珪神道碑》，《玉照新志》卷4。

④ 《会编》卷180，《要录》卷118 绍兴八年正月丙午，《宋史》卷383《辛次膺传》，《文史》第26辑第264页《宋乾道六年资政殿学士辛次膺墓志》。

⑤ 《要录》卷150 绍兴十三年十一月癸丑朔，卷175 绍兴二十六年闰十月癸卯，《挥麈录馀话》卷2。

"审量滥赏"，"以召和气"，"繇是二人骤进"。① 王晙在皇太后回銮时立功，官至两浙路转运使、临安知府等，本来还有继续高升之势，却较早病故。② 岳飞遇害，王会负责抄家，虽"极力搜刮，家无馀赀。秦桧犹疑之，谓所藏不至是，兴大狱数年，尽捕家吏，逮治有死者，而卒不得锱铢"。③ 王会"凡典三州，皆二浙膏腴之地。其去之日，公库所有，多择以自随"，"置田产于湖、秀，造大宅于平江"。④ 王曆"寓居抚州，恃秦桧之势，凌夺百姓田宅，甚于寇盗"，"役使守令，聚敛货赂"。⑤ 王著、王晓、王昞等也"凭恃权势，恣为不法"。⑥

其中较为特殊的是王曬，绍兴十七年（公元1147年），他时任礼部员外郎，而殿中侍御史余尧弼"论其躁进"，便改任主管台州崇道观。⑦ 余尧弼分明是秦桧的飞鹰走狗，居然弹劾秦桧的亲戚，显然是受秦桧唆使，用以掩人耳目，表明不私其亲。此后，王曬又因"进颂，忠诚可嘉"，升任起居舍人、直学士院等。宋高宗亲笔"书秦桧父、故玉山县令敏学墓碑首，曰'清德启庆之碑'，命词臣王曬撰文以赐"。⑧ 王曬起草秦桧加恩制，摘抄秦桧十分喜欢的一段骈文，歌颂靖康时开封围城中的往事，又升礼部侍郎。⑨ 王曬后外任衢州（今属浙江）知州，"时饥民俞八等啸聚为盗"，王曬"措置乖方"。秦桧最初向皇帝隐瞒，待宋高宗查究此事，秦桧又只能抛弃王曬，说他"赃污不法"，"乞先次放罢"。宋高宗说："曬，卿亲戚，今罢之，胜如罢其他十数人也。"⑩ 王曬两次罢官，恰好成了秦桧办事公道，不私其亲的宣传品。

王氏亲属横行天下，权势炙手可热。有一王子溶，看来仅是王氏疏

---

① 《要录》卷134绍兴十年二月癸酉，《挥麈后录》卷11。
② 《要录》卷146绍兴十二年九月丙申，卷147绍兴十二年十一月壬辰，卷156绍兴十七年八月己未。
③ 《鄂国金佗稡编》卷9《遗事》。
④ 《要录》卷170绍兴二十五年十二月乙未。
⑤ 《会编》卷220《中兴姓氏录》，《要录》卷164绍兴二十三年三月癸丑，卷172绍兴二十六年三月乙卯。
⑥ 《要录》卷173绍兴二十六年六月丁丑，卷179绍兴二十八年二月壬子。
⑦ 《要录》卷156绍兴十七年七月庚辰。
⑧ 《要录》卷158绍兴十八年十一月庚子，卷161绍兴二十年三月乙酉，乙巳。
⑨ 《要录》卷161绍兴二十年五月辛卯，《挥麈后录》卷11。
⑩ 《要录》卷166绍兴二十四年六月甲辰，《宋史》卷33《孝宗纪》，卷473《秦桧传》。

族。他任浙东提举常平司的属官,"郡宴必与提举者同席,陵忽玩戏,无〔所〕不至。提举者事之反若官属"。宋时提举常平算是一路的要员,居然受属官的欺侮。后王子溶又任吴县知县,对其上司平江知府"尤放肆"。知府宴请客人,大家方就席,王子溶突然派县吏传呼"伎乐伶人,即皆驰往,无敢留者",使一次宴会兴味索然。又有一次,王子溶突然半夜派人敲知府之门,必定要面见。知府"醉中狼狈,揽衣秉烛"而出。不料只是一个县衙门的"厅吏",他传话说:"知县酒渴,闻有咸齑,欲觅一瓯。"知府面对如此"陵侮",也只能忍气吞声,派人送去。①

如前所述,秦家、王家和郑家是几重亲上加亲的关系。曾在伪齐任高官的郑亿年归宋后,受到宋高宗和秦桧的庇护,享以高官厚禄。宋金绍兴和议后,金朝都元帅完颜兀术(宗弼)来函,向宋朝索取郑亿年等人。宋高宗回书说,郑亿年"更不愿前去,其母(秦桧岳父之姐)亦以此中亲眷不少,只欲留此养老。诚出恳切,取到亲书供状缴纳,想蒙情察"。完颜兀术(宗弼)回信,特准郑亿年"只令在彼居住"。宋高宗回书还特别答谢"郑亿年过蒙思念"。郑亿年不遣送北上,无疑是出自本人的意愿,更是宋高宗和秦桧的共同主张。他在绍兴和议中看来有穿针引线之功,故受宋金双方的特别垂顾。宋高宗将这个贰臣由资政殿学士升大学士,又以埋殡宋徽宗"攒宫","进秩二等","仍赐田二十顷,恩数视执政",使之"高爵重禄,坐享累年"。其他降金官员及其家属都发遣北上,唯独郑亿年留在南方。郑亿年又是在伪齐和南宋都享受执政待遇的唯一特例。这是千古的疑窦和怪事。宋朝史书单纯归结为秦桧"力为之地",其实是为赵官家避讳,宋高宗对郑亿年的殊恩,显然有自己的政治需求。事实上,郑亿年之弟郑侨年并无降伪齐的经历,也不过官至知州。②

秦桧虽不可一世,却是"畏内"之人。其妻王氏看来有女性不育之症。当秦桧在北宋任学官时,有一婢怀孕,悍妒的王氏即将此婢逐出家门。此婢后嫁兴化军仙遊县(今属福建)林家,生子取名林一飞。林一飞

---

① 《老学庵笔记》卷5。
② 《会编》卷208,《要录》卷145绍兴十二年五月乙卯,六月己巳,卷146绍兴十二年七月丁未,八月辛酉朔,月末,卷147绍兴十二年十月丙子,十一月壬辰,卷170绍兴二十五年十一月辛未,十二月甲戌朔。以上秦桧亲戚的叙事,参见已故刘子健先生《秦桧的亲友》,载《两宋史研究汇编》第143页,台北联经出版事业公司,1987年。

又有兄林一鸣和弟林一鹗。林一飞的遭际其实与秦熺相似，却又荣枯有别。秦桧寻访到了这个唯一的亲骨血，自然格外优待。林一飞最后官至尚书右司员外郎，其实是为亲生父亲执掌尚书省。秦桧"每有所欲为事，讽令台谏知后，只令林一飞辈往论之"。林一鸣和林一鹗自然也"恃权挟势，辄得进用"。①

曹泳是北宋初期大将曹彬的五世孙，他最初不过是低级武官。据说在秦桧穷困潦倒时，曹泳曾给予资助。但他主要还是以秦熺"娶其兄女"的身份，"以武易文"，改为文官，从此便飞黄腾达。曹泳最后官至户部侍郎、兼临安知府，成为秦桧卵翼下权势显赫的人物之一，"威声虐焰，震慑朝野"，"招权市恩，擅作威福"，"监司、郡守，必欲出其门下"。有个叫张修者，因为在曹泳"为小吏"时，曾庇护其"赃污"之行，曹泳发迹后，居然使张修科举登第，任镇江知府，又"骤除台官"，为监察御史，"人皆骇愕"。秦桧对曹泳"信爱之如子"，曹泳甚至可以干涉秦桧家事，"妻儿亲党，皆为其所离间"。秦桧后来愈来愈不喜欢秦熺，曹泳劝秦桧认林一飞为亲生子，以顶替秦熺，故号称秦府"说客"。②

丁禩在秦桧南归时，曾保全其性命，经常"出入其家"，号称秦府"狎客"。③ 宋朴"好左道，每与方士游"，由丁禩举荐给秦熺，"力加引拔"。宋朴因与秦桧一语相合，从左朝散郎、抚州州学教授，"甫逾年而执政"，升端明殿学士、签书枢密院事。④ 蹿升之速，令人咋舌。

曹冠是秦府"门客"，为"塾师"。他在考试官的帮助下，与学生秦埙同年登科。曹冠任平江府学教授，"到任三月，遽得改官"，迁太常博士，又很快兼权中书、门下省检正诸房公事，这是辅佐秦桧的要职。⑤ 龚鉴、龚釜和龚鉴兄弟都是贪官，或"以修圩之策献于秦桧"，或由曹泳向秦桧

---

① 《要录》卷170绍兴二十五年十一月丙辰，丁巳，《朱子语类》卷131，《齐东野语》卷11《曹泳》。

② 《要录》卷150绍兴十三年十月戊子，卷169绍兴二十五年八月壬午，十月丁酉，《齐东野语》卷11《曹泳》，《避暑漫抄》，《老学庵笔记》卷3，《朱子语类》卷131。《要录》说曹泳为"秦熺妇兄"，与《朱子语类》所载有异。

③ 《避暑漫抄》，《老学庵笔记》卷3。

④ 《要录》卷162绍兴二十一年三月癸巳，卷163绍兴二十二年十月甲戌，《老学庵笔记》卷2。

⑤ 《要录》卷166绍兴二十四年三月辛酉，卷169绍兴二十五年八月庚寅，卷170绍兴二十五年十一月丁巳，《避暑漫抄》。

举荐，遂得提拔。龚鎏和龚釜专为秦桧"营产业，残虐扰人"，号称秦府"庄客"。① 金鼐是湖州富豪，"财雄东南"，"以赀授官"，为秦桧"看阁子"，"使专任南亩出纳之责"，"纳赂"出使金朝，为"人所不齿"，却官至武义大夫。②

以上所列举的情况自然是不完全的，但也足见秦桧结党营私之道。常言道，一人得道，鸡犬升天。从秦桧肆无忌惮地重用亲故，各种各样的亲故关系互相依附，互相攀援，以求升官发财的情况看来，岂止于鸡犬升天，连鸡虱和狗蚤也可遨游云霄了。

除任人唯亲外，秦桧独揽朝政的第二条办法是只用一些没有名望、唯唯诺诺的应声虫充当执政，作为政府的副职。然而此类执政也必须经常撤换，不容其久居其位，以免他们升任右相，形成与自己并相的局面。"有自庶僚，谈笑至政府"，"自冗散小官，不三、二年至执政"，"然亦往往未久而败，盖有自桧予之，自桧夺之。所得富贵几何，而名字汙人齿颊，为千古叹辱"。③

他的第三条办法是控制台谏部门。所有的台谏官必须是由他自己牵线的一批恶狗，可以随时根据其发纵指示，出来狂吠乱咬，排击异己。史称"自秦桧专国，士大夫之有名望者，悉屏之远方。凡龌龊委靡不振之徒，一言契合，率由庶僚一、二年即登政府"。"不使干预政事"，"备员、书姓名而已。百官不敢谒执政，州县亦不敢通书问"。"仍止除一厅，谓之伴拜"。所有的执政官，无非是在政府充当摆设和傀儡。"稍出一语，斥而去之，不异奴隶。皆褫其职名，阁其恩数"。④ 秦桧将此类执政"斥而去之"的手段，就是唆使台谏官出面弹劾。"台谏除授，悉由密启，风之以弹击执政，而补其处"。⑤ 在这个"太平翁翁"擅权的时代，执政官和台谏官好似一盏由秦桧运转的走马灯。旧的执政遭旧的台谏论列而罢官，旧的台

---

① 《要录》卷165绍兴二十三年十月丁丑，卷172绍兴二十六年三月乙丑，卷179绍兴二十八年正月庚寅，《避暑漫抄》。
② 《要录》卷156绍兴十七年十一月戊辰，卷189绍兴三十一年三月辛卯，《历代名臣奏议》卷188虞允文奏。
③ 《容斋续笔》卷15《李林甫秦桧》，《剡源戴先生文集》卷19《题方公删定家藏诸贤墨迹》。
④ 《会编》卷220《中兴遗史》，《要录》卷152绍兴十四年十二月丁酉，卷167绍兴二十四年十一月丁卯，《宋宰辅编年录校补》卷16。
⑤ 《鹤山先生大全文集》卷18《应诏封事》。

— 264 —

谏因此便升任新的执政,但事隔不久,又被新的台谏轰下台。

自绍兴十一年后,因"柔佞易制"而任执政者计有孙近、楼炤、王次翁、范同、万俟卨、程克俊、李文会、杨愿、李若谷、何若、段拂、汪勃、詹大方、余尧弼、巫伋、章夏、宋朴、史才、魏师逊、施钜、郑仲熊、汤思退和董德元,共二十三人。① 唯有三人例外,一是何铸,他因反对岳飞冤狱,而明升暗降,任签书枢密院事,出使金国,以便由万俟卨接替他任制勘院主审官。二是隆祐皇太后之侄孟忠厚,因"迎护梓宫",殡葬祐陵,"当差大臣,而左仆射秦桧辞不行",遂命他为枢密使,"且外示宠于戚里"。由于他与张俊"素不协",也有牵制张俊之意。孟忠厚与秦桧"虽有亲好,每怀疑心",是个"远避权势"之人。秦桧对他也不放心,待张俊罢枢密使后,"讽言路引故事论列"。孟忠厚"位枢府仅两月",宋高宗即令外任。② 再一个执政就是秦熺。前述二十三人之中,除最后两个执政汤思退和董德元外,没有一个逃脱了短命执政的命运。

王次翁是秦桧副手中唯一一个"始终不贰者",秦桧一直感激王次翁绍兴十年在皇帝面前的巧妙说情。王次翁在皇太后回銮时虽险些误事,但他事后禀告秦桧,"以未始禀命,故不敢专",秦桧"大喜"。韦氏到临安后,向皇帝"泣诉",宋高宗对王次翁十分"震怒",秦桧却为之"营救回护",并向王次翁"喻使辞位"。王次翁罢官后,秦桧"终怜之,馈问不绝"。③

但除王次翁之外,其他二十名执政却无此优待。秦桧的特点是翻脸不认人,不论昔日如何至亲相好,一旦有哪怕半点小小龃龉,就立即予以排斥打击,毫不留情。范同为罢三大将兵权献计,升任参知政事仅四个月,秦桧就指使右谏议大夫万俟卨弹奏,说他"辄于稠人之中,贪天之功,以为己有"。事实上,范同曾是秦桧同窗,当时他蔑视秦桧,讥之为"长脚汉"。秦桧深悉范同诡计多端,也有所畏忌,故无论如何不容他久留政府。

---

① 《会编》卷220《中兴遗史》,《宋宰辅编年录校补》卷16。
② 《要录》卷146绍兴十二年九月乙未,卷147绍兴十二年十一月庚戌,卷151绍兴十四年四月辛丑,《宋史》卷465《孟忠厚传》,《宋宰辅编年录校补》卷16,《挥麈前录》卷2,《挥麈后录》卷2。
③ 《要录》卷148绍兴十三年闰四月乙卯,《宋史》卷380《王次翁传》,《挥麈后录》卷11。

范同罢官后，又贬斥"筠州（治今江西高安市）居住"。①

万俟卨算是最标准的秦桧鹰犬。他特别在岳飞冤狱中立"功"受奖，后任参知政事一年半，"噤嘿奉秦桧而已"。但因偶然有两件小事得罪秦桧，秦桧"自是不交一语"，唆使御史中丞李文会和右谏议大夫詹大方弹奏，说他"黩货营私，窥摇国是"。宋高宗命万俟卨以资政殿学士外任，秦桧又唆使给事中杨愿"封还录黄"。于是，万俟卨降官，"居住"归州（治今湖北秭归）和沅州（治今湖南芷江）。②

攻击万俟卨的李文会、詹大方和杨愿后也相继升任执政，并得到类似的下场。其中最有讽刺意味的是杨愿。他未任执政时，人称"内简牌"，意即他传达秦桧"旨意为多"。后任签书枢密院事、兼权参知政事一年，"最善佞，至饮食动作悉效之"。有一次会餐，秦桧"喷嚏失笑"，杨愿"于仓卒间，亦阳喷饭而笑，左右侍者哂焉"。尽管如此，秦桧"历岁亦厌之，讽御史排击，而预告之"，算是对这个叩头虫的莫大恩典。杨愿涕泪满面，说："愿起贱微，致身此地，已不啻足。但受太师生成，恩过于父母，一旦别去，何时复望车尘马足邪？"秦桧看他可怜，便特别安排一个宣州知州的差遣。有一次，表弟王炎无意中告诉他，自己曾在宰相吕颐浩家中，看到杨愿的书信，"其间颇及秦之短，尚记忆否"？杨愿"色如死灰"，"忧挠成疾"而死。

杨愿之后，又一执政李若谷也将要罢官，有人对他说："胡不效杨原仲之泣？"李若谷说一句笑话："便打杀我，亦撰眼泪不出。"秦桧得知后，大怒，将李若谷重责。③

巫伋与秦桧是同窗兼同乡，有一回，秦桧在都堂发问："里中有何新事？"巫伋吞吞吐吐地说："近有一术士自乡里来，颇能论命。"秦桧立时脸上变色，说："是人言公何日拜相。"巫伋惶恐万状，当即告退，台谏官

① 《要录》卷142绍兴十一年十一月己亥，丁未，《宋史》卷380《范同传》，《宋宰辅编年录校补》卷16，《朱子语类》卷131，《夷坚丁志》卷10《建康头陀》。

② 《要录》卷151绍兴十四年二月丙午，六月庚子，卷161绍兴二十年八月甲辰朔，《宋史》卷474《万俟卨传》，《宋宰辅编年录校补》卷16。

③ 《要录》卷152绍兴十四年十二月庚子，辛丑，卷154绍兴十五年十月丙子，癸未，卷156绍兴十七年正月壬辰，二月辛酉，三月戊子，卷163绍兴二十二年十一月戊午，《宋史》卷380《杨愿传》，《宋宰辅编年录校补》卷16，《容斋续笔》卷15《李林甫秦桧》，《挥麈后录》卷11，《水心文集》卷23《资政殿学士参政枢密杨公墓志铭》所载杨愿行实，虽有曲笔，仍不得不示贬意。

的劾奏也随之而上，巫伋遂以"黩货营私"等罪名罢官。①

有一回，秦桧因病告假，执政余尧弼单独奏对，宋高宗"访以机事"，居然懵无所知，"一、二不能答"。事后，宋高宗对秦桧略带责备之意，说："余尧弼既参大政，朝廷事亦宜使之与闻。"秦桧退朝后，便责问余尧弼，又命吏胥取出公牍阅视，看到其上有余尧弼书押，大怒，说："君既书押了，安得言弗知？是故欲相卖耳！"余尧弼"离席辩析"，秦桧根本不屑于理睬。接着又是"台评交章"，余尧弼罢官，"寻落职"，即削除资政殿学士。②

段拂"为人愦愦"，秦桧在一次奏对时"开陈颇久"，段拂居然"俯首瞌睡"。临到秦桧奏对完毕，段拂方才猛醒，"殊寤怖"。宋高宗命段拂留下，"慰拊之，且询其乡里"。段拂回政事堂后，秦桧"穷诘其语"，段拂"无以对"，又立即遭致台谏官弹劾。当时前任宰相赵鼎遭贬谪，在海南岛自杀，段拂"因而叹息"，这更加重了罪名。段拂最后"落资政殿学士，兴国军（治今湖北阳新）居住"。③

位至执政的高官，居然一个一个成为宰相股掌中的玩物，其贬黜轻则罢政，中则夺职，重则"偏州安置或居住。于是为执政者，皆惴惴然备去计，不以为荣；而遭罢斥者，亦谓分当如此耳"。④ 此种情况，在宋朝政治史上是没有先例的，却也不过是这个"太平翁翁"专横的一个侧面。

执政高官变得如此低贱，却仍使许多无耻士人垂涎三尺。宋朴升执政，同僚林大鼐"以其出己上，愤然不平"。⑤ 一时之间，"人怀速化之望，故仕于朝者多不肯求外迁"，竟出现了"重内轻外之弊"，甚至被讥为"官人宁死，却是讳'出去'二字"。⑥ 他们个个眼睁睁望着执政之位，又成为绍兴黑暗政治的一则笑料。

---

① 《要录》卷161绍兴二十年三月癸未，卷163绍兴二十二年四月丙子，《宋宰辅编年录校补》卷16，《夷坚丁志》卷10《建康头陀》。
② 《要录》卷158绍兴十八年十月丙辰，卷162绍兴二十一年十一月庚戌，《宋宰辅编年录校补》卷16，《容斋续笔》卷15《李林甫秦桧》。
③ 《要录》卷156绍兴十七年三月己卯，卷157绍兴十八年正月丁丑，壬午，二月乙未，《宋宰辅编年录校补》卷16，《容斋续笔》卷15《李林甫秦桧》。
④ 《宋宰辅编年录校补》卷16。
⑤ 《要录》卷164绍兴二十三年二月己巳。
⑥ 《桯史》卷7《朝士留刺》，《东南纪闻》卷1。

第三节　城狐社鼠的作恶

绍兴和议后的黑暗政治，还表现为宦官和医官王继先之作恶，他们的权势来自宋高宗的纵容和庇护。

宦官势力在苗刘之变时，一度受到沉重的打击，但事变结束后，又在皇帝的扶植下，很快卷土重来。绍兴初年，侍御史沈与求弹劾宰相范宗尹，说他"阴结""内侍康谊"等，"刺探宫禁，传漏语言，欲因希旨之言，专为固宠之计"。① 康谊任内侍省押班，"亦亲幸用事"。② 绍兴二年殿试时，张九成也在状元对策中说，"彼阉人私求禽马，动以陛下为名"，"有若上诬圣德者"。③ 终宋高宗一代，宦官势力盛而不衰，归根结底，是依附于皇权，这与自称"受制于家奴"的唐文宗④时迥异。但从另一角度看，宦官辈的为非作歹，又始终是宋高宗时代黑暗和腐败政治的一大特色。

当然，宦官中也有好人，除建炎时敢于犯颜直谏的邵成章外，绍兴时，又有"犯颜而出"的宦官黄彦节。⑤ 黄彦节的直谏情节不详，但在绍兴十年岳家军大举北伐时，宋高宗曾决定"差内侍黄彦节前去传宣抚问"，并颁发犒赏物品。后来又突然改"差内侍李世良前去"，"其先差黄彦节更不遣行"。⑥ 岳飞遇难后，"入内西头供奉官黄彦节除名，枷项送容州（治今广西容县）编管"，其处分是很严厉的。据官方宣布的罪状说，黄彦节"尝为岳飞军中承受，后转归吏部。飞怜其贫，遗钱三千缗，且荐为睿思殿祗候"。⑦ 上述罪状是否确凿，已难查考，估计黄彦节的"犯颜而出"，应与支持岳飞抗金有关。但不妨退一步而论，即使上述罪状真的成立，给

---

① 《要录》卷47绍兴元年九月戊午。
② 《宋史》卷469《蓝珪传》附录。
③ 《要录》卷52绍兴二年三月甲寅，《横浦文集》卷12《状元策一道》。
④ 《资治通鉴》卷246。
⑤ 《朱子语类》卷132。
⑥ 《鄂国金佗续编》卷10《赐金带金椀等省札》，《改差内侍李世良管押御赐金带金椀等省札》。
⑦ 《要录》卷144绍兴十二年二月庚午，卷152绍兴十四年九月甲子。

予如此厉害的处分，也是异乎寻常的。因为一些真正作恶和受贿的宦官，其处分要比黄彦节轻得多。

即以受宋高宗"亲幸"的康谞而论，绍兴十一年秋，刘光世之弟、武官刘光远"方以赃罪，为监司所按"，宋高宗却突然决定命他出使金军，刘光远被召到朝廷，皇帝特别"面谕以前罪一切不问"。实际上，用这个贪污犯出使，正是由于康谞和地位更高的入内内侍省都知陈永锡"多受光远金钱，为之营救"。此事败露后，受右谏议大夫万俟卨的弹奏，说"赦过宥罪，人主之渥泽，而二人乃私布恩悃，以诬公上"。宋高宗一时感到十分难堪，"乃诏永锡与宫观，谞送吏部"。刘光远出使归来后，仍受"勒停"处分。但陈永锡后来又很快复任入内内侍省副都知和都知，康谞又升宣政使、内侍省押班等。两人死后，又分别得"温恭"和"忠定"的美谥。①

除康谞等人外，最受宋高宗宠信的宦官尚有冯益、张去为等。

冯益"以潜邸旧恩，恃此颇恣"。建炎三年冬，时距苗刘之变仅半年，宋高宗为躲避金军行将发动的攻势，"御舟幸浙东"。冯益竟与大将张俊"争渡，以语侵俊，且诉于上"。时任侍御史的赵鼎不得不上奏告诫说：

"明受之变，起于内侍，覆车之辙，不可不戒。"②

但宋高宗仍恩宠有加。他不理会沈与求弹劾冯益"专恣"，将冯益超升宣政使，而受胡寅的驳奏，说冯益"有何功绩，乃欲凭恃旧恩，转行所不当转之官"，主张"少有以窒其浸淫之欲"，"免致侥倖"。③伪齐刘豫的"揭榜"中，指陈冯益"恣受贿赂"等各种劣迹，用以对宋高宗作人身攻击。张浚得知此事，建议斩冯益"以释谤"，宋高宗断然不允。于是赵鼎又建言"事关国体，当解职加罚"。宋高宗不得不命冯益"与外任宫观"，还自我解嘲说："朕待此曹，未尝不尽恩意。然才闻过失，亦不少贷也。"

---

① 《要录》卷141绍兴十一年九月乙卯，卷142绍兴十一年十月丁卯，卷145绍兴十二年六月甲子，卷149绍兴十三年七月壬戌，卷157绍兴十八年正月庚午，卷159绍兴十九年正月己酉，卷171绍兴二十六年二月乙亥，卷182绍兴二十九年五月甲寅朔，《宋史》卷469《蓝珪传》附录。

② 《要录》卷28建炎三年十月庚寅，《宋史》卷469《冯益传》。

③ 《宋史》卷372《沈与求传》，《历代名臣奏议》卷198胡寅奏，《斐然集》卷15《缴内侍冯益转官》。

张浚对皇帝的宽典感到不满，打算继续进言，却被善于调和的赵鼎所制止。①

此后，又发生女尼李善静伪冒柔福帝姬的事件。柔福帝姬名赵多富，又名嬛嬛，为宋徽宗第二十女，被俘时年仅十七岁。她被金廷送入洗衣院，与韦氏、宋高宗正妻邢秉懿等同等待遇，备受凌辱，后归盖天大王完颜赛里（宗贤），又嫁给汉人徐还，于绍兴十一年，即金皇统元年病故。李善静却诡称在被俘途中逃脱，得以南归。冯益"自言尝在贵妃阁"，即曾在柔福帝姬生母小王贵妃阁分中服役，宋高宗命他前去"验视"，居然弄假成真。韦氏回宋后，揭穿伪冒。李善静处斩。但另一说认为，这是韦氏为掩饰自己受羞辱的隐私，而制造冤案。冯益"坐验视不实"，送岭南"编管"。但他神通广大，居然又以"与皇太后连姻，得免"。②

在冯益之后，最受恩宠的宦官是张去为，但其官位在长时期内并不高。秦桧专权之时，张去为任内侍省押班。秦桧死后，方升任入内内侍省押班、副都知，"升延福宫使，累迁至入内内侍省都知，恃恩干外朝谋议"。张去为的聪明之处，是在于为自己安排后路。他一方面同秦桧、医官王继先互相勾结，狼狈为奸，一时成为小朝廷的一只鼎足。另一方面，他又将夏氏引入宫中，充当皇后阁中的侍御。宋高宗领养的赵瑗（后来的宋孝宗）妻咸宁郡夫人郭氏死后，继娶夏氏，后为皇后。尽管赵瑗事实上已与秦桧势不两立，而张去为却能左右逢源。③

总之，宋高宗宠信宦官，但他所宠信者只是宦官中的小人；而宦官势力膨胀的基础，正是皇帝的私欲。

宋高宗自建炎三年维扬逃难，得阳痿症后，个人仍有两件必不可少的需求，一是女色，二是子嗣，这两件需求自然是一致的。他很快找到一个时年三十二岁的医生王继先。王继先的祖父以卖黑虎丹而闻名，其世代医

---

① 《要录》卷103绍兴六年七月庚辰，《宋史》卷469《冯益传》，《伪齐录》卷上。
② 《要录》卷146绍兴十二年九月甲寅，卷160绍兴十九年十月辛酉，《宋史》卷248徽宗三十四女传，卷469《冯益传》，《靖康稗史笺证》的《开封府状》，《青宫译语》，《呻吟语》和《宋俘记》，《四朝闻见录》乙集《柔福帝姬》。关于柔福帝姬生母，见《宋会要》后妃3之9，《皇宋十朝纲要校正》卷15。
③ 《要录》卷156绍兴十七年九月壬申，卷180绍兴二十八年九月戊午，卷183绍兴二十九年十二月丁卯，《宋史》卷243《孝宗成穆郭皇后传》，《成恭夏皇后传》，卷469《张去为传》。

家号称"黑虎王家"。按道教之说,黑是指肾水,虎也是指肾,① 肾当然主男子生育,这大约就是黑虎丹的来历。王继先"为人奸黠,喜谄佞,善亵狎",因强买女词人李清照家古器,而被论奏。②

建炎四年,宋高宗下令将王继先越格由医官超升武官,时任给事中的富直柔当即进行驳奏,皇帝说:"朕于言无不从,但顷冒海气,继先诊视,实有奇效。"他表面上暂时"屈意"听从富直柔之驳议,但事隔不及一月,便将王继先由和安大夫、开州团练使致仕特迁"荣州防御使,落致仕"。③

宋高宗自称流亡海上时"冒海气",其实是骗人的鬼话。他所真正需求的,是王继先为他配制壮阳药。王继先的壮阳药方已不知其详,但史书记载他曾劝宋高宗服用仙灵脾,一名淫羊藿,确是中医学中的一种壮阳药。④ 他的奇妙医方,虽成永远的秘密,但对满足宋高宗的色欲,应确有奇效,却又无法使他恢复生育功能。故王继先成为宋高宗须臾不可暂缺的医官,据说宋高宗曾失言道:"(秦)桧,国之司命;(王)继先,朕之司命。"⑤

王继先不单为皇帝配制壮阳药,也能医治其他疾病。⑥ 故宋高宗对王继先无比恩宠,用各种名义,为他本人及妻、子、孙加官进封。例如绍兴四年和五年间,宋高宗特降"中旨,以其婿添监浙江税务",被中书舍人王居正"封还"。宋高宗一度"玉色颇厉",对宰相赵鼎说:"然则朕宫中用医,反不得酬谢邪?"但王居正仍直言规谏,使宋高宗"前降指挥更不施行"。⑦

绍兴十二年,宋高宗竟"以吴贵妃进封推恩"为名,将王继先由右武

---

① 《云笈七签》卷13《五脏真气章第十二》,"肾主北方,其色黑","肾主于水"。《修真太极混元图》:"肾气之中,暗藏真一之水,而曰阴虎。"
② 《会编》卷230《中兴遗史》,《要录》卷27建炎三年闰八月壬辰,《桯史》卷9《黑虎王医师》。
③ 《要录》卷34建炎四年六月甲午,卷35建炎四年七月癸卯,《宋史》卷470《王继先传》。
④ 《会编》卷230《中兴遗史》。
⑤ 《四朝闻见录》乙集《秦桧王继先》。
⑥ 《四朝闻见录》丙集《王医》。
⑦ 《容斋四笔》卷14《王居正封驳》。但此条记事误作"绍兴五、六年间",王居正的差遣也误作给事中。据《要录》卷78绍兴四年七月乙亥,卷84绍兴五年正月戊申,卷85绍兴五年二月丙子,王居正在绍兴四年七月试中书舍人,绍兴五年正月兼权直学士院,二月试兵部侍郎,今据以改。

大夫、华州观察使致仕升迁奉宁军承宣使，其妻郭氏封郡夫人。① 其长子王安道官至武泰军承宣使、两浙西路马步军副都总管，次子王守道官至右朝议大夫、直徽猷阁、两浙西路安抚司参议官，三子王悦道官至右朝奉郎、直秘阁、两浙转运司主管文字，孙王锜官至右承议郎、直秘阁。②

　　王继先和张去为的共同特点，是官位不高，而权势甚盛。宋朝医官有专门的阶官序列，迁至从六品的和安大夫为止。宋高宗特恩，最终仍将王继先改用武阶，也只是官至正四品的承宣使。张去为在秦桧当政时，官至正六品的内侍省押班，此后最高也仅官至从五品的延福宫使。③ 但是，秦桧可以对执政高官视若奴隶，恣意地颐指气使，呼来喝去，而对王继先、张去为等辈却不敢有丝毫怠慢。

　　当秦桧"擅权而未张"之际，必须通过贿赂宋高宗的亲倖"以固宠"，王继先便成为他第一个巴结的对象。他命其妻王氏亲登府第，与王继先"叙拜为兄弟"，结成乾亲。秦桧得以恃宠固位，也有赖于王继先的"表里引援"。秦桧"阴结内侍及医师王继先，伺微旨"，宋高宗的"动静必具知之"。他的"宗族与其妻党皆贵盛"，并非通过他本人的直接"荐举"。秦桧的办法是首先请求升迁王继先的亲族。王继先和宦官又反过来为秦桧缓颊，"请升迁秦氏、王氏之官职"。④

　　张俊任枢密使，掌兵柄时，十分忌恨韩世忠部将王胜，企图将他置之死地而未果。张俊罢官后，王胜私下到临安，拜见韩世忠。韩世忠特别请王继先前来赴宴，席间命王胜出见，"拜继先为父"，成为王继先的一名"养子"。王继先遂向宋高宗举荐，说王胜"可大用"，宋高宗也果然任命王胜出任镇江府驻扎御前诸军都统制，统率原韩家军。王胜的升擢，使"诸大帅"对王继先无不"承顺下风，莫敢少忤"。另一武将，建康府驻扎御前选锋军统制王进，"唯厚结王继先及诸内侍，以久其权"，"不恤士卒"，"掊尅苛暴，军人怨之刺骨"，也居然升任池州、太平州驻扎御前诸

---

① 《要录》卷145绍兴十二年六月戊子，《宋史》卷470《王继先传》。
② 《要录》卷192绍兴三十一年八月辛亥，《宋史》卷470《王继先传》。
③ 《宋史》卷168，卷169《职官志》。
④ 《会编》卷220《中兴姓氏录》，卷230，《要录》卷157绍兴十八年三月甲申，卷169绍兴二十五年十月丙申，《宋史》卷470《王继先传》，《桯史》卷9《黑虎王医师》。

军都统制。① 当时军政的败坏，也可见一斑。

王继先一时"富与贵冠绝人臣"，"其权势之盛，与秦桧相埒，张去为以下尤不足道"。他"金紫盈门"，"凭恩恃宠，靡所忌惮"，"通关节，肆诛求，强夺妇女，侵渔财利"，"罪不可胜纪"。宋高宗明知他"恣为奸恶"，却仍加以包庇和纵容。②

史称宋高宗"以国事委之"秦桧，"以家事委之"张去为，而"以一身委之"王继先。③ 秦桧、王继先和张去为等宦官互相勾结，互相依存，结成一个围绕着宋高宗的共荣圈和权力核心，形成绍兴黑暗和腐败政治的发源地。

当然，秦桧的权势与王继先、张去为等的权势也有重要差别。王继先、张去为等辈无非是"依凭城社"，④ 其权势其实是皇权的延伸；而秦桧却是"藉外权以专宠利，窃主柄以遂奸谋"，"内忍事雠之耻，外张震主之威"。⑤ 王继先、张去为等辈的权势，无非是沐皇权之恩波，如鱼得水；而秦桧的相权发展到"张震主之威"的地步，必然与皇权发生龃龉，以至抗衡。

第四节　穷奢极侈　贪贿成风

权力必然腐蚀人，绝对的权力则绝对地腐蚀人，更何况掌权者的秉性就是贪得无厌。宋高宗自诩"朕今日所以休兵讲好者，正以为民耳"，他

---

① 《会编》卷212，卷230《中兴遗史》，《要录》卷147绍兴十二年十一月丙午，十二月癸酉，《宋史》卷470《王继先传》，《桯史》卷9《黑虎王医师》，《于湖居士文集》卷17《论荐刘泽奏》。
② 《会编》卷230，《要录》卷192绍兴三十一年八月辛亥，《宋史》卷387《杜莘老传》，卷470《王继先传》，《琬琰集删存》卷2《杜御史莘老行状》，《桯史》卷9《黑虎王医师》。
③ 《会编》卷230《中兴遗史》。
④ 《桯史》卷9《黑虎王医师》，"依凭"，中华书局标点本作"衣凭"，系错字，今据《津逮秘书》本。
⑤ 《朱文公文集》卷75《戊午谠议序》，卷99《除秦桧祠移文》。

降金乞和的招牌之一就是"爱养生灵"。① 然而在事实上，真正受到"爱养"者，也无非是这一小撮统治者。

尽管二十年间并无大的兵燹，而百姓的经济负担说不上有何减轻，"州县凡遇科催，急于星火"。② 秦桧"密谕诸路，暗增民税七、八，故民力重困，饿死者众"。③ 秦桧亲信曹泳任户部侍郎，"巧计百出，必为额外多方聚敛，较利之锱铢，割民之脂膏，怨嗟之声，满于道路"。④ 百姓们说："自秦太师讲和，民间一日不如一日。"⑤

另一方面，宋金和议后，修筑临安的皇宫、城池、道路等，自然成了宋廷的要务。宋高宗说："祖宗时，殿宇皆用赤土刷染，饰以桐油，盖以国家尚火德故也。所以只用赤土、桐油者，弊则易于更修。后来多用朱红漆，不惟所费不赀，且难于修整。"秦桧说："此有以见陛下追述祖宗之俭德也。"⑥ 江州知州汤鹏举因"皇太后还宫，进钱三万贯"，当即受宋高宗诏"奖谕"，说他"裕财有素"，"人悉如斯，事安不济"！⑦ 在宋代官史中的宋高宗之"俭德"，大抵如此。

自绍兴八年将行在所正式迁至临安府后，"大凡定都二十年，而郊庙、宫、省始备焉"。⑧ 宫殿的内苑"有大龙池、万岁山，拟西湖冷泉、飞来峰。若亭榭之盛、御舟之华，则非外间可拟"。⑨ 南宋皇宫虽后来有所增饰和扩充，而其基本规模奠定于绍兴和议后的十七年间。"苑中亭殿"，大抵都是宋高宗时竣工的。⑩ 宋高宗为经营自己的安乐窝，挥霍了大量民脂民膏，却又在官史中留下了"俭德"的美誉。

但正如在北方执节不屈，最后归宋的洪皓所一针见血地指出："钱塘暂居，而景灵宫、太庙皆极土木之华，岂非示无中原意乎！"⑪ 洪皓身为朝

---

① 《要录》卷141绍兴十一年九月戊申，卷161绍兴二十年九月甲戌朔。
② 《要录》卷162绍兴二十一年正月癸巳。
③ 《要录》卷169绍兴二十五年十月丙申，《宋史》卷174《食货志》。
④ 《要录》卷169绍兴二十五年十月丁酉。
⑤ 《胡澹庵先生文集》卷14《与虞并甫》。
⑥ 《要录》卷148绍兴十三年闰四月戊子朔，《宋会要》方域2之17。
⑦ 《永乐大典》卷6697《江州志》。
⑧ 《宋会要》方域2之14—22，《舆地纪胜》卷1《行在所》。
⑨ 《武林旧事》卷4。
⑩ 《建炎以来朝野杂记》甲集卷2《今大内》，乙集卷3《南北内》。
⑪ 《会编》卷221洪皓行状，《要录》卷149绍兴十三年八月戊戌，《宋史》卷373《洪皓传》，《盘洲文集》卷74《先君述》。

臣，是不能参观皇帝内宫的，他所能见到者，只是供奉天水朝列祖列宗"神主"和"御容"的太庙和景灵宫。这两大建筑尚在皇宫之外。① 其实，皇宫又何尝不是"极土木之华"。

立后自然是皇帝的一件大事。自宋高宗为康王时的正妻邢秉懿在金朝病故后，他一直未立皇后。在众多宫女中，经历了建炎时从扬州到航海的离乱，唯一曾为宋高宗生育过一子的潘贤妃，已失去宠爱，尽管她在众宫女中资历最久，品位最高，却已不可能成为皇后的候选人。潘贤妃"在妃列二十二年"，最后于绍兴十八年（公元1148年）病死。② 有资格参加后位角逐者，是陪伴宋高宗海上流亡的张氏和吴氏。两人在一段时期互相争宠，"并为婉仪"。婉仪的地位尚属"嫔"之列，同作为"妃"一级末等的潘贤妃仍相差七阶。吴氏擅长翰墨，工于逢迎，她能模仿皇帝笔迹，"人莫能辨"，③ 而张氏在姿容方面又无疑居于优势。绍兴十二年二月，张氏去世，吴氏的皇后地位事实上便已确定无疑了。她于四月超升贵妃，位于潘贤妃之上。

皇太后韦氏"回銮"前，吴氏已表现出一片孝心，她对宋高宗说："大姐姐远处北方，臣妾缺于定省。每遇天日清美，侍上宴集，才一思之，肚里泪下。臣妾诚梦不到此。"寥寥数语，大得皇帝称赞。皇太后"回銮"后，其"饮食衣服"都由吴氏"亲自供承"。吴氏虽竭力奉承，韦氏因当年曾与吴氏共同侍奉过宋徽宗，终以为嫌，"无援立意"。宋高宗设法骗取韦氏一句勉强敷衍的话，便对外宣称"朕奉太母之命"，于绍兴十三年（公元1143年）将吴氏册立为皇后。④

吴氏"初不以色幸"，⑤ 宋高宗也不过是用她装饰门面而已，这个好色

---

① 《建炎以来朝野杂记》甲集卷2《太庙景灵宫天章阁钦先殿诸陵上宫祀式》，《今太庙》，《景灵东西宫》，《今景灵宫》，《梦梁录》卷8《太庙》，《景灵宫》，《咸淳临安志》卷3《太庙》，《景灵宫》。
② 《要录》卷157绍兴十八年六月丙午，《宋史》卷243《潘贤妃传》。
③ 《书史会要》卷6，《清河书画舫》卷10上，《式古堂书画汇考》卷13。
④ 《要录》卷144绍兴十二年二月庚午，卷145绍兴十二年四月己巳，卷148绍兴十三年闰四月己丑，卷149绍兴十三年五月壬午，《宋史》卷243《韦贤妃传》，《宪圣慈烈吴皇后传》，《张贤妃传》，《宋会要》后妃2之9，《建炎以来朝野杂记》甲集卷1《宪圣慈烈吴皇后》。关于韦氏与吴氏"一见便相喜"，乃出自宋高宗本人缘饰，未必可信，今据《四朝闻见录》乙集《宪圣不妒忌之行》。
⑤ 《四朝闻见录》乙集《宪圣不妒忌之行》。

的寡人自然希望自己宫中的美女多多益善。他吸取宋徽宗当年滥授宫女封号，致使好色恶名远播四方的教训，故十分谨慎宫女位号的授予，以便自己有好色之实，而无好色之名。尽管如此，他宠幸的宫女仍名声远扬。刘氏在绍兴十年入宫，她原已嫁一赵姓宗室，宋高宗见其画像，"悦之，命召入"，最受爱幸，"颇恃宠骄侈"，"盛夏以水晶饰脚踏"，却迟至绍兴二十四年方自婉容超升贵妃。另一刘氏也"被宠"，"恃恩招权"，要广州蕃商进献，"许以官爵"。她最后才得到婉仪的位号，仍属"嫔"之列，仅比婉容高一阶。① 当时宫中称刘贵妃为"大刘娘子"，刘婉仪为"小刘娘子"。"刘贵妃者，姿质艳美，蜀之华蕊、吴之西施所不及也"。她"绝色倾国"之名声，竟传到北方金朝，使金海陵王为之垂涎。金海陵王后来出兵攻宋时，"命县君高师姑儿贮衾褥之新洁者，俟得刘贵妃用之"。此外，张婉容、冯美人、韩才人、吴才人等也都受宋高宗的"宠幸"。吴才人是皇后的"近属"，名玉奴。但如本书开头业已交待，宋高宗虽然嗜色，却并不多情。除张婉容外，其他三个宫女"后皆废"。② 大小两个刘娘子有写真传世，后元人潘纯题讽刺诗说：

"秋风落尽故宫槐，江上芙蓉并蒂开。留得君王不归去，凤凰山下起楼台。"③

当然，不见于史传的宫女，更是不可胜计了。后对金战争迫在眉睫，宋高宗为表示行维新之政，一次减放宫女三百一十九人，估计其宫女总数约计千人左右，这无疑是一笔很大的内库支出。宋高宗时的宫女数自然不足以与宋徽宗时的宫女数相比，而这次减放数却超过了北宋至南宋其他皇帝的任何一次减放数。宋高宗还"放仙韶院女乐二百馀人出宫"，这个数字又是在所放宫女数之外。仅此一端，也足见宋高宗宫廷生活之骄奢淫佚。当时有个带御器械刘炎说了一句实话："主上不消放出宫女，岂不漏

---

① 《宋会要》后妃4之1—2，《宋史》卷163《职官志》。
② 《要录》卷160绍兴十九年十二月丁卯，卷163绍兴二十二年五月庚戌，卷166绍兴二十四年正月丙子，卷180绍兴二十八年七月庚午，《建炎以来朝野杂记》甲集卷1《德寿妃嫔》，《宋史》卷243《刘贵妃传》、《刘婉仪传》、《张贵妃传》，《金史》卷129《张仲轲传》，卷131《梁珫传》，《齐东野语》卷11《朱汉章本末》。
③ 《草雅堂集》卷6，《元音》卷11《题高宗二刘妃图》。

泄禁中事。"①他无非是担心泄漏宫禁丑闻,而有损于官家的"圣德"。

宋高宗对秦桧、张俊、刘光世等人的"爱养",就是想方设法,不惜挥霍民脂民膏,以满足他们的贪心和物欲,其中占第一位的当然是秦桧。

在临安府望仙桥一带,宋高宗下令为秦桧"别筑大第,穷土木之丽"。②绍兴十五年(公元1145年)四月,秦桧"迁居赐第"。宋高宗特命宦官王晋锡"押教坊乐导之",赐秦桧"银、绢、缗钱各一万,䌽千匹,金银器皿、锦绮帐褥六百八事,花千四百枝"。③接着,宋高宗又亲"幸秦桧新第",并亲书"一德格天之阁",作为匾额题字,以赐秦桧,"遣中使就第赐宴",又赐秦桧"青罗盖、涂金从物",如北宋"蔡京、王黼例",备极尊荣。临安知府张澄等因"修盖太师秦桧第宅"有功,分别转官进职,或另得赏赐。④秦桧一时"眷宠无比",宋高宗"命中使陈琬、续理赐珍玩、酒食无虚日"。秦桧也同样"日进珍宝、珠玉、书画、奇玩、羡馀钱,专徇帝嗜好"。⑤反正一个恩赐,另一个进献,都是视百姓脂膏如泥沙而不惜。吕颐浩任相时,"堂厨每厅日食四千",而秦桧却个人"每食"增至"四十馀千",⑥挥霍公费,可见一斑。

在宋代农业社会中,田地自然是第一等最可靠的、用之不尽的财富。宋高宗在绍兴二十三年(公元1153年)八月,"诏以建康府永丰圩赐秦桧,仍令江东漕司同本府葺治,限十二月末须管了毕"。永丰圩每年收租米达三万宋石,本是国家一笔颇大的财源,宋高宗却慷慨赐予。永丰圩被大水冲坏,"朝廷下江东,发四郡民三万修筑",而永丰圩造成的"水患","及于宣、池、太平、建康"四州府。秦桧家的"狎客"丁禩被任命为江南东路马步军副总管,建康府驻扎,其实是为秦桧管理家产。⑦秦桧的田产当然决不限于永丰圩,光是在其家乡建康府,即"田业其富",有荆山

---

① 《会编》卷229,《要录》卷190绍兴三十一年六月丁未,卷191绍兴三十一年七月己卯,《宋史》卷32《高宗纪》,《宋会要》崇儒7之77—80。
② 《会编》卷220《中兴姓氏录》。
③ 《要录》卷153绍兴十五年四月丙子朔,戊寅,《桯史》卷7《优伶诙语》。
④ 《要录》卷153绍兴十五年六月丁丑,丙戌,卷154绍兴十五年十月乙亥,《宋史》卷473《秦桧传》。
⑤ 《会编》卷220《中兴姓氏录》,《要录》卷169绍兴二十五年十月丙申。
⑥ 《周益国文忠公集·杂著述》卷2《龙飞录》。
⑦ 《要录》卷67绍兴三年七月壬戌,卷165绍兴二十三年八月己卯,甲申,十月丁丑,《夷坚丁志》卷5《石白湖蟠龙》,《文献通考》卷6。

庄、永宁庄等。"永宁庄有牧童桀横，常骑巨牛纵食人禾麦，民泣请，不悛"。① 他在平江府、秀州等地也有"庄产"。② 户部侍郎徐宗说"附秦桧以至从官"，常为秦桧"营田产"。一个堂堂户部侍郎，竟成秦府的"管庄"。③ 秦桧的田产"岁有遗赋"，拒不纳税。④ 宋孝宗时，永丰圩已被朝廷收回，⑤ "秦氏衰落"，"至屡典质，生产亦薄"，尚"岁入"租米十万宋石。⑥

　　宋高宗的大方慷慨，还表现在将臣僚的财产送人情。刘光世死后，皇帝便下令将"其家建康园第"一并赐给秦桧。无独有偶，到张俊死后，"其房地宅缗日二百千，其家献于国"，皇帝又将此每年七万二千贯以上的城市房地产租钱转送秦桧。⑦

　　秦桧"喜赃吏，恶廉士"，"贪墨无厌，监司、帅守到阙，例要珍宝，必数万贯，乃得差遣"，这是各路安抚使、转运使、提点刑狱、提举常平之类大员的"差遣"价格。"及其赃污不法，为民所讼"，秦桧"复力保之。故赃吏恣横，百姓愈困"。每逢秦桧生日，"四方竞献奇宝，金玉劝盏，为不足道"，其他逢年过节的进献也不可胜计，"至于搜尽世间之希奇以为侑"。官员"符行中、郑蔼在四川，馈送不可计，虽空书亦于书匣中用金狮子二枚"。此类礼品每年约计好几十万缗，使秦府的财富竟为国家左藏库的"数倍"。⑧

　　在某些场合下，贿赂也不见得一定能赢得秦桧的欢心。广州知州、兼广南东路经略安抚使方滋特别定做五十支蜡烛，"供献"秦桧，点火后，"异香满坐"，秦桧"大喜，以为奉己之专也"。但另一四川宣抚副使郑刚中，专为格天阁进献一个锦地毯，"广袤无尺寸差"，秦桧却"默然不乐"。他认为郑刚中在四川"专擅"，命台官余尧弼将郑刚中劾罢，郑刚中最后

---

① 《夷坚丁志》卷5《荆山庄瓮》，卷6《永宁庄牛》。
② 《要录》卷165绍兴二十三年十月丁丑。
③ 《要录》卷163绍兴二十二年十一月丁巳，卷170绍兴二十五年十二月乙亥。
④ 《南涧甲乙稿》卷20《右朝奉大夫致仕曾公墓志铭》。
⑤ 《宋史》卷33《孝宗纪》乾道元年八月己卯。
⑥ 《渭南文集》卷44《入蜀记》。
⑦ 《会编》卷220《中兴遗史》，《要录》卷169绍兴二十五年十月丙申。
⑧ 《会编》卷220《中兴遗史》，《要录》卷169绍兴二十五年十月丙申。

"贬死遐荒"。① 这里用得着一句俗话，马屁有时拍在马脚上。

庸将张俊私财之富，可能还在秦桧之上。他私役军士，"营第宅房廊"。其家年收租米达六十万宋石，一说为一百万宋石。张俊死时，"诸子进黄金九万两"，奉献朝廷。其家"多银，每以千两铸一球，目为没奈何"，② 意即无法偷盗。有一回，宋高宗举行"内宴"，有伶人打诨，他用一文钱的方孔看宋高宗君臣，说是见到了"帝星"和"相星"，唯独看张俊时，却说："中不见星，只有张郡王在钱眼内坐耳。"顿时博得满殿的哄笑，③ 足见张俊的贪饕名噪于一时。

尽管张俊具备标准的守财奴心理，但他对以钱财奉承赵官家，却是不遗余力，而舍得割爱。绍兴二十一年（公元1151年），宋高宗亲临张俊府第。张府特别"供进御筵"，招待皇帝，又"备办外官食次"，其中"第一等"仅供奉太师秦桧和少保秦熺父子，"第二等"方及执政余尧弼、巫伋、殿帅杨存中和外戚吴益。④ 尽管杨存中官至少傅，⑤ 比秦熺高，由于宋高宗规定秦熺按现任宰相待遇，故张府的"备办"规格仍高杨存中一等。此次御筵之丰盛，有一详细菜单传世，这是今人所能见到的最古老的御筵菜单。此外，张俊又向皇帝"进奉"大量宝器、古玩、书画、匹帛等，其中有"金器一千两"，"珠子十二号，共六万九千五百九颗"。至于"进奉犒设"各类"随驾"人员，张俊又花费紫罗五百匹，杂色缬罗五百匹，钱三万贯，炊饼二万个，熟猪肉三千宋斤和酒二千瓶。⑥ 如此丰盛的招待，真可谓是穷奢极侈。这也是宋高宗"俭德"的一例。

宋高宗虽身居深宫，对官场的贪贿成风，其实也略知一、二，他在相当程度上并不真想鼓励官员的廉洁。岳飞无疑是一个廉洁的典范，"奉己

---

① 《要录》卷156绍兴十七年九月丙子，卷159绍兴十九年三月甲辰，《宋史》卷370《郑刚中传》，《齐东野语》卷8《香炉锦茵》。关于方滋人名，《齐东野语》中华书局标点本有误，可参《南涧甲乙稿》卷21《方公墓志铭》。
② 《要录》卷135绍兴十年四月乙丑，《宋宰辅编年录校补》卷16，《夷坚支戊》卷4《张拱之银》，《鸡肋编》卷下。
③ 《说郛》卷9罗点《闻耳录》。
④ 按吴益一是开封人吴后之弟，二是宜兴人秦桧的孙女婿。《宋史》卷465《吴益传》误将两人混为一人，参见《云麓漫钞》卷10。
⑤ 《要录》卷156绍兴十七年十月己酉。
⑥ 《武林旧事》卷9。

至薄","不殖货产,虽赐金已俸,散予莫啬,则不知有其家",① 反而为宋高宗所不容,在皇帝眼里,这正是臣僚政治野心的一种表现形式。他所鼓励的则是张俊、刘光世之流的贪欲,贪欲就意味着玩物丧志,反而使皇帝放心。宋高宗对两名贪污罪败露的宦官陈永锡和康谞的处置,就鲜明地表现了他对贪污的态度。前述的方滋任静江府知府、兼广南西路经略安抚使时,向秦桧进献大片龙脑。有一回,宋高宗宫内缺少龙脑,问秦桧是否有。秦桧便以家藏的一匣进献。宋高宗开匣一看,原来其中尚有方滋的亲笔题名和官衔,秦桧一时疏忽,居然并未将此纸条取走,而是原封不动地转献皇帝。② 此事使宋高宗十分气恼,但凭着他的涵养,也隐忍不发,他无意于在受贿问题上苛责宰相。宋高宗并不反对秦桧的贪心,他所害怕的只是秦桧的野心。

在所谓偃兵息民的二十年间,所有"左右近习与夫贵戚之家,第宅池馆,穷极华美,田园邸舍,连亘阡陌"。③ 他们才是宋高宗"爱养"政策的真正受惠者。

第五节　排黜异己　文狱迭兴

绍兴和议前后,宋高宗和秦桧在长达十七、八年间,持续地、大规模地推行排黜异己的政策,使稍有名望和血性的士大夫,无例外地遭受贬责和打击。在宋朝政治史上,曾有宋哲宗元祐时、绍圣时和宋徽宗崇宁时三次大规模的贬窜士大夫的运动,但都带有党争色彩。此次排黜异己的运动,则以倡导和维护对金屈膝苟安为最高准则,从政治和文化两方面双管齐下,文忌多,文禁严,文网密,文祸迭兴,形成了中国古代史上一个罕见的黑暗时代。古代文人以文取祸,可以追溯久远。但是,中国历史上第一次比较正规意义的文字狱,实始于宋高宗绍兴时,为明清文字狱之嚆矢。中国早有"防民之口甚于防川"的古训,④ 但专制统治者愈是理亏心

---

① 《鄂国金佗续编》卷14《忠愍谥议》,《武穆谥议》。
② 《会编》卷220《中兴遗史》,《要录》卷157绍兴十八年五月甲申。
③ 《历代名臣奏议》卷91汪应辰奏。
④ 《国语·周语》。

虚，就愈要乞灵于极端措施，以杜人之口。金元时代的评论，或认为辽政"操切"，宋政"宽柔"。①其实，宋政有时确有"宽柔"的外表，然而在宋高宗以秦桧独相期间，却是表里一致的"操切"，一君一臣，在厉行"操切"之政方面并无二致。

绍兴十年宋金战争时，秦桧就唆使时任御史中丞的王次翁弹击赵鼎。因为赵鼎也赞成和议，秦桧更害怕他"复用"。宋高宗下令将赵鼎再贬三贬。最后到绍兴十七年（公元1147年）八月，流放在海南岛的赵鼎被迫"不食而死"。临终前，他派人告知其子赵汾说："桧必欲杀我。我死，汝曹无患，不尔，祸及一家矣！"②

前任宰相吕颐浩已死，秦桧仍怀恨不已，命台州知州曾惇"求其家阴事"，说吕颐浩子吕摭"烝其庶弟之母，送狱穷治"。吕摭"惧罪阳喑"，却仍被"以众证定罪"。最后吕摭"除名，梧州（今属广西）编管"，"一家破矣"。③

前任参知政事李光当然是一个重要的打击目标。绍兴十一年十一月，秦桧指使御史中丞万俟卨弹劾李光，说他"阴怀怨望，鼓倡万端"，"乘时诽讪，罪不可赦"。秦桧"进呈"弹章后，宋高宗说："朕于光辈，闻其虚名而用之，见其不才而罢之，逮其有罪而责之，皆彼自取，朕未尝有心也。"宋高宗下令将李光"责授建宁军节度副使，藤州（治今广西藤县）安置"。④

绍兴和议成功和皇太后回銮后，宋高宗和秦桧又进一步追究绍兴八年和九年反对和议的责任，秦熺说：

> "胡铨上书，力诋大臣，冀必置之死地。执政如王庶，侍从如曾开、李弥逊，台官方庭实，馆职范如圭等，尤唱异论，蛊惑群听，其他不能遍举。盖怀奸饰诈者，但欲取一时市井虚名，而

---

① 《金史》卷46《食货志》。
② 《会编》卷216，《要录》卷136绍兴十年闰六月丁酉，卷156绍兴十七年八月癸卯，《宋史》卷360《赵鼎传》，卷473《秦桧传》，《宋宰辅编年录校补》卷15。
③ 《会编》卷220《中兴姓氏录》，《要录》卷156绍兴十七年九月甲戌。梧州，《宋史》卷473《秦桧传》作藤州。
④ 《要录》卷142绍兴十一年十一月己亥，《宋史》卷363《李光传》，卷474《万俟卨传》，《宋宰辅编年录校补》卷15。

利害不切于身，初无体国亲上之意，故趋向如此。"①

宋高宗也说："曾开与李弥逊等不止异议，察其用心，罪不容诛。"曾开与李弥逊已任宫观闲官，宋高宗诏削除曾开宝文阁待制和李弥逊徽猷阁直学士的职名。曾开死后，宋高宗令"复秘阁修撰致仕"，"其赠官、推恩并停"。李弥逊"落职"后的"十馀年间，不通时相书，不请磨勘，不乞任子，不序封爵，以终其身"。宋高宗对这两个"罪不容诛"者的处置，自然更显示了皇恩的宽贷。②

前枢密副使王庶于绍兴十二年八月，以"讥讪朝政"等罪，贬官镇德军节度副使，死于贬所道州。宋高宗尚不知其死耗，下诏规定王庶遇到大赦也"更不检举"。道州通判孙行俭因特别"鼎新行衙"，作为王庶"安泊之所"，知州田如鼇"止之，不从"。于是受到右谏议大夫罗汝楫的弹奏，宋高宗诏令将孙行俭"与广南监当差遣"，③贬官到炎荒地区。

秦桧初次拜相和罢相时，同一些士大夫有一段私人恩怨，他对此一直耿耿于怀。当年弹劾秦桧的黄龟年，自然是他重要的报复对象。绍兴十四年（公元1144年），右司谏詹大方劾奏时任宫观闲官的黄龟年，说他"谄附匪人，缙绅不齿"，"凌压百姓，干挠郡政，害及一方"。宋高宗"览奏"后，说"此岂士人所为"，当即削除黄龟年集英殿修撰的职名，"令本贯福州居住"。④起草秦桧罢相制词的綦崇礼病死，"身后所得恩泽，其家畏惧不敢陈，士大夫亦无敢为其任保"。⑤另一个曾在皇帝面前指责秦桧的王居正，于绍兴十年十月，即遭御史中丞何铸论奏，说他"为赵鼎汲引，欺世盗名"。宋高宗下令将王居正"夺职奉祠"。王居正只能"时事一不挂

---

① 《要录》卷146绍兴十二年八月己丑附录。
② 《要录》卷147绍兴十二年十一月丙午，卷161绍兴二十年八月戊午，卷192绍兴三十一年八月癸卯，《宋史》卷382《李弥逊传》，《曾开传》，《宋宰辅编年录校补》卷16，《筠溪集》附录《筠溪李公家传》。
③ 《会编》卷209，《要录》卷145绍兴十二年六月辛未，卷146绍兴十二年八月庚午，卷147绍兴十二年十月丙寅，十一月丙午，《宋史》卷372《王庶传》，《宋宰辅编年录校补》卷15。
④ 《要录》卷151绍兴十四年正月丁卯，卷154绍兴十五年八月丁亥，《宋史》卷381《黄龟年传》。
⑤ 《要录》卷146绍兴十二年九月丙申，《宋史》卷378《綦崇礼传》。

口"而避祸。①

即使在秦桧初相时，被指为秦桧同党者，如张焘和程瑀因不附和议，也遭到贬斥。张焘"乞祠"，"卧家凡十有三年"。② 程瑀"称疾"，改任宫观官。③ 吴表臣算是最为幸运，官至吏部尚书、兼资善堂翊善。秦桧曾以坐政事堂，即任执政相许。由于他不肯"使金议地界"，又因讨论赵瑗封普安郡王的典礼时，"专任己意，怀奸附丽"而罢官。④

奉使北方、守节不屈的洪皓归宋后，宋高宗曾誉之为当代的苏武。但曾几何时，由于洪皓不断对降金乞和提出指责，对秦桧"肆言无所避"，并说金人最畏惧岳飞，为岳飞的冤死而痛哭流涕，强调张浚为"虏所尊惮，乃不得用"。他还说穿了秦桧于建炎四年在楚州为金人"草檄谕降"的事，因为涉及到"有指斥语"，即辱骂宋高宗的文字，秦桧听后，顿时"色变"。秦桧十分愠怒和害怕，便唆使侍御史李文会弹奏洪皓，宋高宗发表洪皓外任知州。此事激怒了随皇太后回朝的宦官白锷，他与洪皓并无一面之交，却"宣言"秦桧"燮理乖缪"，"洪尚书名闻华夷，顾不用"。御史中丞詹大方遂出面弹击，说洪皓与白锷"为刎颈交"。宋高宗下诏贬责，洪皓最后贬官为濠州团练副使、英州（治今广东英德市）安置，白锷以指斥乘舆，即骂皇帝之罪，"特刺面"，流放海南岛。白锷是继邵成章和黄彦节之后，第三个因直言而受处分的宦官。⑤

除洪皓外，朱弁也是在金朝坚持"忠节"的使者，他归宋后，对宋高宗强调"虏情诡诈，和不可恃"，并且报告了北方一批死节之士，希望朝廷褒恤，"疏入，不报"。"有司校其考十七年，应迁数官"。秦桧有意压

---

① 《要录》卷138绍兴十年十月己亥，卷162绍兴二十一年十月，《宋史》卷381《王居正传》，《东莱吕太史文集》卷9王居正行状。
② 《宋史》卷382《张焘传》。
③ 《要录》卷150绍兴十三年九月戊辰，《宋史》卷381《程瑀传》。
④ 《要录》卷144绍兴十二年二月己丑，卷160绍兴十九年七月庚子，《宋史》卷381《吴表臣传》。
⑤ 《会编》卷221洪皓行状，《要录》卷149绍兴十三年八月戊戌，丁未，卷150绍兴十三年九月甲子，卷151绍兴十四年六月丙申，丁酉，卷156绍兴十七年五月己巳，《宋史》卷373《洪皓传》，《盘洲文集》卷74《先君述》，《鄂国金佗稡编》卷20《吁天辨诬通叙》，《鄂国金佗续编》卷14《忠愍谥议》，《独醒杂志》卷5。

抑，从右宣教郎仅升两官，为奉议郎。朱弁旋即去世。① 另一张邵归宋之初，写信给秦桧，说"金有归渊圣及宗室诸王意，当为遣使迎请"，因而"大忤"秦桧。秦桧命言官弹劾，张邵也一度被贬黜。②

经历了持续不断的排黜异己后，"当世名臣，举族贬窜，阖门废锢"。③但宋高宗和秦桧并不以此为满足，为"销沮人心忠义刚直之气"，④还必须厉行文禁。如前所述，早在宋高宗即位之初，杀陈东和欧阳澈后，就曾下诏，以酷刑禁止"妄议"。但在当时形势下，此种镇压异论的举措，虽开风气之先，却无法长久维持。如今却是另外一种可以长久维持文禁的形势。

宋高宗自"睦邻息兵"之后，"首开学校，教养多士，以遂忠良"，并亲临太学，"祗谒先圣"，成为一时"盛事"。他赞扬秦桧说："非卿力主和议，兵革休息，则学校何由兴。"

秦桧特别为太学作石刻题记说：

"孔圣以儒道设教，弟子皆无邪杂背违于儒道者。今缙绅之习或未纯乎儒术，顾驰狙诈权谲之说，以侥倖于功利。"⑤

不论自己的所作所为如何"背违于儒道"，仍须以忠于"孔孟"的"设教"自我标榜，而所谓"狙诈权谲之说"，自然是指抗金舆论，则必须冠以"未纯乎儒术"的罪名。宋高宗垂宪作则，"颁《孝经》于群庠"，于是殿中侍御史汪勃上奏说：

"陛下独擅圣人之德，上天昭监，果定和议众论鼎沸之中，极天下之至养。望降明诏，令募工摹刻，使家至户晓，以彰

---

① 《要录》卷149绍兴十三年八月乙巳，丁未，卷152绍兴十四年，《宋史》卷373《朱弁传》，《朱文公文集》卷37《答尤延之》，卷83《跋朱奉使奏状》，卷98《奉使直秘阁朱公行状》。
② 《会编》卷222张邵行实，《要录》卷149绍兴十三年八月庚子，丁未，卷150绍兴十三年九月丁卯，《齐东野语》卷13《张才彦》。
③ 《后村先生大全集》卷52《直前》。
④ 《朱文公文集》卷99《除秦桧祠移文》。
⑤ 《要录》卷151绍兴十四年三月己巳，壬申，《金石萃编》卷149《李龙眠画宣圣及七十二弟子像赞高宗御制并书》。

圣孝。"

宋高宗又为此"诏诸州以御书《孝经》刊石,赐见任官及系籍学生"。① 专制统治者的真正信条,无非是权力即真理,儒家的孝道自然只能按这位"圣孝"天子的政治需要,随心所欲地予以曲解,为自己向父兄不共戴天之仇屈膝称臣,而涂脂抹粉,并宣称此乃纯而又纯的儒术。

自北宋末太学生陈东领导伏阙上书运动以来,南宋小朝廷"以为倡乱动众者,无如太学之士"。宋高宗和秦桧除了施展淫威,严禁学生,"不许上书言事";也兼之以利诱,"务使诸生为无廉耻以媚己,而以小利啖之,阴以拒塞言者"。② 这是他们施行文禁的重要方面和手段。

不论舆论事业发达与否,最使丧尽天良的专权自恣者畏惧者,莫过于客观的、真实的历史记事。宋高宗和秦桧认为,必须严密控制当代的历史记录。宋时私人撰写历史的风气甚盛,而且不太顾及忌讳,致使统治者一些隐私得以藉文字而流传。绍兴十四年,秦桧"奏乞禁野史",宋高宗当即首肯,说:"此尤为害事。如靖康以来,私记极不足信。"③

绍兴十九年(公元1149年),秘书省著作佐郎林机上奏说,"访闻有异意之人,匿迹近地,窥伺朝廷,作为私史,以售其邪谋伪说"。"欲望密加搜索,严为禁绝"。宋高宗当即对秦桧说:"此事不应有,宜行禁止,许人陈告,仍令州县觉察,监司按劾,御史台弹奏,并取旨优加赏罚。"④

宋廷禁私史的严令屡颁,致使司马光的曾孙司马伋也上奏表白,说自己曾祖父并未写过什么记闻,显然是别人"妄借名字,售其私说",请求"降旨禁绝"。司马光《涑水记闻》记述北宋史事,而与时政无关。但宋高宗即"诏委建州守臣,将不合开板文字,尽行毁弃",并令司马伋"特迁一官",以资奖励。⑤ 一时之间,很多士大夫纷纷毁弃私人著述,以避文祸。"言者论会稽士大夫家藏野史,以谤时政"。前参知政事李光时已流放岭南,他在绍兴府的家属,包括其妻管氏,"至斥卖簪珥,以给用度,身

---

① 《要录》卷152绍兴十四年七月辛未。
② 《水心别集》卷13《学校》,《四朝闻见录》乙集《钱唐》。
③ 《要录》卷151绍兴十四年四月丁亥。
④ 《要录》卷160绍兴十九年十二月甲寅。
⑤ 《要录》卷154绍兴十五年七月丙午,参见邓广铭先生《略论有关〈涑水记闻〉的几个问题》,载《邓广铭全集》第3卷,河北教育出版社,2005年。

不肉食者十馀年",生计十分艰窘,而家中"藏书万馀卷",却不忍舍弃。但是,当李家得知宋廷的禁令后,不得不忍痛将全部藏书付之一炬。①

当然,禁私史不过是文禁的一个重要方面。为禁绝抗金舆论,绍兴十四年,秦桧党羽、叩头虫杨愿上奏说,"数十年来,士风浇浮,议论蜂起,多饰虚名,不恤国计。沮讲和之议者,意在避出疆之行;腾用兵之说者,止欲收流俗之誉"。"今四方少事,民思息肩,惟饰诈趋利之徒,尚狃于乖谲悖伪之习,窥摇国论,诖误后生。此风不革,臣所深忧也。愿下臣章,揭示庙堂,俾中外洗心自新"。杨愿的"深忧"其实无非是秦桧的"深忧",而宋高宗则下令批准此奏。②

绍兴十五年,太学正孙仲鳌也在面奏时说:

"陛下崇雅黜浮,大明正论,而民间书坊收拾诡僻之说,不经裁定,辄自刊行,汩荡正直,所当深虑,乞行禁止。"

宋高宗也说,在"福建、四川多印私书,俱合禁止"。他为此屡下命令,规定各地"私雕印文书",都须送国子监"看详",结果往往"将近世名公文集,尽行毁板"。③

在管制私人记述的同时,秦桧仍不以宰相"监修国史"的惯例为满足,特别通过皇帝,安排秦熺为秘书少监。宋朝的秘书省是个掌管各种官史修纂的机构。④ 从秦熺的履历看,他跻身官场后,主要是担任秘书省的差遣,最后以现任宰相的待遇提举秘书省长达八年,足见秦氏父子对秘书省纂修各种官史的重视。秦熺最初与王扬英、周执羔编修宋高宗在位时的主要官史——编年体的日历。从建炎元年至绍兴十二年,共计五百九十卷。他们在官史中竭尽篡改历史之能事,"凡所纪录,莫非其党奸谀谄佞之词"。宋高宗对这部分日历的完工,特别予以嘉奖,给秦熺和王扬英、

---

① 《要录》卷156绍兴十七年,《朱文公文集》卷92《荣国夫人管氏墓志铭》。
② 《要录》卷152绍兴十四年十一月壬申。
③ 《要录》卷154绍兴十五年十二月丁巳,卷168绍兴二十五年三月戊辰,卷171绍兴二十六年正月辛未。
④ 《宋史》卷164《职官志》。

周执羔升官。① 此后，参加编修官史者还有秦埙、秦氏亲戚林机、丁娄明以及郑时中、杨迥、董德元等几十人，"皆其党也"。②

在宋朝官史中，最使秦桧伤心的，自然是他绍兴二年的罢相记录。在他第二次任相的翌年，即绍兴九年，他要求重修《宰臣拜罢录》，并将本人"罢免后事迹，乞更不编载"，宋高宗予以批准。为秦桧起草罢相制词的綦崇礼身后并无子嗣，有女嫁谢伋之子。绍兴二十三年（公元1153年），秦桧上奏，请求将台州谢伋家藏自己罢相时的御笔"缴进"，企图在史书上永远抹去这段羞辱。宋高宗首肯后，秦桧便下令将外间流传的《宰臣拜罢录》也一并收缴和销毁，士大夫"有存稿者，坐以违制之罪"，以致"训诰诏旨与夫斥逐其门人臣僚章疏奏对之语，稍及于己者，悉皆更易焚弃"。③ 这算是了却了秦桧的一件心事。

秦桧在靖康时开封围城中"推戴赵氏事迹"，自然被其党羽再三吹嘘。宋高宗特别批准汤思退上奏，对秦桧说："思退乞以卿靖康事迹，详记为别录，以示天下后世，可依所奏。"秦桧假意"谦退久之"，宋高宗说："不然，无以使后代知卿忠义。"④ 不料有马伸的学生何兑甘愿自蹈危机，将马伸在靖康时的议状上报宋廷。秦桧恨得咬牙切齿，便"诬以他罪"，将他流放岭南。⑤

为箝制正论，宋廷还厉行特务统治。皇城司的逻卒"布满京城"，凡街谈巷语，"小涉讥议，即捕治，中以深文"，以至人们"会于逆旅，不敢

---

① 《要录》卷122绍兴八年九月乙巳注，卷148绍兴十三年二月辛巳，卷157绍兴十八年四月庚子，卷198绍兴三十二年闰二月丙戌，《宋史》卷473《秦桧传》，《鄂国金佗稡编》卷20《吁天辨诬通叙》，《挥麈后录》卷1。
② 《鄂国金佗续编》卷21《鄂王传》，《要录》卷167绍兴二十四年十一月甲寅，卷170绍兴二十五年十一月壬申。
③ 《会编》卷220《中兴遗史》，《要录》卷127绍兴九年三月丙戌，卷165绍兴二十三年七月戊戌，《宋史》卷378《綦崇礼传》，卷473《秦桧传》，《北海集》附录中秦桧《乞追取御笔词头札子》，《宋宰辅编年录校补》卷16，《朱子语类》卷127，卷131，《鄂国金佗续编》卷21《鄂王传》，《挥麈后录》卷1，卷7。
④ 《要录》卷161绍兴二十年五月甲辰。
⑤ 《宋史》卷455《马伸传》，卷473《秦桧传》将此事系于绍兴二十四年二月，《挥麈录馀话》卷2作马伸外甥何玩，《玉照新志》卷3亦作何兑，各书所载具体情节有异，其人名据《伊洛渊源录》卷12，《朱文公文集》卷91《何叔京墓碣铭》。

及时事"。① 深文周纳的结果，自然造就了一批专吃"告讦"饭的无耻之徒。他们"持告讦为进取之计"，"辄发亲戚箱箧私书，讼于朝廷，遂兴大狱，因得美官"，"相习成风。虽朋旧骨肉，亦相倾陷，收尺牍于往来之间，录戏语于醉饱之后"。"一言语之过差，一文词之可议，必起大狱"。"士大夫以文墨贾奇祸，斥逐流放，踵相蹑于道"。②

自"莫须有"冤狱始，大狱屡兴而迭起，而其中大部分是文字狱。

宋高宗和秦桧的降金政策，不可能不引起有良知的士大夫，以至普通平民的讥议。当时军队旗帜上"有双胜交环，谓之二圣环，取两宫北还之意"。有一回，杨存中将美玉琢成帽环，进献皇帝，有伶人在旁接口说："可惜二圣环且放在脑后。"宋高宗顿时脸色难堪，却又不便立即加罪。③ 秦桧迁居后，宋高宗赐宴望仙桥新第，有优伶表演助兴。一人有意戴"行伍之巾"，后垂二胜环，坐在荷叶交椅上。另一人上前发问："此何环？"此人回答："二胜环。"另一人"遽以朴击其首"，说："尔但坐太师交倚，请取银绢例物，此环掉脑后可也！"顿时"一坐失色"。秦桧恼羞成怒，便于次日将优伶辈入狱杀害。④

绍兴十三年，秦桧党羽詹大方弹劾张九成与径山寺僧宗杲"谤讪朝政"。宗杲和张九成为"莫逆交"，是位名僧，"缁流之赴宗杲者二千馀众，径山虽巨刹，至无所容，宗杲更敞千僧阁以居之"。此事居然也引起秦桧的惶恐不安。于是宗杲编配，宋高宗诏令张九成"南安军（治今江西大余）居住"。⑤

绍兴十四年，太学生张伯麟在壁上题写"夫差！尔忘越王之杀而父乎"！用春秋时代的典故讥斥宋高宗。于是，他被牵连入宦官白锷一案，"杖脊，刺配吉阳军（治今海南崖城）"。⑥

绍兴十七年，有敦武郎、制造御前军器所监造官马元益因去年何铸出

---

① 《宋史》卷473《秦桧传》，《周益国文忠公集·平园续稿》卷6《跋何居仁自作墓志》。
② 《要录》卷170绍兴二十五年十一月庚午、辛未，《宋会要》刑法2之152，《容斋三笔》卷4《祸福有命》，《华阳集》卷40张坚跋。
③ 《贵耳集》卷下，《养疴漫笔》。
④ 《桯史》卷7《优伶诙语》。
⑤ 《要录》卷149绍兴十三年五月甲子，《宋史》卷374《张九成传》，《宋名臣言行录》别集上卷9《张九成》，《咸淳临安志》卷70《宗杲》。
⑥ 《要录》卷151绍兴十四年六月丙申，《宋史》卷473《秦桧传》。

使,"迎请天属"失败,而上书言事,主张"出兵"。秦桧"奏其语言狂妄",宋高宗说:"今者和议,人多异论,朕不晓所谓,止是不恤国事耳!若无赏罚,望其为国实难。自今用人,宜求靖共之操。如其不然,在朝廷者与之外任,外任者置之闲散,闲散而又不靖者,加以责罚。庶几人知劝惩,不至专为身计。卿所进呈行遣马元益,正得此意。赏罚既行,数年后,可望风俗丕变矣。"他批准马元益"特勒停,送桂阳监(今属湖南)编管"。①

宋金和议后,由右谏议大夫罗汝楫出面弹击,说胡铨"文过饰非,益倡狂妄之说,横议纷纷,流布遐迩","伏望陛下重行窜逐,以伸邦宪"。宋高宗于绍兴十二年七月下诏,将胡铨"除名,新州(治今广东新兴)编管"。绍兴十九年(公元1149年),胡铨同乡欧阳安永出面告发,说衡州茶陵县(今属湖南)县丞王廷珪以诗为胡铨送行,两首七律说:

"囊封初上九重关,是日清都虎豹闲。
百辟动容观奏牍,几人回首愧朝班。
名高北斗星辰上,身堕南州瘴海间。
不待他年公议出,汉廷行召贾生还。"
"大厦元非一木支,欲将独力拄倾危。
痴儿不了公家事,男子要为天下奇。
当日奸谀皆胆落,平生忠义只心知。
端能饱吃新州饭,在处江山足护持。"

王廷珪"时年七十",遂以"谤讪朝政"的罪名,被宣布"特勒停,送辰州(治今湖南沅陵)编管",一些江南西路的要员也因"不切究"而降官。②

另一个张元幹曾以《贺新郎》词为胡铨送行,其词的上半阕说:

---

① 《要录》卷156绍兴十七年四月丙辰,《宋会要》职官70之31。
② 《要录》卷146绍兴十二年七月癸巳,卷159绍兴十九年六月丁巳,《卢溪文集》卷13《送胡邦衡之新州贬所二首》,《诚斋集》卷80《卢溪先生文集序》,卷114《诗话》,《桯史》卷12《王卢溪送胡忠简》,《贵耳集》卷上,《鹤林玉露》甲编卷3《幸不幸》,《独醒杂志》卷8。

"梦绕神州路，怅秋风，连营画角，故宫离黍。底事昆仑倾砥柱，九地黄流乱注，聚万落千村狐兔。天意从来高难问，况人情老易悲难诉。更南浦，送君去。"

张元幹本已致仕，他"年逾四十即挂冠"，有看破红尘之意，却又被"以它事追赴大理"，削除官职，其诗文"语及讥刺者悉搜去"。[1] 王廷珪和张元幹都是在窒息式的政治高压下，表现了一个正直士大夫应有的骨气。前引的诗词作为佳作，也流传后世，为人们所称诵不绝。

胡铨被贬后，填词有"欲驾巾车归去，有豺狼当辙"之句，赋诗有"万古嗟无尽，千生笑有穷"之句，又遭新州知州张棣告发。说北宋宰相张商英自号"无尽居士"，故"无尽"一句是讥刺宰相；"有穷"一句是古文中"有穷后羿"，更有影射君主之嫌。按此捕风捉影式的告讦，胡铨又以"毁谤当途，语言不逊"等罪名，于绍兴十八年（公元1148年），流放海南岛的吉阳军"编管"。[2]

李光被贬藤州后，周姓知州引诱李光赋诗"倡和，其间言及秦桧和议，有讽刺者，积得数篇"，遂密献秦桧。于是，时任御史中丞的杨愿又出面劾奏，说"若非明正其罪，恐海内之患，有不胜言"。绍兴十四年，宋高宗诏李光"移琼州（治今海南琼山市）安置"。李光渡海，到达当时认为是炎瘴之最的海南岛后，又被吕愿中告发，说他与胡铨"诗赋倡和，讥讪朝政"，陆升之也上告李光父子，又自琼州移至昌化军（治今海南新州一带）。

绍兴二十年（公元1150年）春，宋廷处置李光父子私史案。原来李光被贬后，"常作私史"，由次子李孟坚为之"省记"，"语涉讥谤"。李孟坚不慎，偶而告知了李光"侄婿"陆升之。陆升之看准此为升官发财的良机，不容错过。他通过秦桧党羽、时任两浙路转运判官的曹泳上奏朝廷。宋高宗十分震怒，骂李光是"倾险小人"，并命曹泳"究实申省"。由于李光已贬斥到不能再贬的地步，除岳飞之外，宋高宗仍愿受宋太祖誓约的约

---

[1] 《芦川归来集》序，卷5《贺新郎》（送胡邦衡待制谪新州），《挥麈后录》卷10，《鹤林玉露》乙编卷3《玄真子图》。时胡铨尚未有待制之职名，"待制"两字系误。

[2] 《要录》卷158绍兴十八年十一月己亥，《宋史》卷374《胡铨传》，《宋会要》职官70之33，《挥麈后录》卷10，《独醒杂志》卷8。

束,只能"诏责授建宁军节度副使、昌化军安置李光永不检举",以绝其平反的任何冀望。李孟坚"特除名,峡州(治今湖北宜昌市)编管"。此外,另有官员八人以上受到株连。潘良贵赠送李光团茶,并在书信中说:

"参政患难至此极矣,更以道自处。"

宗泽之子、直秘阁宗颖曾给李光写信说:

"忽闻远适,岂胜惶骇。本欲追路一见,失于探伺,不果如愿。"

秦桧初相时被指为同党的程瑀也赠送李光缣帛,并在书信中说:

"比来无智愚皆以视前为戒,可为叹息!"

这三人都降三官。张焘、许忻和贺允中因与李光"相知密熟,书札往来,委曲存问,意光再用,更相荐引",各降两官。一贯与朝廷立异论的胡寅,特别是他建炎时上书指责宋高宗不该即位,自然更引起皇帝的憎恨。胡寅还给秦桧修书,强调"尊王攘夷,以开后功"。他因与李光"通书,朋附交结,讥讪朝政",而削除徽猷阁直学士致仕的职名。接着,右正言章夏又劾奏胡寅,说他"天资凶悖","初傅会李纲,后又从赵鼎建明不通邻国之问","阴结异意之人,相与睥睨,作为记文,以为今日仕进之人,将赤族而不悟,此其不忠之大罪也"。宋高宗遂下诏将胡寅"责授果州团练副使,新州安置"。

最末一名左承议郎、福建路安抚司主管机宜文字吴元美降两官后,旋即又被同乡郑炜告讦。郑炜说吴元美曾作《夏二子传》,名义上是说蚊蝇如何可恶,实则讥刺时政。福建路提点刑狱公事、兼权福州知州孙汝翼接郑炜的诬告状,很厌恶其为人,打算惩治郑炜。郑炜便逃到临安,再次告讦,说吴元美"讥毁大臣",家中有潜光亭和商隐堂,"亭号潜光,盖有心于党李;堂名商隐,实无意于事秦",如此之类,不一而足。仅因潜光亭有一"光"字,商隐堂与唐朝诗人李商隐的名字相同,居然生拉硬扯地编造了大段告讦文字。

宋高宗说:"元美撰造谤讪,至引伊尹相商伐桀事,其悖逆不道甚矣!

可令有司究实取旨。"大理寺上奏，说吴元美"因与李光交结，言事补外，心怀怨望，遂造《二子传》，指斥国家及讥毁大臣"，即用隐晦曲折的手法斥骂皇帝和宰相，"以快私忿，法当死"。最后又是皇恩宽大，宋高宗下令"特宥之"，"吴元美除名，容州编管"，孙汝翼也降二官。①

这些是当时很典型的文字狱案。李光"迁谪岭海，首尾十八年"，其长子李孟博和三子李孟醇"皆侍行，死贬所"。四子李孟珍"亦抵罪"，并牵累了李光继室的妻兄、台州通判管镐。李光家"田园屋宇，尽皆籍没，骨肉流散"。在宋朝政治史上，文臣"执政官得罪"，如李光那样"被祸之酷"，尚无前例。②

绍兴二十年和二十一年，宋廷先后以"谤讪"之罪，"编管"右迪功郎安诚和布衣汪大圭，斩有荫人惠俊和进义副尉刘允中，黥配径山寺僧清言。后三人都犯下"指斥乘舆"，即责骂宋高宗之罪。安诚为前任宰相朱胜非所辟举，朱胜非死后，安诚在斋文中"讪及朝廷"。苏师德和苏玭父子在常同祭文中有"奸人在位，公弃而死"之语，分别"送汀州（治今福建长汀）编管"和"勒停"。另有"处州编管人"王腾"擅离贬所，上书狂妄，欲起兵端"，遂改送"婺州编管"。③

绍兴二十二年（公元1152年），宋廷再兴文字狱案，时称"四大狱"。④

第一件是前枢密副使王庶之子王之奇和王之荀的狱案。王庶当绍兴八

---

① 上述李光等文字狱案，参据《会编》卷213，《要录》卷152绍兴十四年十一月癸酉，卷161绍兴二十年正月丙午，三月丙申，壬寅，九月甲申，《宋史》卷363《李光传》，卷376《潘良贵传》，卷381《程瑀传》，卷435《胡寅传》，卷473《秦桧传》，《宋会要》职官70之34—35，刑法6之31，《宋宰辅编年录校补》卷15、卷16，《庄简集》卷15《与胡邦衡书》，《鹤林玉露》甲编卷6《容南迁客》，乙编卷2《存问逐客》，《宋名臣言行录》别集上卷8《胡寅》，《金华黄先生文集》卷3《记先世墓志铭》。

② 《要录》卷168绍兴二十五年四月辛卯，卷189绍兴三十一年三月辛卯。李光诸子名据《朱文公文集》卷92《荣国夫人管氏墓志铭》。

③ 《要录》卷161绍兴二十年三月庚子，十月戊辰，十一月壬辰，卷162绍兴二十一年二月已巳，十一月庚戌，丁巳，十二月戊子，《宋史》卷473《秦桧传》，《宋会要》职官70之35，刑法6之32，《南涧甲乙稿》卷20苏师德墓志铭，《渭南文集》卷39苏玭墓志铭，《山房集》卷4《康伯可传》。

④ 《宋史》卷473《秦桧传》。

年"廷争和议时，视秦桧无如也"。① 这个当年始终如一反对屈膝求和的唯一的执政官，深受秦桧忌恨。他贬死后，王之奇和王之荀"抚柩而哭"，说："秦桧！秦桧！此雠必报！"王庶的亲故不得不"掩其口"，以求避祸。不料十年之后，王之奇和王之荀终于被告发。或说他们联络刺客，准备行刺秦桧。或说他们与一方士交结，方士能用一种药水写字，只有将纸投入水中，其字方显。他们写了"秦桧可斩"四字，方士便以此要挟。有一老仆十分不平，将方士推入井中杀死，但此事终于暴露。王之奇和王之荀便"以其父责降身死，撰造语言，谤毁朝廷"的罪名，分别"特除名"，王之奇送梅州，王之荀送容州"编管"。宋高宗在发落王之奇兄弟时，还特别强调说："庶为人凶悖，深沮休兵之议，几误国事。"②

第二件是直龙图阁、提举台州崇道观叶三省曾与赵鼎、王庶通信，"力诋休兵之议"，被明州文士陈焘"得其真迹"，进行告发。宋高宗"诏送大理寺"。大理寺审讯后上奏，说叶三省和承节郎、监临安都作院王远"撰造语言，谤讪朝廷"。秦桧"进呈"后，宋高宗说："此不可不惩，庶后来者知畏。"他下令叶三省"落职，筠州（治今江西高安市）居住"，王远"除名，勒停，送高州（治今广东高州市东北）编管"。③

第三件是从政郎杨炜任黄巖县令，"大言无顾畏"，"鉏治凶恶无所贷"，"政颇有声"。县吏得其书信，有抨击秦桧的言论，便向秦桧的侄子、浙东路提点刑狱公事秦昌时告讦。宋高宗"诏送大理寺"，并派遣兵卒搜索杨炜家，又得到了杨炜为反对绍兴八年和议，而上当时参知政事李光的万言书。此万言书言词十分激烈，在前已有交待。大理寺上奏，认为杨炜"当死"。宋高宗下令"特贷命，追毁出身以来文字，除名，勒停，永不收叙"，流放到万安军"编管"。杨炜兄左从政郎杨炬"特送邕州（治今广西南宁市）编管"，杨炬尚未到达流放地，即在岭南途中病死。受此文字狱案牵连者，还有李光和杨炜的上司，曾荐举他的台州知州萧振。由于对李光的贬斥已至无以复加的地步，宋高宗"诏责授建宁军节度副使、昌化军安置李光，依已降指挥，永不检举"，用重复以往处罚的方式，表示加

---

① 《朱文公文集》卷81《跋王枢密赠祁居之诗》。
② 《会编》卷209，《要录》卷146绍兴十二年八月庚午，卷163绍兴二十二年三月丁酉，《宋会要》职官70之35—36，《东南纪闻》卷1。
③ 《要录》卷163绍兴二十二年三月壬寅，《宋会要》职官70之36。

重处罚。萧振则削除徽猷阁待制的职名,"池州居住"。①

第四件是免解试贡士袁敏求"坐撰语言","杖脊,送海外州军编管",也流放到海南岛。宋高宗针对此案说:"小人安生是非,既得其罪,当行遣,以为惑众者之戒。"②

绍兴二十三年,太府寺丞范彦辉曾作《夏日久阴》诗说:

"何当日月明,痛洗苍生病。"

于是,殿中侍御史魏师逊便劾奏他"阴怀异意,谤讪朝廷"。宋高宗下令将范彦辉"追毁出身以来告敕文字,除名,勒停,永不收叙,送荆门军(今属湖北)编管"。③

当年六月,有宦官裴詠"私市北货,寻被拘收,心怀怨望,有指斥语",即有骂皇帝的言词,"法当绞"。宋高宗"特贷之",改为"除名,琼州编管"。④ 又有福州长溪县文士黄友龙在临安府馀杭县"听读"期间,"醉酒作闹,语言指斥",又是犯了骂皇帝的大罪,被"杖脊,刺配广南远恶州牢城收管",服厢兵的苦役。⑤ 所谓"听读",也是当时的一项发明。史称秦桧"当国"时,"有进士上书献策,或忤其意,有置之死地,轻者亦送外州军学听读"。"听读"者其实"与编管人无异",受当地官府严密看守,"为士者甚苦之"。⑥ 黄友龙从福州押赴临安府"听读",这说明他已有触犯时忌的前科。

绍兴二十四年,有湘潭县(今湖南湘潭南)丞郑杞、主簿贾子展"以会中有嘲谑讲和之语",宋廷将两人"除名",分别送容州和德庆府(今属广东)"编管"。⑦ 武冈军(今属湖南)通判方畴"坐与流人胡铨通书",

---

① 《要录》卷163绍兴二十二年十月庚辰,卷166绍兴二十四年二月丁亥,《宋史》卷380《萧振传》,《鸿庆居士集》卷41杨炜墓表。

② 《要录》卷163绍兴二十二年十二月丁亥。

③ 《要录》卷164绍兴二十三年三月戊申。

④ 《要录》卷164绍兴二十三年六月丙戌,《宋史》卷473《秦桧传》,《宋会要》刑法6之33。

⑤ 《要录》卷165绍兴二十三年闰十二月癸巳,《宋史》卷473《秦桧传》。

⑥ 《宋宰辅编年录校补》卷16。

⑦ 《要录》卷170绍兴二十五年十二月壬午,《宋史》卷31《高宗纪》,卷473《秦桧传》,或作"郑玘"。

亦被宋廷"除名，永州编管"。①

程瑀在李光父子文字狱中受牵连，他降官后死去，有遗作《论语说》，②官员魏安行和洪兴祖为之刊行和作序。秦桧认为"乃著书相谤"，嗾使右正言王珉上奏说，"窃惟陛下以圣学高明，表章六经，瑀乃敢唱为异论"，"恐其说浸行，害教惑众，其祸不止于少正卯、杨朱、墨翟也"，请求"重赐施行，以为朋附鼓唱异说之戒"。秦桧还认为王珉"疏论兴祖不力"，唆使党羽董德元"再论"。宋高宗下令，分别将洪兴祖和魏安行送岭南昭州和钦州"编管"，程瑀子程宏济和程宏靖，孙程有功和程有孚一并罢官，《论语说》毁版。洪兴祖很快死于贬所。"其他州军有刊行异说书籍，元未曾申取朝廷指挥者"，也一律"毁弃"。③他又再次重申十年间屡颁的禁令。

当年最后一名卷入冤狱者，是前雷州知州王趯。他利用自己职务之便，尽力保护和周济胡铨、李光等流放到海南岛的士大夫。

绍兴二十年，此事被揭发后，王趯"特降三官，勒停"。王趯寓居全州（今属广西），秦桧仍不肯放过。绍兴二十四年七月，右正言郑仲熊上奏，说王趯"在全州，遂与海外罪人为地，或有擅离受责之地，逃匿趯家，方命乱法，莫此为甚"。实际上虽无流放者"逃匿"王趯家中之事，宋高宗还是同意下诏，将王趯从遥远的全州押赴临安大理寺狱"究治"。大理寺"究治，事皆虚"，但宋高宗却下诏，将"降授右朝奉郎勒停人王趯追三官，依旧勒停，特除名，送辰州编管"，理由是"前知雷州，与李光通书，及差兵级应副使唤"。④旧罪新罚，用以维护诏狱的尊严。

绍兴二十五年（公元1155年）二月，宋廷又处置一件诗案。常州通

---

① 《要录》卷167绍兴二十四年十一月，《宋史》卷473《秦桧传》。
② 程瑀遗作，《宋史》卷31《高宗纪》作《论语讲解》，卷433《洪兴祖传》，卷473《秦桧传》作《论语解》，而卷381《程瑀传》作《论语说》，《胡澹庵先生文集》卷23程瑀墓志铭作"《论语说》四卷，《论语集解》十卷"，《文献通考》卷184载有"洪兴祖《论语说》"，应即洪兴祖为之作序者。
③ 《要录》卷167绍兴二十四年十二月丙戌，《宋史》卷31《高宗纪》、381《程瑀传》，卷433《洪兴祖传》，卷473《秦桧传》，《宋宰辅编年录校补》卷16，《胡澹庵先生文集》卷23程瑀墓志铭，《渭南文集》卷37《程君墓志铭》，《京口耆旧传》卷4《洪兴祖传》，《密斋笔记》卷4。
④ 《要录》卷158绍兴十八年十一月已亥，卷161绍兴二十年八月甲辰朔，卷167绍兴二十四年七月癸丑，十二月丁亥，《挥麈三录》卷3。

判沈长卿早在绍兴八年，已上启李光，明确表示反对和议。他与仁和县尉芮晔共赋牡丹诗，沈长卿诗中有"宁令汉社稷，变作莽乾坤"之句，芮晔诗中有"今作尘埃奔走人"之句，被邻人告讦。大理寺审讯后，连以往上启李光的陈年旧账也一并清算。宋高宗下令将两人"勒停，除名"，分别送化州（今属广东）和武冈军"编管"。新任淮南路转运司幹办公事陈祖安因看到此类诗句，"亦不陈首"，"特放罢"，后又"勒归建州本贯"。①

五月，宋朝宗室赵令衿因观看秦桧的《家庙记》，口诵"君子之泽，五世而斩"，由秦桧侄女婿、汪伯彦之子、衢州通判汪召锡命州学教授莫汲告发，说赵令衿"评论日月无光，谤讪朝政"。宋高宗下诏，罚赵令衿"汀州居住"。负责"体究"的傅自得却宁愿得罪秦桧，"不复穷竟"。但秦桧不肯罢休，他嗾使殿中侍御史徐嚞劾奏赵令衿与赵鼎之子赵汾过从甚密，"决有奸谋密计"。宋高宗又于八月"诏送大理寺究治"。②

六月，小武官王世雄写《平治书》，被杨名告讦。在大理寺狱中，王世雄"具伏因赴武举不第，心怀怨望，讥讪朝政，及作诗有指斥语"。既然有斥骂皇帝之语，其罪就非同小可。王世雄"特贷命"，被判"追毁出身以来告敕文字，除名，勒停，决脊杖二十，不刺面，配邕州牢城收管"，服厢军的苦役。其父殿前司选锋军统制王升也罢官赋闲。③

一时冤狱之多，不可胜数。有些诗文全然与政治无关，居然也被捕风捉影，而受制裁。如和州州学教授卢傅霖曾作咏雪诗说：

"寒乡只愿春来早，暖日暄风尽荡摩。"

竟被通判范洄"按其怨望"，因而罢官。④ 统治者一方面肆无忌惮地大兴文字冤狱，另一方面却又做贼心虚，以致在官史《高宗日历》中，"秦

---

① 《会编》卷225《绍兴正论》，《要录》卷168 绍兴二十五年二月壬寅，卷169 绍兴二十五年十月癸未，《宋史》卷31《高宗纪》，卷473《秦桧传》，《宋宰辅编年录校补》卷16，《舆地纪胜》卷116《化州》，《周益国文忠公集·平园续稿》卷14《芮氏家藏集序》。

② 《要录》卷168 绍兴二十五年五月癸丑，卷169 绍兴二十五年七月戊辰，八月戊寅，辛巳，《宋史》卷244《赵令衿传》，卷473《秦桧传》，《宋宰辅编年录校补》卷16，《朱文公文集》卷98 傅自得行状。

③ 《要录》卷168 绍兴二十五年六月戊戌，《宋会要》刑法6之33。

④ 《要录》卷170 绍兴二十五年十一月辛未。

桧当国时被罪之人，多不言其故"。① 很多文字狱案的史实无以流传后世。后来编修的宋代史书，按照为尊者讳的传统原则，将此类文字狱祸一概诿诸秦桧。事实上，仅就前述被当政者再三删改的记录反映，一连串冤狱，包括其中占大部分的文字狱，其罪魁祸首，无疑是宋高宗和秦桧两人。秦桧可以在进呈冤案和严刑逼供时，上下其手，而不能一手遮天，私设诏狱。很多规模稍大的冤狱，不可能，也无需瞒昧宋高宗，而在大理寺结案后，量刑轻重，完全由宋高宗亲自裁决。②

连绵不断的冤狱，包括其中占大部分的文祸，"强立左验"，"锻炼烦酷，使之诬伏"，"在朝则以讪言为禁捕，在学则以谤讪为屏罚，科举则以时忌为弃黜"。"长告讦之俗，而亲戚为仇，起罗织之狱，而道路以目"，③一时确也曾起了箝制舆论的作用。宋朝对流放的编管人、羁管人等，都有"成宪"，但"所在望风，以流人为奇货，多捃辱之"，"囚禁锁闭，甚于配隶"。④ 不杀"流人"，固然是受宋太祖誓约的拘束，以显示皇恩宽贷；但"流人"大多发配岭南以至海南的炎荒之地，又是死罪未受，而活罪难熬。秦桧的意图，就是要将"流人"折磨至死，事实上，他也部分地达到了目的。

文字狱的酷烈，固然为害于一时，但从另一方面看，也同样表明了专制黑暗统治之理亏心虚，不得人心。不少士大夫正是从文字狱祸中，表现了自己的高风亮节。

例如静江知府、广南西路经略安抚使胡舜陟打算在秦桧的出生地古县（今广西永福西北）立祠，而县令高登却执意不可，说："桧为相亡状，祠

---

① 《要录》卷166绍兴二十四年六月辛丑注。
② 《宋史》卷200《刑法志》："（岳）飞与（胡）舜陟死，（秦）桧权愈炽，屡兴大狱，以中异己者，名曰诏狱，实非诏旨也。"《要录》卷172绍兴二十六年五月丙辰载，秦桧死后，由左相沈该纂《中兴圣语》六十卷，"谓（秦）桧专政以来，所书圣语，有非玉音者"，"乃奏删之"。其实，此书所载"上即位至今通三十年"的"玉音"，大体上是将不适合当时政治需要者删去，并经宋高宗本人认可而已。尽管经过删削，宋高宗在当时大部分诏狱案中亲自裁决，并发表"圣语"的记录，仍然未被删落，而得到宋高宗本人认可，本书在叙事中已作引证。估计前引《宋史》卷200《刑法志》之语，乃元人抄自南宋《中兴四朝国史》，其实只是反映南宋史官为"中兴之主"讳恶，而诿罪秦桧。
③ 《会编》卷227，《文定集》卷1《应诏言弭灾防盗事》，《于湖居士文集》卷16《乞改正迁谪士大夫罪名札子》。
④ 《要录》卷164绍兴二十三年四月辛巳。

不可立。"胡舜陟大怒,"欲以危法中之,召致狱官,验问讯掠,讫无罪状"。高登出狱后,任潮州考官,又出试题《则将焉用彼相赋》和《直言不闻深可畏论》。秦桧闻知,大怒,"取旨编管容州"。一个铁铮铮的硬汉,甘愿以文取祸,死于流放地。①

官员赵性公然在对策中强调"以正士大夫之心术为患",他写道:

"以括囊为深计,臣知其人矣,主和议者当之;以首鼠为圆机,臣知其人矣,杜言路者当之。"

秦桧得知后,大怒,本欲以深文罗织,恰好病入膏肓,赵性才幸免于难。②

又有儒生王蘋侄子王谊,年方十四岁,居然在书塾戏作皇帝御批说:

"可斩秦桧,以谢天下!"

为仆夫告发,宋高宗下诏押赴大理寺狱,"狱具,伏罪当诛"。秦桧奏禀后,宋高宗"赦其幼",遂"编置"象州(今属广西)。③

婺州义乌县(今属浙江)士人黄中辅,在临安著名酒店太平楼上题词:

"磨剑欲斩佞臣头!"

秦桧得知后,"怒其讥己,将捕置于法",但黄中辅还是安全"潜归"。④

因淮西之变而闲废的前任宰相张浚,虽也是个树大招风的人物,因皇

---

① 《宋史》卷399《高登传》,《朱文公文集》卷19《乞褒录高登状》,卷79《漳州州学东溪先生高公祠记》,《后村先生大全集》卷175《诗话续集》,《鹤林玉露》甲编卷6《容南迁客》,乙编卷2《天佑忠贤》。
② 《舆地纪胜》卷159《合州》。
③ 《四朝闻见录》甲集《布衣入馆》。
④ 《柳待制文集》卷20黄铸行状,《金华黄先生文集》附录《金华黄先生行状》,《日损斋笔记》附录黄溍神道碑。黄中辅的词,《全宋词》第3册第1514页引《金华府志》,作"快磨三尺剑,欲斩佞臣头"。

帝无意起用，秦桧反而对他稍加优容。绍兴十六年，时"灾异数见，彗出西方"，按古代迷信习惯，正是皇帝畏惧天变，臣僚进言之机，张浚准备"力论时事"，却也明知"言之必致祸"，担心老母计氏"不能堪"。计氏深明大义，鼓励儿子行直道而危言。于是，张浚上奏，说"当今事势，譬如养成大疽于头目心腹之间，不决不止"。"日复一日，后将噬脐"。秦桧大怒，唆使御史中丞何若等弹奏，说张浚"殊失大臣省愆念咎之体，居常怨恨，以和议非便。惟欲四方多事，侥倖再进，包藏祸心"。宋高宗遂将张浚降官，"连州居住"。绍兴二十年，宋高宗下令张浚内移永州。但秦桧仍不肯善罢甘休，他暮年病势愈重，杀心更重，认为大批政敌流放在外，未能斩草除根，日后终成大患，便通过前述赵令衿和赵鼎之子赵汾起大狱。赵汾在大理寺狱中"拷掠无全肤"，胁迫他自诬与张浚、李光、胡寅等五十三人"谋大逆"。张浚至此已处于"杜门不通人，惟穴墙以通薪水"的险境。幸好因秦桧本人病重，此次株连最广的冤狱遂告中辍。①

在宋高宗和秦桧实施政治和文化的双重迫害与摧残下，绍兴时的正论却仍不绝如缕，一些贤士在险恶的环境中，依然维护了自己的名节和人格，足可风励后世。事实表明，历史上的黑暗专制统治固然有其暴虐的方面，能够逞威于一时；却更有其虚弱的方面，人心不可欺，公论不可掩，倒行逆施不足以维持久远。

第六节 文丐奔竞 祥瑞虚饰

在中国古代历史上，歌颂君相圣贤的文字是屡见不鲜的。但在很多场合下，按照古时的政治伦理标准，尚是有"圣功伟绩"，值得朝野文士称颂。宋高宗和秦桧的所作所为，按照当时的政治伦理标准，尽是些荒悖、乖谬和羞辱的倒行逆施，又有何功可歌，何德可颂！但是，唯其如此，就更有特殊境遇下的特殊需要，以招徕文丐，歌颂圣德神明，"忍耻事雠，

---

① 《要录》卷155绍兴十六年七月壬申，卷161绍兴二十年八月甲辰朔，卷169绍兴二十五年十月乙酉，辛卯，卷170绍兴二十五年十一月戊申注，《宋史》卷244《赵令衿传》，卷361《张浚传》，卷473《秦桧传》，《朱文公文集》卷95张浚行状，卷98傅自得行状，《宋宰辅编年录校补》卷16，《桯史》卷12《秦桧死报》。

饰太平于一隅以为欺"。① 于是，一批又一批的文丐，纷纷搜索枯肠，争先恐后地以诗文吹牛拍马。此类咄咄怪事，在绍兴和议后的十余年间，却也成为中国历史上罕见的奇观。

大致自绍兴十一年，即在举办岳飞冤狱与对金媾和的同时，一些文丐遂看准时机，开始用阿谀奉承的文字，以博取利禄。刚发表为利州（治今四川广元市）通判的程敦厚上书言事说，"夫大功非达权而不能济，大难非欲速而可以平。昔之执事者，苟不达权，则劝陛下正名弗屈，而不恤其祸；苟为欲速，则劝陛下长驱疾战，而不量其力"。"今陛下除骄抗之害，而疆场肃，致安靖之福，而朝廷尊，制兵之命在我，而悉收其用，欲和之利在敌，而决保其成"，"则大功立矣"。他还写信给秦桧，赞扬他"见几似颜子，任重似伊尹"。秦桧大喜，便通过皇帝召试，改任程敦厚为秘书省校书郎。②

绍兴十二年的进士殿试，陈诚之在策论中强调，"窃以休兵息民为上策"，并劝"陛下任贤不贰"，即专倚秦桧为相，遂得状元。第二名秦熺自不待论。第三名杨邦弼也是持同一腔调，说"今日休兵息民之计，诚为得策"，"陛下躬信顺以待天下，又得贤相，相与图治，中兴之功，日月可冀"。③ 自此以往，欲得金榜题名，便非附会降金政策不可了。

后秦桧党羽汪勃上奏说："陛下兼爱南北之民，力定和议，与天下更始，崇儒重道，同符祖宗。臣愚以为今年科场，当国学初建，万方多士将拭目以观取舍，为之趋向。欲望戒敕攸司，苟专师孔孟，而议论粹然，一出于正者，在所必取；其或采摭专门曲说，流入迂怪者，在所必去。"宋高宗看后说，"勃论甚善"，"此所以正人心也"，他下"诏有司，凡私意臆说尽黜之"。④

绍兴十二年、十五年、十八年、二十一年和二十四年五次科举，都依此标准录取，包括进士、明法、特奏名和武举的正、特奏名，总计四千余人。⑤ 他们上榜的底线，无非是讴歌宋高宗与秦桧的"丰功伟绩"，加之未

---

① 《陈亮集》（增订本）卷1《上孝宗皇帝第一书》。
② 《要录》卷142绍兴十一年十一月戊戌。
③ 《要录》卷145绍兴十二年四月庚午。
④ 《要录》卷152绍兴十四年八月癸卯，甲辰，《水心文集》卷24汪勃墓誌铭，《道命录》卷4《汪勃乞戒科场主司去专门曲说》。
⑤ 五榜进士等人数，记载歧异，难于有确切统计，参见张希清先生《南宋贡举登科人数考》，《古籍整理与研究》第5期。

得上榜，却也必须加入歌德派行列者，以成千上万形容，就决不过分了。

当年秦桧官拜太师，由曾为宋高宗起草前述和议大赦文的程克俊撰写制词，其中说，"心潜于圣，有孟轲命世之才；道致其君，负伊尹觉民之任"。"庙算无遗，固众人之所不识；征车远狩，惟君子以为必归"。秦桧十分喜爱后一联骈文的对仗工整而精巧，便通过宋高宗，援引程克俊为签书枢密院事，充执政。①

围绕着皇太后回銮的闹剧，掀起了一次以文献媚争宠的高潮。黄达如因"赃罪"被按劾，他到临安上奏说：

"太后回銮，梓宫还阙，兹为盛事，望宣付史馆。仍令词臣作为歌诗，荐之郊庙。然后褒功罚罪，大明黜陟，将前日异论沮谋者，明正典刑，其力主和议者，重加旌赏。庶上慰徽宗、二后在天之灵，少纾太母留滞抑郁不平之气。"②

宋高宗采纳此议，一时"献赋颂者千馀人，而文理可采者仅四百人"。皇帝特"诏有官人进一官，进士免文解一次"。其中获第一名的是大理寺正吴棫，其颂词说：

"於皇睿明，运符中兴，绵于肃清，乾夷坤宁。"
"辅臣稽首，对扬圣志，惟断乃成，愿破群异。"③

经历这次大规模的歌功颂德活动后，人们不难发现，以诗文阿谀奉承，实乃一本万利，获取功名利禄的良图。于是文丐们更蜂拥而上，竞出新奇，纷纷进行以人格博取富贵的竞争。

熊彦诗本来被指为"赵鼎客，闲废累年"。他恋栈不已，遂乘秦桧升太师之际，上启致贺，其中有一联说：

"大风动地，不移存赵之心；白刃在前，独奋安刘之略。"

---

① 《要录》卷147绍兴十二年十月乙亥，《宋宰辅编年录校补》卷16。
② 《要录》卷147绍兴十二年十一月壬辰。
③ 《会编》卷223，《要录》卷147绍兴十二年十一月己亥。

所指的即是北宋末开封围城中秦桧上书金人之往事。秦桧对此十分欣赏，熊彦诗"由是稍复录用"，由主管台州崇道观的闲官起用，任永州知州等官。前述秦桧妻党王曮起草秦桧加恩制，就是原封不动地照抄此联，以博取秦桧的欢心。①

黄州知州曾惇向秦桧进献绝句十首，其中有"和戎诏下破群疑，无复旄头彗紫微。屈己销兵宜有报，先看长乐版舆归"。"吾君见事若通神，兵柄收还号令新。裴度只今真圣相，勒碑十丈可无人"。"淮上州州尽灭烽，今年方喜得和戎。问谁整顿乾坤了，学语儿童道相公"。"沔鄂蕲黄一千里，更无人说岳家军"等句。秦桧"缴进"于宋高宗。皇帝大喜，"与升擢差遣，任满"，改台州知州。② 如前所述，曾惇赴任台州后，又参与了对前任宰相吕颐浩家的迫害。

其他如婺州文士施谔进献《中兴颂》和《行都赋》各一首，《绍兴雅》十篇，宋高宗"诏永免文解"，即可永远免于解试，直接参加省试。③ 大理少卿李如冈为秦桧生日写百韵诗，居然超升吏部侍郎。④ 前述的程敦厚因上书和写信升官后，又进献《绍兴圣德》诗，"极言和议之效"，另有献秦桧诗，其中有"诞生圣相扶王室"之句。尚书省奏，说他"用意可嘉"，宋高宗遂将程敦厚升直徽猷阁。⑤ 常州知州钱周材也因献《绍兴圣德》诗，宋高宗下诏充集英殿修撰。⑥

一时之间，大量谄谀的诗文铺天盖地而来，连宋高宗和秦桧也有应接不暇之感。由于文丐之间形成了激烈的竞争，只能使此类出售人格的商品不断降价，而献媚的水平又不断升级。例如前述曾惇诗中破例地使用了"圣相"一词，此后，"凡献投书启者，以皋、夔、稷、契为不足"，以至将古代儒家作为辅弼大臣典范的人物为比，已不能使秦桧餍足。"比拟必

---

① 《要录》卷147绍兴十二年十二月丙子，卷161绍兴二十年五月辛卯，《挥麈后录》卷11。
② 《要录》卷151绍兴十四年六月辛巳朔，《能改斋漫录》卷11《曾郎中献秦益公十绝句》。
③ 《要录》卷156绍兴十七年十二月癸卯。
④ 《要录》卷162绍兴二十一年二月乙卯。
⑤ 《要录》卷162绍兴二十一年十一月戊戌。
⑥ 《要录》卷163绍兴二十二年十一月辛丑。

曰元圣，或曰圣云”，又有称“圣师”、“师臣”之类，不一而足。[①]“称之者以为圣人，尊之者以为恩父，凡投匦之章，造庭之策，不谋而同，归美于一德元老”。[②]所谓“一德元老”，是来自宋高宗御笔为秦桧题写“一德格天”的阁名。

尽管当年文丐们奔竞之作大多已委之泥沙，但在少量传世作品中，我们也不难看到其阿谀之肉麻程度。例如臣僚称颂皇帝，则有“大功巍巍，超冠古昔”之词。[③]秦熺赞扬父亲，又有“大节孤忠，奇谋远识”之语。[④]

曾经在绍兴十年给秦桧提供“德无常师”之说，以作文过饰非口实的张嵲，向宋高宗献诗，说“皇帝躬行，过于尧、禹”，宋高宗下诏“嘉奖”。张嵲另外又给秦桧呈献诗和启，其中有“炎精光复论元功，事业伊周信比踪”，“道冠伊、皋，功逾周、召。泽被两朝之赤子，咸归奠枕之安”等句。[⑤]

在建炎初曾上书，请求重用李纲的文士周紫芝，如今却不断撰写诗文，以献媚于秦桧父子，其诗说，“圣贤一出五百岁，开辟以来能几人”。“时相论功固自贤，真儒一出定千年”。“御府分香寿老人，紫皇亲赐玉壶新。圣恩无极年无尽，恰似长生殿里春”。[⑥]

还有些至今已不详其姓氏的作者，他们贺秦桧的生辰诗说，“交欢邻国独推诚”，“南北通和自古无”。“尧舜垂衣明日月，皋夔论道际风云”。

---

① 《会编》卷220《中兴遗史》，《要录》卷151绍兴十四年六月辛巳朔，卷159绍兴十九年四月丙寅，卷161绍兴二十年五月甲辰，卷167绍兴二十四年十月壬午，《宋史》卷473《秦桧传》，《宋宰辅编年录校补》卷16，《演繁露》卷8《朱朱卢卢》，《东园丛说》卷下《恰佞》。

② 《文定集》卷1《应诏言弭灾防盗事》。

③ 《要录》卷147绍兴十二年十一月辛丑。

④ 《要录》卷146绍兴十二年八月己丑附录。

⑤ 《要录》卷158绍兴十八年七月癸未，《紫微集》卷1《绍兴中兴上复古诗》，《绍兴圣孝感通诗》，卷7《贺师垣赐御书一德格天之阁牌并镀金器皿青罗凉伞从人紫罗衫镀金腰带仪物等》，卷26《贺秦太师车驾幸赐第启》。

⑥ 周紫芝的献媚诗文参见《太仓稊米集》卷27《时宰相生日乐府三首》，卷29《时宰生日诗三十绝》，卷31《绍兴十九年秋九月丙戌皇帝以太师益国公像御制赞文称载勋德命秘书省珍藏小臣备员史馆获预荣观再拜稽首赋诗二十韵上进》，卷35《秦少保生日诗三首》，卷38《秦观文生日诗三十韵》，卷39《时宰生日诗五首》，卷55，卷56。

"亿万生灵俱再造"，"群生无路答升平"。①

刘才邵写诗赞颂宋高宗说，"君王圣母与天通，预建慈宁广内中"，"明诏重颁浮论息，共知至计出天衷"。他又在秦桧升太师后的追赠祖父制词中写道：

"道义接丘轲之传，勋名真伊吕之佐。"②

张纲上启秦桧说：

"酿沧海之水，不足以饮公之勋；汗南山之竹，不足以纪公之德。"③

方雲翼贺秦桧加封太师启说，"心常体国，德善弭兵"。"排群议于风波万顷之中，破异党于盘错千寻之外"。"用能动不失时，直使虑无遗策"。"功名富贵，身同四海之安；宗庙朝廷，势增九鼎之重"。陈元裕上启秦桧说，"天欲平治，使我公归；时方艰虞，为苍生起"。"片言定约于樽俎之间，两国罢兵于衽席之上"。④ 葛胜仲上启赞扬秦桧说，"民言大同，国是坐定"，"社稷致磐石之安"。⑤

《通志》的作者、史学家郑樵上书宋高宗说：

"恭惟皇帝陛下诚格上下，孝通神明，以天纵之圣，著日新之德，君臣道合，一言而致中兴，自书以来，未之闻也。"

他又上书秦桧说：

---

① 《五百家播芳大全文粹》卷87《上太师公相生辰诗十首》，《上太师公相生辰诗》，《上太师生辰诗十首》。
② 《榼溪居士集》卷3《立春内中帖子词》，《端午内中帖子词》，卷4《太师秦桧赠祖制》。
③ 《五百家播芳大全文粹》卷27，张纲字正己，与《宋史》卷390《张纲传》之张纲同名，实为两人。
④ 《永乐大典》卷917《纪纂渊海》。
⑤ 《永乐大典》卷917《丹阳集》。

"兵火之后，文物荡然。恭惟相公拨灰烬而收简编，障横流而主吾道，使周孔之业不坠于地。士生此时，宁无奋发。"①

他将荒淫无道的皇帝赞为亘古未有的圣君，把人莫予毒的奸相尊为继周孔之业的大儒，肉麻之至，稍有点自尊心的文士，又如何落笔？

谄诗和谀文作为以人格交换利禄的商品，也难以逃脱商品流转的规律。如果在最初尚是物以稀为贵，后来商品愈多，就愈加贬值，要博得宋高宗和秦桧的欢心，也就难上加难。

秦桧决非是个勤政的宰相，"僚属凡有关白，默无一语，而属诸吏。事出，则皆吏辈所为"，"文案壅滞皆不省"。但为了"招权"，又"几务之微琐者，皆欲预闻"。凡"士夫投献，必躬自披阅，间有去取"。② 当宋高宗御书"一德格天之阁"颁赐后，"一时缙绅献诗以贺"。但颇得秦桧喜爱者唯有一诗一启，诗为孙仲鳌"名向阿衡篇里得，书从复古殿中来"一句，启为另一朝士"我闻在昔，惟伊尹格于皇天；民到于今，微管仲吾其左衽"一句。秦桧生日，"四方贺诗尤多"，但秦桧又仅选中三联。其一为"朝回不入歌姬院，夜半犹看寒士文"，其二为"友邦争问年今几，天子恨无官可酬"，其三为"建业三公今始有，靖康一节古来无"。秦熺登第，致贺道喜的文字也纷至沓来，其中有前任执政李邴启说：

"一经教子，益钦丞相之贤；累月答儿，更起邻翁之美。"

深得秦桧赞赏，并专门介绍给秦熺。有选人投诗说："多少儒生新及第，高烧银烛照蛾眉。格天阁上三更雨，犹诵车攻《复古诗》。"秦桧即与此人升官。③

秦桧毕竟是个"上大夫之小人"，④ 有颇高的文化修养，他对那些谄媚的文字，或取其新奇精巧，或选其亲切自然，并非一味地以虚夸为尚，有些谀之太甚的诗文，又反而受到嫌弃。如四川人李善诗"无穷基有无穷

---

① 《夹漈遗稿》卷2《献皇帝书》，卷3《上宰相书》。
② 《要录》卷169绍兴二十五年十月丙申，《朱子语类》卷131，《游宦纪闻》卷6。
③ 《能改漫斋录》卷11《秦益公赏孙仲鳌诗》，卷14《作文忌切题》，《耆旧续闻》卷10，《鹤林玉露》甲编卷5《格天阁》。
④ 《朱子语类》卷131。

闻，第一人为第一官"，简直有使秦桧凌驾于皇帝之上的意境。言官按其旨意，论列以为太过分，宋高宗"有旨禁之"，仍定为禁令。① 汪藻是个朝三暮四的人，他因秦熺及第，而上启致贺：

"三年而奉诏策，固南宫进士之所同；一举而首儒科，乃东阁郎君之未有。"

秦桧父子"怒以为轻己"，寓意讥讽，唆使言官弹击，汪藻竟"夺职居永州，累赦不宥"。②

在乌烟瘴气的环境中，即使某些有血性的士大夫，也迫于权势，或出于某种原由，而加入了为宋高宗和秦桧歌功颂德的行列。

例如胡寅之为人，也可谓正直，并因主张抗金而遭贬责。但他却曾为张子期代笔，给秦桧上启，称他"命世大贤，兴邦元佐。蹈危履险，确然金石之不移；守信资忠，炳若星辰之有度。一登揆路，大振邦荣"。"秦汉已还，勋庸莫二，盖以伊周之术业，赓陪尧舜之都俞"。③

对朱熹有教养之恩的刘子翚，也代人写启给秦桧说，"嘉猷允契于宸衷，流庆大敷于寰海"，"如天所授，何谋不成"。④

如前所述，冯时行在绍兴八年反对和谈时，曾引用刘邦"幸分"其父之肉"一杯羹"的典故。后又上书岳飞，力主抗金。但当他闲废之后，又不得不写信给秦桧，称他"盛德大业，高出前古"，"道心精微，与天地同功"。⑤

王灼上诗秦桧说，"勋名已恨古人隘，歌咏端知寸笔穷"，"浑是升平好时节，谁将盛事勒苍珉"。⑥ 董霜杰向秦桧献诗，有"无穷基业无穷闻，

---

① 《能改斋漫录》卷11《秦益公赏孙仲鳌诗》。
② 《宋史》卷445《汪藻传》，《浮溪集》卷23《贺宰相子状元及第启》，《寓简》卷8，《能改斋漫录》卷14《作文忌切题》，《耆旧续闻》卷10，《鹤林玉露》乙编卷2《前褒后贬》。
③ 《斐然集》卷8《代张子期上秦太师启》，《永乐大典》卷917。
④ 《宋史》卷434《刘子翚传》，《永乐大典》卷917《刘屏山集·代贺秦太师启》。
⑤ 《要录》卷176绍兴二十七年三月丙子，《永乐大典》卷8414《冯缙云先生集·上岳相公书》，《五百家播芳大全文粹》卷56《谢秦丞相小简》。
⑥ 《永乐大典》卷917《颐堂集·投秦太师》。

尚父神明更力扶"之句。①

仲并代人作贺秦桧生日诗十首,有"天子用孝公用诚","万古无人敢抗衡"之句。② 宋孝宗的老师史浩在及第谢秦桧启中说:

"属圣君有为之日,正贤辅相逢之秋。崇雅黜浮,一变斯民之耳目;息邪距诐,大恢吾道之纪纲。"③

爱国词人张孝祥虽反对秦桧之专权,而有志于抗金,但在绍兴二十四年考中状元的策文之中,却不得不沿用当时的陈词滥调说,"往者数厄阳九,国步艰棘,陛下宵衣旰食,思欲底定。上天祐之,畀以一德元老,志同气合,不动声色,致兹升平。四方协和,百度具举,虽尧、舜、三代无以过之矣"。"今朝廷之上,盖有大风动地,不移存赵之心,白刃在前,独奋安刘之略,忠义凛凛,易危为安者,固已论道经邦,燮和天下矣。臣辈委质事君,愿视此为标准,志念所欣慕者,此也"。④ 他在策文中也摘抄了前述熊彦诗的一段骈文。

前引胡寅等人的文字,虽大抵为违心之论,但毕竟也构成了他们个人历史上的污点。

总的说来,在黑暗、专制与腐败政治的威逼利诱下,士大夫们失节是多数,是正常状态,而守节是少数,是非常状态,这具有规律性。成千上万的士人沦为宋高宗与秦桧窒息式苟安的歌德派,便是明证。

为宋高宗和秦桧歌诵圣明的文字,固然不乏构思巧妙的佳词丽句,但稍明事理者拜读之,也不能不产生一种令人作呕之感。高明的意匠和文采,低劣的情操和追求,便是此类诗文的基本特征。

宋高宗和秦桧一方面以严刑和峻罚摧残正论,另一方面又以赏官和增禄招徕文丐,前后长达十五年之久,成为这个黑暗时期的重要特征。

中国古代有一整套的天人感应迷信学说,《中庸》所谓"国家将兴,必有祯祥;国家将亡,必有妖孽",把自然界的天灾、星变等都和政事联

---

① 《永乐大典》卷917《董霜杰先生集·上太师相公》。
② 《浮山集》卷1《代人上师垣生辰三首》,卷2《代人上师垣生辰》。
③ 《永乐大典》卷14131《鄮峰真隐漫录·及第谢秦太师启》,又见《鄮峰真隐漫录》卷26。
④ 《要录》卷166绍兴二十四年三月辛酉。

系起来。宋高宗和秦桧特别喜欢以祥瑞装饰门面，藉以"粉饰太平，沮铄士气，今日行某典礼，明日贺某祥瑞"，"郡国多上草木之妖以为瑞"。①

虔州（治今江西赣州市）官员上报，有人剖开一根坏木柱，"内有'天下太平年'五字"，"文理粲然，适符甲子上元之岁，此殆天发其祥"。宋高宗"诏令侍从观看讫，送史馆"。一次郊祀时，秦桧上奏："冬候多阴，陛下至诚感通，天地响答，雪呈瑞于斋宫之先，日穿云于朝献之旦，暨升紫坛，星宿明烂，旋御端阙，云霄廓清。"宋高宗说："朕自即位以来，无如今次，非卿等协赞，何缘至此。"他又以此祥瑞"诏付史馆"，作为"中兴"的记录。

宋高宗好色，却在金人进逼扬州时，丧失生育能力。一个儿子病死后，面对着断子绝孙的严重问题，依古时迷信，求子须礼敬高禖神。临安知府沈该上奏说，"高禖礼""筑坛去处尝有红、黄瑞气，光彻上下，每至日出方收，前后非一。又修坛兴工日，有六鹤自东而来，盘旋坛上，移时而去。实应今日亲祠之祥，以兆万世无穷之庆"。又有洋州奏："真符县百姓宋仲昌妻一产三男，缘本人姓同国号，其妻产子之日，适值天申节（宋高宗生日），实足昭皇帝绍隆景命，子孙众多之祥。"宋高宗又下"诏付史馆"。②尽管祥瑞不一而足，但宋高宗的后宫到底还是生不出一个子女。

宋高宗固然喜欢祥瑞，但对属于秦桧的祥瑞又颇为反感，他后来说："比年四方奏瑞，文饰取悦，若信州林机奏秦桧父祠堂生芝，佞谀尤甚。"③无非是因为此类祥瑞对自己的皇权不利。

行宫中既称秦桧为"太平翁翁"，他尤其忌讳不太平的消息，因为按照天人感应之说，如灾情、疫情、兵变之类，都是失政的反映和表现。在中国古代，反映民间疾苦，上报自然灾害，一般并不犯忌讳，唯独在当时，却成了大忌。按照法律，如有水旱灾害，官员"奏闻不实或隐蔽者，并以违制论"。但"严、衢、信、处、婺、建等州皆大水，士民溺者数万"，秦桧"隐而不奏。有闻言者，必罪之"。④发生水灾，依据自汉代以来的解释，是五行中的水失其性，如天子不用有德者等，就要发生水灾。

---

① 《宋史》卷65《五行志》，《真文忠公文集》卷3《直前奏事札子》，《历代名臣奏议》卷97真德秀奏。
② 《宋会要》瑞异1之25—26。
③ 《宋史》卷63《五行志》。
④ 《会编》卷220《中兴姓氏录》，《庆元条法事类》卷4《上书奏事》。

故秦桧知法犯法，隐瞒灾情，而加罪于报灾的官员。绍兴十六年夏，临安发生疫情，但秦桧掌控的尚书省只是上奏说："方此盛暑，虑有疾病之人，昨在京日，差医官诊视，给散夏药。"① 根本不愿承认行都发生了瘟疫，只是建议按旧例散发暑药。按照古代五行说的分类，瘟疫也属于水失其性，故为秦桧所忌讳。

通过报喜不报忧的方式，虚饰一个所谓"绍兴中兴""盛世"，"盛世无遗典，中华有圣人"。② 这固然是宋高宗和秦桧苟安政治的特殊需要，却也是专制政体的通病，而植根于其虚弱性。

第七节　格天阁黄粱一梦

宋高宗重用秦桧，原指望一箭双雕，以达到对金媾和与铲除武人势力的双重目标。但是，这个聪明的皇帝机关算尽，却造就了秦桧在外廷独相独霸的局面。待宋高宗觉察此事，却为时已晚。如前所述，有金人的撑腰，宋高宗已不能将秦桧罢免。但是，宋高宗未尝不打算扶立一个多少能与秦桧抗衡的人物，出任右相，形成并相的局面，稍抑秦桧的权势。

绍兴十六年，何铸使金，祈求放还宋钦宗等赵氏宗室失败。但宋高宗在他回朝后，却"复许以大用"，显示了用何铸以抗衡秦桧的意向。③ 何铸反对岳飞冤狱，固然引起宋高宗的不快，但毕竟已事过境迁了。宋高宗"许以大用"，看来有两条理由，一是何铸敢于同秦桧顶撞，二是金人看重何铸。在宋金以小事大、以臣奉君的格局中，金人的看重居然成了宋朝臣僚的一项政治资本。因为宋高宗正需要这类人维持对金和议。秦桧本人就曾自己编造"金人誉己数十言"，命使金回朝的参知政事万俟卨谎奏宋高宗，万俟卨感到为难，于是两人交恶。④ 由于秦桧的阻挠，宋高宗甚至无

---

① 《宋史》卷62《五行志》，《宋会要》食货59之31。
② 《要录》卷169绍兴二十五年十月癸未，《紫微集》卷1《绍兴中兴上复古诗》，《太仓稊米集》卷26《绍兴丙寅岁当郊祀积雨弥月已而大雪前事之夕雪霁月出越翌日天宇开霁日色晏温天子乃躬祀于郊丘赋诗二十韵》。
③ 《宋史》卷380《何铸传》。
④ 《要录》卷151绍兴十四年二月丙午，《宋史》卷474《万俟卨传》。

法重新委任何铸回朝执政。其他的执政官亦如走马灯似地更换。宋高宗虽有另命右相的企图，却一直未能成功。正如宋人自己对这位"中兴之主"的评论，秦桧"挟虏自重"，宋高宗"始欲和约之坚，举国以听，然大柄一失，不可复收"。①

天长日久，秦桧随着自己权势欲的不断膨胀，事实上已滋生了不臣之心。他企图将宋高宗变成一个完全由自己摆布的傀儡皇帝。宋代皇帝"起居动息之地"，无非是"外朝"、"内朝"和"经筵"。秦桧用自己党羽任执政、侍从和台谏官，以控制外朝；通过王继先和宦官辈，以控制内朝；又设法使秦熺兼侍读，台谏官"必预经筵，以察人主之动息"。于是，皇帝周围的内侍和朝官，不论如何更换，全是秦桧的党羽，② 宋高宗本人反而在某种程度上孤立于朝了。

讲官陈鹏飞是秦熺的老师，却看不惯秦氏父子所作所为，在讲解儒家经典时，"多引尊君卑臣之义，崇抑予夺，有所开讽"。秦桧"意浸不悦"，秦熺"尤不平"。恰好陈鹏飞强调"母以子贵之说为非是"，在"太母还朝"之际，却侈谈"嫡妾之分"，拂逆宋高宗之意，"遂以御史疏罢归"，后又"除名"，流放岭南。③

秦桧最忌讳执政官单独奏对。章夏只是对皇帝先说一句，秦桧在退朝后指责"参政却好对"，扬言"我眼底觑不得章夏"，章夏随即被台谏官劾罢。在一回，秦桧告病假，执政官某人"独对"。秦桧病愈后，到政事堂，向此人发问："闻昨日奏事甚久。"此执政官"惶恐"，说："某惟诵太师先生勋德，旷世所无。语终即退，实无他言。"秦桧只是冷笑一声，说："甚荷！"待此人归家，台谏官弹章的副本也已送到了。④

在此种气氛下，臣僚都害怕被宋高宗单独召见。"〔轮〕当面对者，托疾而丐免；奏事殿上者，皇遽而凤退。圣问所及，则恐惧而不敢对；风旨所至，则迁延而不敢行"。⑤ 秦桧虽不可能一手遮天，却已部分地达到了对宋高宗蒙蔽和瞒昧天下事的目标。

一些党羽也看出秦桧有问鼎的野心，便曲意逢迎。秦桧有一次找相士

---

① 《后村先生大全集》卷86《进故事·丙午十二月初六》。
② 《要录》卷156绍兴十七年四月辛丑，《老学庵笔记》卷6。
③ 《水心文集》卷13《陈少南墓志铭》，《朱子语类》卷132。
④ 《老学庵笔记》卷8，《朱子语类》卷131，《宋宰辅编年录校补》卷16。
⑤ 《文定集》卷1《应诏言弭灾防盗事》。

张九万拆字，用扇柄就地画"一"字，张九万祝贺说："相公当加官爵。"秦桧说："我位为丞相，爵为国公，复何所加？"张九万说："'土'上一画，非王而何，当享真王之贵。"①

静江府（治今广西桂林市）有秦城驿，知府吕愿中召宾僚共赋《秦城王气诗》，其中不肯附会者仅有刘芮、李燮和罗博文三人。吕愿中因此升官。又有官员张扶，建议秦桧乘金根车。②王循友建请加秦桧九锡，居然升任建康知府。还有人建议设置益国公官属，秦桧虽未接受，亦不加罪。③金根车是一种以金作装饰的天子乘车。④九锡是指天子对大功臣赐车马、衣服等九类物件和仪卫。自西汉王莽以来，凡是谋皇篡位的权臣往往都先授九锡。又如张瑜在秀州用衮绣堂，其中高挂秦桧和秦熺父子像，便由摄秀州知州升正任知州。⑤秦桧亲党林机上奏，说秦桧父的祠堂中生芝草。⑥这种古代迷信习惯中的祥瑞之物，无非是作为秦桧可继续升迁的征兆。最初，一些党羽往往以伊尹和周公称誉秦桧，后来又居然以虞舜和夏禹比拟。此类脱离古代臣规的比拟，秦桧也安然接受。⑦另有一"朝士"向秦桧献《九韶》，"其中篇为秦、赵之语，推原秦嬴与造父同宗"，强调秦氏与皇帝赵氏同宗。"且指桧为圣师、圣相，又以'无疆'祝其寿，如此等语言，奸邪不轨甚矣"，秦桧却"受而不报"。⑧如此之类，说明秦桧野心的膨胀，已至不避忌讳、不顾形迹的地步。故后来朱熹称他"徘徊汉鼎之旁，已闻图九锡而来献"。⑨

宋高宗终于醒悟，自己竭力重用者，竟是个"张震主之威"的权相，⑩自然是寒心兼之以忧心。但是，在他眼里，天下万事，又唯以维持对金和

---

① 《说郛》卷46《瑞桂堂暇录》。
② 《要录》卷168绍兴二十五年三月辛酉，《宋史》卷473《秦桧传》，《宋宰辅编年录校补》卷16，《朱子语类》卷131，《朱文公文集》卷95张浚行状，《诚斋集》卷81《顺宁文集序》。张扶，另一说为张柄。
③ 《会编》卷220《中兴遗史》，《要录》卷156绍兴十七年三月乙酉，卷164绍兴二十三年正月戊午，《宋史》卷473《秦桧传》。
④ 《后汉书志》第29《舆服志》。
⑤ 《要录》卷168绍兴二十五年四月己丑。
⑥ 《要录》卷168绍兴二十五年五月壬戌。
⑦ 《朱子语类》卷131。
⑧ 《东园丛说》卷下《憸佞》。
⑨ 《朱文公文集》卷99《除秦桧祠移文》。
⑩ 《朱文公文集》卷99《除秦桧祠移文》。

议为最大而至重,"朕自始至今,惟以和好为念"。① 欲维持对金和议,便不能将秦桧罢免。宋高宗尽管根本不愿当傀儡皇帝,但在同这个权相的明争暗斗中,却又一时缺乏有效的制约手段。

当时临安府驻有殿前司、侍卫马军司和侍卫步军司三支大军,而殿前司军独盛,其兵力扩充至七万馀人,"兵籍为天下冠"。② 殿帅杨沂中,宋高宗改名杨存中,人称"髯阉","以其多髯,而善逢迎","谓形则髯,其所为则阉也"。③ 他"久握兵柄,尤以哀敛、交结得幸,士卒嗟怨",④却深得皇帝恩宠,成为宋高宗所信用的,藉以防止秦桧政变的有力人物。杨存中表面上和秦桧互相恭敬有礼,⑤ 其实当然是在君相抗衡中一个隶属赵官家的砝码。宋高宗每次接见秦桧,膝裤中都藏有匕首。⑥

尽管猜忌日甚,但宋高宗和秦桧在表面上仍维持了似乎是十分融洽的君臣关系。宋高宗对秦桧恩宠有加,超过了宋朝前代很多勋臣。绍兴十三年十二月,宋高宗赐秦桧辞免生日赐宴不允诏说:

"朕闻贤圣之兴必五百岁,君臣之遇盖亦千载。夫以不世之英,值难逢之会,则其始生之日,可不为天下庆乎!式燕乐衎,所以示庆也。非乔嶽之神,无以生申、甫,非宣王之能任贤,无以致中兴。今日之事,不亦臣主俱荣哉!"⑦

在中国古代的君尊臣卑的规范中,宋高宗盛赞秦桧为五百年一出之"贤圣",而自己与他则是"君臣之遇盖亦千载",其吹捧之肉麻,已臻无以复加的地步。在赐第,御书"一德格天之阁"后,皇帝又于绍兴十九年,御笔题写秦桧画像赞说:

"惟师益公,识量渊冲,尽辟异议,决策和戎。长乐温清,

---

① 《要录》卷159绍兴十九年四月戊辰,《宋宰辅编年录校补》卷16。
② 《要录》卷158绍兴十八年闰八月乙酉。
③ 《癸辛杂识》别集上《髯阉》。
④ 《朱文公文集》卷96陈俊卿行状,《诚斋集》卷123陈俊卿墓志铭。
⑤ 《要录》卷165绍兴二十三年十月壬午,《野老记闻》。
⑥ 《朱子语类》卷131。
⑦ 《宋史》卷119《礼志》,《宋会要》礼45之18—19。

寰宇阜丰。其永相予，凌烟元功。"①

他吞食了"其永相予"的硕大苦果，还须毕恭毕敬地称呼"惟师益公"。另一方面，宋高宗也通过某些具体事件的处置，对秦桧的威权稍作裁抑。广南西路经略安抚使、静江知府胡舜陟曾得罪过秦桧。如前所述，他后来强迫古县令高登为秦桧立祠，企图修好于秦桧。高登断然不从，胡舜陟"遂创桧祠，而自为记"。但睚眦必报的秦桧并不领情，仍以贪污等罪，将胡舜陟下狱。胡舜陟死于狱中。宋高宗说："舜陟从官，又罪不至死，勘官不可不惩。"最后是奉秦桧之命行事的大理寺丞燕仰之和袁枏反而受到处分。②

秦桧在岳飞遇害，王庶贬死后，最痛恨的莫过于赵鼎、李光和胡铨三人，他在格天阁上书写这三人的姓名，"必欲杀之而后已"。③ 但是，除赵鼎自杀外，嗜杀成性的秦桧仍受到宋高宗的羁束，终究未能对李光和胡铨下致命的毒手。按秦桧之暴戾恣睢，大狱迭兴，本可杀人如麻。宋高宗在举办一系列冤狱，其中包括大部分文字狱的问题上，一方面是取积极支持和奖励的态度，另一方面又愿遵守宋太祖的誓约，显示皇恩的宽厚，适当减免死刑和处罚，少开杀戒。宋人叶适说，尽管"权臣"秦桧"用事，二十年间，予夺惟意，而无杀士大夫之祸"。④ 此说虽言过其实，但杀人不多，终究是无可否认的事实。

此外，宋高宗在绍兴二十四年殿试中，特旨取消考官裁定，有意将秦埙"抑之置在第三，不使与寒士争先"，也是为了显示君主予夺之权威。秦桧"不能堪"，由于胡寅曾"论荐"状元张孝祥，就感叹说："胡寅虽远斥，力犹能使故人子为状元邪！"⑤ 秦桧忌讳百官同皇帝单独面奏，"百官当面对者，多称疾不入"。宋高宗下诏规定，"自今百官应转对而以病告者，并俟疾愈日上殿"。并亲自告诫秦桧说："近轮对者多谒告避免，百官

---

① 《要录》卷160绍兴十九年九月戊申，《宋宰辅编年录校补》卷16。
② 《要录》卷148绍兴十三年正月己酉，卷149绍兴十三年六月癸丑，《宋史》卷378《胡舜陟传》，卷399《高登传》，《朱文公文集》卷19《乞褒录高登状》。
③ 《要录》卷158绍兴十八年十一月己亥，《宋史》卷473《秦桧传》，《宋宰辅编年录校补》卷16，《诚斋集》卷118胡铨行状。
④ 《水心别集》卷2《国本》中。
⑤ 《要录》卷173绍兴二十六年六月戊寅，《齐东野语》卷13《张才彦》。

轮对，正欲闻所未闻。可令检举已降指挥，约束施行。"①

宋高宗虽然采取了枝节性的修补和防范措施，终究是治标而不治本。剩下一条不是办法的办法，就是坐等秦桧的寿终正寝。因为宋高宗毕竟比秦桧年少十七岁，而且体质颇佳。

绍兴二十年（公元1150年）正月，发生了著名的施全行刺秦桧事件，一时成为震惊朝野的新闻。施全是杨存中殿前司后军的使臣（低品武臣）。他手持斩马刀，伪装成卖刀者，在秦桧朝参必经的路边等候。当秦桧早朝经过时，施全遮道，截住秦桧大轿，挥刀劈断大轿一柱，却未伤着秦桧本人。施全被护卫们逮捕后，秦桧亲自审讯："你莫是心风否？"施全傲然回答："我不是心风，举天下都要去杀番人，你独不肯杀番人，我便要杀你！"施全被磔死于临安闹市。人们悼念这位猛士，纷纷传言他是"岳侯旧卒"，其实他与岳飞并无关系。

秦桧吓得心碎胆裂，从此出门，增派五十名兵卒，持长梃护卫。平日望仙桥赐第门外也"常有数卒，皂衣持梃"，行人稍稍在秦府门外"顾视謦咳，皆呵止之"。②

这次大惊吓看来是损害了秦桧的健康。当年九月，秦桧"以病在告"。当时的执政官唯有参知政事余尧弼和签书枢密院事巫伋两人，"及至都堂，不敢开一言可否事。六部百官皆停笔以待"，"不敢裁决，唯行常程文书而已"。十月，余尧弼和巫伋上奏，"请自今朝参退，依典故，权赴太师秦桧府第聚议"，宋高宗当即批准。延捱至十二月，秦桧方由两名孙子秦埙和秦堪扶掖，朝见皇帝。宋高宗"甚喜"，特"诏免拜"，说："且得与卿相见。"③

自此以后，秦桧更懒于去都堂，经常就沿用此例，在其私宅区处政事。④ 秦桧秉性阴鸷，自施全行刺事件后，更是深居简出，平日独处一室，连本府奴仆也不得擅自进入。四方士大夫求见，往往拒之门外，"以防刺

---

① 《要录》卷156绍兴十七年八月丙辰，卷167绍兴二十四年八月壬辰，《宋史》卷473《秦桧传》。
② 《要录》卷161绍兴二十年正月丁亥、壬辰，《宋史》卷473《秦桧传》，《宋宰辅编年录校补》卷16，《朱子语类》卷131，《老学庵笔记》卷2、卷8，《云麓漫钞》卷10。
③ 《要录》卷161绍兴二十年十月庚午、十二月甲子，《宋史》卷473《秦桧传》，《宋宰辅编年录校补》卷16。
④ 《鹤山先生大全文集》卷18《应诏封事》。

客"。他经常一人独坐,"嚼齿动腮",冥思默想。①

秦桧的权势达到了巅峰状态,权势满足了他的贪欲和侈心,也造成了极度的苦恼和恐惧。一方面是党羽满天下,"士大夫嗜进者,蝇奔蚋集";②另一方面却又是怨毒遍天下,"天下之童儿妇女不谋同辞,皆以为国之贼"。③ 有一回,他问宋樸,自己"可比古何人",宋樸说,"太师过郭子仪,不及张子房",因为汉朝张良"是去得底勋业,太师是去不得底勋业"。秦桧大以为然。④

秦桧已不想完全掩饰自己问鼎之志,但是,真要将赵氏天下改姓秦氏,却又困难重重。随着本人的健康愈益恶化,更感力不从心。唯一可能的途径,是一方面阻挠丧失生育能力的皇帝立储,另一方面则由秦氏世相。表面上看,秦熺当然是无可争议的相位继承人。但是,秦桧对这个螟蛉之子,却有几分嫌恶。他听从曹泳的劝说,盘算着将自己唯一的庶生亲骨血林一飞正式改姓命继。⑤ 但是,悍妒的王氏却是不可逾越的障碍。只要王氏不允,林一飞改姓命继一事就难于成功。秦桧在外可以骄横跋扈,不可一世,而在妻子王氏面前,却只能是个唯唯诺诺的、卑顺的丈夫。

事实上,在秦桧眼里认为是不足以成大器的秦熺,也已急不可耐地觊觎着相位。他乘秦桧"晚年昏耄,倦于为政",乘机弄权,时"号为小相,由是贿赂大行"。⑥ 与秦熺同修《高宗日历》的王扬英,眼看秦桧体弱久病,便上书举荐秦熺任相,并且公然在大庭广众之中扬言:"我尝荐小秦为宰相!"⑦

按当时的迷信习惯,秦熺在自己的书案上供放"芝草一本",将这件祥瑞之物作为自己鸿运的预兆,"装饰甚华",延请一些士人观赏,不料有一士人却毫不客气地直言:"乡里此物极多,谓之铁脚菰,记得往日曾有一诗云:'元是山中铁脚菰,移来颜色已焦枯。如今毁誉元无主,草木因

---

① 《会编》卷220《中兴遗史》,《宋宰辅编年录校补》卷16,王楙《野老记闻》,《说郛》弓29孙毂祥《野老记闻》。
② 《剡源戴先生文集》卷19《题方公删定家藏诸贤墨迹》。
③ 《陈亮集》(增订本)卷1《上孝宗皇帝第二书》。
④ 《老学庵笔记》卷2。
⑤ 《会编》卷220《中兴遗史》,《齐东野语》卷11《曹泳》。
⑥ 《说郛》弓38《白獭髓》。
⑦ 《要录》卷162绍兴二十一年闰四月甲戌,卷170绍兴二十五年十一月丁巳,《宋宰辅编年录校补》卷16。

人也适呼。'"秦熺因此大为扫兴。①

绍兴二十五年（公元 1155 年）春，他以"展省祖茔"为名，告假返建康故里，"临安及（两浙）转运司舟舫尽选以行"，"凡数百艘，皆穷极丹雘之饰"。沿途所至，官员们争先恐后地逢迎。平江知府汤鹏举竟先已在吴江县道旁，恭候数日，以表示对秦熺的虔敬。"平江当运河，结绥楼数丈，大合乐，官妓舞于其上，缥缈若在云间"，秦熺"处之自若"。② 镇江府驻扎御前诸军都统制刘宝"遣所部以绣旗二万"，迎接这个天下第二大员。志得意满的秦熺游览茅山华阳观，题诗说：

"家山福地古云魁，一日三峰秀气回。
会散宝珠何处去，碧岩南洞白云堆。"

建康知府宋贶当即将此诗"镌版，揭于梁间"。不料有人居然在牌侧题写和诗说：

"富贵而骄是罪魁，朱颜绿鬓几时回。
荣华富贵三春梦，颜色馨香一土堆。"

一时吓得宋贶和华阳观道士们不知所措。③ 这首讽刺诗似乎是预示了烜赫一时的秦氏家庭的命运。

随着秦桧病势的逐渐加重，曹泳、林一飞与秦熺之间的明争暗斗也趋向白热化。当年六月，林一飞由屯田员外郎升任尚书右司员外郎，④ 官位不高，却便于掌握尚书省秉政实权。七月，曹泳通过右正言张扶上弹章，罢免了阿谀秦熺的平江知府汤鹏举。⑤ 但是，秦桧的病情，却又不容许这场明争暗斗继续下去了。自九月开始，秦桧已不能出门朝参，"唯日与曹泳议事"，却仍企图将自己的病情对皇帝"秘不以闻"。普安郡王赵瑗及时

---

① 《夷坚三志己》卷 7《善谑诗词》。
② 《老学庵笔记》卷 5。
③ 《要录》卷 168 绍兴二十五年二月癸未，乙酉，四月己卯，《夷坚丙志》卷 16《华阳观诗》。
④ 《要录》卷 168 绍兴二十五年六月丙戌。
⑤ 《要录》卷 169 绍兴二十五年七月戊午。

打探消息，报告宋高宗。① 宋高宗遂抓住时机，进行一场外示闲暇，实际上却是紧张得间不容髪、扣人心弦和毫不留情的夺权斗争。

延捱到十月，久不朝见的秦桧不得不上疏说：

"衰老交侵，日就危慑，伏望许臣同男熺致仕，二孙埙、堪改差在外宫观。"

宋高宗当即下不允诏。接着，秦熺又上奏请求致仕，宋高宗下诏说：

"朕方赖卿父子同心合谋，共安天下，岂可遽欲舍朕而去。"

秦桧"再请"，宋高宗又下诏回答：

"卿独运庙堂，再安社稷，朝廷恃以为轻重，天下赖以为安危。勿药之喜，中外所期。纳禄有陈，岂朕所望。"

在这些表面文章往返的背后，秦桧的真正意图，是希望皇帝命秦熺继相。宋高宗静观秦桧病情的发展，最后便御驾亲往望仙桥秦桧赐第问疾。六十六岁的秦桧不得不"朝服拖绅"，出来拜见皇帝，他并无一言，只是老泪纵横。秦桧年轻时有"秦长脚"的诨号，② 此时此刻，他枯瘦的病体显得格外瘦长。四十九岁的宋高宗也"为之堕泪"，并且亲自掏出红手帕，赐给秦桧拭泪。

秦熺再也忍耐不住，奏问皇帝说："代居宰相者为谁？"宋高宗正好不冷不热地回答："此事卿不当与。"简短一句话，对秦桧父子却无疑是个晴天霹雳。皇帝离开秦府后，秦桧心急如焚，连忙派遣秦埙、林一飞、宗正丞郑柟等去找台谏官徐嚞和张扶，令他们火速上奏，建议皇帝任命秦熺为相。然而在同一天晚上，宋高宗回宫后，也马不停蹄，紧急召见兵部侍郎、兼权直学士院沈虚中，命他起草秦桧祖孙三代致仕制。

翌日，宋高宗发布制命，秦桧由益国公进封建康郡王，秦熺升官少

---

① 《宋史》卷33《孝宗纪》，《建炎以来朝野杂记》乙集卷1《壬午内禅志》，《宋宰辅编年录校补》卷16。
② 《夷坚丁志》卷10《建康头陀》，《鹤林玉露》甲编卷5《格天阁》。

师，一同"致仕"，秦埙和秦堪任宫观闲官，甚至不让秦熺父子保留原有的实职差遣。这对重病中的秦桧，无疑是下了一道催命符。这个巨恶大憝便在万般无奈之中，于当天离开人世。在其实是由秦桧家人起草的遗表中，他仍强调了"五兵不试"，"益坚邻国之欢盟"，"谨国是之摇动，杜邪党之窥觎"。① 当然，在降金乞和的基本政策上，势同水火的君臣仍保持了完全一致。

秦桧死后，"天下酌酒相庆，不约而同，下至田夫野老，莫不以手加额"。② 有个低级文官、选人任尽言写启说，"靖言有宋之奸臣，无若亡秦之巨蠹。十九载辅国而专政，亘古无之；二百年列圣之贻谋，扫地尽矣"。"峻立刑诛，钳当世缙绅之口。一时谪籍，半坐流言，父子至于相持，道路无复偶语"。"忠臣不用，而用臣不忠；实事不闻，而闻事不实"。"忠愤扼腕，智识寒心"。③ 秦桧尸骨未寒，富丽堂皇的望仙桥赐第也转眼易手。有台州天台县（今属浙江）士人左君写诗讥刺说：

"格天阁在人何在，偃月堂深恨亦深。
不见洛阳图白髮，但知郿坞积黄金。
直言动便遭罗织，举目宁知有照临。
炙手附炎俱不见，可怜泥滓满墙阴。"④

诗中引用了后汉董卓和唐朝李林甫的典故，讽刺了这个最贪财、最恋栈的恶贯满盈者，最终还是舍离钱财和权势而去。"二十年兴缙绅祸，一朝终失相公威"。⑤ 至于文丐辈趋炎附势的"名篇佳作"，顷刻之间，便成"满地黄花堆积"，"如今有谁堪摘"。⑥ 连秦桧墓也成秽臭的象征。八十年

---

① 关于秦桧病死的叙事，参据《会编》卷219，卷220，《要录》卷169绍兴二十五年十月辛卯，壬辰，癸巳，甲午，乙未，丙申，《宋史》卷473《秦桧传》，《宋宰辅编年录校补》卷16。
② 《朱文公文集》卷95张浚行状，《历代名臣奏议》88张浚奏。
③ 《桯史》卷13《任元受启》。
④ 《容斋三笔》卷15《题先圣庙诗》，《说郛》卷25，弓38《白獭髓》，两处文字有异。
⑤ 《桯史》卷12《秦桧死报》，《卢溪文集》卷16《辰州僻远乙亥十二月方闻秦太师病忽蒙恩自便始知其死作诗悲之》。
⑥ 借用李清照词，见《漱玉词》卷3《声声慢》。

后，宋名将孟珙"灭金，捷回金陵，命军士屎溺秦桧墓上"，[1] 以示对巨奸的无比憎恨。

宋高宗忍耐了十四年之久，最终还是趁秦桧病危之机，赢得了权力斗争的胜利。在表面上，他对这个权相还是"伤悼久之"，说："秦桧力赞和议，天下安宁。自中兴以来，百度废而复备，皆其辅相之力，诚有功于国。"[2] 宋高宗尽管深谙帝王南面之术，他在私下还是对殿帅杨存中说了一句心里话："朕今日始免得这膝裤中带匕首。"[3] 表达了他喜不自胜的心情。

---

[1]《金台集》卷2《岳坟行》。
[2]《要录》卷169绍兴二十五年十月丁酉。
[3]《朱子语类》卷131，《后村先生大全集》卷52《直前》。

拾肆

贬逐秦党　因循旧政

秦桧（八相图局部）

第一节　秦桧亲党的贬斥和保全

秦桧死后，宋高宗"惩大臣之盗权，收还威福之柄"。①

秦桧给宋高宗留下的重要遗产之一，是满朝秦党。但是，其党羽事实上又可分死党和活党两类。前一类包括秦氏的亲故等，事实上只能与秦府同休戚，共命运。后一类不过是一批趋炎附势的小人，昔日可以吮痈舐痔，他日亦可反戈相向。宋高宗为强化君权，事实上也只能用活党以攻死党。

宋高宗命令秦桧祖孙三代一并致仕和赋闲的制诏，已清楚地表明了皇帝对这个权相的嫌恶。看准风向，首先反戈一击者，正是曾建议秦桧乘金根车，并准备上奏建议秦熺继相的两名台谏官张扶和徐嚞。在秦桧病死后的翌日，两人昨日尚以奴颜侍奉的曹泳，转瞬之间第一个中其弹劾之箭。宋高宗下令免去曹泳的户部侍郎、兼临安知府要职，"特勒停，新州安置"，并同时"放罢"朱敦儒、薛仲邕、王彦传和杜师旦四人。② 接着，宋高宗又命徐嚞升任吏部侍郎、兼侍讲，张扶升任国子祭酒、兼侍讲，而调前平江知府汤鹏举为殿中侍御史，③ 并将秦桧庶子林一飞罢官。④

汤鹏举原是秦桧相府前一条摇尾乞怜的走狗，他献媚秦熺，后被张扶论罢不过三个多月，如今使他得到了一个反噬的良机。⑤ 汤鹏举上任伊始，便弹击秦桧党羽王扬英、曹冠和林一飞的兄弟林一鸣与林一鹗。⑥ 先后被汤鹏举和其他台谏官论罢与贬逐的秦桧亲党有郑柟、曹纬、⑦ 张常先、汪召锡、⑧ 龚鉴、王会、王晌、王铸、郑侨年、郑震、方滋、⑨ 张扶、王瀹、

---

① 《梅溪先生廷试策并奏议》卷2《轮对札子三首》（其二）。
② 《要录》卷169绍兴二十五年十月丁酉。
③ 《要录》卷169绍兴二十五年十月庚子、辛丑，卷170绍兴二十五年十一月壬子。
④ 《要录》卷170绍兴二十五年十一月丙辰。
⑤ 《京口耆旧传》卷8《汤鹏举传》对传主无疑是隐恶而扬善。
⑥ 《要录》卷170绍兴二十五年十一月乙巳。
⑦ 《要录》卷170绍兴二十五年十一月乙巳、己未，卷174绍兴二十六年八月戊子。
⑧ 《要录》卷170绍兴二十五年十一月丁卯，《后村先生大全集》卷83《玉牒初草》。
⑨ 《要录》卷170绍兴二十五年十一月辛未、十二月乙未。

郑时中、林机、黄兑、① 郑亿年、② 徐宗说、曹筠、③ 宋贶、④ 宗室赵士彩、高百之、⑤ 莫汲、范洵、陆升之、王洧、王肇、雍端行、郑炜、⑥ 州石、齐旦、王次翁子王伯庠、康与之、徐樗、⑦ 朱三思、⑧ 徐嘉、王珉、⑨ 张巘、⑩ 王葆、王復、⑪ 丁娄明、丁禩、朱珪、⑫ 刘景、卢適、⑬ 沈虚中、⑭ 王畯、吕愿中、⑮ 俞佽、周堃、⑯ 王厯、王墨卿、⑰ 余佐、龚釜、⑱ 阎彦昭、郑鬲、⑲ 钟世明、陈巖肖、⑳ 龚鎏、㉑ 王著、王晓、慎知柔、㉒ 郑霭、张永年、㉓ 苏振、欧阳逢世、㉔ 张修、㉕ 林东、曹雲、㉖ 王晒、㉗ 符行中、㉘

---

① 《要录》卷170 绍兴二十五年十一月壬申。
② 《要录》卷170 绍兴二十五年十二月甲戌朔。
③ 《要录》卷170 绍兴二十五年十二月乙亥。
④ 《要录》卷170 绍兴二十五年十二月丁丑。
⑤ 《要录》卷170 绍兴二十五年十二月己卯。
⑥ 《要录》卷170 绍兴二十五年十二月壬午。
⑦ 《要录》卷170 绍兴二十五年十二月丙戌、丙申。
⑧ 《要录》卷170 绍兴二十五年十二月戊戌。
⑨ 《要录》卷171 绍兴二十六年正月辛亥。
⑩ 《要录》卷171 绍兴二十六年正月癸丑。
⑪ 《要录》卷170 绍兴二十五年十二月辛卯，卷171 绍兴二十六年正月丙辰。
⑫ 《要录》卷171 绍兴二十六年正月癸亥。
⑬ 《要录》卷171 绍兴二十六年正月丙寅。
⑭ 《要录》卷171 绍兴二十六年二月甲戌。
⑮ 《要录》卷171 绍兴二十六年二月庚子。
⑯ 《要录》卷172 绍兴二十六年三月癸卯。
⑰ 《要录》卷172 绍兴二十六年三月乙卯。
⑱ 《要录》卷172 绍兴二十六年三月丙辰。
⑲ 《要录》卷172 绍兴二十六年三月戊午。
⑳ 《要录》卷172 绍兴二十六年三月癸亥。
㉑ 《要录》卷172 绍兴二十六年三月乙丑。
㉒ 《要录》卷172 绍兴二十六年三月戊辰。
㉓ 《要录》卷172 绍兴二十六年四月甲申。
㉔ 《要录》卷172 绍兴二十六年五月辛丑朔。
㉕ 《要录》卷172 绍兴二十六年五月癸丑。
㉖ 《要录》卷173 绍兴二十六年六月甲戌。
㉗ 《要录》卷173 绍兴二十六年六月丁丑。
㉘ 《要录》卷173 绍兴二十六年六月戊子。

第十四章 贬逐秦党 因循旧政

曹汸、① 张子华、② 徐琛、③ 刘伯英、④ 司马倬、⑤ 李如冈、⑥ 林大声、⑦ 赵士鹏、王珏、⑧ 何大圭、⑨ 孙祖寿、苏鉴、王烨等人，⑩ 其中包括张常先等"告讦之徒"十四人。⑪

汤鹏举"为台官凡一年有半，所论皆秦桧馀党"，最后自御史中丞升任参知政事。⑫ 业已致仕的秦熺，不堪忍受汤鹏举对其宗族、亲故和门人的排击，便将汤鹏举以往对秦桧父子的"感恩戴德，佞媚之词"，连同珍宝数十万贯，一同进献皇帝以及宦官和最受宠爱的刘贵妃。⑬ 汤鹏举任执政十月，从参知政事升任知枢密院事。最后由殿中侍御史叶义问起而弹劾，历数汤鹏举昔日对秦桧父子的阿谀，说他"实秦桧党中之奸猾耳，至处言路，乃妄自尊大，窃弄威权，使陛下去邪之英断，反为鹏举卖直之虚名"，认为重用汤鹏举，"何异一秦桧死，一秦桧生"。执柯伐柯，汤鹏举最后也被宋高宗废弃，罢官外任。⑭

宋高宗为强化君权，不得不在朝中清除秦桧势力，然而他的处置又是有分寸的。秦熺在秦桧死后上奏说：

"臣父际遇圣主，获依末光，眷礼始终，旷古未有。今合立神道碑，望特赐御题八字。"

宋高宗为之亲书"决策元功，精忠全德"八字。可悲的是一时居然找

---

① 《要录》卷173 绍兴二十六年七月丙午。
② 《要录》卷173 绍兴二十六年七月丁未。
③ 《要录》卷175 绍兴二十六年十月乙未。
④ 《要录》卷175 绍兴二十六年闰十月己酉。
⑤ 《要录》卷175 绍兴二十六年十一月癸巳。
⑥ 《要录》卷176 绍兴二十七年三月丁卯。
⑦ 《要录》卷178 绍兴二十七年十月乙未。
⑧ 《要录》卷178 绍兴二十七年十一月戊寅。
⑨ 《要录》卷179 绍兴二十八年正月丙戌。
⑩ 《宋会要》职官70之40—47。
⑪ 《玉照新志》卷4。
⑫ 《要录》卷176 绍兴二十七年二月戊午。
⑬ 《宋宰辅编年录校补》卷16。
⑭ 《要录》卷178 绍兴二十七年十一月戊辰，戊寅，丙戌，丁亥，戊子，《宋史》卷384《叶义问传》，《宋宰辅编年录校补》卷16。

不到士人，肯为秦桧撰写神道碑文。故只能在建康府牧牛亭边，将宋高宗的"宸奎"镌刻于石上，"有其额而无其辞"。① 宋高宗批准为秦桧定谥"忠献"，②并"幸秦桧第临奠"，向其妻王氏"面谕""以保全其家之意"，后又下诏不"追究"特大贪污犯秦桧的赃罪。③

宋高宗最初还同意秦熺的请求，诏平江知府王会与建康知府宋贶"两易其任"，以便"亲舅"王会"照顾家属"，④并将秦梓之子秦焴由常州通判调任光禄寺丞，以"照管"秦桧在临安的"御书阁及赐第、家庙"。因为按古时的迷信习惯，秦桧的第宅是块风水宝地，秦熺仍恋恋不舍。但是，这两项规定很快被撤销了，秦桧赐第中的家庙也被勒令归建康府故里。⑤

林一飞愤愤不平，便通过族人林东"投匦上书，论进退大臣当以礼"。侍御史汤鹏举面奏，说他们"鼓唱浮言，动摇国是，乞特赐惩戒"。王氏自陈，否认林一飞是秦桧庶子。宋高宗责授林一飞"监高州盐税"，林东"英州编管"。⑥

朝臣们追究秦埙科举舞弊之事，宋高宗并未按汤鹏举的建议，将秦埙等"镌褫职名"，只是将秦埙自左朝散大夫降授右朝散郎。宋高宗特别指出："朕以秦桧辅佐之久，又临奠之日，面谕桧妻，许以保全其家。今若遽夺诸孙与婿职名，不惟使朕食言，而于功臣伤恩甚矣。可令中外知朕此意，今后不得更有论列。"⑦

宋高宗虽然嫌恶秦桧，并须铲除其势力，却仍须为这个"功臣"保留体面，实际上也是为自己的降金国策和重用这个权奸保留体面。

---

① 《要录》卷170绍兴二十五年十一月己酉，《桯史》卷2《牧牛亭》，《佩韦斋文集》卷18《辑闻》，《北游集》卷上《过江〔宁〕镇登秦申王坟读决策元功精忠粹德碑文有感近事而赋》，"全德"或作"粹德"。
② 《要录》卷170绍兴二十五年十一月乙卯。
③ 《要录》卷170绍兴二十五年十一月甲子，卷176绍兴二十七年二月丁未，《樵溪居士集》卷6《赐汤鹏举乞官观不允诏》。
④ 《要录》卷169绍兴二十五年十月甲辰。
⑤ 《要录》卷170绍兴二十五年十一月乙卯，辛未，十二月甲戌朔，《桯史》卷2《行都南北内》。
⑥ 《要录》卷171绍兴二十六年二月乙酉，《朱子语类》131。
⑦ 《要录》卷174绍兴二十六年八月戊寅，九月甲子，卷175绍兴二十六年十月甲午，《宋宰辅编年录校补》卷16，《宋会要》职官71之32—33。

第二节　重新命相　"讲信修睦"

宋高宗鉴于秦桧专权的教训，决不愿意出现大权再次旁落的局面。但是，他也并不愿意当一个事必躬亲、操劳国事的勤政之君，像他的祖父宋神宗那样。宋高宗宁愿有很多闲情逸致，去花费在女色、娱乐等方面。在重新命相的问题上，他颇费踌躇，故在秦桧死后半年多的时间内，一直由执政处置政府事宜，而未重新命相。

秦桧死时留下的两名执政是参知政事董德元和签书枢密院事汤思退。两人正是一年前在秦埙登科时舞弊于文场的考官，人格卑凡，为士论所不齿，而上任也方及数月。① 秦桧病危之际，曾将董德元和汤思退召到卧室，嘱托后事，各赠黄金一千两。两人战战兢兢，心怀鬼胎。董德元认为，如若不受，秦桧会怀疑自己有二心，一旦秦桧病愈，后果不堪设想，便接受了赠金。汤思退却认为，秦桧为人多疑，善猜忌，此次以黄金试探，如若接受，则表明自己盼望秦桧早死，故婉言谢绝。此外，汤思退又利用一次单独朝见之机，"略言"秦桧"专权蒙蔽之状"。故宋高宗在命令秦桧祖孙三代致仕和赋闲的当天，便任命汤思退兼权参知政事，② 初步表示了皇帝的意向。

秦桧病死后两个月，即绍兴二十五年十二月，董德元即被汤鹏举等台谏官劾罢，其罪名有"徒知归德于时相，不知恩出于陛下"，考场舞弊等。③ 其实，直到秦桧临终之际，汤思退和董德元仍在商量推举秦熺继相。汤思退"事秦桧最久，其无状皆亲学得"，是个比董德元更为奸猾之辈。董德元按原先的商定，向宋高宗推荐秦熺，宋高宗"不答"。汤思退马上看风使舵，"即背其说"。④

---

① 《要录》卷168绍兴二十五年六月辛巳，卷169绍兴二十五年八月丙戌，《宋宰辅编年录校补》卷16。
② 《要录》卷169绍兴二十五年十月丙申，《宋史》卷371《汤思退传》，《容斋续笔》卷15《李林甫秦桧》。
③ 《要录》卷170绍兴二十五年十二月乙酉，《宋宰辅编年录校补》卷16。
④ 《朱子语类》卷132。

尽管如此，宋高宗也并未立即命汤思退继相。宋高宗考虑任命宰辅，其实无非有两条基本标准，一是对自己忠顺，二是必须坚持降金的基本国策，而绝不能起用抗战派。

宋高宗首先想到的是魏良臣和沈该两人，分别在当年十一月和十二月发表两人任参知政事。如前所述，魏良臣曾充宋使，与金人和谈。沈该当绍兴八年"讲和之初"，他以"赃吏"，"尝上书附会其议"，开始在政治上显露头角。此后又"在州县谄谀秦桧"。沈该在潼川府（治今四川三台）知府任上，"专以商贩取利"，后任夔州（治今重庆奉节）知州，"营利尤甚"。沈该赴召到朝廷后，宋高宗于朝见时发问："秦桧何忌卿之深？"沈该说："臣始用桧荐，及登从列，圣知益深，桧稍相猜。"宋高宗笑着，表示同意，只此一席谈话，沈该遂登执政宝座。消息"传至夔州，人皆大惊"。①

在沈该入政府的翌日，宋高宗召见魏良臣、沈该和汤思退三名执政官说："两国和议，秦桧中间主之甚坚，卿等皆预有力。今日尤宜协心一意，休兵息民，确守无变，以为宗社无穷之庆。"三名执政官"唯唯奉诏"。②

宋高宗并用三执政，其实是带有考察和试用的性质。魏良臣任执政仅九十八日，即被台谏官辈劾下台，说他"人品凡下"，"不公不忠，迹状显著"。"稍若假以岁月，授之权柄，殆有甚于秦桧"。③ 绍兴二十六年（公元1156年）三月，被秦桧贬斥流放的万俟卨回朝，这个在岳飞冤狱中扮演过特殊角色者，当登对之际，说了些"权臣执国命，威福之柄下移，人不知有上"之类言词，大合皇帝之意，遂于数日后再入政府，拜参知政事。④

五月，宋高宗正式拜沈该和万俟卨为左、右相，汤思退升知枢密院事。史称秦桧死后，"中外望治"，"天下之人皆倾耳以待"，结果皇帝却用这两人为相，"人皆惊骇，传至四方，亦无不惊者"。使用这些人当宰执，其实正是宋高宗精选的结果。"此数人皆是当时说和亲者"，使"中外既知

---

① 《要录》卷124绍兴八年十二月戊寅，卷170绍兴二十五年十一月壬子，十二月甲午，卷182绍兴二十九年六月丙午，《宋宰辅编年录校补》卷16。
② 《要录》卷170绍兴二十五年十二月乙未，《宋宰辅编年录校补》卷16。
③ 《要录》卷171绍兴二十六年二月辛卯，《宋宰辅编年录校补》卷16。
④ 《要录》卷172绍兴二十六年三月乙卯，己未，《宋史》卷474《万俟卨传》，《宋宰辅编年录校补》卷16，《鸿庆居士集》卷36万俟卨墓志铭。

上意"。① 自建炎中至绍兴初，一大批至少还是差强人意的法家拂士凋零之馀，唯剩张浚，成为众望所归之人。他"始终任事，竟无一功可论，而天下之童儿妇女不谋同辞，皆以为社稷之臣"，这主要是因为他"誓不与虏俱生，百败而不折者"。② 有人也向皇帝提议，召张浚回朝，宋高宗直截了当地重复过去的话："朕宁亡国，不用张浚！"③

绍兴二十七年（公元1157年）三月，万俟卨病死。④ 宋高宗又于六月拜汤思退为右相。⑤ 汤思退在位，连一些被"窜逐"的秦桧党羽也颇为不平。汤思退字进之，故这些人在朝野传言说："知不知，问进之；会不会，问思退。"⑥ 沈该任相三年，于绍兴二十九年（公元1159年）被台谏官劾罢。⑦ 宋高宗又以汤思退为左相，陈康伯为右相。⑧ 除陈康伯外，任用的宰执大抵都是一丘之貉。

另一方面，自秦桧死后，一些稍有血性和骨气的朝野之士，也渴望有真正意义的更化，即改变降金的大政方针。绍兴二十四年，状元张孝祥最后被卷入赵汾的冤案，他从"诏狱"中被释，任秘书省正字，⑨ 便在召对时上奏说：

"诚愿陛下清间之燕，密谕迩臣，使之无苟目前，益务远略而已。夫事有可为，当各进所闻，岂必拘形迹之疑；政或偏敝，当勿惮改作，不宜习见闻之旧。玩岁月，则将失投机之会；饰文具，则必戾责实之旨。"⑩

---

① 《要录》卷172绍兴二十六年五月壬寅，甲辰，《宋史》卷371《汤思退传》，卷474《万俟卨传》，《宋宰辅编年录校补》卷16，《朱子语类》卷131，《鸿庆居士集》卷36万俟卨墓志铭。
② 《陈亮集》（增订本）卷1《上孝宗皇帝第二书》。
③ 《朱子语类》卷131。
④ 《要录》卷176绍兴二十七年三月辛卯，壬辰，《宋宰辅编年录校补》卷16，《鸿庆居士集》卷36 万俟卨墓志铭。
⑤ 《要录》卷177绍兴二十七年六月戊申，《宋宰辅编年录校补》卷16。
⑥ 《要录》卷187绍兴三十年十一月癸卯。
⑦ 《要录》卷182绍兴二十九年六月乙巳，丙午，戊申，己酉，《宋宰辅编年录校补》卷16。
⑧ 《要录》卷183绍兴二十九年九月甲午，《宋宰辅编年录校补》卷16。
⑨ 《要录》卷169绍兴二十五年十月乙酉，辛卯，卷170绍兴二十五年十二月丙子。
⑩ 《于湖居士文集》卷16《论总揽权纲以尽更化札子》。

张孝祥上奏时，朝廷仍然保持着对抗金言论的高压气氛，所以其说相当隐晦曲折，但也不难看出他论奏的本旨。

绍兴二十六年三月，按三名执政官沈该、万俟卨和汤思退的商议，向宋高宗面奏说："向者讲和息民，悉出宸断，远方未必究知，谓本大臣之议，惧复用兵。宜特降诏书，具宣此意，远人闻知，当自安矣。"宋高宗当即首肯，并下诏说：

"朕惟偃兵息民，帝王之盛德，讲信修睦，古今之大利，是以断自朕志，决讲和之策。故相秦桧但能赞朕而已，岂以其存亡，而有渝定议耶！近者无知之辈，遂以为尽出于桧，不知悉由朕衷，乃鼓唱浮言，以惑众听。至有伪造诏命，召用旧臣，献章公车，妄议边事，朕实骇之。"

他在诏书末尾更特别强调，"如敢妄议，当重置典刑"！① 也就是说，必须乞灵于高压手段，维护"断自朕志"的"讲和之策"。

此诏发表后，自然"甚沮人心"。② 但也有违诏进言者，这就是张浚。张浚在秦桧死后得到解脱，改命判洪州，他以母计氏逝世而丁忧。③ 张浚在宋高宗下诏后，几次上奏说，"贤才不用，政事不修，国势不立，而专欲责成受命于虏，适足以启轻侮之心，而正堕其计中"。"迟以岁月，百姓离心，将士丧气，国亦危亡而已矣"。他恳望皇帝"无忘祖宗国家之耻，父兄宗族之雠"，"图〔思〕大计，复人心，张国势，立政事，〔以观机会〕。不绝其和，而遣一介之使，与之分别曲直逆顺之理，事必有成"。

宋高宗和沈该、万俟卨、汤思退等人看到这些奏章，自然十分恼恨。于是，御史中丞汤鹏举、殿中侍御史周方崇和右正言凌哲立即上劾奏，说张浚"身在草土，名系罪籍，要誉而论边事，不恭而违诏书，取腐儒无用之常谈，沮今日已行之信誓"。宋高宗特"诏前特进张浚依旧令永州居

---

① 《要录》卷172绍兴二十六年三月丙寅。
② 《朱子语类》卷131。
③ 《要录》卷170绍兴二十五年十一月戊申注，十二月丁酉，卷171绍兴二十六年正月丙辰，《宋史》卷361《张浚传》，《朱文公文集》卷95张浚行状，《桯史》卷12《秦桧死报》。

住"。汤思退上奏说："昨日张浚行遣极当。"宋高宗说，"浚用兵，不独朕知，天下皆知之"，"今复论兵，极为生事"，"不如此，议论不能得定"。①宋高宗君臣指望借此而惩一儆百，平息不断涌现的抗金舆论。

第三节 "更化"和"叙复"

秦桧死后，有两个名词颇为流行于一时。一是"更化"，是指消除原来的弊政；二是"叙复"，是指为受政治迫害者平反。

秦桧独相期间的很多弊政，包括一系列骇人听闻的政治迫害和冤狱，如前所述，一般并未瞒昧宋高宗，而私自为之。按照中国古代专制政治的惯例，皇帝明明参与很多弊政和冤狱，然而当"更化"之际，却可一并诿罪于前宰相，而将自己洗刷得一干二净。但宋高宗却并非如此，在坚持"守信睦之长策"②的前提下，所有"更化"和"叙复"之政，都是十分讲究限度，而宁愿自己承担一部分骂名。

在长达十五年之久的政治迫害和冤狱中，占第一位的自然是岳飞的冤狱。但宋高宗却坚决维持原来的冤案，不予追复。张孝祥上奏，主张彻底平反一切"锻炼成罪之人"，称"岳飞忠勇，天下共闻"，"今朝廷冤之，天下冤之，陛下所不知也。当亟复其爵，厚恤其家，表其忠义，播告中外，俾忠魂瞑目于九原，公道昭明于天下"。③宋高宗置之不理，仅仅是给予几个并未直接卷入狱案，而被"编管"的岳飞幕僚，如夏珙、王良存、高颖等"并放令逐便"。与他们一同宣布者，正是岳飞冤狱中的重要帮凶万俟卨之兄、"武冈军编管人"万俟止，以示皇帝的洪恩与狱案无关。其中高颖亦并未沾溉皇恩，已经"殁于贬所"。④一年后，又有江州知州范漼

---

① 《会编》卷224，《要录》卷172绍兴二十六年五月，卷175绍兴二十六年十月丁酉，闰十月己亥朔，《宋史》卷361《张浚传》，《朱文公文集》卷95张浚行状，《历代名臣奏议》卷88张浚奏。
② 《要录》卷172绍兴二十六年三月丙寅。
③ 《于湖居士文集》卷16《乞改正迁谪士大夫罪名札子》，附录《宣城张氏信谱传》。
④ 《要录》卷170绍兴二十五年十二月丁丑，《宋会要》职官76之71。

被右正言凌哲劾奏，说他"尝谄事岳飞"，因而罢官。① 在岳飞冤狱事过十五年后，居然要追究一名官员"谄事岳飞"的罪责，无非是要显示皇帝不给岳飞平反的坚定意向。

直到后来金海陵王再次兴兵攻宋之际，抗金舆论大为高涨，方有殿中侍御史杜莘老和太学生程宏图、宋芑分别上奏上书，请求"昭雪岳飞，录其子孙"，"以谢三军之士，以激忠义之气"，"至今人言其冤，往往为之出涕"。② 倪朴也特别草拟上书，说岳飞"忠义无比，志清宇宙"，"勋烈炳天地，精忠贯日月，无尺寸之封，而反受大戮"。③ 宋高宗对这些正义呼声的回答，只是"诏蔡京、童贯、岳飞、张宪子孙家属令见拘管州军并放令逐便"。④ 将岳飞和张宪家属解除拘禁，也须与北宋末奸臣蔡京、童贯之流并列。由此可见，宋高宗毫无将杀害这个忠臣之罪责诿诸秦桧之意，并坚持决不追复的原则。

另一个以激烈抗金言词著称者，自然是原先官位不高的文臣胡铨。秦桧死后，宋廷宣布"吉阳军编管人胡铨量移衡州"。⑤ 将胡铨的流放地自海南移至荆湖南路，就算是皇帝的莫大恩典。直到宋金再战前夕，宋高宗方"诏衡州编管人胡铨与放逐便"。⑥ 尽管解除拘禁，却仍未叙复。宋金再战之际，杜莘老在上奏建议昭雪岳飞的同时，又建请"召还胡铨，亟赐擢用"，"以激天下忠臣义士之气"。⑦ 太学生程宏图也上书，建议叙复胡铨，"陛下若能付以台谏之任，是必知无不言"，"使其一日立朝，则说陛下为苟安之计，操两可之论者，与夫诋忠直而慢事功者，皆屏息而不敢为矣"。⑧ 宋高宗仍置之不理。他一直对胡铨怀恨在心，而根本无意于叙复。

对于前任执政李光，宋高宗在绍兴二十五年岁末下令，将"责授建宁军节度副使、昌化军安置李光移郴州（今属湖南）安置"，也是将李光的流放地由海南移至荆湖南路，并将其次子李孟坚和四子李孟珍"并放令逐

---

① 《要录》卷175绍兴二十六年十一月辛巳。
② 《鄂国金佗续编》卷30杜莘老《乞昭雪奏札》，《会编》卷236，卷237，《要录》卷190绍兴三十一年五月戊戌。
③ 《倪石陵书·拟上高宗皇帝书》。
④ 《要录》卷193绍兴三十一年十月丁卯。
⑤ 《要录》卷170绍兴二十五年十二月丙申。
⑥ 《要录》卷188绍兴三十一年正月己亥。
⑦ 《鄂国金佗续编》卷30杜莘老《乞昭雪奏札》。
⑧ 《会编》卷237，《要录》卷190绍兴三十一年五月戊戌。

便",李孟坚"复右承务郎"。① 三年后,宋高宗方下赦令,允许李光"复左朝奉大夫,任便居住"。② 李光以"万里天涯老病身",顽强地活在人世,已属不易,最后终于在回乡途中,病死于江州。③ 直到宋金再战前夕,宋高宗方同意宰相陈康伯之议,将李光"追复左中大夫,官其子二人"。④ 可知宋高宗对李光也一直怀恨在心,迟迟不予追复。

已故前宰相赵鼎其实是赞成和议的,宋高宗对他还算宽厚。秦桧刚死,宋高宗马上了结其子赵汾的冤狱,给予"特降二官"的处分,在降官制中说:

"汝大臣子,不自爱重,言者谓汝交通宗室,窥伺机事。朕议汝于法,究其始末,亦既有状。从有司议,姑削二官,尚体宽恩,毋重后戾。"⑤

由此可知,即使秦桧在临终前举办最后一次大冤狱,亦并非是隐瞒皇帝,而私设诏狱,宋高宗只是量刑较轻,"尚体宽恩"而已。绍兴二十六年(公元1156年),宋高宗下令"故责授清远军节度副使赵鼎追复观文殿大学士",后又"特与致仕恩泽四名",即给予其家四名恩荫入仕的名额。⑥

坚决反对向金朝屈膝求和的前任执政王庶之子王之奇和王之荀,原在梅州和容州"编管"。绍兴二十五年十二月,即秦桧死后两个月,宋高宗下令将两人"并放令逐便",又"并复右承务郎"。⑦ 迟至绍兴二十九年,宋高宗方下令"故责授嚮德军节度副使王庶追复资政殿学士"。⑧ 如前所述,李光和王庶都被宋高宗指责为"凶悖"者。故对两人的追复是在肯定

---

① 《要录》卷170绍兴二十五年十二月甲戌朔,壬午,癸巳。
② 《要录》卷180绍兴二十八年十二月丁未。
③ 《要录》卷182绍兴二十九年六月辛丑,《庄简集》卷5《列之将归温陵以诗告别因次韵送行》。
④ 《要录》卷189绍兴三十一年三月辛卯,《宋会要》职官76之69。
⑤ 《要录》卷170绍兴二十五年十一月戊申,《桯史》卷12《秦桧死报》。
⑥ 《要录》卷171绍兴二十六年正月甲子,卷172绍兴二十六年五月戊申,《宋宰辅编年录校补》卷16。
⑦ 《要录》卷170绍兴二十五年十二月壬午,癸巳。
⑧ 《要录》卷182绍兴二十九年闰六月己巳。

冤案的基础上，缓慢地进行，仅仅是用以表明皇帝对罪臣的宽大为怀。

此外，又如贬谪岭南的前宋使洪皓，正好在秦桧病死的前一日逝世。宋高宗特令追复敷文阁直学士，说洪皓"甚忠于国，中间以语言得罪，事理暧昧"，后又追复徽猷阁直学士，谥忠宣。① 在一系列冤狱，包括文字狱中受迫害者，如范彦辉、王趯、苏师德、芮晔、杨炜、郑杞、贾子展、胡寅、赵令衿、石公揆、吴元美等人，也分别予以叙复，其中如杨炜、吴元美等已不幸离开人世。② 当皇帝叙复之际，一批士大夫已"或死岭海，或死罪籍"。③

由于冤案山积，"中外之士交章公车，陈词台省，以自祈辨雪者，殆无虚日"。④ 很多冤狱的制造和平反，今存史籍已失于记录。宋高宗又"诏进士因事送诸州军听读，可特放逐便"，⑤ 于是，备受"听读"之苦的士人们也得到了解脱。

但是，宋高宗亲政的所谓叙复，也包括了曾经附会秦桧，或是其党羽，后又与之凿枘者，如孙近、郑刚中、汪藻、段拂、李若谷等人，又如绍兴八年时参知政事刘大中则是赞成和议者。⑥ 其中最突出者，自然是再入政府，并且拜相的万俟卨。

此外，宋高宗也审时度势，采取了若干"更化"措施。他下手诏表示，要纠正大理寺"探大臣旨意，轻重其罪"，"玩文弄法"，"士风浇薄，持告讦为进取之计"，台谏官"与大臣为党，而济其喜怒"，"败乱成法"等弊政，强调台谏官"惟结主知"。⑦ 宋高宗又依秘书省正字、兼国子司业张震所奏，规定"私雕印文字委自所属依法详定，更不须发赴国子监及提

---

① 《要录》卷169绍兴二十五年十月乙未，卷170绍兴二十五年十一月乙丑，卷179绍兴二十八年三月戊子。
② 《要录》卷170绍兴二十五年十二月壬午，甲申，癸巳，卷173绍兴二十六年六月壬午，七月癸亥，卷185绍兴三十年八月己未，《宋会要》职官76之68—69，《鸿庆居士集》卷41杨炜墓表。
③ 《历代名臣奏议》卷306胡铨奏。
④ 《要录》卷173绍兴二十六年七月壬寅。
⑤ 《要录》卷173绍兴二十六年七月丙辰，《宋宰辅编年录校补》卷16，《后村先生大全文集》卷83《玉牒初草》。
⑥ 《要录》卷171绍兴二十六年正月甲子，卷172绍兴二十六年五月戊申，《宋会要》职官76之67—68。
⑦ 《要录》卷170绍兴二十五年十一月丁卯，庚午，辛未，十二月甲戌朔。

举秘书省"。① 自此之后,持续约十五年的文字狱遂大致告终,文禁,包括私人著述的出版也稍为宽弛,但决非完全取消。禁止告讦,连同前述惩处"告讦之徒"的措施,被一些宋朝臣子誉之为"盛德大业,耻言人过,仁厚之风"。② 其实,奖励告讦,厉行文禁,正是宋高宗和秦桧两人的共同主张和安排,此种反向的转变,正是宋高宗深谙帝王权术的高明之处,以便将此类弊政诿过于秦桧。

然而皇城司的逻卒监视百姓街谈巷议的情况仍然存在,"旁午察事,甚于周之监谤"。直到宋金再战前夕的绍兴三十年(公元1160年),因王十朋等论奏,宋高宗方"减逻卒"。③ 但是,太学生"不许上书言事"的禁令,却仍长期维持下去。④

秦桧专权时,为粉饰太平,各地争先恐后地申报所谓祥瑞之物。如前所述,宋高宗最初也取奖励态度,是其倡导者,现在也转而感到腻烦。他说,"此等极有不足纪者","不中理者删去之",不必"宣付史馆"。⑤ 此后,他又说:"比年四方奏祥瑞,皆饰空文,取悦一时。如信州林机奏秦桧父祠堂生芝,其佞尤甚。"⑥ 但在事实上,祥瑞之类亦照例申奏不误。如武成王庙生芝草,武学博士朱熙载"密为图以献",宰相沈该和汤思退便召国子监官员诘责,说:"治世之瑞,抑而不奏,何耶?"⑦

宋高宗的更化和叙复之政,是为洗刷自己的罪恶,而假扮一个悲天悯人、宽厚仁慈之主的形象。但既然有一个必须维持对金媾和的基本前提,故其更化和叙复之政也只能是换汤而不换药。例如按大理少卿杨揆奏请,宋高宗曾诏秦桧死前"断罪之人,除大不恭、不孝,及蠹国害民,枉法自盗,赃抵死,因人告发,迹状明白者,各论如法。其馀不以年限,并许自

---

① 《要录》卷171绍兴二十六年正月辛未。
② 《玉照新志》卷4,《南涧甲乙稿》卷6《圣政更新诏书正告讦之罪因得小诗十首》。
③ 《要录》卷186绍兴三十年九月庚子,《梅溪先生廷试策并奏议》卷2《轮对札子三首》(其三),《历代名臣奏议》卷3汪应辰奏,卷198王十朋奏,《宋史》卷387《王十朋传》。
④ 《四朝闻见录》乙集《钱唐》。
⑤ 《要录》卷170绍兴二十五年十二月丙申。
⑥ 《要录》卷172绍兴二十六年四月甲午。
⑦ 《要录》卷181绍兴二十九年四月壬寅,《宋史》卷382《黄中传》,《朱文公文集》卷91《端明殿学士黄公墓志铭》。

陈，事属无辜，则与行改正"。这本是一个较彻底的叙复令。然而事隔四月，御史中丞汤鹏举却按奏杨揆"邀誉侵官，牴牾祖宗之成法"，宋高宗又下令收回成命。①

朱熹对秦桧死后几年间的更化和叙复之政，显然是很不以为然的。他说，"秦老既死，中外望治，在上人不主张"，仍"复和亲"，"士大夫遭桧贬窜者，叙复甚缓"。② 他作为大宋臣子，不便明言皇帝与秦桧共同"贬窜"士大夫的事实。有个名叫何宋英的文士说得更为透彻，"自秦桧误国以来，奸臣相继，植党擅权，无所不至，钳天下之口，结天下之舌"。"国家利害，人不得言之，言之则祸不旋踵矣"。③ 奸臣相继，文禁仍旧，宋高宗为一己私利，决不肯做根本性的转变和调整。

第四节 立储的曲折和风波

秦桧死后，宋高宗做出的一项重要决定，便是设立皇储。

宋太祖在烛影斧声下不明不白地死去，当时的司天监苗昌裔曾对宦官王继恩说："太祖之后，当再有天下。"④ 此语后来一直在朝野士大夫甚至民间广为流传，甚有影响。本书第三章曾交待，当靖康之难后，宋太祖裔孙赵子崧就相信此说，有乘乱即位的图谋。

宋高宗的唯一幼子死后，隆祐皇太后"尝感异梦"，秘密向宋高宗诉说，据称皇帝"大寤"。这显然与立宋太祖后裔为嗣有关。⑤ 宋高宗自维扬之变后，年仅二十三岁，却已丧失生育能力，这本是一件宫廷秘闻。但是，这件秘闻却不胫而走，很快传遍遐迩。

建炎三年七月，即太子赵旉死后数日，有乡贡进士李时雨上书，建议"乞暂择宗室之贤者一人，使视皇太子事"。宋高宗一时发怒，令"日下押

---

① 《要录》卷175绍兴二十六年十月庚午，卷176绍兴二十七年正月戊寅。
② 《朱子语类》卷131。
③ 《会编》卷227，何宋英或作何廷英。
④ 《挥麈录馀话》卷1。
⑤ 《宋史》卷33《孝宗纪》。

出国门"。①

绍兴元年，越州上虞县丞娄寅亮上书言事说，"今有天下者，独陛下一人而已"。"昌陵之后，寂寥无闻，奔迸蓝缕，仅同民庶。臣恐祀丰于昵，仰违天鉴，艺祖在上，莫肯顾歆。此二圣所以未有回銮之期，黠虏所以未有悔祸之意，中原所以未有息肩之时也。欲望陛下于子行中遴选太祖诸孙有贤德者，秩视亲王，使牧九州，以待皇嗣之生，退处藩服"。② 此处所谓昌陵，即宋太祖陵墓名，昌陵与艺祖都是指宋太祖。娄寅亮的上书，无疑也是受了宋太祖之后当再有天下的迷信传说的影响。在他看来，"艺祖在上，莫肯顾歆"，天下离乱，其实都是冥报。

宰相范宗尹遂乘机进言，说："此陛下万世之虑。"宋高宗于是"广选艺祖之后宗子"比自己低一辈者。据说，在入选者中有赵伯琮和赵伯浩两人，一瘦一肥，忽然有一只猫走来，赵伯浩为童心驱使，踢了一脚，宋高宗认为，这个胖孩"轻易如此，安能任重"，便将他打发出宫。宋高宗先后选出了赵伯琮和赵伯玖两人。最初赵伯琮当选，他来到妃嫔面前，潘贤妃因亲子夭亡，"意忽忽不乐"。张婕妤用手一招，赵伯琮便向她怀里扑去，宋高宗当即命张婕妤养育赵伯琮，时为绍兴二年。但到绍兴四年，经吴才人，即后来的皇后力争，又另选赵伯玖，归她抚养，"中外议颇籍籍"。③ 赵伯琮后赐名赵瑗。④

娄寅亮因建"言宗社大计"，于绍兴元年十一月升任监察御史。⑤ 在绍兴初年的宰执大臣中，大多数都不同程度赞成宋高宗立储，唯有秦桧一人例外。当皇帝同宰辅们讨论立储时，任参知政事的秦桧在表面上不得不随声附和，说："须择宗室闺门有礼法者。"⑥ 待到他初次拜相后，便指使言事官奏劾娄寅亮，说他"宣和中，父死于贼，匿不举丧"。宋高宗便"诏大理寺劾治"。在"按治无所得"的情况下，娄寅亮又以为族叔娄郛"民

---

① 《要录》卷 25 建炎三年七月庚寅。
② 《要录》卷 45 绍兴元年六月辛巳，《宋史》卷 399《娄寅亮传》，《挥麈三录》卷 1。
③ 《要录》卷 45 绍兴元年六月戊子，卷 54 绍兴二年五月辛未，卷 76 绍兴四年五月丁丑，《宋史》卷 243《宪圣慈烈吴皇后传》，《张贤妃传》，《挥麈录馀话》卷 1。
④ 《要录》卷 63 绍兴三年二月庚子。
⑤ 《要录》卷 49 绍兴元年十一月己亥。
⑥ 《要录》卷 45 绍兴元年六月戊子。

田改立官户"而罢官。他出任监察御史仅四月，不久便抑郁而终。① 这其实是秦桧当政后，为报复立储之议，而炮制的第一次冤案。

绍兴五年二月，右相张浚乘入对"曲谢"拜相之机，"又以储贰为言"，宋高宗说："宫中见养艺祖之后二人，长者年九岁，不久当令就学。"② 五月，宋高宗封赵瑗为保庆军节度使、建国公，"出就资善堂听读"。按宋朝惯例，入资善堂读书，算是正式表明给予皇子待遇，并诏"建国公禄赐比皇子"，分命儒臣范冲和朱震出任资善堂翊善和赞读，规定赵瑗见两位老师，须行拜礼。

宋高宗对宰辅们说："此子天资特异，在宫中俨如神人，朕亲自教之读书，性极强记。"他还说："朕年二十九未有子，然国朝自有仁宗皇帝故事。今未封王，止令建节，封国公，似合宜。以朕所见，此事甚易行，而前代帝王多以为难。"赵鼎说："然陛下春秋鼎盛，而为宗庙社稷大虑如此，臣等是以知神灵扶持，子孙千亿也。"③ 但是，宋高宗将赵瑗安排皇子的地位，却又不正式立为皇太子，是有其私衷的。事实上，他对自己能否恢复生育能力，诞生贵子，仍抱有某种幻想和希冀。他不得不将赵瑗作为皇太子的候选人，却又不情愿由这个宋太祖的遗裔入继大统。故赵瑗仍处在一种相当尴尬的地位，随时有被黜落的可能。

岳飞利用朝见之机，曾在资善堂见过赵瑗一面。绍兴七年秋，岳飞利用入朝参见之机，向宋高宗上密奏，建议及早设立皇储，以击破金人立宋钦宗之子，与南宋对抗的阴谋。因为当时金方有意放出此类风声。岳飞面读此奏后，宋高宗却冷冰冰地说："卿虽忠，然握重兵于外，此事非卿所当与也。"但岳飞并不气馁，后来在绍兴十年北伐时，又再次提议建储。④

---

① 《要录》卷50绍兴元年十二月壬午，卷51绍兴二年二月庚寅，《宋史》卷399《娄寅亮传》。
② 《要录》卷85绍兴五年二月丁亥，《朱文公文集》卷95张浚行状。
③ 《要录》卷89绍兴五年五月辛巳，己亥，卷90绍兴五年六月己酉，甲寅，《宋史》卷33《孝宗纪》。
④ 《鄂国金佗稡编》卷8《鄂王行实编年》，卷21《建储辨》，《要录》卷109绍兴七年二月庚子，《中兴小纪》卷21和《皇朝中兴纪事本末》卷40注引张戒《默记》，《浪语集》卷33《先大夫行状》，《忠正德文集》卷9《辩诬笔录》，《宝真斋法书赞》卷27《朱文公储议帖》，《朱子语类》卷127。岳飞孙岳珂为避讳宋高宗和岳飞的矛盾，在《鄂国金佗稡编》中竭力否认绍兴七年岳飞上奏，而遭宋高宗呵斥一事。但赵鼎的《辩诬笔录》却为此事提供了确切的时间和旁证。

两次奏请，固然出于岳飞的忠荩，但在当时却起了适得其反的效果，赵瑗的地位固然未能有丝毫改善，又加重了宋高宗对岳飞的疑忌。

另一个由吴氏养育的赵伯玖，于绍兴六年赐名赵璩。① 绍兴八年，宋高宗又下御笔，封赵璩为节度使、吴国公，使之与赵瑗处于平列的地位。宋高宗所以作此决定，部分原因也是出于吴才人和张婕妤争宠。吴才人自然倾向于自己养育的赵璩为皇储。宋高宗此举一方面是平衡吴氏和张氏的矛盾，另一方面也明确显示自己尚无立皇储之意。

当时的左相赵鼎、参知政事刘大中和枢密副使王庶都出面反对。赵鼎说："宗子瑗已封建国，只是小国，今璩封吴国公，却是全吴。臣欲且与建节，或封一等小国。"他又说："建国名虽未正，天下之人皆知陛下有子矣。"宋高宗仍坚持己见，说："都是小孩儿，且与放行。"赵鼎也不肯退让，说："兄弟之序不可乱。"王庶说："并后匹嫡，古以为戒，此岂可行！"唯独当时的右相秦桧却施展两面派手法。赵鼎约秦桧共同进谏，说："公尝说丙辰（绍兴六年）罢相之后，议论鼎者，专以资善堂藉口。鼎今日当避嫌，公专面纳此御笔，如何？"秦桧推诿说："公为首相，桧岂敢专。公欲纳之，桧当同敷奏也。"但当赵鼎等人各自缮写札子，准备上奏时，秦桧却并无札子。赵鼎无奈，只能临时合并为一份奏章。秦桧在众人奏对之际，"不复措辞"，而在"留身敷奏"之际，又说"也不较此"一类言词，遂得宋高宗的欢心。宋高宗面对赵鼎等人的据理力争，只得收回成命，说："待三、五个月别商量。"实际上，赵鼎此举引起宋高宗的嫌恶，成为他罢相的一个重要原因。②

漳州知州廖刚曾应诏上封事说，"陛下有建国之封，所以承天意，示大公于天下后世也，然而未遂正名者"。"愿陛下昭告艺祖在天之灵，正建国储君之号"。据说宋高宗"读之耸然"，将他召为御史中丞。③

但是，在秦桧独相后的绍兴九年三月，即发表廖刚新任的当月，宋高宗即发表封赵璩为保大军节度使、崇国公，"赴资善堂听读，禄赐如建国

---

① 《要录》卷97绍兴六年正月壬午，《宋史》卷246《信王璩传》。
② 《要录》卷121绍兴八年八月，《建炎以来朝野杂记》乙集卷1《壬午内禅志》，《朱子语类》卷131，《宋史》卷473《秦桧传》。
③ 《要录》卷127绍兴九年三月丙戌，《历代名臣奏议》卷73廖刚奏，《宋史》卷374《廖刚传》。

公例"。① 秦桧揣摩出宋高宗的心意，进谗言说："赵鼎欲立皇子，是谓陛下终无子也。宜待亲子，乃立。"此语既说中了宋高宗的心灵痛处，因而也能给予政敌赵鼎以致命一击。后秦桧深文周纳，建储之议便成赵鼎一项重要罪状，说他"邪谋密计，深不可测"，"以徼无妄之福"，在"资善堂汲引亲党"范冲等人。②

秦桧独相的十八年间，是赵瑗漫长的艰难岁月。绍兴十二年，养母张婉仪病死后，十六岁的赵瑗一并归吴婉仪，即后来的吴皇后收养。从此之后，吴后遂在表面上放弃了对赵璩的偏袒，"虽一食必均"。赵瑗又进封普安郡王。但是，在讨论进封典礼时，吴表臣、苏符等一批官员又违忤了宋高宗和秦桧的意愿，遂以"专任己意，怀奸附丽"而罢官。③

绍兴十四年，赵瑗生父赵子偁死讯传来，宋高宗下诏，令群臣集议赵瑗是否要为生父服孝。秦桧的一批党羽趋承权相之旨，纷纷主张"持服，乞依故事"。宋高宗予以批准。服孝本身就包含有不承认赵瑗为皇储之意。④ 翌年，年龄稍幼的赵璩也进封恩平郡王，"其官属、礼仪"与赵瑗"相等夷，号东、西府"。⑤

按古时的迷信习俗，祭祀高禖专用于"祓无子，祝多男"。早在绍兴二年，宋高宗曾下令"有司以春分日祀高禖，礼毕，宫嫔有位号者，以次即宫中饮福受胙如仪"。⑥ 到绍兴十六年，秦桧党羽、监察御史王鉷"以上继嗣未立，请行亲祠高禖之礼"。⑦ 求子心切的宋高宗为此次亲祠高禖，做了最充分的准备，于翌年二月举行了最隆重的礼仪。他任命宰相秦桧任亲祠使，赵瑗也不得不毕恭毕敬地担任"终献"。如前所述，在此次皇帝亲祠大礼时，又出现所谓"红、黄瑞气"等祥瑞。⑧ 今存《绍兴祀高禖》乐歌祝祷说，"佑我皇祚，宜百斯男"，"乃占吉梦，维熊维羆"，"神其顾

---

① 《要录》卷127绍兴九年三月丁亥，甲午，《宋史》卷246《信王璩传》。
② 《会编》卷220《中兴姓氏录》，《要录》卷152绍兴十四年九月辛未，《建炎以来朝野杂记》乙集卷1《壬午内禅志》，《忠正德文集》卷9《辩诬笔录》。
③ 《要录》卷144绍兴十二年二月庚午，丁丑，己丑，《建炎以来朝野杂记》乙集卷1《壬午内禅志》。
④ 《要录》卷151绍兴十四年正月庚辰。
⑤ 《要录》卷153绍兴十五年二月己亥，《宋史》卷246《信王璩传》。
⑥ 《要录》卷51绍兴二年二月己丑，《宋史》卷103《礼志》。
⑦ 《要录》卷155绍兴十六年六月乙丑，八月辛丑。
⑧ 《要录》卷156绍兴十七年二月甲辰，乙巳，《宋会要》瑞异1之26。

歆，永锡多子"。① 另有一首臣僚曹勋进献的颂诗说：

"中兴仁泽浃华夷，则百斯男自可知。例诏高禖祭春社，掖庭应已梦熊罴。"②

然而这场闹剧的最终结果，岂但是"熊罴"，宋宫女子连一只"犬彘"也未能生育。从此以后，宋高宗只能死心塌地，准备从赵瑗和赵璩两人之中，挑选一人为皇储。③

绍兴二十二年到二十三年，虔州发生兵变。绍兴二十四年，衢州发生饥民暴动。秦桧为粉饰太平，隐瞒不奏。赵瑗偶然向皇帝提及此事，宋高宗大惊，便诘问秦桧。秦桧支吾其词，说是"军人们闲相争之类，已令人去抚定矣"，"不足上烦圣虑，故不敢闻，盗平即奏矣"。他又反过来"问是谁说"，宋高宗说是"儿子说"。秦桧对赵瑗更加怀恨在心，便以赵瑗在为亲父守孝期间，不当给俸为由，扣除赵瑗的俸禄。宋高宗不得不"自出内帑，月如所除给焉"。④

赵瑗与秦桧既已势同水火，如前所述，当秦桧病重之际，赵瑗及时打探消息，帮助宋高宗完成了夺权斗争。秦桧病死，自然排除了立皇储的一大障碍。此外，一心一意希望宋高宗生子的皇太后韦氏病死，又自然地撤除了立储的另一障碍。尽管如此，在表面上将赵瑗和赵璩平等对待的吴后，实际上仍然倾向于立赵璩。宋高宗本人虽荒淫好色，最后却决定以女色进行试探，给赵瑗和赵璩各赐宫女十名。赵瑗听从教授史浩的劝告，不近女色。待到宋高宗下令对二十名宫女进行身体检查，自然是赵瑗中选。⑤

一些臣僚，如辛次膺、王大宝、范如圭、张焘、阎安中、史浩等乘秦桧死后之机，因势利导，纷纷上奏，建议立储。宋高宗在与宰相陈康伯谈

---

① 《宋史》卷133《乐志》。
② 《松隐文集》卷17《宫词》。
③ 《要录》卷184绍兴三十年三月丁未载宋高宗语："朕决此计已九年。"由此上推，迟至绍兴二十二年时，宋高宗方无可奈何地决定用宗室之子立储。
④ 《宋史》卷33《孝宗纪》，卷473《秦桧传》，《建炎以来朝野杂记》乙集卷1《壬午内禅志》，《鄂国金佗稡编》卷20《吁天辨诬通叙》，《鄂国金佗续编》卷21《鄂王传》，《朱子语类》卷131，《贵耳集》卷上。各书具体说法不一致，但秦桧以扣俸处罚赵瑗，当是事实。
⑤ 《齐东野语》卷11《高宗立储》，《宝庆四明志》卷9《史浩传》。

话时说："朕久有此意。"陈康伯即便说："宸断坚决乃可。"①

到绍兴三十年（公元1160年），皇太后韦氏丧期已满，宋高宗召见宰执说："朕有一事，所当施行，似不可缓。普安郡王甚贤，欲与差别，卿等可议除少保、使相，仍封真王。"宰执们向皇帝致贺，宋高宗又说："朕久有此意，深惟载籍之传，并后、匹嫡、两政、耦国，乱之本也。朕岂不知此，第恐显仁皇后（韦氏谥号）意所未欲，故迟迟至今。"这段"圣训"其实也是言不由衷的，但事已至此，一切似乎都顺理成章了。经宰执商议后，宋高宗下诏，"以瑗为皇子，仍改赐名玮"，进封建王，又任命赵璩为判大宗正事，置司于绍兴府，并改称皇侄。②拖延了近三十年的立储问题，终于在宋高宗五十四岁时，方予解决。赵瑗时年已三十四岁。这决非是宋高宗称心如意的解决方案，却也是不得已而求其次。

宋高宗对皇子说："须是读书，便知古今治乱，便不受人瞒。"③从书中学习帝王的机谋权术，这是宋高宗对赵玮的至嘱，也是他处置秦桧专权的经验之谈。

---

① 《建炎以来朝野杂记》乙集卷1《壬午内禅志》。
② 《要录》卷184绍兴三十年二月甲子，戊辰，癸酉，甲戌，丙子，三月丙午，《建炎以来朝野杂记》乙集卷1《壬午内禅志》，《宋史》卷246《信王璩传》。
③ 《密斋笔记》卷1。

拾伍

应战和退位

宋高宗《蓬窗睡起》

第一节　宋金再战前夕

自"和戎以来，讳兵不言"，① 宋高宗当太平皇帝二十年，特别是秦桧死后的几年，宋高宗在残山剩水中寻欢作乐，无忧无虑，更是心满意足。绍兴三十一年（公元1161年），有文士何宋英上书，对宋高宗个人作了尖锐的抨击，说他"偷安独乐"，"结胡虏之好，罢天下之兵，诛大将而挫忠臣之锐，窜元戎而销壮士之心"。"臣闻父母之雠不与共戴天，兄弟之雠不与同履地，陛下曾念父母兄弟之雠乎"？"自旷古来，未有受辱如朝廷也！未有忍辱如陛下也"！② 如今已无从断定宋高宗是否读过这封上书。但是，他对此类言词，早在绍兴八年群臣纷起抗论之际，已耳熟能详，而他依凭君主之权威，照样我行我素，对"臣构"皇帝的卑辱处境甘之如饴。

金海陵王是个荒淫无耻，残忍嗜杀，而又智足以拒谏，言足以饰非的君主。他胸怀大志，能排除民族岐视，"擢用人才"，"定官制、律令皆可观"，③ 使女真族的文明程度提高了一步。金海陵王一直有灭宋之志。绍兴二十年，宋高宗特命参知政事余尧弼任贺大金登位使。④ 刚篡位的金海陵王"以玉带附赐宋帝"，并命余尧弼传话说："此带卿父所常服，今以为赐，使卿如见而父，当不忘朕意也。"余尧弼退朝后，宠臣张仲轲对金海陵王说："此希世之宝，可惜轻赐。"金海陵王说："江南之地，他日当为我有，此置之外府耳。"⑤

金海陵王和臣僚再三表明他们的意图说，"天下一家，然后可以为正统"，"本朝疆土虽大，而天下有四主，南有宋，东有高丽，西有夏，若能一之，乃为大耳"！"朕举兵灭宋，远不过二、三年，然后讨平高丽、西

---

① 《历代名臣奏议》卷3汪应辰奏。
② 《会编》卷227，《要录》卷190绍兴三十一年六月，何宋英或作何廷英。
③ 《归潜志》卷12《辩亡》。
④ 《要录》卷161绍兴二十年三月丙戌。
⑤ 《金史》卷129《张仲轲传》。余尧弼，《金史》作余唐弼。按金世宗父完颜讹里朵汉名宗辅，金世宗即位后，为早已死去的父亲改名宗尧，此处沿用了金朝官史的名讳。

夏"。① 金海陵王先迁都大兴府（治今北京市），又迁都原北宋都城汴京，大规模征集兵马和军用粮草、器械，准备南侵。

就宋朝方面而论，得知金海陵王的南侵意图，其实为时甚早。尚在秦桧生前，就有河北进士梁勋"夜行昼伏"，南下归宋，上书说"金人必举兵"，宋廷却将他"押赴惠州编管"，贬死异乡。②

宋绍兴二十四年，即金贞元二年，乘宋朝贺正旦使施钜朝辞之际，金海陵王特别命左宣徽使敬嗣晖询问秦桧的官职和年龄，并强调说："我闻秦桧贤，故问之。"

宋绍兴二十八年（公元1158年），即金正隆三年，金海陵王又通过敬嗣晖诘问宋贺正旦使孙道夫说，"归白尔帝，事我上国多有不诚"，"尔国比来行事，殊不似秦桧时，何也"？金海陵王通过诘责，微露寻衅毁约之意，孙道夫只得唯唯诺诺，禀命而退。孙道夫归国后，"奏敌有窥江、淮意"，宋高宗说："朝廷待之甚厚，彼以何名为兵端？"孙道夫说："彼金人身弑其父兄，而夺其位，兴兵岂问有名，臣愿预为之图。"但左相沈该却忌讳他"言武事"，"疑其引用张浚"，孙道夫不得不请求外任。③

自此以后，宋朝"士之有识者默为此虑"，然而在宋高宗君相的高压政策下，仍"未敢显言为备"。秘书省校书郎、兼国史院编修官汪澈上奏，说"立国惟文武二道，而人才尤不可偏，要当求于无事之时"。吏部侍郎叶义问也强调"有备无患"。他们都建议秘密备战。④

宋绍兴二十九年（公元1159年），即金正隆四年，宋朝贺正旦使沈介与贺生辰使黄中先后归来。当时金人已"再修汴京，以图南牧"。沈介先回，不敢向朝廷报告实情。黄中却向宋高宗说："臣见其营表之目，宫寝悉备，此岂止为离宫者！以臣度之，房势必南。房南居汴，则壮士健马不数日可至淮上。事势已迫，惟陛下亟深图之。"宰相沈该和汤思退反而责备黄中，嗔怪他无事生非。结果沈介迁吏部侍郎，而黄中止授秘书少监。⑤

---

① 《金史》卷129《张仲轲传》，《李通传》。
② 《会编》卷228《中兴遗史》。
③ 《要录》卷165绍兴二十三年十二月戊午，卷178绍兴二十七年十一月乙丑，《宋史》卷382《孙道夫传》，《金史》卷129《张仲轲传》。
④ 《要录》卷181绍兴二十九年二月戊申，己酉，《周益国文忠公集·省斋文稿》卷30汪澈神道碑。
⑤ 《要录》卷181绍兴二十九年四月壬辰，壬寅，《宋史》卷382《黄中传》，《朱文公文集》卷91《端明殿学士黄公墓志铭》。

不论宋高宗本人如何将信将疑，宰相沈该和汤思退又如何蛮横压制，二十年间最大最深最高的禁忌，即对金用兵问题，终于被人们所突破。愈来愈多的士大夫屡言"敌情难信，请饬边备"。经过商量，宋廷决定命同知枢密院事王纶为大金奉表称谢使，曹勋任副使，前往刺探敌情。当两人回朝后，沈该已被弹劾罢相，王纶等奏禀说："邻国恭顺和好，皆陛下威德所致。"宰相汤思退等"皆再拜贺"，宋高宗十分高兴，说："朕自纶等归，中夜以思，不寒而栗。盖前此中外纷纷之论，皆欲沿边屯戍军马，移易将帅，及储积军粮之类，便为进取之计。万一遂成轻举，则兵连祸结，何时而已。故朕所虑者，不在于此，而在于彼也。今而后，宜安边息民，以图久长。"汤思退说："遣使寻盟，和好益坚，皆陛下威德所致。"① 话虽如此，宋高宗还是不得不改变持续了二十年的命相标准，特升参知政事陈康伯为右相。陈康伯当年因馆伴金使，争论礼节，而受处分。他认为金朝必定叛盟兴兵，王纶归朝后，仍"持初论不变"。② 宋高宗任命陈康伯为相，正是反映了他审时度势，而被迫改弦更张。

宋绍兴三十年（公元1160年），即金正隆五年，围绕着皇太后韦氏的去世，宋金双方互派人员，进行吊祭、报谢等活动。金朝贺正旦使施宜生本是福建路人，他向馆伴的张焘暗示行将用兵。金海陵王还在出使人员中秘密安插画工，命他们绘制了临安地图。张焘向宋高宗密奏此事。③ 宋高宗又感到紧张，派参知政事贺允中和同知枢密院事叶义问先后使金。两名执政归朝后，都密奏金朝已集结军队，"势必败盟"。陈康伯至此方得以奏禀皇帝，进行备战。④ 侍御史汪澈、殿中侍御史陈俊卿、右正言王淮、右谏议大夫何溥等乘机弹击汤思退，说他是"秦党"，汤思退因此罢相。⑤

---

① 《要录》卷182绍兴二十九年六月甲申朔，丁亥，卷183绍兴二十九年九月乙酉，丙戌，《宋史》卷372《王纶传》。

② 《要录》卷183绍兴二十九年九月甲午，《宋史》卷384《陈康伯传》，《宋宰辅编年录校补》卷16。

③ 《要录》卷183绍兴二十九年十二月丙子，《宋史》卷382《张焘传》，《金史》卷79《施宜生传》，《耆旧续闻》卷6，《桯史》卷1《施宜生》。参见《文史》第35辑刘浦江先生《书〈金史·施宜生传〉后》。

④ 《会编》卷224，《要录》卷184绍兴三十年三月辛卯，卷185绍兴三十年五月辛卯，《宋史》卷384《陈康伯传》、《叶义问传》，《宋宰辅编年录校补》卷16，《南涧甲乙稿》卷20贺允中墓志铭。

⑤ 《要录》卷187绍兴三十年十一月戊戌，庚子，辛丑，癸卯，十二月乙巳朔，丙午，《宋史》卷371《汤思退传》，《宋宰辅编年录校补》卷16。

绍兴三十一年（公元1161年）三月，陈康伯升任左相，参知政事朱倬升任右相。朱倬与刘贵妃父刘懋"夤缘缔交"，"立朝专务迎合"，而"上眷至厚"，方得以步步高升。① 宋高宗骨子里更喜欢的，自然是沈该、汤思退之流，然而时局的演变，又迫使他做出本不情愿的选择。由于陈康伯掌政，算是匆忙地完成了战时政府的改组。

金海陵王并未对南宋实施奇袭，使之猝不及防，相反，他是采取了先声夺人、恫吓对手的方针。施宜生一行北还时，其人从有意挑衅，抢夺巡检王松的乘马，王松进行抗拒，副使耶律阐里剌（翼）便命人从用马棰敲扑二百多下，几乎将王松打死。②

绍兴三十一年，即金正隆六年初，金海陵王又命其谋主、渤海人、参知政事李通向宋朝贺生辰使徐度等转达说："帝王巡狩，自古有之。淮右多隙地，欲校猎其间，从兵不逾万人。汝等归告汝主，令有司宣谕朕意，使淮南之民无怀疑惧。"③ 他明确表示要在宋方的土地上"校猎"，以制造南侵的口实。另一贺正旦使虞允文目击众多民夫在运粮和造船。金海陵王又对他诡称："我将看花洛阳，因至汴。"④ 徐度和虞允文的归朝，自然更使宋高宗的心头蒙上了阴影。

四月，金海陵王认为一切已准备就绪，便命签书枢密院事高景山为赐宋帝生日使，尚书右司员外郎王全为副使。金海陵王授权王全，向宋方"索汉、淮之地，如不从，即厉声诋责之"，他料定宋高宗"必不敢"因此加害王全。

五月，高景山一行进入宋境，"过平江、秀州，舟中以弓矢射夹岸居人，官司莫敢谁何"。他们抵达临安后，宋高宗亲御紫宸殿。高景山"自称语讷，不能敷奏"，要求王全代奏。王全上殿后，便厉声向"臣构"传达金海陵王的御旨，并宣布"赵桓今已死矣"。宋钦宗虽已死于五年前，金朝至此方将秘密公开。宋高宗虽是个第一流的天才演员，并且对金人谕

---

① 《要录》卷189绍兴三十一年三月庚寅，《宋史》卷384《陈康伯传》，《宋宰辅编年录校补》卷16，《周益国文忠公集·杂著述》卷1《亲征录》，《齐东野语》卷11《朱汉章本末》。
② 《要录》卷184绍兴三十年正月癸巳，《新安文献志》卷73金安节家传，《宋史》卷386《金安节传》，《金史》卷60《交聘表》。
③ 《要录》卷186绍兴三十年十月丁未，《金史》卷5《海陵纪》，卷129《李通传》。
④ 《要录》卷186绍兴三十年十月丁未，《宋史》卷383《虞允文传》，《宋朝南渡十将传》卷7《虞允文传》。

盟也有足够的思想准备，然而面对着王全毫不留情面的诋斥，一时竟如五雷轰顶，目瞪口呆。他听凭王全用鄙词俚语詈骂了一阵，只是说："闻公北方名家，何乃如是？"便"号恸"而归，而王全仍在殿中"詨詨不已"。带御器械刘炎奉宰相陈康伯之命，到屏风后找皇帝，只见宋高宗仍在那里"哭泣"。在仓猝之际，宋高宗连王全转达的金海陵王御旨的内容也记忆不清，又在事后教金使另外写成文字呈进。果然不出金海陵王之所料，受尽毒骂屈辱的宋高宗，只是以"脏腑不调"为由，命参知政事杨椿"押宴"，又命同知枢密院事周麟之在都亭驿宴请金使，作为天申节的礼宴。逆来顺受，丝毫不敢怠慢。①

宋廷群臣在慌乱之馀，不知所为，工部侍郎黄中则建议在金使临行之前，必须为宋钦宗发丧，他上奏说：

"朝廷与仇房通好二十馀年之间，我未尝一日言战，房未尝一日忘战。以我岁币，啖彼士卒，我日益削，房日益强。今幸天褫其魄，使先坠言，以警陛下，惟陛下亟加圣心焉。"②

宋廷一方面为宋钦宗举哀，并且依礼发送金使；另一方面又在都堂召集文武要员"集议"。陈康伯传达宋高宗御旨："今日更不论和与守，直问战当如何？"事实上，陈康伯要从皇帝那里讨得这句御旨，还是颇费了一番唇舌。他上奏说："金敌败盟，天人共愤。今日之事，有进无退，圣意坚决，则将士之〔气〕自倍。"他还向皇帝举荐张浚，宋高宗"未允，且有幸蜀之语"。事已至此，宋高宗依然并未真正下定以战图存的决心。

一方面是很多朝野有血性之士，纷纷慷慨陈词，或献策用兵；另一方面，尽管汤思退去位，而秦桧的旧党仍"阴沮用兵"。③其中心人物正是当年与秦桧鼎足而三，互为表里的医官王继先和宦官张去为。秦桧虽死，王继先和张去为依然攀附着皇帝这棵大树，其势牢不可拔，人们对这两人只

---

① 《会编》卷228，《要录》卷190绍兴三十一年五月辛卯，癸巳，《金史》卷5《海陵纪》，卷129《李通传》。高景山和王全的官职，宋金双方记载各异，今从《金史》。

② 《要录》卷190绍兴三十一年五月辛卯，甲午，《朱文公文集》卷91《端明殿学士黄公墓志铭》，《宋史》卷382《黄中传》。关于黄中差遣，或作兵部侍郎。

③ 《会编》卷228，卷242《采石战胜录》，《要录》卷190绍兴三十一年五月甲午，乙未，己亥，《宋史》卷384《陈康伯传》，《宋宰辅编年录校补》卷16。

能是敢怒而不敢言。

张去为"恃恩干外朝谋议","且陈避狄之计",他就是皇帝"幸蜀"的策划者。殿中侍御史陈俊卿上弹章说：

"去为窃弄威权，亏损圣德，今复沮挠成算，请按军法斩之，以作士气！"

宋高宗看后大惊，他表面上已不得不褒嘉说："卿可谓仁者之勇矣！"话虽如此，宋高宗也并未给张去为任何处罚，只是升陈俊卿为兵部侍郎，其实是要将他调离御史台。陈俊卿也明了皇帝的真意，"求去甚力"。接任殿中侍御史的杜莘老又屡次劾奏张去为，指斥他"取御马院西兵二百人，髡其顶髮"，仿效女真人的髮型。宋高宗最后只能忍痛割爱，令张去为致仕。①

医官王继先"日辇重宝"至湖州（今属浙江），"为避贼计"，他乘机向宋高宗进言："边鄙本无〔事〕，盖缘新进用主兵官好〔作〕勿靖，喜于用兵，意欲邀功耳。若斩一、二人，则和议可以复固。"正需武将保自己半壁江山的宋高宗听后，自然不悦，反问一句："是欲我斩刘锜乎？"

宋高宗回宫后，宠爱的刘婉仪看到"圣情""不怿"，便找一些言语"宽解上意"，其说竟与王继先之说相似。宋高宗感到奇怪，便进行追问，刘婉仪承认乃得自王继先。宋高宗"大怒"，"诏婉仪刘氏可归本家逐便"。

殿中侍御史杜莘老又乘机弹击，历数王继先怙势作恶的十大罪状。他按古代专制帝制下的言事技巧，回避皇帝的恩宠，只说王继先"奴事秦桧，入拜其妻，叙为兄弟，贪缘荐引"。然而当杜莘老"进读"之际，宋高宗"玉色犹怫然"。杜莘老至此也到了有进无退的地步，他说："臣以执法事陛下，不能去一医，死不敢退。"宋高宗仍然面带怒色，不肯听从。杜莘老最后不得不使用最厉害的言词。他上前"密言"："外议谓继先以左道幸，恐谤议丛起，臣且不忍听。"寥寥数语，刺中了宋高宗的心病，他"始变色首肯"。宋高宗为掩饰自己的难堪和尴尬处境，便将自己对王继先

---

① 《要录》卷190绍兴三十一年五月甲午，六月壬寅朔，己酉，卷193绍兴三十一年十月戊辰，《宋史》卷383《陈俊卿传》，卷384《陈康伯传》，卷387《杜莘老传》，卷469《张去为传》，《琬琰集删存》卷2《杜御史莘老行状》，《朱文公文集》卷96陈俊卿行状，《诚斋集》卷123陈俊卿墓志铭。

的宠信和纵容，推到死去的母亲韦氏身上，说："初以太后饵其药，稍假恩宠，不谓小人骄横乃尔。"杜莘老又说："继先之罪擢髪不足数，今臣所奏，其大凡耳。"宋高宗仍通知王继先，让他"多藏远徙"，也不依杜莘老"编管岭外"之议，而将他安顿富庶的"福州居住"，其子孙"并勒停"。但"放还良家子为奴婢者凡百馀人，籍其赀以千万计，鬻其田园及金银，并隶御前激赏库"，也足以使"天下称快"。①

张去为和王继先两名城狐社鼠式人物的贬斥，固然拔除了抗战派的心腹大患，而宋高宗却有一种哑巴吃黄莲的苦衷，并转而对杜莘老极端恼恨。故在罢张去为之同时，又免去杜莘老的台职，"左迁""补外"。给事中金安节和中书舍人刘珙力争，说"不可因内侍而去言官"。宋高宗迫于舆论，只能暂时命杜莘老为司农少卿，但不久仍发表他出知遂宁府（今属四川）。由于杜莘老一连劾罢两个似乎是不可冒犯的宠臣，故朝士们纷纷为之送行，作诗文称颂者达百馀人，一时传为美谈。如韩元吉赋诗以"高名千古重如山"为韵，陆游赋诗称赞他"平生所学今无负"。②

宋廷虽处于紧张的备战状态，但宋高宗仍不肯放弃遣使挽回和局，并刺探敌情的努力。最初决定同知枢密院事周麟之使金，周麟之"临事辞难"，不肯前往，反而说"事已如此，不必遣使"。宋高宗十分恼怒，便因杜莘老等人的弹奏，将周麟之贬黜。接着又命刘岑出使。刘岑慷慨请行，说："臣受国家厚恩，今臣年老矣，唯不惜一死，可以报国。臣请至金国，有如议不合，当以臣血溅完颜之衣。"宋高宗为之"愕然"，认为这样的强项之士决不能遣，于是又改派秦桧党羽徐嚞，另加武官张抡出使。然而徐

---

① 《会编》卷230，《要录》卷192绍兴三十一年八月丁未、辛亥、壬子，《宋史》卷243《刘婉仪传》，卷387《杜莘老传》，卷470《王继先传》，《琬琰集删存》卷2《杜御史莘老行状》，《桯史》卷9《黑虎王医师》，《四朝闻见录》乙集《刘锜边报》。

② 《要录》卷193绍兴三十一年十月戊辰，卷194绍兴三十一年十一月甲戌，卷195绍兴三十一年十二月甲辰，《宋史》卷386《刘珙传》《金安节传》，卷387《杜莘老传》，《琬琰集删存》卷2《杜御史莘老行状》，《新安文献志》卷73金安节家传，《朱文公文集》卷88《观文殿学士刘公神道碑》，卷97刘珙行状，《南涧甲乙稿》卷1《送杜少卿起莘知遂宁府以高名千古重如山为韵七首》，《剑南诗稿》卷1《送杜起莘殿院出守遂宁》。

嚞一行渡淮之际，却被金人拦回。① 这使宋高宗断绝了最后一丝屈膝求和之念。

在宋金再战前的两年多时间内，宋高宗欲乞求维持和局，却不得不进行愈来愈紧张的备战活动；他仍企图在内朝和外朝保持一批奸佞小人的势力，又不得不半推半就地将他们撤换和贬逐。其原动力与其说是一批主张抗战的臣僚，倒不如说是金帝海陵王。

第二节　危而后安　战而后和

金海陵王有横扫六合、一统天下之志，而对自己的实力却并无清醒估计。自女真人入主中原以后，迅速汉化事实上意味着迅速腐化，其军力一直处于退化状态。欲征服南宋，必须跨江越海，而不善水战，又是金军的一大弱点。金海陵王时赋役繁苛，役夫死者不可胜计，活着的百姓便只能犯死求生，一时"群盗蜂起"，"大者连城邑，小者保山泽"。② 不少与宋接壤地区的起义者，则夺城投宋。由于金海陵王对臣僚和贵族诛戮无度，在统治者内部也离心离德。一些臣僚，甚至还有皇太后徒单氏，因进谏伐宋而被杀。皇后徒单氏和太子完颜阿鲁补（光英）也谏劝金海陵王不出兵侵宋。金海陵王一时发怒，甚至要将母子两人处死。当金海陵王率军离汴京时，皇后徒单氏和太子完颜阿鲁补（光英）"挽衣号恸"，金海陵王也为之垂泪，说："天实使之，不自由也！"③ 看来他并非完全不懂得攻宋的冒险性，却又决意冒险。

金朝宗室葛王完颜乌禄（褎，后改名雍）乘机在东京辽阳府（今属辽宁）另立政权，后庙号世宗。金海陵王闻讯后，只派一支偏师对付金世

---

① 《会编》卷229，《要录》卷190 绍兴三十一年六月戊辰，庚午，卷191 绍兴三十一年七月丁亥，戊子，庚寅，壬辰，《宋史》卷387《杜莘老传》，《金史》卷129《李通传》，《宋宰辅编年录校补》卷16，《琬琰集删存》卷2《杜御史莘老行状》。

② 《金史》卷5《海陵纪》，卷83《张玄素传》，卷105《杨伯渊传》，卷129《李通传》。

③ 《会编》卷230，《要录》卷192 绍兴三十一年八月癸丑，九月，《金史》卷5《海陵纪》，63《海陵嫡母徒单氏传》，卷82《光英传》。

宗，而仍亲率主力军南下。他发兵攻宋固然是失策，而不及时回戈北向，全力逐鹿中原，则是更大的失策。

南宋屈辱偃兵二十年，在宋高宗和秦桧重用庸将和贪夫的政策下，军队素质的退化更是惊人。"中外解弛，无战守备"，①"将骄卒惰，军政不肃"，②"为将帅者，不治兵而治财，刻剥之政行，而拊摩之恩绝，市井之习成，而训练之法坏"，"披坚执锐之士，化为行商坐贾"。③"将帅纳赂买官"，时称"债帅"。借债买得统兵官，然后千方百计贪污搜刮而还债。"其志不过聚敛以肥家，其术不过交结以固宠"。④ 一方面是"掊克卒伍"，另一方面则是"盈车接舰，珍甘技巧，以为赂遗"。⑤ 行贿的对象自然包括秦桧、王继先、宦官等。驻扎临安的"三衙管军辈与北司深交固结"，⑥ 结托宦官，以固恩宠，而沿江各御前诸军的统兵官又何尝不是如此。"军士疲于私使，困于回易，大率以奉主将之私，而所得衣粮，随手克尽。赢瘦单薄，有可怜之色，而主将恬不知恤"。⑦ 如此的军队又如何能有战斗力。

秦桧刚死，在罪废中被召，一心一意希望时来运转的万俟卨，也曾在奏对时说："军政隳坏，士不知劳，将帅豢养于富贵之乐，一旦有缓急，皆不足恃。"⑧ 然而他与沈该、汤思退相继任相时，军队严重退化的状况又何尝有所扭转。养兵二十年，却不能用于一朝，这自然是宋高宗最感焦虑的问题。他的主要对策也不过是临阵易将而已。

张俊的宠儿、驽将田师中任鄂州驻扎御前诸军都统制，掌管中部防区唯一一支大军，居然长达二十年。由于才能低劣，宋高宗和秦桧对他反而十分放心。田师中本人又"专务结托内侍，以为内助，故能久其权"。⑨ 至此杜莘老、汪澈、冯时行等人纷纷上奏，说田师中"老而贪，士卒怨，偏

---

① 《要录》卷181绍兴二十九年四月壬辰，《朱文公文集》卷91《端明殿学士黄公墓志铭》。
② 《要录》卷175绍兴二十六年十一月丙子，《琬琰集删存》卷2《杜御史莘老行状》。
③ 《要录》卷189绍兴三十一年三月己卯。
④ 《朱文公文集》卷96陈俊卿行状，《诚斋集》卷123陈俊卿墓志铭。
⑤ 《要录》卷182绍兴二十九年六月丁酉。
⑥ 《要录》卷186绍兴三十年九月庚子，《历代名臣奏议》卷198王十朋奏，《梅溪先生廷试策并奏议》卷2《轮对札子三首》（其二）。
⑦ 《朱文公文集》卷96陈俊卿行状。
⑧ 《要录》卷172绍兴二十六年三月乙卯，《宋宰辅编年录校补》卷16。
⑨ 《会编》卷208。

裨不服，临敌恐误国事"。宋高宗方将他召回临安，然而在罢官的同时，又破例赐予王继先的第宅，支付统兵官的全俸，以示优恩。①

东部防区两支大军之一的统兵官，镇江府驻扎御前诸军都统制刘宝，"虐众营私"，"掊刻诸军，至有冻馁不能出门户者"，也被台谏官何溥、汪澈、陈俊卿、王淮等弹劾而罢黜。②

宋高宗最宠信的大将杨存中时已官至少师，也遭王十朋、陈俊卿、李浩、汪澈、陆游等人论奏。他们认为杨存中"久握兵权，内结阉寺"，"恩宠特异，待之过，非其福"，而主管侍卫步军司公事赵密也"谋夺其权"。宋高宗在发表罢官诏命前，密谕宰执大臣，命令指挥赵密"于未宣麻以前，便交职事"，使杨存中未知罢命，"而代者已入军中"。③ 杨存中对皇帝可谓奉命唯谨，到底不能逃脱皇帝的猜忌。宋高宗对军队素质的退化，并无高明的应急对策，而对杨存中玩弄小权术，却又表现了完全无此必要的小聪明。

宋金双方自绍兴三十一年，即金正隆六年九月正式开始交兵，彼此在陆地上仍按传统分为三个战区。

金海陵王在恫吓宋人的诏书中甚至说"朕亲将五百万兵"，④ 实际上，其兵力约计三十一万人。其中西部战场任西蜀道行营兵马都统制的徒单合喜约有兵力五万，中部战场任汉南道行营兵马都统制的刘萼约有兵力二万，金海陵王亲征淮南，约有兵力十七万，另有浙东道水军都统制苏保衡

---

① 《要录》卷192绍兴三十一年八月甲辰，丁巳，九月辛巳，卷194绍兴三十一年十一月甲申，《宋史》卷384《汪澈传》，《琬琰集删存》卷2《杜御史莘老行状》，《历代名臣奏议》卷91冯时行（当可）奏，《周益国文忠公集·省斋文稿》卷30汪澈神道碑。

② 《要录》卷186绍兴三十年十月丁未，庚申，辛酉，卷188绍兴三十一年正月壬辰，《宋史》卷383《陈俊卿传》，卷384《汪澈传》，卷396《王淮传》，《朱文公文集》卷96陈俊卿行状，《周益国文忠公集·省斋文稿》卷30汪澈神道碑，《攻愧集》卷87王淮行状，《诚斋集》卷120王淮神道碑，卷123陈俊卿墓志铭。

③ 《要录》卷187绍兴三十年十一月乙酉，卷188绍兴三十一年二月癸丑，甲寅，《宋史》卷367《杨存中传》，卷384《汪澈传》，卷387《王十朋传》，卷388《李浩传》，卷395《陆游传》，《朱文公文集》卷96陈俊卿行状，《诚斋集》卷123陈俊卿墓志铭。

④ 《会编》卷231。

等统海军南下，约有兵力七万馀。① 金海陵王的战略，是集中约四分之三的兵力于东部，以重兵压淮南，以水军南下攻临安，形成钳形攻势，而西部和中部战场仅为牵制之师。

南宋正规军当时扩编为九支御前诸军，另加三衙军，共计十二支。宋高宗君臣沿用以往的传统，平分兵力，分散指挥。西部川陕战区，由四川宣抚使，领兴州（治今陕西略阳）驻扎御前诸军都统制职事，兼陕西、河东招讨使吴璘，兼统兴元府（治今陕西汉中市）和金州（治今陕西安康市）、房州（治今湖北房县）两支御前诸军。中部荆襄战区，命主管侍卫马军司公事成闵率本部兵马前往，兼湖北、京西制置使，京西、河北西路招讨使，兼统鄂州和荆南府两支御前诸军。东部淮南战区，由刘锜出任镇江府驻扎御前诸军都统制，兼江、淮、浙西制置使，京东、河北东路招讨使，兼统建康府、池州和江州三支御前诸军。② 然而成闵和刘锜除统率本军外，事实上不能全权指挥本战区其他御前诸军。殿前司和侍卫步军司军主要用于护卫皇帝。在海道方面，仅委派先后任岳飞和韩世忠部将的李宝，指挥一支临时拼凑的几千水军。

光从兵力部署上看，金海陵王显然比宋高宗君臣高出一筹，连宋朝士大夫也不得不承认：

"虏兵合而众，吾兵分而寡。"③

宋金两军接战后，西部战场的宿将吴璘乘金军兵力薄弱之机，挥师深入陕西，金军节节败退。然而中部战区的成闵和鄂州都统制吴拱、荆南府都统制李道"合十万之师"，本可乘虚攻击汴京，他们却"端坐〔淮〕汉"，按兵不动。④ 也有少部分将士努力作战，加之北方民众起义响应，占

---

① 《金史》卷5《海陵纪》，卷129《李通传》，《会编》卷237，卷241《虞尚书采石毙亮记》，《要录》卷191绍兴三十一年七月，《宋会要》兵14之43—44。关于金军兵力，各书记载不一致，同一书亦有版本差异。按金军当时分三十二军，一军其实相当于一个万夫长所部的编制，故作以上估计。

② 《会编》卷229，卷232，《要录》卷192绍兴三十一年九月丙申，卷193绍兴三十一年十月癸卯，《宋史》卷366《刘锜传》，《吴璘传》，《宋朝南渡十将传》卷1《刘锜传》，《琬琰集删存》卷1吴璘神道碑。

③ 《江湖长翁文集》卷27《上周枢密札子》。

④ 《历代名臣奏议》卷234王质上书，《雪山集》卷1《上皇帝书》。

领若干地区，却无补于全局。唯有无多大名望的李宝，率水师沿海北上，以少击众，出奇制胜，在著名的胶西海战中，一举歼灭金浙东道水军，取得三个陆地战场不可比拟的战绩。这是世界上首次使用火药兵器的海战。

由于浙东道水军的覆灭，金海陵王的亲征军便成为他唯一的赌本。

在故帅宿将凋零之馀，二十一年前一仗成名的刘锜，一时成为最受推崇的国家柱石。过去迫令刘锜闲废十馀年的是宋高宗，如今格外恩宠，对其上奏有求必应的也是宋高宗。在宋高宗君臣眼里，出任淮南主战场的主帅，已非刘锜莫属。刘锜本人也相当自信和自负，他不顾年老多病，乘肩舆（轿）上前沿，他对送行官员和部将说，"取重阳日到京师"，"诸公有坟墓在西北者，宜备行计，具拜扫之礼"。① 出师之前，他已发出了一月之内恢复故都开封的豪言壮语。金方也慑于刘锜的威名，以至无人应承自愿迎敌刘锜，金海陵王最后不得不说："朕自当之！"② 此外，李显忠也颇有勇名，而宋廷只委派他任池州驻扎御前诸军都统制，兵力较少。作为淮南战场的主力部队，是刘锜所统的镇江府驻扎御前诸军和都统制王权所统的建康府驻扎御前诸军。

金海陵王的金军渡淮后，李显忠军"遇之即遁"。负责淮西守御的王权闻风丧胆，率军不战而遁，唯有其所部破敌军统制姚兴以孤军力战而阵亡。驻兵淮东的刘锜，对宋金双方军事实力既缺乏清醒的估计，更无恰当的军事对策，只是一味出兵硬抗，也节节败阵。最后，刘锜也不得不"逡巡引避"，"托疾退师"。淮南的宋军撤退江南，金军则进而"践蹂淮甸，睥睨长江"。③

中书舍人、权直学士院虞允文得知前方的消息，便与同僚找宰执大臣议事。右相朱倬和参知政事杨椿居然还相信王权的谎报，说他退兵是为"导〔虏〕深入，身当其冲，令步军司左军统制邵宏渊出其右，池州都统制李显忠出其左，夹攻之"。虞允文争辩说，王权"必为走计"。双方争持

---

① 《会编》卷230，卷231。
② 《宋朝南渡十将传》卷1《刘锜传》，《宋史》卷366《刘锜传》。
③ 《历代名臣奏议》卷233虞允文奏，卷335蔡戡奏，《周益国文忠公集·杂著述》卷1《亲征录》，《浪语集》卷19《上宣谕论淮甸事宜》（其五），《定斋集》卷1《乞备边札子》，《攻媿集》卷92《观文殿学士钱公行状》，《山房集》卷8《杂记》。

不下。最后，宋廷终于得到王权败报，于是"中外大震"，乱作一团。①

失败主义的气氛顿时笼罩宋廷，"一时宿将，莫不震怖惕息"，特别是听到"金人已犯采石"的消息，"三省、枢密院吏皆挈家以出"，"朝臣震怖，争遣家逃匿"。宋高宗听到这些官吏逃难的报告，说："任之！扬州时，悔不先令其去，多坏了人。"②宋高宗有三十三年前逃难的经验，允许官吏逃遁，也算是皇恩浩荡。

唯有左相陈康伯和礼部侍郎黄中的家属，则留在临安城中，安然不动。陈康伯还下"令临安府诸门扃钥率迟常时"，用以安定人心。宋高宗心急如焚，他命业已退闲的大将、太傅、和义郡王杨存中找宰执议事。陈康伯知其来意，便请杨存中"解衣置酒"，以示安闲镇定。他于翌日上奏说："闻有劝陛下幸越及闽者，诚用其言，大事去矣！曷若静以待之。"宋高宗只得勉强依允，但又很快下御批说："如更一日虏骑未退，且令放散百官。"陈康伯当即将御批焚烧，并且回奏说："审如圣训，百官既退，主势孤矣！"宋高宗仍追问说："焚之何也？"陈康伯说："既不可付外施行，又不可辄留私家，故以焚之。"宋高宗也无可奈何，但他在内殿召见宰执和杨存中时，仍坚持"欲散百官，浮海避狄"，因陈康伯、杨存中等人的反对和苦口劝说，最后"遂定亲征之议"。③继杜莘老之后任殿中侍御史的吴芾也上奏说：

"今日之事，有进无退，进为上策，退为无策。"④

宋朝枢密院为本兵之所，但宋高宗仍按传统惯例，以文士掌兵，知枢

---

① 《会编》卷242《采石战胜录》，《要录》卷193绍兴三十一年十月丙辰，丁巳，《宋史》卷383《虞允文传》，《诚斋集》卷120虞允文神道碑，《九华集》卷25《绍兴采石大战始末》。

② 《要录》卷193绍兴三十一年十月癸亥，卷195绍兴三十一年十二月庚子，《朱子语类》卷127。

③ 《要录》卷193绍兴三十一年十月丁巳，《宋史》卷382《黄中传》，卷384《陈康伯传》，《宋宰辅编年录校补》卷16，《朱文公文集》卷91《端明殿学士黄公墓志铭》，《诚斋集》卷120虞允文神道碑，《建炎以来朝野杂记》甲集卷8《陈鲁公镇物》，《朱子语类》卷127。

④ 《要录》卷194绍兴三十一年十一月已巳朔，《宋史》卷387《吴芾传》，《朱文公文集》卷88《龙图阁直学士吴公神道碑》。

密院事叶义问和同知枢密院事黄祖舜都是不知兵的书生。在军情危迫的形势下，宋高宗打算命右相朱倬亲往前沿，出任都督，朱倬辞避。叶义问尚可算是临危不辞难，出任督视江、淮军马，虞允文出任督视府参谋军事，作为属官，同往前沿。由于叶义问身居执政，其"督视"之名"下都督一等"。叶义问得到战报，说"金人又添生兵（生力军）"，便问："生兵是何物？"其部属莫不掩口失笑，而叶义问居然"以儒将自许"。① 以不知兵者主兵，在某种程度上也正是宋高宗屈辱苟安政策的产物。

为重整旗鼓，宋廷不得不临阵易将。王权被罢官贬窜，由李显忠接任建康府驻扎御前诸军都统制，并兼充淮南西路制置使，京畿、河北西路、淮北寿、亳州招讨使；刘锜也被罢免，成闵受命率本部人马沿江东下，改任镇江府驻扎御前诸军都统制，并兼充淮南东路制置使，京东西路、河北东路、淮北泗、宿州招讨使；鄂州驻扎御前诸军都统制吴拱接替成闵，任湖北、京西制置使，京西北路招讨使，主持中部战区。②

叶义问到达镇江府，目睹宋军在对江瓜洲的惨败，"惧怯之状，见于颜色"，他甚至"问向里山路可以通浙东否"，准备逃遁。军人们听后，遂大声喧呼："枢密到此不可回，回则有不测！"叶义问无可奈何，遂听从左右的建议，率督视府人员西奔建康府。③

叶义问到建康府后，接宋廷撤换王权的命令，遂命参谋军事虞允文前去芜湖县（今属安徽），通知退兵江南的李显忠赴新任，并在采石（今属安徽马鞍山市）犒赏王权溃军。

十一月，虞允文至采石时，正值金海陵王大军准备渡江，而王权溃军暂驻大江南岸，如一盘散沙，不成行伍。虞允文当机立断，由犒师改为督军，组织水陆军抗击来犯之敌。金海陵王为饮马大江，原先准备了大批战船。不料因梁山泊水涸，这些战船已不能通过黄河南下。他下令临时掠夺沿江舟船，并拆毁江北和州（治今安徽和县）民房造船，"督责苛急，将士七、八日夜不得休息"，④ 这自然大大削弱了金军渡江作战的能力。渡江

---

① 《会编》卷236，卷238，《要录》卷193绍兴三十一年十月戊午，乙丑，《宋史》卷383《虞允文传》，卷384《陈康伯传》，《叶义问传》，《建炎以来朝野杂记》甲集卷10《督视军马》。
② 《要录》卷194绍兴三十一年十一月壬申，丁亥，癸巳。
③ 《会编》卷238，《要录》卷194绍兴三十一年十一月壬申。
④ 《金史》卷129《李通传》。

金军在宋军大车船的攻击下，很多人毙命江中，数百人登上南岸，也被宋军消灭。这就是有名的采石之战。

金海陵王渡江失败后，仍不愿面对现实。他移军扬州的瓜洲，以严令驱迫将士再次强渡大江。时任御营宿卫使的杨存中与虞允文前往镇江府，部署车船在广阔的江面来回巡逻，"回转如飞"。金军将士"相顾骇愕"。①他们明知渡江无望，为保全自己身家性命，只能发动兵变，杀金海陵王等人，整军北归。由于金军主力并未有重大损折，成闵和李显忠两军都不敢乘机歼敌。他们"名为追袭，其实护送"，使金军"涉淮而渡"。②

虞允文在镇江府向刘锜问病。刘锜时已"气息奄奄，乍醒乍迷"，③他感叹说："疾何必问。朝廷养兵三十年，一技不施，而大功乃出一儒生，我辈愧死矣！"④

战争是一个严酷无情的淘汰器。仅在一个多月的时间内，一个众望所归的宿将，其声誉转瞬间一落千丈，而原来不知名的文官虞允文和武将李宝，又在转瞬间成为人们刮目相看的英雄。

住在临安深宫的宋高宗，在大约一个多月之内，一直是如坐针毡。他表面上不得不同意北上亲征之议，实际上却又随时准备了南下逃遁之舟。在十一月间接连得到了采石和胶西的捷奏，⑤方使他愁颜顿开。十二月初，又由杨存中、虞允文等传来了金海陵王的死讯，"朝野相贺"，宋高宗说："朕当择日进临大江，洒扫陵寝，肃清京都。"⑥这是他二十年来从未有过的豪言壮语。在踌躇满志之馀，宋高宗还以御笔书写金海陵王画像赞说：

"金虏曰亮，独夫自大。弑君杀母，叛盟犯塞。残虐两国，

---

① 《会编》卷240，《要录》卷194绍兴三十一年十一月庚寅，《宋史》卷367《杨存中传》，卷383《虞允文传》，《诚斋集》卷120虞允文神道碑，《宋朝南渡十将传》卷7《虞允文传》。
② 《会编》卷246《中兴遗史》，《要录》卷195绍兴三十一年十二月壬寅，庚戌，《宋会要》职官71之2，《周益国文忠公集·杂著述》卷1《亲征录》。
③ 《历代名臣奏议》卷233虞允文奏。
④ 《要录》卷194绍兴三十一年十一月癸未，《宋史》卷366《刘锜传》，《诚斋集》卷120虞允文神道碑。
⑤ 《要录》卷194绍兴三十一年十一月辛巳，己丑。
⑥ 《要录》卷195绍兴三十一年十二月庚子。

屡迁必败。皇天降罚，为戎狄戒。"①

金海陵王死后的一个短时期内，正是宋朝用兵的难得机遇。金世宗新政权立脚未稳，北有契丹族移剌窝斡的叛乱，南有中原广大民众的起义。但是，从宋高宗到前沿一批庸将，却根本无意于利用这次天赐良机。宋高宗接到金征淮南军都督府的求和牒后，说："大酋既已殒毙，馀皆南北之民，驱迫而来，彼复何罪？〔令〕即日袭逐，固可使只轮不返，然多杀何为？但檄诸将迤逦进师，会〔合〕京畿，收复故疆，抚定吾人，足矣。"太常博士林栗和回朝的虞允文都主张乘机断敌归路，歼灭淮南金军主力。"诸军但受纳降款，若只是通好文字，不得收接"。然而待到宋高宗改变原议时，淮南金军已顺利撤回了。②

宋高宗銮舆顺动，于十二月自临安府出发，至绍兴三十二年（公元1162年）正月抵达建康府，以完成自己宣告的"亲征"之行。宋高宗在建康府仅驻跸十馀日，便下诏宣布，"比者视师江上，虏骑遁去，两淮无警"，故决定"暂还临安"，而"委重臣统护诸将，一面经画进讨"。殿中侍御史吴芾上奏，认为"大驾宜留建康，以系中原之望"，"恐回銮之后，西师之声援不接，北土之讴吟绝望"。然而皇帝和群臣之志"竟不能夺"。③

新立的金世宗决定派遣元帅左监军高忠建使宋。④ 宋方接到报告，说"金使二月渡淮"，宋高宗当即对宰执说："今若拒之，则未测来意，有碍交好。受之，则当遣接伴使、副于境上，先与商量。如向日讲和，本为梓宫、太后，故虽屈己卑辞，有所不惮。而今金国主兴无名之师，侵我淮甸，则两国之盟已绝。今者使者所以惠我国甚宠，然愿闻名称以何为正，疆土以何为准，与夫朝见之仪，岁币之数，所宜先定。不然，则不敢

---

① 《会编》卷246。
② 《会编》卷246，《要录》卷195绍兴三十一年十二月甲辰，《诚斋集》卷120虞允文神道碑。
③ 《会编》卷247，卷249，《要录》卷195绍兴三十一年十二月戊申，卷196绍兴三十二年正月壬申，丁亥，戊子，《建炎以来朝野杂记》甲集卷20《高宗建康东归》，《宋史》卷387《吴芾传》，《朱文公文集》卷88《龙图阁直学士吴公神道碑》。
④ 《金史》卷6《世宗纪》。

受也。"①

宋高宗在两个金朝皇帝面前，自称"臣构"达二十年，似乎已习惯于低声下气，充当陪臣，而不知平起平坐为何物。别的姑且不论，金使未至，而居然已将"岁币之数"定为可以商谈的事项。吴芾又上奏说：

> "虏使之来，盖欲窥吾进退，视吾虚实。不如受礼建康，候其出疆，然后还，亦未晚也。"

宋高宗"不从"。② 他又对宰执毫不隐讳地宣布了自己的盘算："朕料此事终归于和。卿等欲首议名分，而土地次之。盖卿等事朕，不得不如此言。在朕所见，当以土地、人民为上，若名分则非所先也。何者？若得复旧疆，则陵寝在其中，使两国生灵不残于兵革，此岂细事。至如以小事大，朕所不耻。"皇帝的"圣谕"说得如此透彻，臣僚们尚复何辞，陈康伯只能回答一句："此非臣等所敢拟议。"

宋廷决定以洪皓之子洪迈和武官张抡为接伴使和副使。宋高宗特别召见两人，"自以意谕之"，令两人禀命而行。③

此时，被废黜近二十年的张浚又得以重新起用，任判建康府。一些臣僚企望宋高宗委任张浚主持前沿军务，以图中原。但宋高宗抱定绝不重用张浚的决心。张浚"乞偕执政奏事"，宋高宗"不许"，只允许他与新任兵部尚书、川陕宣谕使虞允文"同对"。④ 二月，当宋高宗大驾返临安前，张浚面奏说："陛下当京城阽危之际，毅然请使不测之虏，后复受任开元帅府，以孤军当虏锋。当是时，不知陛下之心还知有祸福生死否？"宋高宗听后，便自吹自擂说："朕尔时一心家国，岂知有祸福，岂知有死生。"张浚说："是心乃天心也，愿陛下试反此心而扩充之，何畏乎虏贼！"宋高宗虚与委蛇一番，便说："朕待卿如骨肉，卿在此，朕无北顾之忧矣！"⑤ 话虽如此，其实只是安排张浚当一个给自己看门守户的角色。

金世宗遣使的目的，无非是争取喘息之机，以稳定内部。在宋朝方

---

① 《要录》卷196绍兴三十二年正月庚寅。
② 《建炎以来朝野杂记》甲集卷20《高宗建康东归》。
③ 《要录》卷196绍兴三十二年正月己丑，壬辰，乙未。
④ 《要录》卷196绍兴三十二年正月丙申，卷197绍兴三十二年二月戊戌朔，庚子。
⑤ 《朱文公文集》卷95张浚行状。

面，除西部战场的吴璘继续率军深入陕西外，中部和东部战场的宋军却按兵不动，至多只是与金军进行局部性的地区争夺战而已。这当然正是金世宗求之不得的事。

三月，尽管宋高宗亲自规定的四项谈判事目，即"名称"、"疆土"、"朝见之仪"和"岁币之数"，并无解决的眉目，金使高忠建居然并未被拒之淮河之滨，而径赴临安朝见，这又是宋方作出的重大让步。只是在接待礼仪方面稍有调整，已使宋高宗颇感餍足。他随即命洪迈充贺大金登宝位国信使，张抡为副使。宋高宗以御笔赐洪迈等说：

"祖宗陵寝隔阔三十年，不得以时洒扫祭祀，心实痛之。若彼能以河南地见归，必欲居尊如故，正复屈己，亦何所惜。"

在洪迈等人所带的国书中，宋高宗也强调"愿画旧疆，宠还敝国，结兄弟无穷之好"。①

宋高宗于四月发付洪迈等北上后，不等谈判的结果如何，便于五月和六月下令，先后将成闵升任主管殿前司公事，李显忠升任主管侍卫马军司公事，吴拱升任主管侍卫步军司公事，撤销三人原先兼任的金朝占领区诸路招讨使的头衔。"三招讨并除管军而结局"，用以表明自己"无复北讨之意"，② 将国书中的要价再行自我贬值，实际上示意不再索取"旧疆"。

当时金朝正苦于应付契丹族移剌窝斡的叛乱，害怕宋朝出兵，南北夹攻，已做了忍痛割地的准备，"复谋割白沟河"，即全部归还北宋领土，"以丈人行事"宋。宋高宗的外交措置帮助金世宗度过了危机。待到契丹人的反抗被金军平定后，金世宗自然转而对宋采取强硬态度，并且发兵增援元帅左监军徒单合喜，全力与吴璘军争夺陕西。③

尽管宋朝暂时是战争的胜利者，但由宋高宗亲自主持的对金政策，却并未因势利导，而仍取屈辱的方针，"虏欲和则与之和，欲地则与之地"。

---

① 《要录》卷198绍兴三十二年三月丙辰，丁巳，戊午，卷199绍兴三十二年四月戊子，《宋史》卷373《洪迈传》，《周益国文忠公集·杂著述》卷1《亲征录》，《宋会要》职官51之21。

② 《要录》卷199绍兴三十二年五月甲子，卷200绍兴三十二年六月庚午，《建炎以来朝野杂记》甲集卷20《高宗建康东归》。

③ 《要录》卷199绍兴三十二年四月，《历代名臣奏议》卷94辛弃疾《美芹十论》，《金史》卷6《世宗纪》，卷87《徒单合喜传》。

皇帝"圣心倦勤",① 认为这已是很圆满的收场。

第三节　主动退位

　　建王赵玮自立为皇子后一年，即逢宋金再战，两淮失守，臣僚们"争陈退避之计"。赵玮"不胜其愤"，便向宋高宗"请率师为前驱"。当时建王府直讲史浩正告病假，他闻讯后，急忙往见赵玮，"力言太子不可将兵"，"危难之时，父子安可跬步相违。事变之来，有不由己者"，并且援引了唐玄宗和唐肃宗父子相参商的故事，说唐肃宗"第得早为天子数年，而使终身不得为忠臣孝子"。时年三十五岁的赵玮毕竟还缺乏政治经验，他未曾料到自己慷慨请缨，恰好触犯了图谋皇位的大忌，甚至可能因此而被废黜，后悔不已。史浩遂为赵玮起草奏疏，"痛自悔过，请卫从警跸"，"以供子职"。宋高宗正值"疑怒"之际，待看到赵玮自劾之奏，方得以释怀。殿中侍御史吴芾建请"以建王为元帅，先往抚师"，也有臣僚提议皇帝"亲征"之际，由建王"居守"，都被聪明的史浩设法为赵玮回绝。②

　　绍兴三十一年十二月至绍兴三十二年正月，赵玮跟随皇帝，"扈跸"建康府。时值天寒，雨雪不止，宋高宗身披毡笠毡衣，骑马而行，赵玮也骑马随从，"雨湿朝服，略不少顾"，而自宰相以下，反而多有乘轿者。宋高宗宣称："此行中宫及内人不往，止与建王行，欲令遍识诸将耳!"③

　　五十六岁的宋高宗尚能骑马，说明其体力仍相当强健。但是，他自绍兴三十二年（公元1162年）二月返回临安府后，④便决定传位给建王赵玮。左相陈康伯请求"去位"，宋高宗却令他"更待三数月"。陈康伯听出

---

① 《宋史全文续资治通鉴》卷23绍兴三十二年六月庚午引吕中《大事记》。
② 《要录》卷193绍兴三十一年十月癸亥，《宋史》卷33《孝宗纪》，卷396《史浩传》，《建炎以来朝野杂记》乙集卷1《壬午内禅志》，《鄮峰真隐漫录》卷31《论建王不可将兵上宰相札子》，《乞建王入宿卫上宰相札子》，《攻媿集》卷93《纯诚厚德元老之碑》，《宝庆四明志》卷9《史浩传》，《朱文公文集》卷88《龙图阁直学士吴公神道碑》。
③ 《会编》卷249，《要录》卷193绍兴三十一年十月癸亥，《建炎以来朝野杂记》乙集卷1《壬午内禅志》，《琬琰集删存》卷2《杜御史莘老行状》。
④ 《要录》卷197绍兴三十二年二月癸卯，乙卯。

了此语的弦外之音，就草拟立皇太子手诏进献。五月，宋高宗下诏说：

"朕以不德，躬履艰难，荷天地祖宗垂祐之休，获安大位三十有六年，忧劳万几，宵旰靡惮。属时多故，未能雍容释负，退养寿康。今边鄙粗宁，可遂初志。而皇子玮毓德允成，神器有托，朕心庶几焉。可立为皇太子，仍改名玮。"

后因周必大提出，"玮"字与唐昭宗李晔名同音，又改赐名昚。宋廷举办了一系列立皇太子的典礼。六月，宋高宗又出御笔，说"思欲释去重负，以介寿臧，蔽自朕心，亟决大计"。"皇太子可即皇帝位，朕称太上皇帝，退处德寿宫，皇后为太上皇后。一应军国事，并听嗣君处分。朕以澹泊为心，颐神养志，岂不乐哉"！

宋高宗的逊位完全出于自愿，并无一丝一毫勉强的成分。他固然贪恋皇帝的尊荣，却又苦于国事之"忧勤"，故在逊位诏中还是说了一些实话。他愿意以太上皇的地位继续享受皇帝的尊荣，却又免于国事的"忧勤"。他认为在"边事寖宁"的形势下，正是自己"释去重负"之机。①

当时右相朱倬和参知政事杨椿已遭弹劾而去位。左相陈康伯和知枢密院事叶义问、参知政事汪澈、同知枢密院事黄祖舜升殿，说自己"犬马之情，无任依恋"，"再拜泣下"，宋高宗也十分动情，"为之挥涕"。于是老皇帝下殿入宫，新皇帝赵昚，后庙号孝宗，半推半就，到正殿就位，宰相率百僚拜贺。② 一切都是早已安排就绪的典礼和仪式，新老皇帝和文武百官其实都是在按部就班地演戏。

但是，宋高宗在召见臣僚之际，还是说了一句真心话："朕在位，失德甚多，更赖卿等掩覆。"③ 承认"失德甚多"，这还不失为是对三十六年帝业稍为公允的自我评价。

---

① 《要录》卷199绍兴三十二年五月甲子，卷200绍兴三十二年六月乙亥，《建炎以来朝野杂记》乙集卷1《壬午内禅志》，《周益国文忠公集·杂著述》卷1《亲征录》。

② 《要录》卷200绍兴三十二年六月丙子，《建炎以来朝野杂记》乙集卷1《壬午内禅志》。

③ 《周益国文忠公集·杂著述》卷1《亲征录》。

拾陆

德寿宫颐养

第一节　隆兴和议

宋孝宗想有一番作为。他即位之初，便下旨将胡铨"复元官"，不久又召回朝廷。① 接着，他依老师史浩的提议，追复岳飞。② 但在追复指挥中又必须为太上皇保留体面，说岳飞"虽坐事以殁，而太上皇帝念之不忘。今可仰承圣意，与追复元官"。此外，在追复制词中还强调了"事上以忠，至无嫌于辰告"，即指岳飞"尝上疏请建储"。③ 尽管宋孝宗和这位一代名将仅有一面之识，但对岳飞的忠荩，仍有感恩图报之意。追复和旌表岳飞与胡铨，当然是为显示新皇帝锐意于抗金。

在绍兴旧臣中，朝野呼声最高者自然是张浚。宋孝宗六月登基，七月便召判建康府张浚入朝，说："今朝廷所恃惟公。"将张浚升官为少傅，江、淮宣抚使，魏国公。④ 宋高宗虽然退位，但对宋孝宗倾向抗金，重用张浚，却颇不以为然。他对宋孝宗说："毋信张浚虚名，将来必误大计，他专把国家名器、财物做人情耳！"宋孝宗向太上皇"力陈恢复大计"，宋高宗说："大哥，俟老者百岁后，尔却议之。"⑤

宋孝宗虽处处以孝道律己，但对太上皇此说却难以从命。洪迈和张抡在新皇帝登基后归朝。他们使金时，坚持"用敌国礼"。金朝一方面"扃驿门，绝供馈"，以相要挟，另一方面又通过馆伴者私下劝说，要宋使"勿固执，恐无好事，须通一线路乃佳"。洪迈等终于作出让步。当正式朝见金世宗时，金世宗当即下令说："国书不如式，不当受，可付有司。"既巧妙地接受了"不如式"的国书，又维护了以尊临卑的国格。洪迈等带回

---

① 《要录》卷200绍兴三十二年六月丁亥，九月甲寅。
② 《宝庆四明志》卷9《史浩传》，《攻媿集》卷93《纯诚厚德元老之碑》，《宋史》卷396《史浩传》。
③ 《鄂国金佗续编》卷13《追复旨挥》，《追复少保两镇告》，《齐东野语》卷20《岳武穆御军》。
④ 《宋史》卷33《孝宗纪》，卷361《张浚传》，《宋史全文续资治通鉴》卷23绍兴三十二年六月，《朱文公文集》卷95张浚行状，《诚斋集》卷115《张魏公传》。
⑤ 《齐东野语》卷2《张魏公三战本末略·符离之师》，卷3《诛韩本末》，《四朝闻见录》乙集《孝宗恢复》。

金朝国书说，"海陵失德，江介兴师，过乃止于一身，盟固难于屡变"。"尺书侮慢，既匪藩臣；寸地侵陵，又违誓表"。① 洪迈和张抡因"奉使辱命"而罢官。张浚认为，不当再次遣使，自取其辱。但新任参知政事、宋孝宗的老师史浩却主张派使，以通报新皇帝即位为名。宋孝宗命刘珙出使，金朝却拒不接纳。② 单纯就外交事务的处置看，金朝无疑远比宋朝高明。

宋朝适逢新老皇帝的逊位和登基典礼，加之展开对金政策的讨论，纷纷扰扰达数月之久，而金世宗的统治却已渐趋稳定，其对宋态度亦更加强硬。

宋廷内部的政策分歧，主要表现于史浩主守，而张浚主战。张浚通过司农寺丞史正志向史浩传达说："秦桧主和，终致误国，参政得君，无蹈覆辙。"③ 话虽如此，史浩因在宋孝宗即位前，克尽献可替否之责，故深得倚信，有"智囊"之称。④ 他向宋孝宗进言，认为吴璘在陕西孤军突出，可能重蹈三国时姜维出兵陇西的覆辙，不如"彻戍班师，专保蜀口"。宋孝宗听信其说，下诏吴璘班师。当时吴璘军正与金元帅左监军徒单合喜所部杀得难分难解。宋廷强令撤军，恰好使吴璘丧师，四川军的大部分精锐被歼，宋方在此次战争中得地的主要部分，即陕西的大半又重新沦入敌手。⑤ 虞允文反对史浩之议，到朝廷力辩，"以笏画地，陈其利害"，宋孝宗最后感慨地说："此史浩误朕！"⑥ 然而当虞允文慷慨陈词之际，陕西的败局已无可挽回。

到绍兴三十二年岁末，金世宗已完全稳定了他的统治，宋朝一时已无可乘之机。宋孝宗将翌年改元，为隆兴元年（公元1163年）。他追悔对史浩的偏听偏信，于正月任命张浚为枢密使，兼江、淮都督，撤开当时的左

---

① 《周益国文忠公集·杂著述》卷2《龙飞录》，《鹤林玉露》丙编卷3《容斋奉使》。
② 《要录》卷200绍兴三十二年七月癸亥，《宋史》卷33《孝宗纪》，卷373《洪迈传》，《朱文公文集》卷95张浚行状，卷97刘珙行状。
③ 《朱文公文集》卷95张浚行状。
④ 《癸辛杂识》别集上《史浩传赞》。
⑤ 《要录》卷200绍兴三十二年十二月，《历代名臣奏议》卷184王十朋奏，《攻媿集》卷93《纯诚厚德元老之碑》，《汉滨集》卷6《乞遣重臣入蜀镇抚奏札》，《梅溪先生廷试策并奏议》卷3《论史浩札子》，《再论史浩札子》。
⑥ 《宋史》卷383《虞允文传》，《诚斋集》卷120虞允文神道碑，《宋朝南渡十将传》卷7《虞允文传》。

相陈康伯、右相史浩等，在"廷议莫以为可"，而皇帝"意向之不可夺"的情况下，专任张浚，命李显忠和邵宏渊两将出师北伐，结果在宿州州治符离县一带，被金左副元帅纥石烈志宁军杀得大败。①

宋军在符离之败中大约"失亡七、八千人"。都督府参赞军事陈俊卿最初并不赞成出兵，但在兵败后入朝回奏，说："胜负兵家常事，愿勿以小衄而沮大计。"宋孝宗口头上也说："朕任魏公（张浚封魏国公）不改也。"② 但在实际上却惊慌失措，失去了主见。

宋高宗闻知败讯，便"日雇夫五百人，立殿廷下，人日支一千足，各备担索"，③ 以示随时准备逃遁，向宋孝宗施加压力。此后，宋高宗又利用张浚命其子张栻"以内机入奏"的机会，"引见德寿宫"，命张栻转达其父："今日国家须更量度民力、国力，早收拾取。闻契丹与金相攻，若契丹事成，他日自可收下庄子刺虎之功。若金未有乱，且务恤民治军，待时而动可也。"④

宋孝宗亲赴德寿宫，"因奏知遣使通问事"，太上皇"甚喜"，并表示"欲自备一番礼物"。⑤ 宋孝宗虽有恢复故土之志，却并不坚定，他在太上皇施加的各种压力之下，又对史浩和张浚感到失望，遂起用汤思退。右相史浩本来兼枢密使，他反对用兵，而张浚"出兵不得预闻"，使他深感愤慨，兼之以王十朋的劾奏，"求去不已"，"入相四月"而罢相。⑥ 继任右相者正是汤思退。

汤思退和陈康伯等都主张和议。当年十二月，陈康伯罢相。宋孝宗又任命汤思退为左相，张浚为右相兼都督。宋孝宗原拟命张浚为左相，他到德寿宫请示，宋高宗说："汤思退元是左相，张浚元是右相，只仍其旧可

---

① 《建炎以来朝野杂记》甲集卷 20《癸未甲申和战本末》，《宋宰辅编年录校补》卷 17，《朱文公别集》卷 1《魏元履》。
② 《朱文公文集》卷 96 陈俊卿行状，《朱文公别集》卷 1《魏元履》，《诚斋集》卷 123 陈俊卿墓志铭。
③ 《朱子语类》卷 127。
④ 《鹤林玉露》丙编卷 4《中兴讲和》。
⑤ 《建炎以来朝野杂记》甲集卷 20《癸未甲申和战本末》。
⑥ 《宋宰辅编年录校补》卷 17，《攻媿集》卷 93《纯诚厚德元老之碑》，《宋史》卷 396《史浩传》，《藏一话腴》外编卷上，《四朝闻见录》丙集《张史和战异议》，《宝庆四明志》卷 9《史浩传》。

也。"① 宋高宗无疑欣赏汤思退，而讨厌张浚，在拜相时起了作用。这两人自然是水火不相容。张浚力主对金强硬，建议将行在迁至建康府，一力整顿防务。汤思退却"大倡和议"。金朝在谈判中要求归还唐、邓、海、泗四州，他也准备一概接受。隆兴二年（公元1164年），汤思退还奏请"以宗社大计，奏禀太上皇帝而后从事"。宋孝宗发怒，下御批说：

"虏无礼如此，卿犹欲言和。今日虏势非秦桧时比，卿之议论，秦桧之不若。"

汤思退为之"大骇"，便对张浚等人"谋为倾陷之计"。他和党羽们怂恿宋孝宗下旨，命张浚"按视江、淮"。三月，张浚无可奈何离开朝廷后，汤思退等"遂决弃地求和之议"，并对张浚在前沿的措置吹毛求疵，百般挑剔和指责。张浚感到心力交瘁，而又事无可为，只能上奏请求罢官致仕。他在四月罢相，八月病死。张浚虽是个志大才疏的人物，但在符离之败后的政见和措置并无失误，而宋孝宗却不能用。他渴望在暮年仍能有大的作为，结果却是含恨赍志以殁。

由于宋朝一再妥协迁就，金朝反而出重兵胁和。在汤思退"自坏边备"的情况下，宋军不能有效抵抗，庸将们弃地逃遁。宋孝宗至此方觉察到汤思退的奸诈，却为时已晚。汤思退被罢相贬逐，太学生张观、宋鼎、葛用中等数百人前后联名上书，请求斩汤思退等"四奸"，以谢天下。汤思退很快"忧悸"身亡。但宋孝宗却自食了任用汤思退为相的恶果，在最后的对金和议中丧失了更多本可不失的利益。他在一份诏书中也承认：

"朕以太上圣意，不敢重违。"

按照宋金双方的最后协议，金方的土地要求全部得到满足，宋方"归被俘人，惟叛亡者不与"，宋金由君臣之国改为叔侄之国，又将宋方"岁贡"改称"岁币"，比绍兴时各减银、绢五万两、匹。这就是历史上的

---

① 《容斋五笔》卷10《祖宗命相》。

"隆兴和议"。①

宋孝宗自隆兴和议后,刻意于整军经武,仍念念不忘于报仇雪耻。他重用虞允文,坐镇四川,计划由四川和东南分道北伐。但因虞允文病故,此议遂告中辍。② 金世宗对宋孝宗的作为也颇存戒心。大定二十六年(公元1186年),即宋淳熙十三年,时值金世宗在位的季年,他对宰臣说:"朕闻宋军自来教习不辍,今我军专务游惰,卿等勿谓天下既安,而无豫防之心。一旦有警,军不可用,顾不败事耶!"③ 尽管宋金双方事实上仍存在着某种敌对状态,但在力量的均势中,双方又维持了四十多年的和平。

身为太上皇的宋高宗,不仅对隆兴和议的签订,而且对往后和平局面的维持,都起了特殊的作用。按叔侄之国的规格,宋高宗"闻金人议欲尊我为兄,故颇喜之"。他甚至以自己卑辱的规范,命令宋孝宗接见金使时,"为离席受国书",使宋孝宗感到十分难堪和耻辱。针对宋孝宗不忘于战,志在"规恢",宋高宗告诫说:"彼有胜负,我有存亡。"宋孝宗没有再次用兵,固然有多种因素,而宋高宗"主于安静",宋孝宗也"不忍违也"。④ 淳熙年间,太上皇劝宋孝宗,说:"天下事不必乘快,要在坚忍,终于有成而已。"宋孝宗"再拜,请书绅,归而大字揭于选德殿壁"。⑤ 当然,太上皇的规劝,其实也根本无意于"有成"。

事实上,退位的宋高宗虽不能左右朝政,但有时对朝政仍有某种干预作用。例如一些宰执的除授,往往须"入谢德寿宫",⑥ 而面听太上皇的"圣训"。当然,既有和平安宁的生活,宋高宗的退位,本意在于"释去重负,以介寿臧","颐神养志",自称"闲人不管闲事",⑦ 在一般情况下,也懒于问政。正如宋人林復之评论说:

---

① 关于隆兴和议的订立过程,参见《宋史》卷33《孝宗纪》,卷361《张浚传》,卷371《汤思退传》,《宋宰辅编年录校补》卷17,《宋史全文续资治通鉴》卷24,《建炎以来朝野杂记》甲集卷20《癸未甲申和战本末》,《朱文公文集》卷95张浚行状,卷97陈良翰行状,《金史》卷6《世宗纪》,卷87《仆散忠义传》。

② 《宋史》卷383《虞允文传》,《诚斋集》卷120虞允文神道碑,《宋朝南渡十将传》卷7《虞允文传》。

③ 《金史》卷8《世宗纪》。

④ 《鹤林玉露》丙编卷4《中兴讲和》,《履斋遗稿》卷4《上庙堂书》,《宋史》卷470《王抃传》。

⑤ 《桯史》卷5《宸奎坚忍字》。

⑥ 《朱文公文集》卷96陈俊卿行状,《诚斋集》卷123陈俊卿墓志铭。

⑦ 《四朝闻见录》乙集《庄文致疾》。

"高庙艰难三十年，欲静而不得静；孝庙积累二十七年，欲动而不得动。"①

第二节 德寿宫中的人间天堂

秦桧的故第位于临安城"大内之北"，②"西有望仙桥，东有升仙桥"，③"其东偏即桧家庙，而西则一德格天阁"。④宋高宗也看中了这块风水宝地，他下令秦熺家迁回建康府后，就下诏在秦桧旧居兴建新宫，并赐名德寿。

宋高宗退位后，居德寿宫，时称"北内"或"北宫"，以有别于"南内"皇宫。德寿宫和德寿殿两块匾额，由宋孝宗以"臣眘恭书"的名义"御书"。宋高宗"雅爱湖山之胜"，便在德寿宫中开掘大池，引西湖水注入其中，为大龙池。其旁叠石为假山，称万岁山，以"拟西湖冷泉、飞来峰"，并修筑聚远楼。词臣周必大曾进诗说：

"聚远楼高面面风，冷泉亭下水溶溶。
人间炎热何由到，真是瑶台第一重。"

汪应辰也献诗说：

"飞来峰下水泉清，台沼经营不日成。
胜境自超尘世外，何须方士觅蓬瀛。"

冷泉堂种古梅，是个避暑胜地，"堂前假山、修竹、古松，不见日色，并无暑气"。此外尚有很多殿堂亭阁，如香远堂是梅堂，清深堂是竹堂，

---

① 《漫塘文集》卷30《故知潮州侍左林郎中墓志铭》。
② 《建炎以来朝野杂记》乙集卷3《南北内》。
③ 《说郛》卷25，弓38《白獭髓》。
④ 《桯史》卷2《行都南北内》。

载忻堂是"御宴大堂"之类。香远堂东有一万岁桥,用吴璘所进四川石块砌成,"莹彻如玉,以金钉〔铰〕","四畔雕镂阑槛","桥中心作四面亭,用新罗白罗木盖造,极为雅洁"。这里的御几、御榻,以至瓶、炉、酒器之类,都是用水晶雕琢而成。宋高宗别出心裁,在德寿宫中"甃石池,以水银浮金凫鱼于上",以供观赏,金鱼池取名泻碧。① 宋时已出现供观赏的金鱼,宋高宗喜养的金凫鱼,是鲤鱼的变种。所谓"以水银浮金凫鱼",应是在池底铺水银,② 当日光照射时,池中水光与金色、银色相映,使太上皇赏心悦目。

精心构思的建筑设计,金碧辉煌的殿堂亭阁,五彩缤纷的树木花草,赏心悦目的山光水色,有机地融合成一个人间仙境,一个极乐世界。德寿宫的主人在此度过了人生最后的二十五、六年,他享尽了也许是当时全地球最豪华、最侈靡的富贵生活,而在绝大部分时间里,宋高宗又可说是无忧无虑的。尽管丧失了大约三分之一的土地,但南宋的统治区毕竟包括了当时世界上最富庶的地域,有足够的财力和丰富的物产,足以支持也许是当时世界上最高级的生活享受。

宋孝宗登基时,规定"德寿宫月进钱十万贯",太上皇帝"令止进四万贯",皇太后吴氏每月得一千五百贯。③ 即使以这个数字而论,太上皇的每月收入相当于最高等的太师、节度使等俸禄的一百倍。④ 但是,每年四十八万贯仅是太上皇收入的一部分,更不包括德寿宫的全部日常开支。绍兴三十二年,由于为宋高宗和皇太后吴氏上尊号,宋孝宗"进银五万两"给太上皇,"太上皇后三万两",另有她的"生辰进银三万两"。⑤ 此后,每逢宋高宗生辰,即所谓"天申圣节",以及其他庆典,宋孝宗都要大量进献钱财。如淳熙二年(公元1175年),宋孝宗"诏提领左藏南库供进金

---

① 《建炎以来朝野杂记》乙集卷3《南北内》,《老学庵笔记》卷2,《梦粱录》卷8《德寿宫》,《武林旧事》卷4《故都宫殿》,卷7,《咸淳临安志》卷2,《癸辛杂识》别集下《德寿赏月》,《宋史》卷154《舆服志》,卷387《汪应辰传》,《文定集》卷24《太上皇帝端午帖子词》。
② 《异鱼图赞笺》卷1《赤鲤》。《桯史》卷12《金鲫鱼》:"今中都有鬻鱼者,能变鱼以金色,鲫为上,鲤次之。"
③ 《周益国文忠公集·杂著述》卷2《龙飞录》,卷10《思陵录》上,《建炎以来朝野杂记》甲集卷1《中兴奉亲之礼》。
④ 《宋史》卷171《职官志》。
⑤ 《周益国文忠公集·杂著述》卷2《龙飞录》。

一万两，银五万两，绢一万匹，度牒五十道，充将来德寿宫册宝支使"。淳熙三年（公元1176年），天申节"先十日，驾诣德寿宫进香，并进奉银五万两，绢五千匹，钱五万贯，度牒一百道，用绿油匣二百个"。估计前后生日也大体依此例。自淳熙六年（公元1179年）始，"每年添置生白、大花川绫一百五十匹"，"进纳德寿宫"。淳熙八年（公元1181年），宋孝宗规定"自四月为始，每月以会子一万七百六十九贯五百八十文供奉德寿宫"。因"是岁太上圣寿七十有五，旧岁欲再行庆寿礼，太上不许，至是乃密进黄金酒器二千两"，此外，又"上进银三万两，会子十万贯"。宋高宗说："宫中无用钱处，不须得。"最后"止受三分之一"。淳熙十二年（公元1185年），因为"郊礼"，宋孝宗"诏封桩库取会子十五万贯供奉太上皇帝、太上皇后"，"为郊礼毕，恭谢"，又以纸币会子五万贯"供奉"。两年后，没有任何名义，又"供奉"会子十五万贯。①

有一回，太上皇大驾到"南内"，宋孝宗酒醉中"许进二十万缗"。事后忘却，"久而不进"，宋高宗却念念不忘，问及此事，皇太后吴氏出面圆场，"代进二十万缗"。宋孝宗得知，十分感激，便"倍四十万缗以献"。②宋孝宗为讨太上皇喜欢，有一回竟准备出钱十万贯，向"北贾"买一条寿星通犀带，以供进献。③

至于其他"德寿宫诸色人俸给"，在宋高宗死后不满一年，"已省十万缗"。估计"德寿宫岁可减省钱物等数""约七十万缗"，④这当然不是德寿宫每年费用的全部数额。

尽管收入如此丰厚，宋高宗有时还主动减少宋孝宗的进献，但他为了挥霍钱财，又另辟财源。宋高宗退位之初，便纵容宦官梁康民等开设酒库，甄姓小官"献宅为酒肆"，此举自然是犯榷酒之禁。右正言袁孚上奏"论北内有私酤，言颇切直"。宋高宗"闻之震怒"。宋孝宗为表示自己的孝心，下"御批放罢"袁孚。时任参知政事的老师史浩连忙劝解，认为"谏官以直言去，非邦家之美"。但太上皇盛怒未止，又赐宋孝宗一壶酒，

---

① 《宋会要》职官27之54—55，《武林旧事》卷7。《宋会要》中之"雍熙"年号系"淳熙"之笔误。
② 《贵耳集》卷上。
③ 《桯史》卷4《寿星通犀带》。
④ 《周益国文忠公集·杂著述》卷10和卷11《思陵录》，另一处说"月可减七十万缗"，"月"疑为"岁"之误。

亲笔写上"德寿私酒"四字，使宋孝宗"踯躅无所"。最后，只能以袁孚主动"请祠"，宋孝宗另加直秘阁之职名，而了结这场纠纷。① 三年后，即乾道元年（公元1165年），宋孝宗下诏，"德寿宫供进御酒，令本宫置库酝造，令两浙转运司每岁支供糯米五千石"，② 后改为"二千石御前酒库，三千石德寿宫酒库"。③ 北内的私酤终于成为合法的官酤。

由于当时各种苛捐杂税甚多，一些富人"多去计会中使"，用德寿宫的名义免税。于是享受德寿宫免税权的人便愈来愈多，以至连"粪船亦插德寿宫旗子"，④ 成为笑柄，而宦官们接受贿赂，大发横财。德寿宫又"建房廊于市廛"，"凡门阖辄题德寿宫字，下至委巷厕溷皆然"。汪应辰为此上奏，说此类事情使"天下后世将以陛下为薄于奉亲，而使之规规然营间架之利，为圣孝之累不小"。宋孝宗颇不以为然。汪应辰"言颇过激"，"中贵人皆侧目"，他们便设法中伤汪应辰，使他离朝外任。⑤

宋高宗尽管年事已高，对女色的嗜欲却不减盛年。德寿宫中还是不断地网罗民间美女。虽然在年龄上，这些美女应属这个太上皇的孙女辈或曾孙女辈了。在德寿宫的妃嫔中，有刘婉容和小刘婉容，宋高宗最宠爱的"有李、王二才人，俱明艳"，此外又有信安郡夫人赵氏、咸宁郡夫人蔺氏、平乐郡夫人王氏、咸宁郡夫人郭氏、新兴郡夫人陈氏、富平郡夫人孙氏、缙云郡夫人蔡氏、南平郡夫人张氏、齐安郡夫人张氏、安定郡夫人李氏等，"并无品秩"。后宋高宗死时，德寿宫放出一部分宫女，达四十九人，包括红霞帔宣马二娘等九人，紫霞帔宣刘安喜等二十人，听宣刘宝奴等二十人。⑥ 如前所述，宋高宗比其父宋徽宗的聪明之处，是宫女虽多，而少给位号。他暮年两个最宠幸的女子仅为才人，正五品，仍是很低的一等。其他无品秩的郡夫人，以至红霞帔、紫霞帔、听宣之类，人数虽众，却可避免女宠太盛的恶名。

---

① 《周益国文忠公集·杂著述》卷2《龙飞录》，《宋宰辅编年录校补》卷17，《桯史》卷8《袁孚论事》，《攻媿集》卷93《纯诚厚德元老之碑》，《京口耆旧传》卷8《袁孚传》。梁康民，《京口耆旧传》作梁康成。
② 《宋会要》食货21之5。
③ 《周益国文忠公集·杂著述》卷11《思陵录》下。
④ 《朱子语类》卷111。
⑤ 《宋史》卷387《汪应辰传》，《齐东野语》卷1《汪端明》。
⑥ 《建炎以来朝野杂记》甲集卷1《德寿妃嫔》，《周益国文忠公集·杂著述》卷10《思陵录》上，《武林旧事》卷7。

宋高宗既然好色，就迫切需要医官王继先，宋孝宗完全能体谅太上皇这番不便明言的苦衷。他即位伊始，便下旨说，"福州居住致仕王继先已经大赦，可令任便居住"，事实上是为王继先回临安开方便之门。不料给事中金安节驳奏，说"王继先罪恶稔积，群情久愤"，"欲乞寝罢令任便居住指挥"。宋孝宗只能更改诏命，"王继先依赦任便居住，不得辄至行在"。① 他其实也担心王继先回都，可能会给两宫关系制造麻烦。

宋高宗可以对袁孚公开以权压法，表示盛怒，而对王继先回都一事，却只能强压恼怒，默不作声。常言道，久病成良医。宋高宗自得阳痿症后，一直"垂意药石事"，对王继先的一套本领，以及其他"侍医效方技者"，也学个八九不离十。据说他"自少至耄，未尝用温剂"。自己能对各种药物"品配节度，尤妙得古意"。每次稍有不适，便服用"蠲毒圆数百，一以芫花、大黄、大戟②为主"，有些御医看到他的自定药方，莫不缩颈吐舌，而宋高宗却能"服之自如"。自王继先被贬逐后，宋高宗的壮阳药大约也是仿效王继先的验方而调制者。他通医术，能自己合药治病，这在历代帝王中少有其比。但是，当他退位前视师建康时，宋孝宗得病，宋高宗也命内侍送去了蠲毒圆。幸亏史浩及时发现，"窃易"以人参丸，宋孝宗方得以无事。③

同王继先相比，宦官张去为可算是幸运得多。宋高宗退位时即下诏，张去为"落致仕，提举德寿宫，行移如内侍省，仍铸印赐之"。后又因"修宫有劳"，"特迁安庆军承宣使"。这是因为张去为引进夏氏，成为宋孝宗的皇后。夏皇后不久即去世。宋高宗特别倚重张去为，淳熙三年，命他"传旨，立谢贵妃为后"。张去为在宋孝宗时，虽"亦贵重，然至死不复涉朝廷事"。④ 他大约也吸取了以往干预朝政的教训。

后又另有宦官陈源，他在"淳熙中，提举德寿宫"，"恃恩颛恣"。德寿宫书吏徐彦通，为陈源"掌家务"，几年之内官至武经大夫。陈源"厮

---

① 《要录》卷200绍兴三十二年九月庚申，《新安文献志》卷73金安节家传。
② 《证类本草》卷10载，大黄"大寒，无毒，主下瘀血"等，大戟"大寒，有小毒，主蛊毒"等。《本草纲目》卷17载大黄和大戟，与《证类本草》相似，又载芫花"气味辛温，有小毒，主治咳逆上气，喉鸣喘"等。
③ 《宝真斋法书赞》卷3《高宗皇帝索药手札御书》，《桯史》卷9《蠲毒圆》。
④ 《要录》卷200绍兴三十二年六月庚午，《宋史》卷243《成肃谢皇后传》，卷469《张去为传》，《周益国文忠公集·杂著述》卷13《玉堂杂记》卷2，《宋会要》职官53之1—3，54之19—22。

役"甄士昌,"工理髪,奏补承信郎"。他又奏补"临安府都吏李庚以官,使之窥伺府事"。陈源先后受到官员赵汝愚、宇文价、黄洽等论奏,宋孝宗"闻而恶之",淳熙十年(公元1183年),将他及徐彦通等人贬逐流窜,"仍籍其家赀,进纳德寿宫"。陈源"有园名小隐,其制视禁籞有加",宋高宗将此花园赐给宠爱的王才人。① 由此可知,宋高宗不论在位或退位,扶植和纵容宦官的恶势力,倒是一以贯之的。

这个养尊处优、安度晚年的德寿宫主,不仅需要侈靡的物质生活,也需要有丰富多彩的文化娱乐。宋高宗自幼受其父宋徽宗熏陶,爱好书画。他登基后,"当干戈俶扰之际,访求法书名画,不遗馀力"。由于他"不惮劳费,故四方争以奉上无虚日",其"内府所藏",竟不少于其父在位之日。宋高宗将此类书帖名画经常"展玩摹拓"。② 他搜访书画,常命米芾之子米友仁和马兴祖"鉴定"和"辨验",但米友仁"鉴定题跋,往往有一时附会,迎合上意者",未必都是佳品。③ 宋朝臣子称"高宗皇帝释去万几,游戏翰墨,朝夕不倦"。④ 宋高宗所撰的《翰墨志》,自称"未始一日舍笔墨,故晚年得趣,横斜平直,随意所适"。宋高宗也工绘画,"书画皆妙,作人物、山水、竹石,自有天成之趣"。他的字画"用'乾卦'印",也"多用'太上皇帝之宝'、'德寿殿〔御〕宝'"之印。⑤

宋高宗也喜欢欣赏音乐、舞蹈、杂剧之类。史书中还保留了专供德寿宫寻欢作乐的"杂剧色"、"歌板色"、"拍板色"、"琵琶色"、"嵇琴色"、"筝色"、"笙色"、"觱篥色"、"笛色"、"方响色"、"杖鼓色"、"大鼓色"、"舞旋"等伶人名单。⑥ 古时称舞蹈为"舞"或"舞旋"。宋高宗的刘婉容是位多才多艺的女子,她为官家"教得二女童,名琼华、绿华,并能琴阮,下棋,写字,画竹,背诵古文",她有一回向太上皇"进自制阮谱三十曲"。另一个小刘婉容,在皇太后生日时,"进自制《十色菊》、

---

① 《宋史》卷35《孝宗纪》,卷392《赵汝愚传》,卷469《陈源传》,《宋史全文续资治通鉴》卷27淳熙八年正月癸丑、甲寅、丙辰,淳熙十年二月癸卯记载稍异。
② 《郑忠肃奏议遗集》卷下《跋高宗皇帝赐世父手札》,《齐东野语》卷6《绍兴御府书画式》。
③ 《画鉴·杂论》,《图绘宝鉴》卷4。
④ 《六艺之一录》卷270《宋陈汶〈礼部韵〉宝跋》。
⑤ 《志雅堂杂钞》卷2,《图绘宝鉴》卷4,《绘事备考》卷6,《清河书画舫》卷4下《周昉》。
⑥ 《武林旧事》卷4《乾淳教坊乐部》。

《千秋岁》曲破，内人琼琼、柔柔对舞"。有一年八月中秋，太上皇等到万岁桥上四面亭中赏月，周围"大池十余亩，皆是千叶白莲"。南北有女童和教坊乐工二百五十人奏乐，"待月初上，箫韶齐举，缥缈相应，如在霄汉"。太上皇兴致极高，又"召小刘贵妃独吹白玉笙《霓裳中序》"。① 小刘贵妃疑是小刘婉容升迁为贵妃。元时尚保存有"德寿宫舞谱二大帙，其中皆新制曲，多妃嫔诸阁分所进者"，其谱名颇为别致，如"左右垂手、双拂、抱肘、合蝉、小转、虚影、横影"等，② 今人不易解其意。又"有菊夫人者，善歌舞，妙音律，为仙韶院之冠。宫中号为菊部头"。她"颇以不获际幸为恨，即称疾告归"。宦官陈源就"以厚礼聘归"。不料宋高宗在德寿宫"按《梁州曲舞》，屡不称旨"，便将菊夫人再次召入"掖禁"。陈源还因此"憾恨成疾"。③

经历了三千多年的积累，中国的上层社会为统治者餍饫口腹，赏心悦目，已培育并发展了一整套独具传统文化特色的游宴娱乐体系。南宋临安城中的南、北内，自然又树立了这套游宴娱乐体系的最高规模和标准，在各种各样豪华的、侈靡的气派中，又处处渗透着典雅的、高深的文化艺术色彩。宋朝是词的发达时代，而宋词其实就是游宴娱乐体系的一个有机组成部分，是当时的流行歌曲。每逢游宴，臣僚们进献新词，似乎是一个不可或缺的节目。有一次两宫赏花，宋孝宗的宠臣曾觌和《柳梢青》词：

"桃靥红匀，梨腮粉薄，鸳径无尘。凤阁凌虚，龙池澄碧，芳意鳞鳞。清时酒圣花神，看内苑，风光又新。一部仙韶，九重鸾仗，天上长春。"④

真是一派极富极贵的享乐气氛。当然，生活的情趣也须经常花样翻新，调换口味。有时宫食吃腻了，宋高宗又"宣索市食，如李婆婆杂菜羹、贺四酪面、脏三猪胰、胡饼、戈家甜食等数种"。宋高宗和宋孝宗有时又同出禁城，乘大龙船泛游西湖。当时有卖鱼羹人宋五嫂自称"东京人

---

① 《武林旧事》卷7，《癸辛杂识》别集下《德寿赏月》。
② 《癸辛杂识》后集《舞谱》。
③ 《齐东野语》卷16《菊花新曲破》。其记事说陈源因思念菊夫人，"未几物故"。按前正文记载，陈源是被宋孝宗贬窜的。
④ 《武林旧事》卷7。

氏",她的鱼羹"尝经御赏,人所共趋,遂成富媪"。①

太上皇吴后弟吴益"以元舅之尊",太上皇"特亲爱之"。有一回,他"竹冠练衣,芒鞋筇杖",带一侍童,游上、中、下三天竺和灵隐,"濯足冷泉磐石之上,游人望之,俨如神仙"。太上皇得知此事,便用小诗一首,召吴益入宫,说:

"趁此一轩风月好,橘香酒熟待君来。"

两人会面后,宋高宗又取出一幅画,竟是吴益野服濯足之图,并题"御制一赞"说:

"富而不骄,戚畹称贤。
扫除膏粱,放旷林泉。
沧浪濯足,风度萧然。
国之元舅,人中神仙。"②

当然,这决非是宋高宗真的歆羡什么闲云野鹤般的生活,似乎愿超脱帝王之尊,只不过是宫殿生活过得乏味时,间或追求另一种生活情趣而已。

《红楼梦》中描写一个富贵之家丰富多彩的生活排场,即使从享受现代生活之美的人们看来,仍足以令人歆羡,更何况是宋宫中更为丰富多彩、更为阔绰豪侈的生活排场。《红楼梦》叙述了一个富贵之家盛极而衰而败的悲剧,而在德寿宫中,却是演出了约四分之一世纪的、宋高宗个人生活的喜剧,几乎是清一色的喜剧。杨万里的《庆寿口号》诗,即是描写淳熙十三年(公元1186年)元旦,在德寿宫中两代皇帝"承颜适志"的宏大欢庆场面,"长乐宫前望翠华,玉皇来贺太皇家"。"牡丹芍药蔷薇朵,都向千官帽上开"。"双金狮子四金龙,喷出香云绕殿中"。"都将四海欢声沸,酿作慈皇万寿杯"。③ 然而正是这个杨万里,居然引起了太上皇的不快。有一回,宋高宗怒冲冲地对宋孝宗说:"杨万里殿策内比朕作晋元帝,

---

① 《武林旧事》卷3《西湖游幸》,卷7,《癸辛杂识》别集上《德寿买市》。
② 《齐东野语》卷10《吴郡王冷泉画赞》。
③ 《诚斋集》卷19《德寿宫庆寿口号》,《鹤林玉露》丙编卷6《光尧福德》。

甚道理！"① 其实，将宋高宗比作晋元帝，倒是抬举了他，因为退守江左的晋元帝，虽只能自守半壁江山，却并未向北方称臣纳贡。

苟安一隅的极富极贵的德寿宫生活，确实也有令人啧啧称羡的方面，但在其背面，无疑又是千百万劳苦大众在官税私租、天灾人祸等驱迫下，过着艰难困苦、饥啼寒号的生活。一个人的生活喜剧正是建立在千百万人生活悲剧的基础之上，德寿宫的天堂只能以无数人间地狱为代价，这当然是一个显而易见的基本史实。

第三节　死于安乐

淳熙十四年（公元1187年）八月，逢太上皇后吴氏生日，宋孝宗照例到北内祝寿。宋高宗当时精神甚佳，从上午坐到下午未时，"都不觉倦"。他一般情况下已"全不饮酒"，只因庆祝太上皇后寿诞，居然品酒两盏，食量一如旧时。尽管年及八旬，宋高宗仍喜"服疏导药"，竟能一气"服牵牛丸②四十粒，他人如何可及"。

然而到九月五日卯时，宋高宗在"早膳间微中风"，由宠爱的李才人扶归寝阁。于是，太上皇后、张淑妃和王才人便宣召德寿宫医官刘确、张霖、管範和李之美看脉，他们决定病人服用铁弹丸、续命汤和蝎梢汤，病情稍为稳定。此后，又有医官王泾、马希古等诊治，他们反对刘确等人的医方，认为宋高宗所患的是风痰，按惯例"下凉药"，用人参汤进牛黄清心丸，教病人"饮冰水"。王泾和马希古一直用"大黄、芒硝、③牵牛等药供进"，其处方还有硼砂丸、祛风丹等。医官刘确、管範、张霖和李之美"争之，不从"。

从九月到十月，宋高宗病情愈来愈重，又由汤公材等五名医官会诊，认为"进凉药太多，泻得五脏不固"，改用丁香、半夏丸、生气粉等药。延捱到十月八日未时，宋高宗便脉断气绝，享年八十一岁。

---

① 《贵耳集》卷下。
② 《本草纲目》卷18载，牵牛子"气味苦寒，有毒"，"牵牛丸服治大肠风秘壅结"。
③ 《本草纲目》卷11载，消石（芒硝）"主治五脏积热"等症，蓬砂（硼砂）"主治消痰、止咳"等症。

高寿的老人病死，固然是在常情之中，然而医官的被处罚，却是势不可免。王泾的医术其实是效学王继先，"株守不变"，"术亦有奇验"，但"用药多孟浪"，罪责难逃。宋孝宗本拟"戮之市朝"，太上皇后吴氏"以为恐自此医者不敢进药"，终得减刑。王泾"决脊杖二十，配筠州"高山市，马希古五百里外"编管"，"追两官，勒停"，刘确等四人"并降两官"。据说王泾"怀金箔以入，既杖，则以傅疮，若未尝受杖者"。后来放还，仍在临安城挂"四朝御诊王防御"之牌行医，有人在牌旁贴小纸条说："本家兼施泻药。"以为讥讽。①

宋高宗留下的重要遗产之一，便是宫中大批民间美女。据说太上皇后吴氏对这些可作孙女或曾孙女辈的人，"每见之，常感怆"。她同宋孝宗商量，在太上皇去世的翌日，便放王才人、李才人和另外四十九名宫女出宫"自便"，②并将她们的告命和红霞帔、紫霞帔、听宣等宣"毁抹"。此事作为太上皇帝去世当天的"圣旨"。这群年轻女子闭锁于深宫，成天强颜欢笑地陪伴和侍奉一个耄耋老人，实无乐趣可言。当然，她们也享受着民间不可能有的超等生活待遇。一旦出宫，是欢喜，还是忧愁，则另当别论了。

按中国古代礼制，特别重视丧葬，更何况是万乘之主。为应付"太上皇帝丧事，内库已准备五十万缗，封桩拨八十万缗"。宋孝宗"欲添印会子三十万道，准备攒宫支费"。经宰执们研究，又改为增印七十万道。朝臣们打算对宋高宗的丧葬稍事节约，但很多指靠丧事渔利的"贵近不悦者多，倡为浮议"，皇太后吴氏听信谗言，便发怒说："吾百岁后，只用四人扛板乎？"结果当然是"有司犹不免过意奉承"。在"浙东旱伤，百姓饥乏"之际，"工役繁兴，科调方急"，"劳弊万端"。③宋高宗的梓宫在临安停留了约半年，到淳熙十五年（公元1188年），方运送到绍兴府会稽县埋殡。为他的尸体所建"永思陵攒宫共费八十二万馀缗"，添印的七十万贯会子，"仅可充此费"。"永思陵攒宫事兴"，"调取"太湖的"洞庭青石"，

---

① 《攻媿集》卷29《缴王泾等放令逐便》，卷89陈居仁行状，《鹤林玉露》丙编卷6《光尧福德》，《四朝闻见录》丙集《王医》，《桯史》卷9《蜀毒圆》，《王泾庸医》，《癸辛杂识》别集上《两王医师》。
② 《建炎以来朝野杂记》甲集卷1《德寿妃嫔》。
③ 《历代名臣奏议》卷125赵汝愚奏。

"期会迫"促。① 梓宫到达目的地后，皇宫"内人每顿破羊肉四百斤，泛索尤难应付，如田鸡动要数十斤"，南方羊肉价格昂贵，使会稽县穷于应办。宋高宗生前固然挥霍民脂民膏，身后也同样地劳民伤财。② 这就是古语常云的竭天下以自奉。

一切丧礼大致按常制进行，唯有功臣配享问题，引起了一场小小的政治波澜。按照礼制，一个皇帝死后，一般要选定文臣和武将若干人作为配享，一名臣僚能在身后享有配享之位，自然是其家门的无尚荣光。翰林学士洪迈上奏，建议由吕颐浩、赵鼎和韩世忠、张俊四人为配享功臣。于是"众论颇汹汹"，或以为吕颐浩"不厌人望"，或以为张俊"晚附秦桧，力主和议，诬杀岳飞，不宜在预享之列"。吏部侍郎章森"乞用张浚、岳飞"，而秘书少监杨万里则力主张浚。最后宋孝宗下旨，"定用四人，更不须议论"，以洪迈和杨万里两人外任，而了结争议。③ 宋孝宗宁用张俊，而不用岳飞配享，表面理由是张俊在苗刘之变中有复辟之功，实际上他仍不愿以岳飞彰先帝之过。

宋高宗的丧事当时有了一个圆满的了结。早在绍兴九年，张焘向宋高宗报告北宋八陵被盗掘的情况，宋高宗也表示不要厚葬，但他死后却不得不厚葬。直到南宋亡国后，南宋皇陵又被元朝僧人所盗掘。看来前车之覆，亦未成为后车之戒。

中国古代哲人孟轲说，"生于忧患"，"死于安乐"。④ 这常用以指一个人饱经磨难，却以坚定不移的志向，百折不挠的毅力，去建功立业，最后则是安度馀年，带着成功和胜利的喜悦离开人世。宋高宗的一生，虽可套用生于忧患，死于安乐一语，却完全是另一种景况。

时势造英雄，这是一个古老的历史哲学命题。在宋金民族战争的特殊环境中，时势这个造物主，固然也造就了像李纲那样具备远见卓识、能够安邦兴国的相才，像宗泽那样峭直孤忠、鞠躬尽瘁的荩臣，像岳飞那样壮怀激烈、尽忠报国的英雄，却又为他们安排了一个又一个可悲可叹的下

---

① 《渭南文集》卷34《知兴化军赵公墓志铭》。
② 关于宋高宗之死，除前引各注外，叙事和引文全据《周益国文忠公集·杂著述》卷10和卷11《思陵录》。
③ 《宋史》卷35《孝宗纪》，卷109《礼志》，卷433《杨万里传》，《建炎以来朝野杂记》乙集卷4《高庙配享议》，《周益国文忠公集·杂著述》卷11《思陵录》下，《诚斋集》卷62《驳配享不当疏》。
④ 《孟子·告子下》。

场,而岳飞的下场尤惨。相反,在各种力量、因素和倾向的互相冲突、制约、调和与平衡之中,取得成功的反而是秦桧和宋高宗。特别是宋高宗,在他开元帅府之时、登基之初,就乐于当一个苟安一隅的皇帝,最后竟如愿以偿。

是否宋高宗真有先见之明,未出茅庐,已知两分天下呢?当然不是。宋高宗只是一个太平享乐的风流皇帝的胚料,在他身上颇有其父宋徽宗的遗传基因。当苟安一隅的皇帝,正是他在特殊环境下的特殊心理和意愿。相形之下,其难兄宋钦宗倒是一个循规蹈矩的守成之主的胚料,可惜是生不逢时。时势这个造物主,在乱世中偏巧垂顾于宋高宗,使这个本与帝位绝缘的人,当上了万乘之主,却又捉弄和折磨着宋高宗,使他当不成太平享乐的风流皇帝,维扬逃难、苗刘之变、"航海避狄","险阻艰难,莫不备尝"。[1] 一个好色狂徒,居然承受了阳痿绝症的惩罚,渴望着子孙千万,却落得个断子绝孙的下场,只能将半壁家产奉送给赵姓的旁宗别支。他始而畏惧金人的凌逼,继而担心武将的跋扈,终而害怕权臣的篡位,在位三十六年,其实只有在秦桧死后,大约度过了三、四年舒心快意、百事不愁的光阴。当然,在退位后的绝大部分时间里,在某种意义上又可说是宋高宗一生最幸福的阶段。

无论是李纲、宗泽和岳飞,抑或是秦桧,他们的秉性都可喻之为一种比较单调的色彩。宋高宗却不然,他的秉性可喻之为五光十色。一个太平享乐的风流皇帝胚料,经过特殊环境的熔炼,养成了多种难以言喻的特殊性格。

首先,一个雄健大丈夫的体魄,却很不协调地包裹着一个卑怯得出奇的灵魂。在杀父之仇面前,宋高宗表现了一种不可思议的奴气。他本可"必不专恃和,虽和必不至于甚卑屈",[2] 却甘愿选择稍有血性者不堪承受的卑屈和议,甚至当退位后,还要为宋孝宗规定接见金使的屈辱礼节。但是在臣民面前,宋高宗却仍保持了皇帝特有的尊严和威风,不时表现出蛮不讲理的专横。帝气和十足的奴气合于一身,这在历史上是罕有其比的。大丈夫能屈能伸,历史上不乏有受辱一时、以成大业的实例,这当然完全不适用于宋高宗,他受辱的目的仅在于偷安。

宋高宗看来也不能说全无父母兄弟之情,但在很多场合下,他不过是

---

[1]《历代名臣奏议》卷97吕祖俭奏。
[2]《后村先生大全集》卷86《进故事·丙午十二月初六》。

充当一个高明的演员，表演自己的孝悌之道，以作向仇敌下跪的口实。

宋高宗秉性残忍，始于当皇子时的滥杀侍婢。尽管有宋太祖誓约的羁束，有优礼臣僚的传统，他在位三十六年间贬窜、冤死和残杀的记录，在宋朝政治史上可谓是空前绝后的。他无疑是天水一朝罪恶记录最多的皇帝。但是，他的残忍又是有限度的，他更喜欢的还是以"宽仁"缘饰忮狠。

宋高宗按中国旧史的伦理标准，是个亲信小人、黜杀君子的典型。但在某些场合下，他又能勉为其难地任用君子，忍痛割爱地逐去小人。

宋高宗畏惧人言，不惜以死刑和毒罚惩治谠论。但在某些场合下，他又被迫表现出对谏诤的欢迎，并且在面对正论时不得不作出一些自我克制。

宋高宗有专制帝王胡作非为的勇气。但在某些形势下，他又不得不以专制制度的某些自我调节功能约束自己。

宋高宗追求奢侈享乐，在国难当头、国耻深重的形势下，依然念念不忘于寻欢作乐，制造、纵容和包庇腐恶。但是，他的奢侈享乐也是有限度的，他还必须以恭俭作自我吹嘘。

宋徽宗嗜爱女色、艺术和道教，宋高宗嗜爱女色和艺术，这都属极富极贵的有闲者的消遣和娱乐。宋高宗是嗜色如命的狂人，却并非是情种。他对任何女人都寡情薄义，一旦稍有龃龉，即弃若敝屣，甚至残害，而且还喜欢以清心寡欲、无子女之奉自我标榜。

宋高宗作恶多端，而其聪明之处正在于对大多数恶事并未做绝，留有某种尚可文过饰非的馀地。

宋高宗的某些得计，倒并非是本人的高明，而是源于形势的驱迫和荩臣们的献可替否。他的失策，即使是对自己私利的失策，也在相当程度上来自形势的驱迫和佞臣辈的推波助澜。

宋高宗处置军国大事，决无大气魄和大器识，却不乏小聪明和小伎俩。其小聪明适足以成就其大失策。

凡此种种，都说明了宋高宗作为一个"多面派"的复杂心理和性格。归根结底，还是一个专制皇帝在某种特殊环境之下的心理变态，使人们难以用常情，哪怕是帝王的常情予以忖度。但是，他的罪恶虽有其特色，而本质上却仍是专制制度的罪恶。

中国人常喜欢用佛教语言，说什么善有善报，恶有恶报，这当然是不正确的。最明显不过的史实是李纲、宗泽，特别是岳飞得到恶报，而秦桧，特别是宋高宗却得到善报。

秦桧在生前已遭人唾骂。然而宋高宗除了受金人及其"子皇帝"、臣皇帝刘豫恣意辱骂外，宋朝的臣民囿于千百年间形成的君臣伦理，至多只能作若干枝节性的讥评而已。他身死之日，宋孝宗和很多臣僚照例为之写挽诗，赞颂这位"中兴之主"①的功业，"赫奕中兴事，洪图久系隆"，"天开圣哲君"，"帝学穷渊奥"，"洗甲乾坤净，投戈日月〔辉〕"，"兼爱无南北，全能冠古今"，"忧勤三纪外，揖逊一言中"，"何止超前代，功隆道更尊"，② 如此之类，不一而足。且不论此类诗句是否有违心之论，宋高宗死后有不可胜数的挽诗，而秦桧死后却找不到一个人写神道碑，相形之下，真可谓"荣枯咫尺异"。③ 人们给秦桧进献诗文，不免背上阿谀献媚的恶名，而为宋高宗生前上进颂词，身后奉献挽辞，不论如何虚夸，如何作伪，按当时的君臣伦理规范，似乎还是天经地义，而无可非难的事。一方面痛恨奸臣，另一方面又迷信皇帝。本朝人不得说本朝皇帝坏话，不论皇帝如何作恶多端，亦须顶礼膜拜，敬若神明，这是世代相传的中国特色的陋习。

袁文《瓮牖闲评》卷8说：

"自秦汉以来一百三十六帝，惟梁武帝得八十三岁，本朝高宗圣算登八十一。若梁武帝寿数虽高，遭侯景之乱，狼狈而死，又何足贵耶！惟高宗当天下承平之时，其年尚未及六十，乃以万机之务，尽付之寿皇，方且陶冶圣性，恬养道真，所乐者文章、琴、棋、书、画而已。其他子女之奉、声色之娱，初未尝留意焉。此所以五福兼全，独过八旬之寿，自秦汉以来，一人而已。"

此段评论固然对宋高宗有谀词，他怎么能没有"子女之奉、声色之娱"呢！但是，宋高宗也确是"自秦汉以来"，"五福兼全，独过八旬之寿"的皇帝。洪迈也有类似的评论，说："若光尧太上皇帝之福，真可于

---

① 《和靖尹先生文集》卷2《遗表》。
② 《五百家播芳大全文粹》卷102，《郧峰真隐漫录》卷5《高宗圣神武文宪孝皇帝挽辞》，《水心文集》卷7《高宗皇帝挽词二首》，《后乐集》卷20《挽高宗皇帝章四首》。
③ 借用杜甫诗，见《全唐诗》卷216《自京赴奉先县咏怀五百字》。

天人中求之。"① 在宋朝以后，唯有清朝乾隆皇帝享寿在宋高宗之上，但他当太上皇为时较宋高宗短得多，毕竟没有享受那么多不理政务的清福。

生前享尽皇帝的尊荣和富贵，宋高宗也可谓死而无憾。当然，生前罪孽太重，又可谓死有馀辜。"死后是非谁管得"，② 反正对死者的评论，就其本人而言，无非是"得失不复知"，而"是非安能觉"。③

宋高宗本人的故事至此结束了。但是，叙述他的故事，对一个建设新生活，渴望重新跻身世界先进民族之林的古老的中华民族，是否可以有所启示呢？今人从他的故事中又能得到什么借鉴和教训呢？

---

① 《容斋随笔》卷8《人君寿考》。
② 借用陆游诗，见《剑南诗稿》卷33《小舟游近村舍舟步归》。
③ 借用陶渊明诗，见《陶渊明集》卷4《拟挽歌辞三首》（其一）。

附录　宋高宗赵构年表

宋徽宗大观元年，一岁。

　　五月二十一日，生于宋东京开封府皇宫，为宋徽宗第九子，母韦氏时为才人。

　　八月，赐名构。

宣和三年，十五岁。

　　十二月，进封康王。

宣和四年，十六岁。

　　举行冠礼，赐字德基，出阁就外第。

宣和七年，十九岁。

　　十二月，金军侵宋，宋徽宗传位于宋钦宗。

宋钦宗靖康元年，二十岁。

　　正月、二月，出使开封城下金营。

　　十一月，再次出使金军，渡河抵达磁州。

　　十二月，在相州任河北兵马大元帅，旋即逃往北京大名府。

宋高宗建炎元年，二十一岁。

　　正月，逃往东平府。

　　二月，逃往济州。

　　四月，金军俘宋徽宗、宋钦宗等北撤，赵构母韦氏、妻妾邢秉懿、田春罗、姜醉媚和五个女儿亦在宋俘行列。三个女儿死亡。邢秉懿坠马损胎。金人后将韦氏与邢秉懿等送入洗衣院。

　　五月一日，于南京应天府登基称帝。

　　五月，命李纲为相。

　　六月，李纲入朝。皇子赵旉出生。宗泽任东京留守。

　　八月，黄潜善为右相，李纲罢相，杀陈东和欧阳澈。

　　十月，行在迁至扬州。宋太祖后裔赵伯琮生。

建炎二年，二十二岁。

　　去冬至今春，宗泽等军在开封等地击退金军。

七月，宗泽死。

十二月，黄潜善和汪伯彦并相。

建炎三年，二十三岁。

二月，自扬州逃难至杭州，后改名临安府。黄潜善和汪伯彦罢相。

三月，苗傅和刘正彦发动兵变，改元明受，旋即复辟。

七月，皇太子赵旉死。

闰八月，杜充拜相，兼江、淮宣抚使，负责江防。

十月、十一月，金军两路渡江。逃至越州。

十二月，逃至明州，航海避敌。杜充于是年末或翌年初降金。

建炎四年，二十四岁。

四月，还驻越州，后改名绍兴府。西路渡江金军北撤。

五月，岳飞军复建康府，东路渡江金军北撤。

九月，金立伪齐。宋军败于富平，陕西随之陷落。

十月，秦桧归宋。

绍兴元年，二十五岁。

二月，秦桧任参知政事。

三月，张荣军于缩头湖败金军，后金军撤出淮南。

八月，秦桧任右相。

十月，吴玠军于和尚原大败金军。

绍兴二年，二十六岁。

正月，行在迁至临安府。

五月，赵伯琮选育入宫，后改名赵瑗。

八月，秦桧罢相。

绍兴四年，二十八岁。

二月、三月，吴玠军于仙人关大败金军。

五月至七月，岳飞军克复襄汉六郡。

九月至冬，金军与伪齐军进犯淮南失败。

绍兴五年，二十九岁。

四月，宋徽宗死于五国城。

四月至六月，岳飞军平定杨么叛军。

五月、六月，赵瑗听读资善堂，封建国公。

绍兴六年，三十岁。

七月、八月，岳飞进军伊洛。

九月，行在迁至平江府。

九月、十月，伪齐军进犯淮南失败。

十一月、十二月，岳飞军破伪齐军，兵临蔡州。

绍兴七年，三十一岁。

正月，秦桧任枢密使。

三月，行在迁至建康府。

三月至六月，岳飞受命节制淮西等军，宋高宗收回成命。岳飞愤而辞职，复职后请求以本军进讨伪齐。

八月，淮西兵变。

十一月，金废伪齐。

十二月，宋使王伦等归朝，决策对金媾和。

绍兴八年，三十二岁。

二月，行在迁至临安府。

三月，秦桧任右相。

九月，岳飞、韩世忠等应召入朝，反对和议。

十月，秦桧独相。

是年，臣民纷纷以各种方式反对和议。十一月，胡铨上书，乞斩秦桧等以谢天下，旋被贬黜。

十二月，秦桧等代行跪拜礼，接受金朝国书，宋金达成和议。

绍兴九年，三十三岁。

三月，金朝归还河南之地。

六月，邢秉懿死于五国城。

绍兴十年，三十四岁。

正月，李纲死。

五月，金军毁约南侵。

五月、六月，刘锜军于顺昌府大败金军。

六月、闰六月、七月，岳飞大举北伐，于郾城和颍昌大败金军，进军朱仙镇，金军退出开封，迫令岳飞班师。

绍兴十一年，三十五岁。

正月至三月，宋金战于淮西，互有胜负。

四月，罢韩世忠、张俊和岳飞兵权。

八月，岳飞罢枢密副使。

九月，吴璘等军于陕西大败金军，受诏班师。

十月，岳飞入狱，韩世忠罢枢密使。

十一月，宋金订立绍兴和议，对金割地、称臣和纳贡。

十二月，杀岳飞、张宪和岳雲。

绍兴十二年，三十六岁。

二月，赵瑗进封普安郡王。

八月，皇太后韦氏归宋。

十一月，张俊罢枢密使。

以岳飞冤狱为始，厉行文禁，迭兴冤狱，直至秦桧死。

绍兴十三年，三十七岁。

闰四月，立贵妃吴氏为皇后。

绍兴二十五年，四十九岁。

十月，秦桧死。此后贬逐秦党，稍弛文禁，冤狱告辍。

绍兴二十六年，五十岁。

三月，下诏重申对金媾和之策。

六月，宋钦宗死于五国城。

绍兴二十九年，五十三岁。

九月，皇太后韦氏死。

绍兴三十年，五十四岁。

二月，立赵瑗为皇子，改名赵玮，进封建王。

绍兴三十一年，五十五岁。

八月，贬医官王继先。

九月，宋金再战。

十月，李宝军于胶西海战大捷。罢宦官张去为。

十一月，虞允文临时指挥宋军，于采石拦击渡江金军告捷。金军内讧，杀金海陵王。

十二月，亲临前沿视师，赵玮从行。

绍兴三十二年，五十六岁。

正月，至建康府。

二月，回临安府。

五月，立赵玮为皇太子，改名赵昚。

六月，自称太上皇，退居德寿宫，传位于宋孝宗赵昚。

十二月，吴璘军自德顺军奉诏班师，遭金军邀击。

宋孝宗隆兴元年，五十七岁。

五月，李显忠和邵宏渊军败于宿州。

隆兴二年，五十八岁。

十二月，宋金订立隆兴和议。

淳熙十四年，八十一岁。

十月八日，死于德寿宫。

跋

蒙张吉霞先生等之盛情厚意，欲为我的岳飞与宋高宗传出第三版。看校样的第三遍，正好是2012年6月末至8月中，时处三伏，盛暑难熬。我这个年过七旬的老人不得不强抓时间，除外出、家务、接待等时间支出外，每天五时起床，六时半左右工作，直到下午五时许。但自己也深知年龄不饶人，每看一至二页，必须休整一下。不仅是审读校样，还审改新近打字的两传记电子稿。直到完工以后，方觉长长地舒一口气，可以高枕安卧一夜了。但此次劳作却因经费困难，未得印书，其好处是大致完成了两传记的电子稿，而前两版都是凭手写稿排印的。

张吉霞先生等来取校样时，顺便谈及我是怎么学史的。愿藉此机会说一点。记得当时人们一般只认为学历史无非是死记硬背而已，往往看不起。自己却在高中时发生了兴趣。当时有的高中生是因数理化不好，就学文科。我倒不是如此，直至老年，自己只觉得电视剧、流行歌曲之类无味，还是愿意看点大自然、自然科学、军事技术之类的电视。

然而自己刚入了治史之门，方知学史决不是像以前想象那样，只是一连串历史故事而已。在社会科学诸学科中，中华古史学无疑是专业性最强，基本训练费时费力，而要求最高的学科。写史学作品，犹如进入地雷阵，稍一不慎，就必定会留下挂彩的硬伤，而无法抹掉。但自己年过五旬，又才理解到西方史家克罗齐所说，"一切真历史都是当代史"的道理。尽管自己写作时尚未完全明确必须"理解过去，透视现在，指点未来"，而两部传记仍是依此思路写就的。

应当指出，近些年来，史学界出现一种怪现象，或曰新潮，就是为历史上的民族投降主义叫好喝彩。例如有人写书撰文，曲意强辩，否认秦桧是奸细，转弯抹角，称颂卑辱之至的绍兴和议，要为卖国贼宋高宗和秦桧翻案。卖国贼洪承畴降清，被某人称之为"弃暗投明"。我的回答是"弃暗投暗"。今天看来，明朝的综合国力其实非东北兴起的后金与清朝可比，但经历了三百年专制主义中央集权的等级授职制下腐败的积累，整个官僚军事机构烂透了，极大地戕害了明朝实力的发挥，尽管崇祯帝在主观上尚有振兴的强烈愿望，而在李自成等军与清军的内外夹击下，确已到了不亡何待的地步。说洪承畴"弃暗"，是客观事实。但反过来说，清朝所进行的，无疑是一场残酷的民族战争。清军入关后的大肆屠戮，留发不留头的政策，扬州十日，嘉定三屠，圈地运动之类，当然是应当批判和否定的。这些血与火的史实，都深刻地反映了清朝政权的阶级本质，剖析此类史实，怎么能脱离马克思主义的阶级论和国家论。当然，我并不想否定清朝对中华民族发展所作的某些贡献，该肯定的必须肯定，该否定的也必须否定。洪承畴投降卖国，甘当清朝残害同胞的帮凶，说是"投明"，就完全不顾起码的史实。最近又出现在洪承畴家乡为之立纪念碑的活动，搞得乌烟瘴气，岂非是咄咄怪事。王春瑜先生说得好，此类在抗战时就是典型的汉奸理论，治史者没有一点正义感，是搞不好历史研究的。人们对历史上的人和事的不同评价，其实还是源于现实不同的人生道路。有时真令人不解，有的人竟如此热衷于为宋高宗、秦桧之流评功，如此热衷于贬损伟大的爱国民族英雄岳飞，是何居心？此类"学者"依他们的"意识形态主宰"，所鼓吹和崇尚的，无非是历史领域的虚无主义和实惠主义，宋高宗、秦桧、洪承畴一流所代表的投降哲学和腐恶传统；他们所要贬损和否定的，却正是中华民族的爱国正气和优秀传统。否定民族英雄，岂不是否定中华民族，否定我们的历史？中华民族在世界上人口最多，但如果没有岳飞、文天祥、于谦、袁崇焕、林则徐、孙中山等许多中华英雄传承和发扬的爱国正气，我们的民族岂不成为一个断了脊梁骨的民族？中华民族如依那些"学者"之说教，不知自尊自强不息为何物，而将宋高宗之流的偷生苟安的人生哲学奉为最高理念，还有何希望可言？但决然无此可能。至于此类作品能否辉耀史坛，令人想到一句古诗："蚍蜉撼大树，可笑不自量。"①

---

① 《全唐诗》卷34。韩愈《调张籍》。

图书在版编目（CIP）数据

宋高宗传 / 王曾瑜著. —北京：中国书籍出版社，2016.6
ISBN 978-7-5068-5453-5

Ⅰ.①宋… Ⅱ.①王… Ⅲ.①宋高宗（1107～1187）—传记 Ⅳ.①K827=441

中国版本图书馆CIP数据核字（2016）第047703号

宋高宗传

王曾瑜 著

策划编辑	安玉霞
责任编辑	安玉霞
责任印制	孙马飞 马 芝
封面设计	中尚图
出版发行	中国书籍出版社
地　　址	北京市丰台区三路居路97号（邮编：100073）
电　　话	（010）52257143（总编室）（010）52257140（发行部）
电子邮箱	chinabp@vip.sina.com
经　　销	全国新华书店
印　　刷	北京温林源印刷有限公司
开　　本	710毫米×1000毫米 1/16
字　　数	400千字
印　　张	25.75
版　　次	2016年6月第1版 2019年3月第2次印刷
书　　号	ISBN 978-7-5068-5453-5
定　　价	49.80元

版权所有　翻印必究